Título original: *On the Trail of the Assassins*

Traduccion: Pepa Badell

1.ª edición: noviembre, 1996

Bailén, 84 - 08009 Barcelona (España)

Printed in Spain
ISBN: 84-406-6769-8
Depósito legal: B. 37.400-1996

Impreso por LITOGRAFÍA ROSÉS

JIM
GARRISON

JFK

JIM
GARRISON

JFK

AGRADECIMIENTOS

Quiero dejar constancia de la suerte que he tenido al contar con Zachary Sklar como director editorial y poder beneficiarme del regalo de su extraordinaria intuición, destreza y dedicación. Quiero expresar también mi agradecimiento a mis editores, Ellen Ray y William Schaap, por su incansable apoyo y confianza, apoyo que en el caso de Ellen Ray se prolonga desde hace veinte años. En la época en que la oculta maquinaria de la Inteligencia gubernamental intimidó a varios editores, la lealtad de Sheridan Square Press fue encomiable. También estoy en especial deuda con el investigador Dan Kryder, por su hábil y detallada comprobación de los hechos. Y mi más sincero agradecimiento a Mary Howell, quien por primera vez me puso en contacto con Sheridan Square Press.

También estoy agradecido a Bertrand Russell por su inicial apoyo y aliento a mis esfuerzos. Y por el constante y fundamental consejo y apoyo de Carl Oglesby, Mark Lane, Vincent Salandria, Richard E. Sprague, Ralph Schoenman, Harold Weisberg, Ted Gandolfo, Mort Sahl y Taylor Morris.

Asimismo agradezco a Louis Wolfson, Cecil M. Shilstone, Willard E. Robertson, Joseph Rault, jr., y a un pequeño grupo de ciudadanos de Nueva Orleans, unidos en el grupo Verdad y Consecuencias, que me ayudaron mucho cuando fue preciso.

Otros, demasiado numerosos para poder mencionarlos aquí, también confiaron en mí durante años y deseo que entiendan que cada uno de ellos fue importante para mí.

Por último, estoy profundamente agradecido a mis hijos —Jim, Virginia, Lyon, Elizabeth y Darrow—, no sólo por su continua ayuda, incluso en algunas noches durante la semana escolar, para revisar el manuscrito, sino especialmente por su persistente cariño durante el tiempo que duró este proyecto.

Este libro está dedicado a los siguientes miembros de la Fiscalía de Distrito de Nueva Orleans durante la década de 1960: Frank Klein, ya fallecido; Andrew Sciambra, apodado Moo Moo; *James Alcock, Louis Ivon, D'Alton Williams, Alvin Oser y Numa Bertel.*

Ellos jamás dejaron de luchar por sacar a relucir la verdad.

DALLAS, TEXAS,
22 de noviembre de 1963

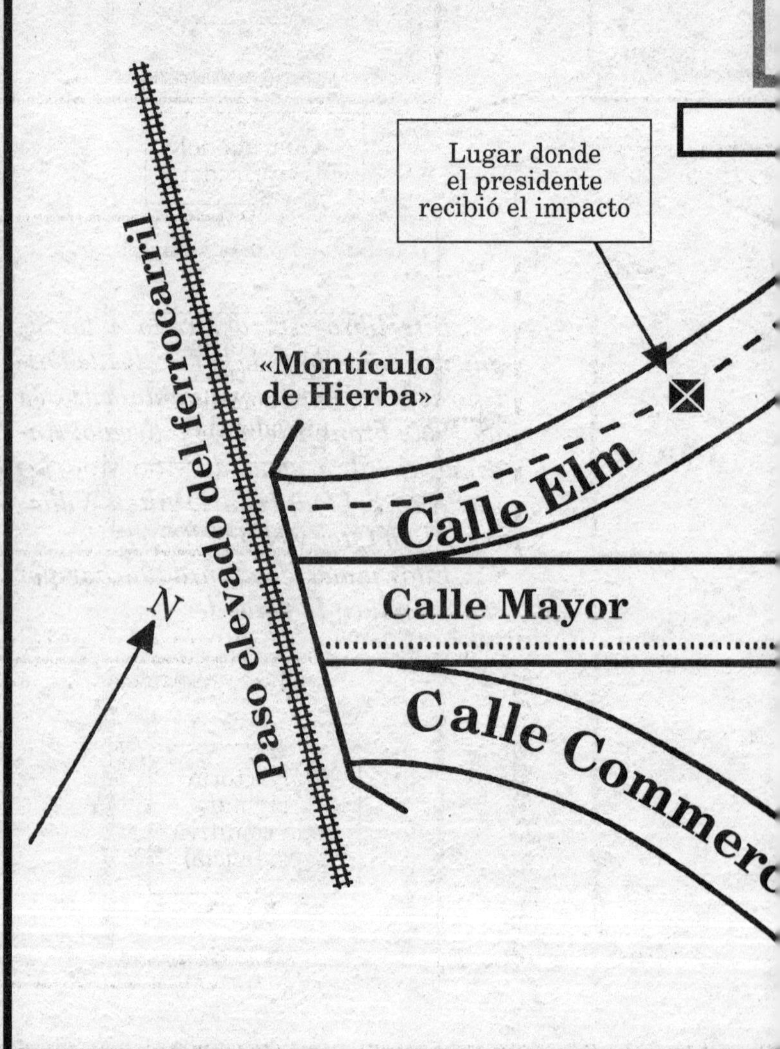

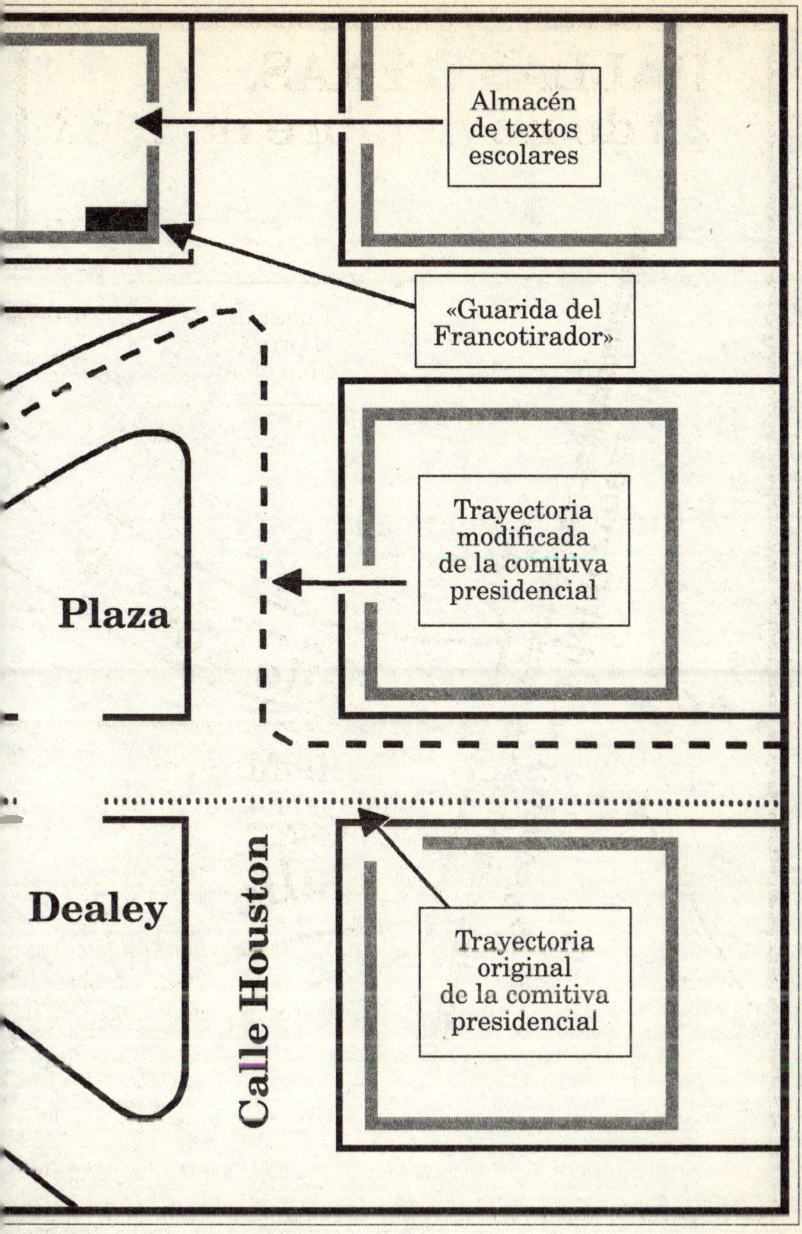
Almacén
de textos
escolares
«Guarida del
Francotirador»
Trayectoria
modificada
de la comitiva
presidencial
Plaza
Dealey
Calle Houston
Trayectoria
original
de la comitiva
presidencial

INTRODUCCIÓN

Éste no es uno más entre la multitud de libros que analizan la pura evidencia del asesinato del presidente Kennedy. Es, en realidad, la crónica de las experiencias de un hombre que intentó obtener la verdad sobre el asesinato y procesar a los responsables del mismo. No lo he escrito como un crítico, sino como partícipe, fiscal e investigador.

Cuando se produjo el asesinato, el 22 de noviembre de 1963, yo era fiscal de distrito de Nueva Orleans. Como el acusado del asesinato, Lee Harvey Oswald, había vivido en Nueva Orleans el verano anterior al asesinato, me vi de inmediato inmerso en el caso. Más de tres años después, en marzo de 1967, mi investigación culminó con la detención de Clay Shaw, director del Centro Internacional de Comercio y miembro de la alta sociedad de Nueva Orleans. Se le detuvo bajo la acusación de conspiración para asesinar a John Kennedy.

En los meses anteriores al juicio de Shaw, en 1969, sugerí públicamente que miembros de la Comunidad de Inteligencia del Gobierno de Estados Unidos, incluyendo a Shaw, fueron los responsables del asesinato y que lo hicieron para detener los esfuerzos del presidente Kennedy por romper la política de la Guerra Fría. Aunque el jurado aceptó mi argumento de que existía una conspiración, no reconoció el papel de Shaw como miembro clandestino de la CIA*. Al no estar seguros del móvil, el jurado le absolvió de todos los cargos.

La historia está llena de veredictos cambiantes**. Hace veinte años la mayoría de los estadounidenses aceptó sin más la aseveración del Gobierno acerca de que el asesinato había sido un acto de violencia casual. Un joven solitario, con la mente impregnada de ideas marxistas, aparentemente frustrado por su incapacidad para hacer nada correctamente, se agazapó en la ventana de un almacén y, en seis segundos, mediante una acción propia de un tirador de primera, acabó con el presidente de Estados Unidos.

Cuando se anunció tal explicación, poco después del asesinato, el país quedó profundamente conmovido. Habíamos perdido de pronto a un dirigente realmente especial, cuyas virtudes per-

* Central Intelligence Agency. Agencia Central de Inteligencia, servicio estadounidense de espionaje. *(N de la T.)*

** Clarence Darrow perdió el juicio Scope. ¿Quién se acuerda de ello ahora?

sonales —frescura, juventud, humor, estilo, inteligencia, calidez— nos hacían sentir a todos que algo se renovaba en la presidencia. Todo el país lloró al ver por la televisión nacional las poco familiares imágenes de Lyndon Johnson jurando como presidente, el solemne funeral, el dolor de la familia del presidente fallecido o las imágenes de Oswald asesinado por Jack Ruby en el sótano de la comisaría de policía de Dallas. Tristes y escandalizados, los estadounidenses esperaban una respuesta. Y tuvieron una. La policía de Dallas cerró el caso casi de inmediato, al declarar convicto de asesinato a Lee Harvey Oswald sin juicio alguno. El FBI* estuvo de acuerdo, y prácticamente cerró el caso en cuestión de semanas. La Comisión Warren, nombrada poco después del asesinato, le colocó el sello oficial de aprobación en menos de diez meses.

Pero el tiempo ha anulado la explicación oficial que la mayoría de los norteamericanos creyó en un principio. Había demasiadas contradicciones, demasiados testigos, demasiados fotógrafos y películas en la escena, demasiados escépticos. Con el tiempo, fueron localizados testigos a quienes previamente nadie prestó atención; fueron considerados falsos informes sobre la investigación del asesinato; se supo que otras pruebas habían sido alteradas o destruidas. El secreto oficial que el

* Federal Bureau of Investigations. Oficina Federal de Investigaciones, policía federal y servicio de contraespionaje de Estados Unidos. *(N de la T.)*

Gobierno federal decretó sobre las pruebas del asesinato, durante setenta y cinco años, no puede evitar críticas independientes e investigaciones para descubrir lagunas en el informe de la Comisión Warren. En 1967, dos tercios de los ciudadanos no aceptaban la conclusión de que Lee Oswald fuera el único asesino.

En 1970 la nueva Ley de Libertad de Información (Freedom of Information Act) abrió más puertas. Se pudo consultar material que las agencias federales habían almacenado en sus archivos, esperando que se mantuviera en secreto para siempre. Desde entonces, los críticos de la versión oficial han realizado importantes investigaciones. Varios libros han planteado incisivas preguntas sobre la historia oficial y han revelado nuevas e inquietantes pruebas. En la actualidad, la mayoría de los estadounidenses desconoce aún gran parte de esta información.

Por ejemplo:

- Cinco días antes del asesinato, la oficina del FBI de Nueva Orleans recibió un télex advirtiendo que se preparaba un atentado contra el presidente durante el fin de semana en Dallas. El FBI no transmitió esta advertencia al Servicio Secreto ni a otras autoridades. Poco después del asesinato, el mensaje de télex desapareció del archivo de la oficina del FBI de Nueva Orleans.

- La gran mayoría de los testigos de la plaza Dealey, en Dallas, oyó varios disparos de rifle que venían del montículo de hierba situado frente a Kennedy. En la persecución que siguió al atentado, la policía de Dallas detuvo a tres hombres y se los llevó arrestados a punta de pistola. Sin embargo, muchas fotos de prensa de esta detención jamás se publicaron y no queda constancia de sus caras, de sus huellas dactilares o de sus nombres.

• En el día de su detención, Lee Oswald fue sometido a la prueba del nitrato, cuyo resultado indicó que no había disparado un rifle en las veinticuatro horas anteriores. Este hecho fue mantenido en secreto por el Gobierno federal y por la policía de Dallas durante diez meses.

• Durante más de cinco años, la película del asesinato filmada por el testigo presencial Abraham Zapruder fue ocultada al público y guardada bajo llave en un baúl de la revista *Life*. Esta imagen en movimiento muestra cómo Kennedy sufre un violento impacto que lo lanza hacia atrás, prueba evidente de que fue atacado por un rifle disparado desde delante.

• Aproximadamente una hora antes de la llegada de la comitiva de Kennedy, Jack Ruby, el hombre que después mató a Lee Oswald, fue visto en el montículo de hierba dejando a un hombre que llevaba un rifle en una maleta. La declaración de Julia Ann Mercer, testigo de estos hechos, fue alterada por el FBI para que pareciera que ella no pudo identificar a Ruby como el hombre en cuestión. La manipulación fraudulenta no ha sido jamás corroborada o desmentida por el Gobierno federal.

- Después de que médicos militares realizaran la autopsia al cadáver del presidente, desapareció su cerebro. El cerebro, que permanece en paradero desconocido veinticinco años después, fue sumergido en formalina para endurecerlo y poder averiguar de qué dirección provenían los disparos que recibió. La Comisión Warren jamás examinó fotografías y radiografías de la autopsia, las cuales podrían haber ayudado a resolver la cuestión.

- El patólogo encargado de realizar la autopsia a Kennedy en el Hospital Naval de Bethesda quemó en el incinerador de su casa el borrador del informe de la autopsia.

Tales revelaciones, aunque no se difundieron extensamente, obligaron en la práctica al Comité Especial sobre Asesinatos de la Cámara de Representantes a abrir otra investigación entre 1976 y 1979. Sus conclusiones oficiales, citando evidencias acústicas, son que probablemente hubo una conspiración para asesinar al presidente Kennedy y que más de un hombre disparó contra él. Pese a ello, las investigaciones fueron limitadas y posteriormente nadie intentó averiguar quién se escondía tras el asesinato.

Este libro acepta la responsabilidad que el Comité Especial sobre Asesinatos de la Cámara de Representantes dejó pasar. Basado en mis experiencias como fiscal de distrito que investigó activamente el asesinato, y en mis posteriores averiguaciones sobre el mismo, ofrezco en el capítulo final una especulación histórica, basada en informes, que explicaría cómo pudo haber ocurrido: quién mató a John Kennedy y por qué. Sin embargo, no puedo asegurar que esté en posesión de todas las respuestas acerca del asesinato. Ningún particular puede tenerlas. Revelar toda la verdad requiere una investigación federal abierta y honesta, cosa que no ocurrió en su momento.

Desde el principio debo subrayar el hecho de que los detalles del asesinato —como quién apretó el gatillo, desde qué edificio se produjo el ataque, qué clase de arma se utilizó, etc.— no fueron mis principales preocupaciones durante mucho tiempo. El asesinato fue una cuestión de enorme importancia. Pero más importante es aún, a mi entender, lo que sucedió después: una historia oficial que es un cuento de hadas absurdo, ratificado por el Gobierno y por los medios de comunicación.

Inmediatamente después del asesinato, el Gobierno federal y la mayoría de los medios de comunicación adoptaron la postura de dos avestruces gigantes, cada una inflexible en su posición, cada una con la cabeza profundamente enterrada en la arena. Una vez ratificada la teoría del asesino solitario, rechazaron reconocer hechos que la contradecían y atacaron a quienquiera que ofreciese una explicación diferente.

No resulta muy difícil imaginar cuál fue su dilema. Para el Gobierno y para la mayoría de los medios de comunicación, reconocer lo que prácticamente todos sabían (que Kennedy fue tiroteado con varias armas) pondría fin a la sagrada pretensión de que el asesinato del presidente se debió a una casualidad. Reconocer que hubo una conspiración conduce inevitablemente a preguntarse por qué ocurrió tal cosa. Ello obligaría a reconocer que, dentro del Gobierno, existía una poderosa oposición a los intentos del presidente Kennedy de poner fin a la Guerra Fría. También se hubiera hecho público su deseo de retirada de Vietnam, por ejemplo. Por lo tanto, hubiera quedado desvelado el papel de aquellos que nos lanzaron a nueve años de guerra en Vietnam.

Cuando intenté dar a conocer estas conexiones tan profundamente inquietantes, el Gobierno de Estados Unidos y la mayoría de los medios de comunicación fueron duros conmigo. Antes y después del juicio contra Clay Shaw, fui denunciado por representantes del Gobierno y por los medios de comunicación por sugerir que miembros de nuestras propias agencias de Inteligencia habían conspirado para asesinar al presidente. Fui vilipendiado en la prensa, donde se me acusó de buscar publicidad con fines políticos, de charlatán y de comunista. El Gobierno federal montó falsas acusaciones de corrupción contra mí, porque estaba en plena campaña para la reelección como fiscal del distrito. Si bien el Tribunal me consideró inocente, perdí las elecciones. De este modo el Gobierno consiguió sacarme de mi oficina.

En el clima hostil de esa época me resultó imposible dar a conocer mi punto de vista de lo que había sucedido. En veinte años, esto ha cambiado. Hemos atravesado la guerra de Vietnam, el Watergate y el escándalo Irán-«contras». Hemos aprendido mucho acerca de nuestras agencias de Inteligencia y de lo que se ha hecho en nuestro nombre. Los asesinatos realizados por nuestra CIA ya no resultan inconcebibles; son hechos históricos probados. Se ha reconocido la existencia de operaciones encubiertas del Gobierno en audiencias del Congreso y en la televisión nacional. En esta atmósfera más abierta es hora —por respeto a la historia y al futuro— de que yo haga el relato completo de mi investigación y lo someta a la consideración de las nuevas generaciones.

Después de mi investigación acerca del asesinato de Kennedy y mis experiencias posteriores, mi vida y conciencia han cambiado para siempre. Este libro trata en realidad sobre este proceso de cambio, de creciente desilusión, cólera y conocimiento. Mi experiencia como relevante protagonista en estos históricos eventos impide que se conviertan en tópicos, pues todo nuestro país se sumó, en diferentes grados, a mi cambio de conciencia. Un cuarto de siglo después se puede ver que el asesinato y la ocultación perpetrada por el Gobierno y los medios de comunicación fueron cuestiones que marcaron una línea divisoria en este país. Significaron la pérdida de la inocencia para los norteamericanos de la posguerra; el inicio de la presente etapa de descontento y desconfianza en nuestro Gobierno y en nuestras instituciones más fundamentales.

Deseo que este libro ayude a la joven generación a entender mejor las consecuencias políticas, sociales e históricas del asesinato y la subsiguiente ocultación. Aún hoy pagamos sus consecuencias; se ha mantenido una vergonzosa Guerra Fría*, un Gobierno lleno de engaños y secretos, una prensa dócil, unos omnipresentes cinismo y corrupción. Para cerrar esta etapa, en la que las mentiras de nuestro Gobierno electo y las operaciones encubiertas de nuestro Gobierno secreto amenazaron la verdadera supervivencia de nuestra sociedad, debemos empezar a contemplar la Guerra Fría y nuestra seguridad nacional bajo una nueva luz. Nuestras relaciones con la Unión Soviética y con otros países de su influencia deben considerarse desde una perspectiva realista que mire hacia el nuevo siglo y no hacia el pasado de la década de 1950.

En sus breves tres años como presidente, John Kennedy ya empezó a cambiar nuestras actitudes y nuestras ideas fundamentales sobre la Guerra Fría. Su forma de ver la Tierra y sus habitantes, menos iluminada y polarizada, creo, llevaron a John Kennedy a la muerte.

Pero también nos mostró la vía para evitar la

* La primera edición norteamericana de este libro se publicó en Nueva York en 1988. Entonces aún seguían vigentes parte de los ideales de la Guerra Fría. *(N de la T.)*

catástrofe global. Volviendo a examinar su trágico asesinato veinticinco años después, no podemos olvidar su legado, tan elocuentemente articulado en la American University en junio de 1963: «... Ahora no podemos terminar con nuestras diferencias; como mucho podemos ayudar a edificar un mundo seguro para todos. El análisis definitivo nos muestra que nuestro vínculo común más básico es que todos habitamos este pequeño planeta. Todos respiramos el mismo aire. Todos protegemos el futuro de nuestros hijos. Y todos somos mortales.»

1

LA SERENIDAD DE LA IGNORANCIA

Estaba trabajando en mi despacho en la Corte Criminal, como fiscal de distrito de Nueva Orleans, cuando de pronto se abrió la puerta y mi primer ayudante entró precipitadamente. «El presidente ha sido asesinado», profirió. Eran poco más de las doce y media del viernes 22 de noviembre de 1963.

Hoy, un cuarto de siglo después, recuerdo mi conmoción, mi incredulidad. Tras comprender lo que me decía Frank Klein, aún pensé que quizá Kennedy sólo había sido herido y sobreviviría.

Frank y yo nos fuimos al Tortorich, en la calle Royal, en el Barrio Francés. Era un lugar tranquilo y sin aglomeraciones que tenía televisor en el comedor. Durante el trayecto, la radio anunció que John Kennedy había sido asesinado. Hicimos el resto del camino en absoluto silencio.

En el restaurante, los clientes de mediodía permanecían solemnemente ante el televisor colocado en alto en una esquina del comedor. Se percibía una sensación de irrealidad en el reportaje inconcluso enviado desde Dallas. En las mesas se conversaba poco. Vino el camarero y encargamos alguna cosa para comer. Cuando llegó, jugamos con nuestra comida, pero ninguno de nosotros comió.

La información que nos ofrecía la televisión resultaba poco convincente. Si bien los Servicios Secretos, el FBI, la policía de Dallas y una enorme multitud de mirones estaban en el lugar del asesinato, más de dos horas después las crispadas voces de los locutores no ofrecían datos concluyentes sobre qué tirador o tiradores habían perpetrado el asesinato. Pese a ello, estábamos hipnotizados por la confusión, los inacabados retazos de trivialidades, la magia de la comunicación como espectáculo. Preocupados por lo que le había ocurrido al presidente y por nuestro propio dolor, nadie abandonó el restaurante aquella tarde. Los hombres de negocios o profesionales que habían ido a comer cancelaron sus citas. Frank y yo llamamos a la oficina y volvimos a sentarnos ante el televisor.

Luego, bien entrada la tarde, de pronto se anunció la detención del presunto asesino. Unos quince miembros de la policía de Dallas lo detuvieron cuando estaba sentado en un cine a una distancia considerable del lugar del asesinato. La detención retardada cayó como una bomba en la pantalla de televisión y se dio por terminado el largo silencio en el restaurante. Se podía palpar la súbita explosión de furia, el arranque de odio contra aquel joven, desconocido hasta la fecha. Se llamaba Lee Harvey Oswald.

Mientras Frank Klein y yo permanecíamos completamente paralizados ante el televisor en el Tortorich, se produjo un extraño incidente en la oficina de Guy Banister, unas doce calles más abajo, al otro lado de la calle Canal. Por lo menos resultaba extraño para alguien como Banister, un agente que había sido responsable de la oficina del FBI en Chicago, subinspector de policía en Nueva Orleans y hombre con una sólida reputación de ser un estricto defensor de la ley y el orden.

Conocí a Banister bastante a fondo. Cuando estaba en el Departamento de Policía comimos juntos y luego nos contamos entretenidas historias sobre nuestras anteriores carreras en el FBI. Era un hombre de facciones toscas con ojos azules que te miraban de frente; cuidaba hasta el último detalle en el vestir y siempre llevaba un pequeño capullo de rosa en la solapa.

Si bien tomamos alguna vez un martini juntos en el International House, Banister nunca bebía demasiado durante el día. Era austero, un individuo muy sosegado. Sin embargo, durante la larga tarde de cobertura televisiva del asesinato en Dallas, el ex agente del FBI hizo todo lo posible por acabar con todo el licor del bar Katzenjammer, en el número 500 de la calle Camp. Cuando el sol se ponía sobre el río Mississippi, volvió a la oficina con Jack Martin, quien había estado bebiendo con él. Entonces Banister entabló una acalorada discusión con Martin, quien había sido detective privado y colaborador de la oficina de Banister.

El lío estalló después de que Martin hiciese unas imprudentes observaciones. Durante la disputa le dijo a Banister que no había olvidado algunas cosas extrañas que habían ocurrido en la oficina durante el verano. Llegados a este punto, Banister desenfundó su pistola Magnum de 357 mm, y empezó a golpear con ella la cabeza de Martin.

La Magnum de 357 mm no es un arma común. Es extraordinariamente pesada para poder soportar su incremento de velocidad de disparo. El breve altercado convirtió a Martin, en cuestión de un par de minutos, en un amasijo sangriento y maltrecho. Un coche de policía trasladó al herido al hospital Charity de la avenida Tulane*. Como si se tratara de la pequeña semilla de una planta aún desconocida, esta inusual y explosiva actuación de Guy Banister encabezaría al final la única acusación jamás formulada en el caso del asesinato del presidente Kennedy. Escocido por el dolor y ultrajado por las heridas, Jack Martin tardó más o menos un día en confiar a un amigo su oscura sospecha de que David Ferrie, un socio de Guy Banis-

* El violento ataque de Banister a Martin quedó permanentemente registrado en el Departamento de Policía de Nueva Orleans en el informe número K-12634-63, fechado el 22 de noviembre de 1963.

ter que frecuentaba su oficina, viajó en coche hasta Dallas el día del asesinato para hacer de piloto en la fuga del hombre implicado en el asesinato.

El viernes por la noche, mientras Jack Martin permanecía fuera de combate en el hospital, las escasas noticias que llegaban desde Dallas cesaron de golpe. Los informativos de la televisión terminaron uno tras otro. Al día siguiente, el nombre de Lee Harvey Oswald se repitió tan implacablemente en los medios de comunicación que llegó a ser conocido en todo el mundo. Su biografía fue ampliándose, casi precipitadamente, incluyendo más y más detalles sobre su estancia en Nueva Orleans el verano anterior al asesinato. Si bien personalmente no tengo nada que decir acerca de la forma en que la explicación oficial del asesino solitario tomó forma tan rápidamente en los medios de comunicación, tampoco pude ignorar la presencia inexplicable de Lee Harvey Oswald durante tres meses en la ciudad. La conexión de Nueva Orleans significaba que, aunque tuviera una relación muy lejana con el caso, mi oficina tenía que interesarse por el posible vínculo de Oswald a nuestra jurisdicción.

Organicé de inmediato una reunión con media docena de miembros destacados de mi oficina. El domingo por la mañana, el ayudante con más experiencia de la fiscalía, varios investigadores y yo mismo nos reunimos en mi despacho. Estas reuniones de fin de semana eran habituales siempre que se producía un crimen a nivel nacional que implicaba a Nueva Orleans.

Durante la comprobación de los posibles cómplices de Oswald en la ciudad, descubrimos que el presunto asesino había sido visto durante el verano con un hombre llamado David Ferrie. Puse a mis hombres al teléfono para investigar las posibles relaciones entre Oswald y Ferrie.

En una ocasión había visto a Ferrie. El encuentro fue casual, pero inolvidable. Poco antes de mi elección como fiscal del distrito, iba yo un día andando por la calle Carondelet, cerca de Canal. Entreví que la caravana de coches venía hacia mí y empecé a acelerar mis pasos. En ese momento, un hombre me agarró por los dos brazos y me paró en seco.

La cara que me sonreía ferozmente era como una espantosa máscara de Halloween*. Las cejas estaban evidentemente maquilladas, una visiblemente más alta que la otra. Clavó sus ojos en mí y vi que llevaba pegada en la cabeza una peluca torcida de aspecto pringoso, con un tinte rojizo hecho en casa. El tráfico se acercaba a nosotros cuando él me agarró y a duras penas logré oírle entre el estrépito de las bocinas.

Recordé este incidente cuando estaba entre el griterío de las felicitaciones tras salir elegido como fiscal de distrito. Una vez esquivados los coches y eludiendo en última instancia su apretón

* El 31 de octubre, víspera del Día de todos los Santos, se celebra en EEUU una fiesta en que la gente se disfraza de forma estrafalaria evocando a brujas, demonios y muertos. *(N de la T.)*

de manos, volví a oír sus gritos explicándome que era detective privado. Nuestro breve encuentro en la calle ocurrió algún día de 1962, el año anterior.

Esta colección de agitados recuerdos trajo otros a mi memoria. Rememoré la fama de Ferrie como aventurero y piloto. Yo también había sido piloto durante la Segunda Guerra Mundial y recordé la leyenda de que Ferrie podía hacer despegar y aterrizar un avión en un espacio mínimo. También me asaltaron otros vagos recuerdos, como su vínculo con la fracasada operación de invasión de Bahía de Cochinos en Cuba, en 1961, sus actividades anticastristas y sus frecuentes discursos sobre patriotismo y anticomunismo ante grupos de veteranos. El nombre de David Ferrie era muy conocido en Nueva Orleans.

Pronto, uno de mis ayudantes de la fiscalía, Herman Kohlman, volvió con sorprendentes noticias. Supo que Ferrie había hecho un precipitado viaje a Texas justo cuarenta y ocho horas antes, es decir, el mismo día del asesinato. La fuente que Kohlman había verificado como fiable era el hombre a quien Jack Martin se había confiado tras su incidente con Guy Banister. Martin había comentado a esta fuente sus oscuras sospechas sobre el precipitado viaje de Ferrie a Texas.

Un examen rutinario de los archivos sacó a la luz un informe de la policía basado en una querella contra Ferrie. La querella, un delito menor, no prosiguió, pero sirvió para proporcionarnos la dirección de Ferrie en la avenida Louisiana. Envié a

Frank Klein y al equipo de investigadores al lugar. En la descuidada madriguera que tenía Ferrie como apartamento encontraron varios rifles del ejército, cargadores, cantimploras militares y equipos de camuflaje. De la pared colgaba un gran mapa de Cuba. Para aumentar la confusión, había dos jóvenes esperando el regreso de Ferrie. Dijeron que Ferrie había ido a Texas en su coche a primera hora de la tarde del viernes, aproximadamente una hora después del asesinato.

Esta cuestión se confirmó posteriormente gracias a otros testigos que vieron a Ferrie en Nueva Orleans, poco después del mediodía del día 22 de noviembre. Esto significaba que, probablemente, Ferrie no era el piloto que debía ayudar a escapar al asesino, tal como sospechaba Jack Martin. Pero ello no demostraba que no tuviera ninguna relación con el asesinato.

Dejé una guardia permanente en torno al apartamento para esperar su regreso. El lunes por la mañana apareció Ferrie por mi oficina para responder a mis preguntas. Estaba vestido, como de costumbre, como si hubiera atravesado, disparado por un cañón, un almacén del Ejército de Salvación. Cada detalle de su aspecto resultaba tan desconcertante como cuando lo había visto por última vez en la calle Carondelet en 1962. Negó haber conocido jamás a Lee Oswald pero admitió que había viajado a Houston a primera hora de la tarde del viernes.

Teniendo en cuenta su alarde de seguridad en nuestro último encuentro, ahora parecía sumamente intranquilo y nervioso. A medida que hablaba, su historia se volvía más absurda. Por ejemplo, cuando le pregunté por los motivos de su salida de Nueva Orleans sólo una hora después del asesinato, respondió que se había ido a Houston a patinar sobre hielo. Cuando le pregunté por qué había elegido uno de los días más tormentosos en muchos años para hacer ese viaje a patinar sobre hielo, no ofreció una contestación adecuada.

Después supimos que en la pista de hielo no se puso en ningún momento los patines, sino que empleó su tiempo en hacer y recibir llamadas telefónicas. También supimos después que Ferrie continuó su viaje desde Houston hacia Galveston, en Texas, donde Jack Ruby le llamó la noche antes de disparar y matar a Lee Oswald. No es necesario decir que estos detalles difícilmente pudimos sonsacárselos a Ferrie cuando le pregunté sobre los mismos.

A partir de sus respuestas no pude establecer ninguna conexión entre Ferrie y el asesinato, pero concluí que era necesario hacer ulteriores investigaciones acerca de este extraño individuo y de su curioso horario para salir de juerga. Ordené a mis investigadores que lo llevaran a la comisaría de policía del primer distrito para que lo ficharan y detuvieran hasta ser interrogado por el FBI.

Estaba seguro de que una investigación del FBI sobre David Ferrie y otros aspectos, incluso aquellos remotamente vinculados con el asesinato del presidente, sería exhaustiva. Esta fe probablemente era típica de muchos norteamericanos en 1963. Sin embargo, en mi caso era especialmente intensa por mi pasado. Mi padre había sido fiscal, al igual que su padre lo fuera antes que él. Por ello tenía, por ósmosis o por acumulación, un respeto adquirido a la ley.

Thomas Jefferson Garrison, mi abuelo paterno, había sido asesor jurídico general de los Ferrocarriles del Noroeste, con sede en Chicago. Uno de los miembros de su equipo —un joven abogado llamado Clarence Darrow— desagradó mucho a mi abuelo por su rebeldía ante algunas de las más rígidas censuras de la ley. Me explicaron que el abuelo Garrison respiró tranquilo cuando Darrow renunció como miembro del equipo legal de los ferrocarriles para representar al dirigente socialista Eugene Debs. Darrow, muy conocido en la actualidad, se convirtió en uno de los abogados más importantes. Ironías del destino, aun teniendo en cuenta lo mucho que yo admiraba a mi abuelo, desarrollé un gran respeto por la paralela habilidad de Darrow como abogado y por su pasión por la justicia. Quizá por este motivo, y también por su relación con mi abuelo, uno de mis hijos se llama Darrow.

Mi abuelo materno, William Oliver Robinson, fue un hombre muy patriótico. Provenía de una importante familia irlandesa y medía 2,21 metros (sus dos hermanos medían cada uno 2,13 metros). No tenía paciencia para los estúpidos o para cualquiera que no quisiese que Estados Unidos de

América fuese el país más grande del mundo. Afortunado en negocios inmobiliarios y carboníferos, caminaba erguido como una estaca y tenía un magnífico bigote estilo fin de siglo. Vestía con gran elegancia haciéndose enviar los trajes por un sastre de Nueva York. (Por supuesto, no había grandes almacenes de ropa masculina en aquellas fechas.)

Como miembro relevante de la comunidad de hombres de negocios de Knoxville, en Iowa, e indudablemente como uno de sus líderes, le ofrecieron representar a la ciudad cuando un importante dignatario pasó por el lugar. Dicho y hecho, se puso el traje rojo, blanco y azul del Tío Sam, incluido el sombrero hongo, para ejemplificar el patriotismo de los ciudadanos de Knoxville. Tengo una fotografía suya, vestido así y saludando al presidente William Howard Taft en el momento en que éste bajaba del tren.

Nací con este patriotismo de Knoxville en mi sangre y crecí en Nueva Orleans, pero mis años de formación transcurrieron entre los militares. Entré en el Ejército después del ataque a Pearl Harbor, con 19 años, y lo considero mi familia adoptiva. Después de ascender a teniente de artillería en 1942, me presenté voluntario para entrenarme como piloto de aviones «saltamontes» de reconocimiento, destinados a observar los objetivos enemigos. Después de los entrenamientos de vuelo táctico en Fort Sill, Oklahoma, me destinaron a Europa, donde realicé vuelos de combate en los frentes de Francia y Alemania.

Al igual que otros hombres de mi unidad, me convertí en piloto de artillería primordialmente por un afán de aventura. Pero también voté para apoyar al Gobierno de Estados Unidos en su afán de destruir a los nazis y al infierno que representaban. Jamás fui tan consciente de ello como cuando llegué a Dachau, el día después de que la infantería, apoyada por mi unidad de artillería, entrase en el campo de concentración nazi y viese los cuerpos escuálidos de los prisioneros muertos de hambre, alineados en altas pilas, donde esperaban ser introducidos en el horno crematorio con sus grandes y pesadas chimeneas de ladrillo cubiertas de hollín.

Durante mis cinco años en el ejército en la Segunda Guerra Mundial y otros dieciocho como oficial de artillería en la Guardia Nacional, jamás sufrí decepción alguna. Para mí, el Ejército era sinónimo de Gobierno de Estados Unidos. Debo añadir que estaba en la Guardia Nacional y que aún comparaba al ejército con el Gobierno de Estados Unidos, cuando el presidente Kennedy fue asesinado y detuve a David Ferrie.

Tras mi regreso a la vida civil después de la Segunda Guerra Mundial, seguí la tradición familiar e ingresé en la Facultad de Derecho en Tulane, donde obtuve dos licenciaturas en Leyes y un máster en Derecho Civil. Poco después ingresé en el FBI. Como agente especial en Seattle y Tacoma, quedé muy impresionado por la eficacia y competencia de la organización. Sin embargo, me aburrí de llamar a las puertas para preguntar sobre la lealtad y las relaciones de los aspirantes a un empleo en una empresa vinculada a la Defensa. Por eso decidí volver a mi profesión de abogado.

Mi llegada al puesto de la Fiscalía de Distrito de Nueva Orleans fue una casualidad. Richard Dowling, que ocupaba el cargo a finales de 1950 y principios de 1960, había sido un excelente abogado privado en litigios civiles y locales. Sin embargo, en la administración de la Fiscalía dejaba mucho que desear. Como ex ayudante de la Fiscalía, trabajo que ejercí entre 1954 y 1958, me sentía especialmente vinculado a la oficina y a lo que ocurría en ella. Cuando Dowling se presentó a la reelección en 1961, me presenté contra él junto a otros candidatos.

No tenía posibilidades de ganar, pero consideré que mi participación en las elecciones serviría de ayuda a otros que querían hacer mejor el trabajo. Para mi campaña no fui por las calles estrechando manos y palmoteando espaldas. No podía organizar mítines ni enviar circulares en mi nombre. No solicité el apoyo de ninguna organización política. Sólo hablé directamente con el pueblo por televisión. Puesto que en realidad no contaba con el respaldo de ninguna organización, salvo un puñado de amigos, insistí en aparecer solo en televisión, para enfatizar mi independencia y convertir mi falta de apoyo político en una ventaja.

Terminé mi campaña contra Dowling recibiendo el inesperado respaldo del diario local y en la segunda vuelta electoral ya figuraba en primer lugar.

Para mi sorpresa —y la de otros tantos que se

quedaron atónitos— salí elegido y tomé posesión de mi despacho como fiscal del distrito el 3 de marzo de 1962. Era la primera vez en la historia de Nueva Orleans que un funcionario público había sido elegido por la ciudadanía sin el apoyo de ninguna organización política.

En consecuencia, proporcioné a la ciudad un nuevo estilo y una auténtica independencia. Escogí a mis ayudantes en la fiscalía entre los mejores licenciados de las facultades de Derecho más próximas y entre los mejores jóvenes abogados de la ciudad. No hubo ni un solo apoyo político en mi equipo. Por ello, todos podíamos trabajar sin ninguna obligación para con individuos u organizaciones.

Tenía 43 años y era fiscal de distrito desde hacía un año y nueve meses cuando Kennedy fue asesinado. Era un patriota a la vieja usanza, marcado por mi familia, mi experiencia militar y mis años en el ejercicio de mi profesión. Jamás imaginé que el Gobierno decepcionaría a los ciudadanos de este país. Por ello, cuando el FBI dejó en libertad a David Ferrie, con sorprendente rapidez, alegando que no habían encontrado ningún vínculo entre éste y el asesinato, le creí*. Asumí que el

* En 1979, cuando el Comité Especial sobre Asesinatos de la Cámara de Representantes anunció sus conclusiones, según las cuales el presidente Kennedy probablemente fue asesinado «como consecuencia de una conspiración», reconoció que uno de los posibles indicios de la misma fue la aparente asociación de Lee Oswald con David Ferrie en Nueva Orleans.

FBI había examinado el viaje de Ferrie a fondo y no había hallado nada de importancia. Me molestó que un agente especial destacado en Nueva Orleans comentase que la detención de Ferrie no había sido una idea del FBI, sino de la Fiscalía de Distrito. Fue una observación sin precedentes de un representante oficial de la ley sobre otro.

Yo habría esperado un comentario así del abogado de Ferrie, pero no de otro representante oficial. Estaba convencido de que el Gobierno federal y yo viajábamos en el mismo barco. Por ello, ignoré el comentario y dediqué mi atención a perseguir robos en las casas, asaltos a mano armada y otros crímenes locales.

2

EL DESPERTAR

Transcurrieron unos tres años.

Fueron años muy gratificantes para mí. Habíamos reedificado una bucólica oficina de la Fiscalía de Distrito en una afortunada y vertiginosa operación. La oficina había funcionado durante los tres años sin perder ningún caso de homicidio, y pasarían ocho años más antes de que se perdiera el primero. Las paredes rosas y las verdes tuberías de nuestro antiguo despacho habían sido reemplazadas por paneles de nogal. Asistía regularmente a las convenciones de la Asociación Nacional de Fiscales de Distrito en localidades tan interesantes como Phoenix, Las Vegas o Los Ángeles. Más a menudo de lo que hubiera querido, debía ir una vez por semana a comer a Brennan, Moran o Antoine.

Durante este tiempo, nuestros militares fueron desplegados y enrolados en la guerra del Sureste Asiático. Como muchos norteamericanos, estaba seguro de que nuestro Gobierno había enviado nuestras tropas al extranjero para llevar la democracia a Vietnam del Sur. Como muchos norteamericanos, también estaba convencido de que se había investigado completamente el asesinato del presidente Kennedy y que habían llegado a la conclusión de que se había tratado de un hecho casual realizado por un hombre que actuaba solo. Desde luego, jamás pasó por mi cabeza la idea de que la muerte del presidente Kennedy y la posterior llegada de medio millón de soldados a Vietnam estuviesen relacionadas.

Por supuesto, conocía las extrañas contradicciones acerca del asesinato. Era de dominio público que muchos de los presentes en la plaza Dealey habían oído, e incluso visto, disparar desde el montículo de hierba que estaba frente al presidente. Algunos corrieron hacia el montículo, detrás de la valla de madera que se alzaba en su cima y hacia los andenes de ferrocarril que corrían al otro lado. Pero allí fueron bloqueados por hombres que se identificaron como agentes del Servicio Secreto.

Indudablemente, hubo evidentes descuidos en el sistema de seguridad del presidente. Todos saben que la pantalla protectora de su coche fue eliminada en la limusina y vi fotografías de muchas ventanas abiertas sobre la plaza Dealey. Pero éstas, pensaba yo, eran las primeras cosas que cualquier investigación debe comprobar. Seguro que el FBI lo había hecho y, por si fuera poco, la Comisión Warren había ampliado sus investigaciones durante diez meses.

La conclusión a la que llegaron dos «pesos pesados», de que el tiroteo fue realizado por un solo hombre que actuó desde detrás del presidente, me convencía. Pero las explicaciones respecto a las actividades enfrente y en torno al montículo de hierba y en los andenes del ferrocarril eran demasiado especulativas.

Éste era mi punto de vista a finales de 1966. Estaba felizmente casado, con tres hijos (vendrían dos más) y tenía un estupendo trabajo. Me complacía mi estilo de vida y el mundo que me rodeaba. Si miro hacia atrás, debo ser más preciso y decir que estaba tranquilo debido al mundo real en que vivía.

Entonces, un día de otoño, mantuve una conversación con Russell Long, senador estadounidense por Louisiana. Surgió el tema del asesinato de Kennedy. Desde ese día recuerdo sus palabras: «Esos señores de la Comisión Warren están mortalmente equivocados —declaró con su estilo directo y brusco—. Nadie en el mundo puede creer que un hombre solo haya disparado de esa manera a Jack Kennedy.»

Me sorprendió escuchar estas palabras de uno de los más inteligentes miembros del Senado de Estados Unidos, un hombre a quien yo personalmente respetaba profundamente. Fue la primera señal que detectaba de que persistían dudas en las altas esferas acerca del asesinato de Kennedy. La fuerza de las palabras del senador Long reavivó mi curiosidad. Inmediatamente encargué la colección completa de los volúmenes de la Comisión Warren, las audiencias, los documentos y el informe de la Comisión.

Mientras esperaba la llegada de los volúmenes, busqué en la biblioteca datos referentes a cómo se había formado la Comisión Warren. Cinco días después del asesinato, el congresista por Nueva York, Charles Goodell, había propuesto que un Comité Conjunto del Congreso llevase a cabo una investigación. El Comité se formó con siete congresistas y siete senadores. Dos días más tarde, antes de que el Congreso hubiese tomado ninguna decisión respecto a la propuesta de Goodell, el presidente Lyndon Johnson anunció que él también había formado una comisión y nombrado a sus siete miembros. Para evitar cualquier acusación de arrebatar la investigación de las manos del Congreso, incluyó a dos representantes de cada cámara.

He estudiado información biográfica de cada uno de estos seleccionados. En apariencia, el grupo investigador estaba mayoritariamente formado por hombres con pasado vinculado a los servicios de Inteligencia y al Ejército. Allen Dulles había sido el director de la CIA durante nueve años. El congresista Gerald Ford era descrito por la revista *Newsweek* como «el mejor amigo de la CIA en el Congreso». El senador Richard Russell presidía el Comité de Servicios Armados en el Congreso y presidía también un subcomité de Inteligencia. John J. McCloy había estado destinado como ayudante del secretario de Guerra y como alto comisionado del Gobierno de Estados

Unidos en la Alemania ocupada tras el final de la Segunda Guerra Mundial. En la época de su adscripción a la Comisión Warren, se le consideraba el líder no oficial del *establishment* de la política exterior norteamericana*. En esa época, no vi nada cuestionable en la Comisión. No tenía ningún motivo para dudar de la honestidad o integridad de estos respetables dirigentes.

Cuando me llegaron los veintiséis volúmenes de la Comisión Warren, me sumergí en las declaraciones y documentos durante varias semanas, incluso durante las noches y los fines de semana. No era mi ideal de proyecto estimulante, pero tenía algunas razones —volviendo hacia 1963— para investigar el inesperado y extraño viaje de David Ferrie a Texas. Lee Oswald había estado en Nueva Orleans el verano antes del asesinato. Ésta era mi jurisdicción como fiscal del distrito.

Considerando las distinguidas credenciales de los miembros de la Comisión y la calidad y talla del equipo que la apoyaba, esperaba encontrar una investigación profesional y completa. No la hallé. Gran parte de la información estaba desorganizada y confusa. La Comisión no había hecho un índice adecuado de sus informes y pruebas (aunque como consecuencia de ello realizó uno Sylvia Meagher, una conocida crítica de la versión oficial del asesinato). El número de apartados prometi-

* Completando la Comisión estaban el juez del Tribunal Supremo Earl Warren, el congresista Hale Boggs de Louisiana y el senador John Sherman Cooper de Kentucky.

dos que no habían sido incluidos ofendía mi sensibilidad procesal. Quizá lo peor de todo era que las conclusiones del informe parecían basadas en una detestable lectura selectiva de las evidencias, ignorando testimonios creíbles de literalmente docenas de testigos presenciales.

La Comisión concluyó oficialmente, por ejemplo, que el asesinato de Kennedy fue cometido por un hombre que disparó desde detrás del presidente. Esto no fue simplemente crucial en la posición oficial; fue la verdad sacramental.

En mi lectura pronto descubrí que las declaraciones de muchos de los testigos de la plaza Dealey no concordaban con la explicación oficial del asesinato del presidente. Visualicé la escena de la plaza Dealey*. La comitiva motorizada acababa de girar majestuosamente a la izquierda desde la calle Houston y enfilaba hacia el oeste por la calle Elm. En este momento, en el que el presidente estaba erguido, el Almacén de Textos Escolares de Texas, desde donde Oswald disparó según la versión de la Comisión Warren, quedaba detrás de él, a su lado derecho. Delante del presidente, un poco a la derecha, se alzaba el montículo de hierba con una valla de madera en la cima, creando una pequeña barrera, a lo largo de la cual crecía una hilera de pequeños árboles. También en el lado derecho, pero más cerca del presidente, se levantaban unos arcos de hormigón. Todo ello estaba en una terraza alta, sobre el arcén cubierto de

* Véase el mapa en páginas 12 y 13.

hierba que caía hacia la calle Elm. Unos cuantos testigos recalcaron repetidamente la existencia de extrañas actividades en el área del montículo de hierba situado frente al presidente, en el momento del atentado. Por ejemplo, una hora antes del asesinato, Julia Ann Mercer, una empleada de Automat Distributors, conducía hacia el oeste, pasado el montículo de hierba en la calle Elm. Atascada en el tráfico, quedó detenida junto a una camioneta aparcada en la curva. Vio bajar de ella a un hombre joven, con un rifle en un estuche, que trepó hacia el montículo. Según pude corroborar mucho más tarde, ella explicó este incidente el día después del asesinato en la oficina local del FBI y en la del sheriff. Pero, cosa rara, Julia Ann Mercer jamás fue interrogada por investigadores del equipo de la Comisión Warren.

Lee Bowers, el guardagujas de la estación de ferrocarril, disfrutaba de una excelente vista del montículo de hierba desde su torre acristalada, que se elevaba más de cuatro metros por encima de las vías. Según su declaración, unos cuantos minutos antes de que empezase el tiroteo, empezó a observar que dos hombres a quienes no reconoció estaban detrás de la valla del montículo, mirando cómo se aproximaba la comitiva. Poco antes vio a un desconocido que conducía un coche alrededor de los andenes, detrás de la pequeña colina. El hombre parecía estar hablando por un micrófono manual.

En su declaración jurada ante la oficina del sheriff, J. C. Price, un trabajador de la construcción de

Dallas, dijo que siguiendo la secuencia de los disparos, «vio a un hombre que corría hacia los vagones de pasajeros situados en los aparcaderos del ferrocarril... llevaba algo en la mano. No estoy seguro, pero podía haber sido un arma».

Algunos de los testigos, que contradicen las conclusiones de la Comisión Warren, no sólo oyeron disparos procedentes de la línea de la valla, sino que también vieron salir de entre el grupo de árboles humo de disparos de rifle. Al igual que J. C. Price, un importante número de testigos tenía la impresión de que, tras el tiroteo, unos hombres que estaban en el montículo habían corrido hacia las vías de ferrocarril que se extendían detrás. Joseph Smith, un oficial de policía motorizado que escoltaba al presidente, corrió por el césped en dirección a la valla de la cima del montículo.

S. M. Holland, el supervisor de señales del terminal de la Unión de Ferrocarriles, describió el tiroteo de esta forma:

> Oí una tercera explosión y conté cuatro tiros y [...] en este grupo de árboles [...] allí se produjo el tiroteo, una explosión, no sé si fue un disparo. No podría asegurarlo. Salió una humareda, aproximadamente unos dos metros por encima del césped, debajo de aquellos árboles. [...] No tengo ninguna duda de haber visto esa humareda viniendo de debajo de esos árboles. [...] Definitivamente, vi la humareda y oí la explosión debajo de esos árboles.

O. V. Cambell, presidente del Almacén de Textos Escolares de Texas, declaró que el tiroteo «procedía del área de hierba, hacia ahí abajo», indicando la dirección hacia la que se encabezaba la comitiva tras pasar ante el Almacén de Textos. Añadió: «Oí disparos procedentes de un punto cercano a las vías del ferrocarril...»

James Trague, un vendedor de coches de Dallas que resultó herido con un corte en la cara, quizá causado por una bala perdida, dijo: «Mi primera impresión fue que desde arriba, desde lo que llaman el monumento o lo que sea, alguien estaba lanzando disparos... y la policía corrió trepando hacia allí...»

Billy Lovelady, un empleado del Almacén de Textos que había comido en las escaleras frontales del edificio, reconoció que los disparos procedían de «la derecha, allí, alrededor del pequeño pilar de cemento en el montículo, entre el paso subterráneo y el edificio a la derecha del montículo».

Abraham Zapruder, que se hizo famoso por la película de aficionado que filmó del asesinato, estaba en ese bloque de cemento en el montículo de hierba, con la espalda contra la valla de madera. Describió a los oficiales de policía que corrieron por su lado, dirigiéndose hacia la parte posterior del montículo. Cuando se le preguntó de dónde venían los disparos, añadió: «Yo también creo que venían de detrás de mí.»

Forrest Sorrels, jefe local del Servicio Secreto, estaba caminando en la cabecera de la comitiva. Declaró que cuando oyó los disparos, «un poco demasiado ruidosos para ser explosiones», miró hacia «esa parte de la terraza, porque el sonido sonó como si procediera de arriba y de la parte de atrás [de la valla], en esa dirección».

William Newman, un ingeniero de diseño de Dallas, observó el desfile con su familia, desde la curva, en el extremo del montículo de hierba, a corta distancia frente a la valla de madera. Newman declaró:

> Estábamos en la esquina de la curva mirando el coche que venía hacia nosotros y súbitamente se oyó un ruido, aparentemente un disparo de arma. El presidente saltó de su asiento; parecía, pensé, como si hubiera habido una explosión y él [el presidente] hubiera pensado lo mismo. Fue justamente como una explosión y él estaba de pie, erguido. En ese momento quedaba justo frente a nosotros y lo estaba viendo directamente cuando fue alcanzado en el lado de la cabeza. Luego nos tiramos sobre la hierba porque parecía que estábamos en la trayectoria del fuego. Me pareció que los disparos venían del jardín que estaba justo detrás de mí... No recuerdo haber mirado hacia el Almacén de Textos Escolares de Texas. Miré hacia atrás, hacia las proximidades del jardín.

L. C. Smith, de la oficina del sheriff, estaba en la calle Mayor cuando oyó los tiros. Corrió «tan rápido como pude hacia la calle Elm, justo al oeste de Houston». Allí encontró a una mujer que le dijo que «el presidente ha sido tiroteado en la cabeza y los disparos procedían de la valla en el lado norte de la calle Elm», refiriéndose a la valla del montículo de hierba.

Malcolm Summers, propietario de un servicio local de correos, resaltó el momento en que terminó el tiroteo:

> Entonces la gente empezó a correr hacia la parte superior de la terraza. Todo el mundo corría alrededor y hacia las vías del tren y pensé que allí arriba habían atrapado a alguien...

Una mujer, Jean Hill, en efecto, persiguió a uno de los hombres. Admitió que no estaba segura de qué habría hecho si lo hubiera atrapado. Según declaró, ella vio que el hombre se dirigía «hacia las vías del ferrocarril, al oeste».

Según la explicación de Hill, los andenes del ferrocarril —hacia arriba, delante y a la derecha del lugar donde fue alcanzado el presidente— eran sin duda el destino del hombre que corría desde el lugar del asesinato. Volví otra vez al testimonio de Lee Bowers, el guardagujas, y estudié la respuesta a las preguntas referentes a la cuestión formuladas por el abogado Joseph A. Ball, de la Comisión Warren:

BALL: Después de lo que pasó, ¿una buena parte de la gente subió por el césped hacia la parte alta, junto a la torre?

BOWERS: La mayoría de la gente venía de más de una dirección. Un grupo convergió desde la esquina de Elm y Houston; bajaron por la extensión de Elm y entró en la zona alta de césped. Otra fila, un grupo numeroso, vino a través del área triangular entre Houston y Elm; cruzaron Elm y subieron por el declive. Algunos de ellos llegaron hasta arriba. Muchos lo hicieron, por supuesto siempre que pudieran pasar entre cincuenta y cien policías en un máximo de cinco minutos.

BALL: ¿Está esa zona alrededor de su torre?

BOWERS: En efecto. Bordea el exterior del área y yo pude detener los trenes hasta que ellos los examinaran. Pero hubo varios pasajeros que tomaron al menos un tren.

BALL: Creo que esto que me ha contado lo dijo antes de que se le tomara declaración, ¿no es así?

BOWERS: Sí.

BALL: ¿Quiere usted decírme algo más que yo no le haya preguntado?

BOWERS: Nada que yo pueda recordar. [Dicho con énfasis.]

El hecho de que al menos uno de los trenes de los andenes fuera detenido por el guardagujas y el que esos «pasajeros» pudieran alcanzarlo debería alertar a cualquier buen fiscal. Sin embargo, el imperturbable abogado de la Comisión cambió rápidamente de tema, según advertí, cortando toda posterior discusión sobre la cómoda salida por tren de aquellos hombres desconocidos.

Detecté otra maniobra legal idéntica cuando el

sargento D. V. Harkness, el oficial encargado de buscar en los trenes que partían, declaró en respuesta a las preguntas del abogado David Belin de la Comisión Warren:

HARKNESS: Regresaba hacia el frente, con el inspector Sawyer, para ayudarlo a hacer retroceder primero a la multitud. Entonces, el inspector me indicó algunos vagones de mercancías que estaban saliendo de los andenes y me señaló que bajara y registrara todos los vagones de carga que estaban saliendo.

BELIN: ¿Entonces qué hizo usted?

HARKNESS: Bueno, efectuamos un buen registro de los que estaban allí y sacamos mucha gente de ellos y la llevamos hacia la estación.

BELIN: ¿Se refiere a pasajeros?

HARKNESS: Vagabundos y pordioseros.

BELIN: ¿Estaban en el vagón de mercancías?

HARKNESS: Sí, señor.

BELIN: ¿Entonces qué hizo usted?

HARKNESS: Ésa fue toda mi tarea, porque ellos hicieron detener dos grandes vagones de mercancías que salían, según supe, en toda el área. Teníamos a varios oficiales trabajando en la zona.

BELIN: ¿Usted sabe si se encontró a algún sospechoso allá abajo en los andenes?

HARKNESS: Sí, señor. Hicimos varios arrestos y puse a varias personas dentro.

BELIN: ¿Eran de esas que usted llama vagabundos y pordioseros?

HARKNESS: Sí, señor.

BELIN: ¿Fueron interrogados todos?

HARKNESS: Sí, señor; los llevamos a la estación y los interrogamos.

BELIN: ¿Encontraron algún tipo de arma?

HARKNESS: No, que yo sepa.

BELIN: Tengo que volver hacia atrás, hacia este Amos Euins. ¿Usted recuerda qué le dijo y qué le respondió usted cuando lo vio por primera vez? [Dicho con énfasis.]

Este cambio me llamó poderosamente la atención. Allí, el abogado Belin acababa de hablar de varios extraños que utilizaban trenes que partían para dejar el área, cuando el presidente acababa de ser asesinado. En vez de profundizar sobre esto, siguió con dos preguntas de trámite y cambió de tema. «Amos Euins», otro testigo, no tenía ninguna relación con la actividad alrededor del montículo de hierba y el interesante acontecimiento de los trenes que salían en ese momento. Belin no preguntó al sargento Harkness más detalles acerca de los hombres arrestados, sobre todo quién los había visto cuando fueron «llevados a la estación e interrogados». Jamás quedó rastro de estas detenciones e interrogatorios en la oficina del sheriff de Dallas, ni en el Departamento de Policía de Dallas. Tampoco había, por lo que yo alcancé a averiguar, mención alguna de sus nombres en ningún lugar de los veintiséis tomos de la Comisión Warren.

Tampoco se siguió nunca la igualmente intrigante evidencia por la que, al parecer, hubo varios hombres que se hacían pasar por agentes del Servicio Secreto en torno a la zona de los andenes de ferrocarril.

Joe M. Smith, el oficial de tráfico en el cruce de las calles Elm y Houston a quien una mujer le dijo que el tiroteo venía «de los arbustos», dejó el área donde había sido destinado y subió por el montículo hacia la valla de la cima. Éste es su relato, contestando a las preguntas del abogado Wesley J. Liebeler de la Comisión Warren:

> SMITH: ... Había varios ayudantes del sheriff conmigo y creo que un hombre del Servicio Secreto también estaba allí. Me sentía terriblemente estúpido, ya que después del tiroteo y de esa mujer, saqué la pistola de la cartuchera. Entonces pensé: «Esto es estúpido, yo no sé a quién estoy buscando», y volví a enfundarla. Justamente cuando lo hice, él me mostró que era un agente del Servicio Secreto.
>
> LIEBELER: ¿Pudo usted acercarse a ese hombre?
>
> SMITH: Bueno, él me vio cuando me dirigía hacia él con mi pistola y en ese momento se identificó.
>
> LIEBELER: ¿Usted recuerda quién era?
>
> SMITH: No, señor, yo no...

Sin embargo, según el informe de la Comisión Warren, todos los agentes del Servicio Secreto asignados a la comitiva habían ido con ella a lo largo de la ruta hacia el hospital. El Servicio Secreto, según consta en sus informes grabados, sólo tenía un hombre en este escenario del asesinato, todos los demás caminaban junto a la comitiva —y todos ellos se fueron en cuestión de minutos—. Esto significa que o bien el Servicio Secreto estaba mintiendo o que el hombre que el oficial Smith encontró no era en realidad un agente del Servicio Secreto.

El testimonio del sargento Harkness revelaba que, cuando él llegó a la parte trasera del Almacén de Textos (antes de su búsqueda en los andenes del ferrocarril), «había allí algunos agentes del Servicio Secreto. No pude identificarlos. Ellos me dijeron que eran agentes del Servicio Secreto». Por lo que dice Harkness, sin embargo, se deduce que aparentemente no había sólo uno, sino bastante gente que pretendía ser miembro del Servicio Secreto en un área donde supuestamente no había ninguno.

Esto no terminó con el oficial Smith y el sargento Harkness. Me encontré con que Jean Hill, que persiguió a un hombre que corría desde el lugar de la escena, fue interceptada en el aparcamiento situado detrás de la valla del montículo. El sujeto, que vestía un traje de hombre de negocios, levantó su identificación del Servicio Secreto para que ella la viera. Mientras se desarrollaba esta interrupción, el hombre a quien perseguía se esfumó.

A pesar de estos indicios, de que varios hombres pudieron haberse identificado de forma falsa como agentes del Servicio Secreto o bien que el Servicio Secreto no tenía ni idea de dónde estaban en realidad sus hombres, la Comisión Warren y su equipo simplemente pasaron por alto el asunto.

Mientras leía, me daba cuenta de que la Comisión Warren y su equipo no eran los únicos en realizar estas manipulaciones tan poco ortodoxas sobre la investigación. El Departamento de Policía de Dallas, que cerró sus libros sobre el caso de forma casi inmediata, también efectuó una investigación muy irregular. Por ejemplo, después de su detención, Lee Harvey Oswald fue interrogado mientras estaba bajo la custodia del capitán Will Fritz, jefe de la División de Homicidios de la policía de Dallas. Como procurador, yo sabía que las grabaciones de tales interrogatorios se hacen por rutina, incluso en casos de delitos menores. Bien, según lo que leí de las audiencias de la Comisión Warren, el presunto asesino del presidente de Estados Unidos había sido interrogado durante un total de doce horas, sin que se hubiera grabado ninguna cinta ni un estenógrafo tomara notas. Tampoco había ningún fiscal presente. La ausencia de cualquier grabación del interrogatorio de Oswald revelaba una violación de los derechos constitucionales básicos que me resultaba muy extraña. Esto no podía ser por mero descuido, pensé. Un oficial de policía con treinta años de experiencia, como era el capitán Fritz, tenía que estar enterado de que cuanto dijera Oswald en esas circunstancias sería inadmisible en cualquier proceso posterior.

En mis lecturas, me sorprendió también ver con cuánta rapidez había clausurado el FBI sus investigaciones, llegando en cuestión de semanas a la conclusión de que Lee Oswald era el asesino solitario. A juzgar por la gran cantidad de cabos sueltos que fui encontrando en las declaraciones y pruebas de la Comisión Warren, una conclusión tan rápida parecía incomprensible.

A medida que iba leyendo, más claro aparecía que todas las investigaciones oficiales del Gobierno acerca del asesinato habían ignorado sistemáticamente todas las evidencias que podían conducir a una conclusión distinta a la de que Lee Oswald era el único asesino. Al principio, yo no sabía qué hacer con esto, así que me limité a seguir leyendo. Entonces, un viernes por la noche, me descubrí a mí mismo revisando el testimonio del teniente coronel Allison G. Folsom jr., quien estaba leyendo en voz alta un informe de entrenamiento de Oswald. Él describía el título que Oswald había recibido en un examen de ruso en la base de marines de El Toro, en California, muy poco antes de su publicitada defección a la Unión Soviética.

¡Examen de ruso! Mis oídos se pusieron muy alerta.

En todos mis años de servicio militar durante la Segunda Guerra Mundial —ni después—, yo nunca había realizado un examen de ruso. La declaración del coronel Folsom concerniente a que Oswald había realizado un mal examen, ya que sólo obtuvo una ventaja de dos palabras rusas correctas sobre las incorrectas, no significaba nada*. Yo no habría podido identificar ni una sola palabra rusa correcta. En 1959, cuando Oswald realizaba su examen, yo era oficial de mando en la Guardia Nacional, en un batallón integrado por cientos de soldados. Ninguno de ellos había tenido que demostrar jamás cuánto ruso sabía. Aquella noche de 1966 en que yo leía la declaración del coronel Folsom, aún estaba en el servicio militar —entonces como mayor— y no podía recordar que nunca se hubiera exigido a un simple soldado raso que demostrase cuánto ruso había aprendido.

Por lo general, los soldados no están para aprender ruso, como tampoco aprenden filosofía, música o literatura, si realmente forman parte de la rama de combate a la que están asignados. Los testimonios e informes del Gobierno habían descrito a Oswald como un marine destinado a la vigilancia antiaérea. Un soldado genuinamente adscrito a la vigilancia antiaérea debe saber tanto ruso como pijamas debe tener un gato.

No leí más esa noche. Tenía que digerir esta primera indicación de que Lee Oswald —al menos, en 1959— había recibido entrenamiento de Inteligencia. Yo sabía, como cualquiera con alguna experiencia militar, que la actividad de Inteligencia de los marines estaba dirigida por la Ofici-

* Me recuerda al hombre que dijo que su perro no era muy inteligente, porque él le ganaba en tres de cada cinco partidas cuando jugaban al ajedrez.

na de Inteligencia Naval (ONI). Asombrado y preguntándome qué posible relación pudo haber entre la ONI y Lee Harvey Oswald, me fui a la cama. No pude dormir mucho esa noche.

A la mañana siguiente, me dirigí hacia la parte baja de la ciudad, ese sector descuidado y sórdido donde se emplazaba el número 544 de la calle Camp. Yo había anotado semanas antes esta dirección mientras leía los legajos de los volúmenes de la Comisión Warren. Estaba impresa con un pequeño sello* en alguno de los materiales que Oswald había repartido por las calles de Nueva Orleans durante el verano de 1963. Oswald había sido fichado por participar en varios incidentes causados al distribuir panfletos. En uno de ellos, el 9 de agosto, se vio envuelto en una pelea en la calle Canal con varios cubanos anticastristas y fue detenido. La Comisión Warren había deducido de esta y de otras evidencias que Oswald era, aunque en solitario, un dedicado y ostensible comunista que se había unido al Comité Juego Limpio para Cuba en apoyo de Fidel Castro.

Debido a varias incongruencias, esta explicación fácil no me pareció totalmente acertada. Para empezar, yo sabía que Oswald había estampado la dirección del número 544 de calle Camp sólo en

* El sello, encontrado después de su muerte entre las posesiones de Oswald, era del tipo de diez centavos que se encuentra en cualquier tienda.

sus folletos del 9 de agosto. No aparecía en los panfletos que había distribuido después. Necesitaba echar un vistazo de primera mano al lugar.

Rodeando la esquina de la plaza Lafayette, encontré el número 544 de la calle Camp localizado en una pequeña construcción grisparduscа que imitaba sin éxito a los edificios de bloques de granito. Esta modesta vivienda se conocía, según supe más tarde, como el Edificio Newman, por su anterior propietario. La entrada del 544 se abría a unas escaleras que conducían al primer piso.

Había algo familiar en ese edificio y me tomé unos instantes para refrescar la memoria. Entonces volví la esquina, pasé por donde estaba antes el pequeño restaurante Mancuso's y avancé otros pocos pasos calle Lafayette abajo, hacia la otra entrada del edificio. Allí me vi mirando hacia la puerta de la que había sido en 1963 la entrada a las escaleras que conducían, cosa que ya sabía, al despacho del detective privado de Guy Banister. Situada en el número 531 de la calle Lafayette, la puerta tenía grabada la inscripción «Guy Banister Associates, Inc. Investigators». Así, ambas entradas —el 544 de Camp y el 531 de Lafayette— llevaban al mismo sitio. Curiosamente, el nombre de Guy Banister, que había surgido tres años antes, volvía otra vez a la superficie.

Banister había muerto en 1964 —unos nueve meses después del asesinato—, pero ahora se me ocurrió por qué el número 544 de la calle Camp aparecía en el material de Oswald solamente un día. Alguien —probablemente Banister o uno de sus asociados— había ordenado a Oswald que no usara esa dirección en los siguientes folletos. Una pequeña sorpresa. Difícilmente Guy Banister podía ver con agrado que el joven ex marine estampara su dirección en literatura procastrista.

Aunque no permaneció en el FBI, Banister compartía los sentimientos de J. Edgar Hoover. Yo sabía que él estuvo involucrado en actividades anticomunistas de todo tipo. Un joven fiscal, con quien yo jugaba al ajedrez frecuentemente en el Club de Ajedrez Nueva Orleans, me había contado que Banister lo había contratado, cuando era estudiante de facultad, para descubrir organizaciones radicales, e incluso liberales, en el campus, unirse a ellas y actuar como infiltrado. Yo supe más tarde que Banister era un dirigente de la Liga Anticomunista del Caribe. Había oído hablar de ese grupo ultraderechista a uno de sus compañeros en la organización, un fiscal llamado Maurice Gatlin, que vivía en el edificio de apartamentos Clairborne Towers cuando yo residía allí.

Sabiendo ahora que la oficina de Guy Banister era el cuartel general desde donde había operado Oswald, comencé a entender algunas cosas acerca del panfletero de orientación marxista. Siempre que Oswald iba a distribuir folletos procastristas, por ejemplo, se dirigía regularmente a una oficina local de empleo y contrataba a gente para que lo ayudara en su labor de distribuir octavillas. Descubrí esto en las fotos de los periódicos locales, cuando me di cuenta de que uno de los jóvenes que repartían hojas con Oswald se parecía mucho al hijo de uno de mis destacados oficiales de artillería de la Guardia Nacional. Llamé a Charles Steele y comprobé que en efecto se trataba de su hijo, Charles jr. Entrevistamos al joven Charles y descubrimos que Oswald le había pagado dos dólares por hora, a él y a otros, para que lo acompañaran a distribuir panfletos. Oswald les había dicho que debían hacerlo hasta que se fueran los reporteros gráficos, y que después quedaban libres. Este método de reclutamiento es altamente improbable en un grupo marxista. La mayor parte de esos grupos tiene miembros para repartir panfletos, pero no dinero. El Comité Juego Limpio para Cuba, de Oswald, por lo visto no tenía más miembros que él mismo, pero, contra toda lógica, disponía de bastante dinero para contratar a gente sin empleo.

Ésta fue la primera evidencia que encontré de que Lee Oswald no había sido ni un «comunista» ni un «marxista» de ningún tipo. Lo que parecía considerablemente más probable, ahora que había visto el tinglado de la calle Camp 544, era que Guy Banister —o alguien asociado a él— hubiera utilizado a Oswald como agente provocador. Para qué propósito y bajo las órdenes de quién, sigue constituyendo un misterio.

Si Oswald había estado trabajando ese verano bajo la tutela de Banister, reflexioné, eso ayudaría a explicar otros puntos extraños que había descubierto en mi lectura. Según el informe de la Comisión Warren, cuando Oswald fue detenido el 9 de agosto en la calle Canal y llevado a la comisaría de policía, inmediatamente pidió ver a un agente del FBI. Oswald fue separado de los otros detenidos y llevado a una sala privada donde habló con el agente especial John Quigley, de la oficina local del FBI. Después, el agente Quigley quemó las notas que había tomado durante esa entrevista. Esto es contrario al procedimiento habitual del Bureau. Por lo general, tales notas se guardan en el archivo de la oficina, con los informes del caso. Este tratamiento especial para un comunista vociferante parece inexplicable, a menos que en realidad Oswald trabajase con Guy Banister, un ex alto oficial del FBI, que pudo haberlo arreglado todo fácilmente*.

Aproximadamente una semana antes de la detención de Oswald en la calle Canal, recordé, alguien consiguió que participara en un debate radiofónico en la emisora WDSU. El tema era, a grandes rasgos, capitalismo *versus* comunismo. Oswald representó la posición izquierdista y a su debido tiempo se presentó a sí mismo en el programa grabado como un marxista. Después del asesinato de Kennedy, y menos de una semana después de que Oswald fuera a su vez asesinado, se enviaron copias de la grabación a los miembros del Congreso, como prueba concreta de que un comunista había asesinado al presidente.

Me pregunto si pudo ser Banister o alguno de

* Después de que Oswald se fue a Dallas, el Bureau también transfirió provisionalmente a Dallas al agente especial Quigley.

sus asociados quien organizó la participación en el debate y la grabó. ¿Sería Banister quien envió las cintas al Congreso? Si Oswald estaba trabajando bajo la dirección de Banister ese verano, estaba claro que ni sus panfletos ni su debate por radio intentaban convertir a nadie a la causa del marxismo. Más bien pretendía cumplir un único objetivo: crear un perfil público que mostrara claramente a Lee Harvey Oswald como un comunista.

Me giré desde la vieja oficina de Banister y miré a lo largo de la calle Lafayette, donde se levanta el edificio de la oficina de Correos, el U.S. Post. Ocupaba una manzana entera de la ciudad y se veía majestuoso e intemporal en contraste con las decadentes construcciones de los alrededores. El edificio alojaba a la oficina de operaciones del Servicio Secreto en Nueva Orleans. Y, según recordaba, escaleras más arriba estaban los cuarteles generales en Nueva Orleans de la Oficina de Inteligencia Naval*, la organización que había estado dando vueltas en mi cabeza, la noche anterior, en relación con el entrenamiento de Inteligencia del marine Oswald. ¿Es sólo una coincidencia —me pregunté— que Guy Banister, que había comenzado su carrera en la Segunda Guerra con el ONI, haya escogido un despacho en la misma

* Esto lo supe antes por Guy Johnson, largo tiempo procurador en la oficina del fiscal del distrito y un amigo que trabajó en la Inteligencia Naval en la Segunda Guerra y, por consiguiente, en la reserva de la ONI; Johnson iba allí frecuentemente.

calle que sus antiguos patrones? Algo más que una mera coincidencia, supuse, era la localización de su anterior oficina de detective privado, directamente al otro lado de la calle donde estaban las oficinas en Nueva Orleans de la CIA y el FBI.

Caminé calle abajo por Lafayette, hacia el río Mississippi, para observar otras dos direcciones en la manzana 600 de la calle Magazine, que había anotado durante mi lectura sobre los movimientos de Oswald. Una era la Compañía Cafetera Reily, donde Oswald había sido registrado como empleado en 1963, muy poco antes de que emergiera en las calles de la ciudad repartiendo circulares que llamaban a jugar limpiamente con Fidel Castro. Habría que ser prácticamente un forastero en la ciudad para no saber que William Reily, el presidente de la compañía cafetera, había apoyado durante años los movimientos anticastristas. Mientras caminaba alrededor del pequeño edificio de la compañía cafetera, me preguntaba si en realidad Lee Oswald había trabajado allí como «operario segundo de lubricación», según indicaban los registros de la compañía, o si la empresa había sido simplemente una tapadera, en espera del momento en que debía asumir plenamente su misión como agente provocador para Guy Banister.

Deambulé hacia la siguiente puerta con la otra dirección que deseaba comprobar, el garaje Crescent City. Según su operador, Adrian Alba, Lee Oswald había pasado allí mucho tiempo cuando, aparentemente, trabajaba en la empresa Reily*. En su testimonio ante la Comisión Warren, Alba describió el interés de Oswald por las revistas de armas que allí había.

No resulta sorprendente que hubiera allí varias revistas de armas que Oswald podía examinar. Ese garaje no era exactamente una sala de reuniones de los Jóvenes Socialistas. Al contrario, fue durante años el aparcamiento oficial de los cuarteles locales de la Oficina Federal de Investigaciones (FBI). Ahora, desde que el Bureau se había trasladado hacía poco a sus nuevas oficinas de la avenida Loyola, el Crescent City Garaje era aún el aparcamiento exclusivo de la Oficina de la Inteligencia Naval y del Servicio Secreto. Además, quedaba a pocas manzanas de las oficinas de la Agencia Central de Inteligencia (CIA), situadas en el edificio gris oscuro conocido como Templo Masónico, en el 300 de la avenida St. Charles**.

Considerando la proximidad que mantienen sus miembros entre sí, no es de sorprender que se refieran a sí mismos como la Comunidad de Inteligencia. Por ello, me parece que un hombre que

* Después, Alba declaró algo más que las visitas de Oswald al garaje. En 1978, ante el Comité Especial sobre Asesinatos de la Cámara de Representantes, manifestó que había «visto a menudo a Oswald en el restaurante Mancuso's, en la primera planta del número 544 de la calle Camp». El Comité concedió que David Ferrie y Guy Banister fueron también clientes del Mancuso's.

** A principios de los años sesenta el FBI estaba también en el Templo Masónico.

pretende matar al presidente ha de ser excesivamente negligente para escoger el complejo de la Comunidad de Inteligencia del Gobierno de Estados Unidos como lugar donde pasar su tiempo libre poco antes de su golpe solitario.

En la mayor parte de los países, bajo tales circunstancias, se habría comenzado una investigación con la hipótesis de trabajo de que la Comunidad de Inteligencia en Nueva Orleans había utilizado a Lee Oswald como un agente provocador. De entrada, su extravagante y exagerado perfil como «partidario» de Fidel Castro habría sido entendido en ese contexto.

Sin embargo, estaba claro a través de mis lecturas que, en los años que han transcurrido desde el asesinato de Kennedy, los investigadores federales nunca miraron en las direcciones más obvias. De forma similar, los más altos funcionarios del Gobierno de Estados Unidos parecieron ignorar siempre el concepto de agente provocador.

Mientras volvía a mi casa, aquel día comprendí que tenía muchos problemas que resolver. La aplicación de cada modelo razonable a las evidencias válidas me había llevado a una conclusión inquietante. Era la aparente posibilidad de que existiera una relación previa entre el hombre retratado como el asesino solitario del presidente Kennedy y la Comunidad de Inteligencia del Gobierno estadounidense.

3

JUEGOS DE GUERRA

Tres años antes, nuestra buena suerte al tropezarnos de frente con David Ferrie se había frustrado con la afirmación del FBI de que no era necesario investigarlo. Parecía ahora que la mejor forma de recomenzar era localizar la fuente original de la información referente a que Ferrie había viajado a Texas el día del asesinato.

A primera hora de la mañana del lunes, hablé en la oficina del fiscal de distrito con Herman Kohlman, el ayudante de la Fiscalía que había traído la información el domingo siguiente al asesinato. Me reveló que su fuente había sido Jack Martin, la víctima del incidente armado con Guy Banister.

Después de seguir durante unas horas la pista de Martin, lo tuvimos sentado frente a mi mesa, con su ansiosa mirada fija en cada uno de mis movimientos. Era un hombre delgado, con cierto aire de alcohólico y con círculos profundos alrededor de sus preocupados ojos. Lo observé cuidadosamente. Aunque se le ha descrito como una nulidad para todo, se trataba de un detective privado muy observador y de ingenio, rápido, aunque muy desorganizado. Lo había conocido por casualidad hacía tiempo, cuando trabajaba como ayudante del fiscal de distrito, y siempre habíamos estado en buenas relaciones.

—Jack —le dije—, ¿por qué no te relajas un poco? Tú sabes que aquí estás entre amigos.

Él asintió nerviosamente. Estaba sentado frente a mi mesa, en un amplio sillón tapizado, pero se le veía más bien incómodo. Le ofrecí un poco de café.

—No has de pasar ningún examen, Jack —le tranquilicé—. Sólo necesitamos un poco de ayuda. ¿Entendido?

Asintió nerviosamente.

—Lo que necesito es una pequeña aclaración sobre el día en que Guy Banister te golpeó en la cabeza con su Magnum. ¿Lo recuerdas?

—¿Cómo voy a olvidarlo? Un poco más y me mata.

—Aquí está mi problema, Jack —continué—. Háblame de ti y de Guy Banister. Fuisteis buenos amigos durante más de diez años hasta que pasó eso, ¿verdad?

—Como mínimo diez, o quizá más —asintió.

—¿No te había atacado nunca antes?

—Jamás me había tocado un cabello.

—Entonces el 22 de noviembre de 1963, el día que asesinaron al presidente, te golpeó con una pistola Magnum de 357 mm. —Él se quedó mirándome fijamente—. El informe policial dice que

Banister te golpeó porque tú reclamabas algo acerca de unas cuentas telefónicas. —Le pasé una copia del informe policial que guardaba en mi cajón. Se la acerqué—. Aquí, échale un vistazo.

Giró la cabeza y lo examinó como si fuera algo nuevo para él. Yo estaba convencido de que lo había visto varias veces, e incluso era probable que tuviese una copia en su casa. Después de un rato levantó la mirada sin decir nada. Sus ojos me decían que estaba profundamente inquieto por algo.

—Ahora, ¿lo de las cuentas de teléfono es una explicación válida para ti? —pregunté. Esperé un rato. Luego movió lentamente la cabeza con aire distraído.

—No —reconoció—. Hubo más que eso.

—¿Cuánto más? —De nuevo esperé. Él respiraba profundamente, aspirando el aire.

—Empezó como si no fuera nada —empezó a decir—. Habíamos estado bebiendo los dos en el bar Katzenjammer, quizá más de lo habitual, debido al asesinato y todo eso. Sobre todo Banister. —Se detuvo para beber otro sorbo de café e hizo un visible esfuerzo por ordenar sus pensamientos—. Bueno, cuando volvimos a la oficina, Banister empezó a quejarse de todo. Estaba de mal humor. De pronto me acusó de haber mirado sus archivos privados. Yo nunca había revisado sus archivos privados, nunca. Sus palabras me molestaron mucho.

Dudó un largo instante.

—Vamos, Jack —le dije amablemente.

—Supongo que estallé —continuó. Su cara se congestionó al recordar la injusticia—. Entonces es cuando le dije que midiera sus palabras y solté algo que debería haber callado. Le dije que recordaba a la gente que había visto merodear por la oficina durante ese verano. Fue entonces cuando me golpeó. Sacó de pronto su gran Magnum y me dio en la cabeza con el cañón.

—¿Sólo porque recordabas a la gente que habías visto en la oficina durante el verano? —pregunté.

—Sí, eso le alteró. Se puso como loco.

—¿Y quién era la gente que viste en la oficina ese verano? —le pregunté suavemente.

—Había un montón. Era como un gran circo. Estaban todos esos cubanos yendo y viniendo. Todos me parecían iguales.

Alguien comentó una vez que siempre que tú deseas verdaderamente hacer algo sin ser visto, cuando te tomas mucho empeño en hacerlo con la seguridad de que no te observarán, siempre pasa que hay alguien mirando, sentado bajo un roble. En ese raro lugar que era la oficina de Banister, Jack Martin, sin saber nada a pesar de estar en medio de todo, era el único sentado bajo el roble.

Hizo una inspiración profunda y siguió:

—Entonces pasaban todos esos personajes. Allí estaba David Ferrie. Tú ya sabes quién es.

—¿Iba por allí muy a menudo? —pregunté.

—¿A menudo? Prácticamente vivía allí.

Entonces Martin enmudeció. Supe por su mirada que había llegado a un punto muerto.

Yo no estaba dispuesto a dejar que mi visita de fin de semana al 544 de la calle Camp se fuera tan fácilmente al garete y le tendí una mano.

—¿Y Lee Harvey Oswald? —añadí.

Jack tragó saliva y luego movió la cabeza. Fue casi como si se sintiera finalmente liberado al quitársele un peso de encima.

—Sí, también estuvo. Algunas veces se entrevistó con Guy Banister a puerta cerrada. Otras veces pasaba el rato con Dave Ferrie. Pero siempre fue todo normal.

—¿Qué hacía Guy Banister en esa época?

—Cielos, él era quien llevaba el circo.

—¿Y qué pasaba con su trabajo como detective?

—No llegaban muchos casos, pero cuando había trabajo yo le ayudaba. Yo estaba allí para eso.

—Bueno, Jack —suspiré—, ¿qué pasaba realmente en la oficina de Banister?

Levantó la mano.

—No puedo responder a eso —declaró con firmeza—. No voy a entrar en absoluto en esas tonterías. —Inesperadamente se puso en pie—. Creo que es mejor que me vaya.

—Siéntate, Jack. ¿Qué problema vamos a tener por lo que pasaba en la oficina de Banister?

—¿Qué problema? —dijo—. ¿Qué problema? —repitió como si no se lo creyese—. El problema es que vamos a poner detrás de nosotros a todo el maldito Gobierno federal. ¿Quieres que te lo escriba? Pueden lograr que me maten y lo mismo a ti.

Se dio media vuelta.

—Será mejor que me vaya —refunfuñó. Se tambaleó mientras iba hacia la puerta.

Aun después de hablar con Martin, era demasiado pronto para que yo creara un equipo formal de investigación que hurgase en el asesinato. La oficina andaba escasa de personal* y no teníamos suficientes datos. Sentí que tendríamos más posibilidad de éxito si evitaba saltar sobre un caballo y galopar en distintas direcciones.

Informalmente asigné a Louis Ivon la tarea de ganarse a Martin y persuadirlo de que levantara su bloqueo mental sobre lo que se hacía en el despacho de Banister. Ivon era un joven policía investigador, larguirucho y lacónico, cuyos aparentes modales informales escondían la intensidad de sus propósitos. Yo sabía que Ivon, seguramente el policía más inteligente asignado a mi oficina, mantenía un buena relación con Martin. Una vez, cuando la policía le dio fríamente la espalda a Martin en una de sus investigaciones, Ivon lo había ayudado tendiéndole una mano.

También encargué a Ivon el trabajo de ampliar toda la posible información existente acerca de

* En el año 1960 la oficina de la Fiscalía de Distrito de Nueva Orleans sólo tenía veintidós ayudantes. Aunque hoy la ciudad es más pequeña debido a la emigración de la población hacia los barrios adyacentes, la oficina cuenta ahora con sesenta y cinco ayudantes.

David Ferrie y de establecer relaciones con la policía y la oficina del sheriff en la vecina comunidad de Jafferson, donde Ferrie vivió durante varios años.

Yo ya había conectado informalmente con Frank Klein. En las últimas semanas le había proporcionado más y más información de los antecedentes con que me había encontrado. Incluso me acompañó en un paseo en coche por las calles cercanas a la oficina de Correos y de la Compañía Cafetera Reily. Aunque yo había descubierto que mucho material de la Comisión Warren era de lo peorcito que se había visto, le presté los volúmenes y él también percibió el engaño y descubrió pistas útiles.

Lo que yo necesitaba desde el principio era alguien con quien intercambiar mis reflexiones más frenéticas a fin de comprender mejor las cosas. Klein, que tenía una mente analítica de primera clase, era la persona perfecta.

Encontrar a Klein y convertirlo en ayudante jefe de la Fiscalía de Distrito fue un hallazgo para montar el tipo de Fiscalía que yo me proponía. Durante mis años en el campo de artillería había observado una característica común en las operaciones de los mejores batallones. Invariablemente, el oficial al mando delegaba los detalles de la organización en lo que los militares llaman su «oficial ejecutivo». Esto lo situaba en una mejor posición para ver con más perspectiva cómo actuaba realmente su equipo. Al mismo tiempo, la relativa despreocupación de los detalles de rutina le daba mayores oportunidades para evaluar la política, idear innovaciones y tomar las decisiones más importantes.

Klein había servido en los marines y fue condecorado en combate en Corea. Era teutónico en su aprecio por la disciplina y ordenado en la administración. Yo, por el contrario, estaba más cómodo al mando de un barco perdido. Ambos nos complementábamos a la perfección.

Una mañana, aproximadamente una semana después de mi primera entrevista con Jack Martin, fui a mi oficina y me encontré a Frank Klein amontonando documentos en un lado de mi mesa.

—¿Por qué estás revolviendo mi despacho? —pregunté.

—Jack Martin evitó contestar directamente sobre lo que pasó con Guy Banister —explicó—. Por eso he pensado en una vía que nos permita buscar por nosotros mismos.

—¿Y cuál ha sido el resultado?

—He pasado algunas horas en la biblioteca pública —respondió—. Esta pila son fotocopias de portadas del *Times-Picayune* de junio, julio y agosto de 1963.

—¿Y qué vamos a hacer con ello? —pregunté.

—Bueno, podremos hacernos una idea de qué molestó a Martin respecto a lo que estuvo haciendo Guy Banister ese verano.

—Me parece que cualquier operación que hiciese Banister no tenía tanta importancia como para aparecer en las portadas de las publicaciones.

—Quizá —admitió Klein—, pero creo que he encontrado algo interesante. —Dejó ante mí una copia fotostática de la portada del *Times-Picayune* fechado el jueves 1 de agosto de 1963. El titular de la noticia de la derecha decía:

DESCUBIERTO UN ESCONDRIJO DE MATERIAL PARA BOMBAS

Continúa la investigación del caso de St. Tammany

Examiné rápidamente el primer párrafo:

> Más de una tonelada de dinamita, veinte cajas de bombas de noventa centímetros de largo, napalm y otros dispositivos fueron descubiertos el miércoles por agentes de la Oficina Federal de Investigaciones (FBI) en un sector residencial de St. Tammany Parish, entre Mandeville y Lacombe.

La crónica añadía que la dinamita, las cajas de bombas y otros materiales, según el agente especial responsable de la oficina del FBI en Nueva Orleans,

> ... fueron descubiertos en relación con una investigación destinada a desvelar una operación militar contra un país con el que EEUU no está en guerra. Esto es una violación del artículo 18, sección 960 del Código de Estados Unidos.

Me pareció que, en una incursión de semejante calibre, el oficial local del FBI, con sus vagas suposiciones, se estaba guardando muy ocultas varias cartas bajo la manga. No mencionó el país involucrado ni ninguna detención. No obstante, el reportaje no me impactó particularmente.

Miré a Klein.

—Es interesante —convine—. Pero ¿dónde está el problema?

—Un momento —dijo Klein—. No has visto aún la historia completa. —Empujó hacia mí otra hoja. Era una copia de la portada del viernes 2 de agosto de 1963. En la izquierda de la página leí:

LA VILLA ESCONDRIJO DE BOMBAS FUE ALQUILADA A REFUGIADOS RECIÉN LLEGADOS

La mujer del propietario afirma que fue un favor de amistad a cubanos

La mujer del propietario de la villa situada en el lado norte del lago Pontchartrain, donde se encontró una gran cantidad de explosivos y material de guerra, declaró el jueves que la casa fue alquilada a refugiados cubanos llegados tres semanas antes.

La esposa de William Julius McLaney, que vive en el 4313 de la calle Encampment, aseguró que ni ella ni su esposo, quien regenta un negocio de alimentos para caballos pura sangre, tenía idea de que las municiones estaban almacenadas en la casa cerca de Lacombe, hasta que los agentes de la Oficina Federal de Investigaciones interrogaron a su marido, el miércoles, antes de la captura.

Al respecto, añadió que el lugar fue alquilado a un cubano a quien sólo conocía como «José Juárez», como favor a unos amigos suyos en Cuba.

Los McLaney habían tenido negocios de turismo en La Habana, pero llegaron a Nueva Orleans en 1960 «porque Castro hizo imposible permanecer allí».

Miré a Klein esperando su comentario.

—¿Recuerdas cuando registramos el apartamento de David Ferrie hace tres años? —preguntó—. ¿Recuerdas el mapa de Cuba que Ferrie tenía en la pared?

Yo asentí mientras escuchaba.

—¿Recuerdas el equipo militar y los rifles que había allí? Incluso tenía un proyectil de artillería. Era uno de 155 mm.

—Y Jack Martin relacionó a Ferrie con la oficina de Banister —añadí, pensando en voz alta—. Así, tú consideras que esta noticia de prensa sobre las bombas está relacionada con esa operación de Banister que a Martin le da miedo explicarnos.

Klein se encogió de hombros.

—Sólo sugiero una teoría de trabajo —dijo—. Recuerda que también Martin mencionó a un montón de cubanos que estaban en el local de Banister. Fíjate en esta referencia en la segunda noticia, sobre un cubano llamado José Juárez.

—¿Esto?

—Esto —insistió Klein—. ¿Qué estuvo entregando Lee Oswald? ¿Panfletos que reclamaban juego limpio para Rusia? ¿Panfletos reclamando juego limpio para Rumania? No. Eran panfletos que reclamaban juego limpio para Cuba. ¿Había mostrado él algún interés por Cuba antes de 1963, cuando empezó a repartir las circulares con la dirección de Guy Banister en ellas?

—De acuerdo —admití—. Me has dado algo para rumiar. Déjame echar otro vistazo a estas noticias.

Pero no tuve que rumiar tanto. Se encontraron municiones al norte del lago Pontchartrain. El jefe local del FBI no indicó que había pasado algo. No se anunció ninguna detención. Puse las noticias de prensa a un lado.

Tiempo después, recordé que casi me había precipitado hacia una pista mayor. El anuncio del FBI sobre la «incursión de las municiones» al norte del lago se alzaba como un pequeño mojón indicador. Podía representar el último anuncio del Gobierno federal sobre las actividades de la Comunidad de Inteligencia, o el asesinato del presidente Kennedy que yo no quería ver como equívoco.

Pronto abrimos una nueva brecha. Inesperadamente la viuda de Guy Banister nos concedió una entrevista. Se mostró dispuesta a cooperar, pero evidentemente jamás supo gran cosa de lo que Guy Banister hacía en su oficina. Nunca había sido muy expansivo sobre los detalles de su trabajo. A pesar de ello, recordó una cuestión curiosa. Después de su muerte, en 1964, ella había trasladado las cosas de su marido de la oficina y había encontrado un montón de panfletos que le parecieron muy curiosos. Decían: «Manos fuera de Cuba» o «Juego limpio para Cuba», y eran sobrantes de los que Lee Oswald utilizaba cuando actuaba como agente provocador.

Al preguntarle qué había sucedido con los archivos de la oficina de Banister, ella recordó que unos agentes del Gobierno federal habían llegado a la oficina una hora o dos después de su muerte —mucho tiempo antes de que fuera ella— y se habían llevado los archivadores. Le dijeron que esos hombres eran del FBI o del Servicio Secreto —ella no recordaba cuál de los dos—. Sin embargo la policía del Estado, añadió, no llegó hasta después que ella.

¿La policía del Estado? En apariencia se trataba de un registro de rutina, seguramente debido a que el hermano de Banister estuvo vinculado a ellos. Varios oficiales de la policía del Estado fueron a su oficina y salieron con las fichas del índice de los archivos de Banister, que incomprensiblemente los agentes federales se habían olvidado.

Envié a Lou Ivon hacia Baton Rouge, la capital del Estado, situada a menos de una hora. Por la tarde volvió con un pequeño paquete de fichas. Eran todas las que quedaban de las que la policía del Estado había encontrado en la oficina de Banister*. Aparentemente ocurrió que uno de los oficiales de policía del Estado utilizó el revés de esas fichas para escribir mensajes informales de la oficina. Así fue que, por este acto de economía, durante tres años fue usándolas para expedir mensajes internos en el cuartel general de la policía estatal de Louisiana.

Sin embargo, las pocas fichas que quedaron permitían llenar volúmenes. No había ni una referencia a cuestiones privadas o locales. Los temas cubrían una lista de sucesos de alcance nacional e incluso internacional. Con esta lista del índice pudimos determinar el contenido general de los archivos de Banister que se llevó el Gobierno federal:

Agencia Central de Inteligencia americana 20-10
Armas y municiones 32-1
Acciones clandestinas antisoviéticas 25-1
Fuerza de bombarderos B-70 pilotados 15-16
Programa de Derechos Civiles de J.F.K. 8-41
Desmantelamiento del sistema de misiles balísticos 15-16
Desmantelamiento norteamericano de Defensas 15-16

* La policía estatal también dio a Ivon un libro que estaba en la oficina de Banister, un nostálgico recuerdo de sus días en la ONI. Escrito por el almirante Ellis Zacharias, un conocido experto en Inteligencia en la Segunda Guerra Mundial, el libro se titulaba *Inteligencia Naval*. En la primera página aparecía la siguiente dedicatoria: «Para Guy Banister, con calurosos saludos. Ellis Zacharias.»

Comité Juego Limpio para Cuba 23-7
Mercado internacional de comercio 23-14
Italia, bases norteamericanas desmanteladas
Asamblea General de las Naciones Unidas 15-16
Latinoamérica 32-1
Bases de misiles desmanteladas — Turquía e Italia 15-16

Esto terminó con el mito de la «agencia privada de detectives» de Guy Banister.

Mientras tanto, Jack Martin había resucitado. Había estado fuera de la ciudad y a su regreso Ivon lo llevó a mi oficina. Después de haber tomado un poco de café le mostré la noticia de prensa del 1 de agosto de 1963 a través de la mesa.

—Jack —le dije—, ¿es esto parte de los negocios en que andaba metido Guy Banister?

Echó una mirada a la noticia del *Times-Picayune* y asintió con un gesto.

—Ahora conoces la respuesta —dijo—, o de lo contrario no tendrías este diario sobre tu mesa.

Leyó un par de párrafos más mientras yo me recuperaba de mi agradable sorpresa.

—Si. Éstas eran una parte de las actividades de Banister. ¿Puedo leer todo el texto? —preguntó.

Asentí y le entregué de buen grado todos los textos.

Martin leyó lentamente las noticias. Finalmente me miró frunciendo el ceño.

—¿Qué pasa? —me extrañé.

Sacudió la cabeza.

—No puedo decir nada acerca de la operación principal, y tampoco respecto a todos los cubanos que fueron detenidos.

¿Detenidos? El informe del FBI no mencionaba nada sobre detenciones. Y menos aún sobre cubanos en plural.

—Bueno, Jack —suspiré—, entonces, ¿por qué no eres franco con nosotros? Cuéntame toda la operación de Guy Banister. La historia completa.

Y así Jack Martin empezó a hablar. Fue la primera de varias largas conversaciones, cada una con frecuentes interrupciones para tomar un café, con el que aparentemente subsistía.

Las conversaciones se alargaron varias semanas. Había días en que yo estaba citado con otros testigos. Hubo días en que no podíamos localizar a Martin y otros en los que él había encontrado un cliente.

Le tuve que asegurar que nunca vincularía su nombre a lo que me dijo. Consciente de la importancia de haber obtenido por fin acceso al sanctasanctórum que en secreto había erigido Lee Harvey Oswald, respeté escrupulosamente este acuerdo. Ahora, tras la muerte de Martin, quedo liberado de mi voto de silencio. Jack no quería escribir nada ni firmar nada. Pero él explicó todo lo que recordaba referente a los negocios de la oficina de Guy Banister, aunque sólo a mí. Debió de haber ocasiones después en que mi equipo pensaría que yo tenía dotes psíquicas, cuando era capaz de describir, una y otra vez, los trabajos secretos de la oficina de Banister. Ello surgió cuando Martin, el deslucido alcohólico, narró la historia completa acerca del campo de entrenamiento y las detenciones efectuadas por el FBI. Fue la aludida Oficina Federal de Investigaciones quien mintió y ocultó la historia completa al pueblo norteamericano.

La operación real del FBI incluyó no sólo el decomiso del alijo de municiones descrito en las noticias de prensa, sino también el secreto sobre el campo de entrenamiento donde habían sido detenidos los alumnos (nueve de ellos cubanos exiliados y los otros dos norteamericanos)*. Este grupo, después bien descrito por dos de los periodistas mejor informados de *The Portchartrain Eleven*, era el embrión de futuros comandos de ataque a Cuba apoyados por la CIA. El registro del FBI respondía a presiones del presidente Kennedy, quien deseaba que la Oficina Federal de Investigaciones parase a la CIA en sus interminables violaciones de la Ley de Neutralidad.

Además de lo que me dijo Martin, nos enteramos de la verdad completa del registro por un in-

* Uno de los norteamericanos fue Rich Lauchli, un aventurero y fundador de un grupo de extrema derecha denominado Minutemen. El otro fue Sam Benton, aparentemente un tipo aventurero que en una ocasión había trabajado en los casinos de La Habana. Los nueve cubanos eran todos aprendices exiliados. Las verdaderas circunstancias de su detención fueron completamente descritas por Warren Hinckle y William Turner en su excelente trabajo *The fish is red*.

forme complementario que la Oficina Federal de Investigaciones envió a la Aduana de EEUU —aparentemente una cuestión de trámite cuando se detiene a sospechosos de violar la Ley de Neutralidad—. Un detective privado, cuya empresa trabaja muy vinculada con la Aduana y que patrulla por los muelles de Nueva Orleans, obtuvo una copia del informe donde aparecían todos los hombres detenidos y la envió a mi oficina*. Por lo visto, el efecto deseado por las declaraciones del FBI acerca de la operación fue proteger y encubrir las extrañas actividades de la oficina de Banister.

El aparato de Banister, según lo describió Martin, formaba parte de una línea de suministros que corría a lo largo de la línea Dallas-Nueva Orleans-Miami. Los pertrechos consistían en armas y explosivos que debían utilizarse contra la Cuba de Castro. El control de seguridad fue tan minucioso que la munición se almacenó repartida en lugares remotos. La norma era la dispersión. En las ocasiones en que tales explosivos fueron mantenidos en Nueva Orleans, sólo se guardaron pequeñas cantidades en la oficina de Banister.

Según supimos más tarde por uno de los implicados, un ex miembro de la CIA llamado Gordon Novel fue precisamente en una misión para adquirir municiones de combate cuando David

* Fue un leve cambio de forma. Por lo general, la Comunidad de Inteligencia sabe oficiosamente en qué Estado y ciudad están sus funcionarios.

Ferrie, uno de los dirigentes de la delegación local del Frente Cubano Revolucionario, junto con un puñado de individuos que rondaban la oficina de Banister viajaron una noche por carretera hacia la patriótica base aérea de Houma, una ciudad del interior, en el sur de Louisiana. Entraron en uno de los búnker de explosivos de la Corporación Schlumberger y se llevaron minas terrestres, granadas de mano y bazukas almacenados allí.

La Corporación Schlumberger era una enorme compañía de propiedad francesa que proporcionaba servicios a los productores de petróleo de todo el mundo en el uso de explosivos y mediciones geológicas para determinar las características del subsuelo. Ella apoyó a la organización contrarrevolucionaria francesa OAS, que intentó asesinar al presidente Charles de Gaulle en varias ocasiones a finales de los años cincuenta y principios de los sesenta por su papel destacado en la independencia de Argelia. La CIA, que también apoyó a los generales de la organización francesa OAS, suministró a Schlumberger munición especial. Tras el desmantelamiento de la OAS, resultó fácil recuperar esta munición en la operación de Houma.

La expedición, integrada por un coche seguido por un gran camión de lavandería, volvió a Nueva Orleans con su botín explosivo, el cual fue dividido a partes iguales entre el apartamento de Ferrie y la oficina de Banister, mientras esperaban el momento de transportarlo a Miami.

La operación de Banister también incluyó la recepción y traslado de los comandos anticastristas que estaban de paso por la ciudad. Entraban y salían, algunos con uniforme de combate verde y botas negras y otros vistiendo ropas de civil. Siempre llegaban y partían de la ciudad en pequeños grupos evitando así una gran concentración en la oficina.

Muchos de los exiliados fueron reclutados en el oeste y llevados para el entrenamiento guerrillero al campo situado en el lado norte de lago Pontchartrain. Otros fueron enviados a Florida, donde recibieron un entrenamiento similar dirigido por la CIA. Excepcionalmente, un puñado de licenciados del programa de entrenamiento de Florida paró en la oficina de Banister —una parada que servía de cuartel general— por problemas de alojamiento y comida surgidos durante el regreso a sus casas en las proximidades de Dallas u otras localidades del oeste.

A medida que nuestro informal equipo* comentaba esto en nuestras frenéticas sesiones de análisis, fuimos más conscientes de que los juegos de guerra secretos de Banister habían sido dirigidos directamente desde el otro lado de la calle, desde las oficinas de la ONI y del Servicio Secreto. Un poco más lejos, cruzando el parque Lafayette y pocos pasos más abajo de la avenida St. Charles, estaba el cuartel general de la Agencia Central de Inteligencia (CIA).

A todos nos pareció que, a finales del verano

* Estaba formado por Frank Klein, Lou Ivon y un joven ayudante de fiscal llamado James Alcock.

de 1963, las idas y venidas de la oficina de Guy Banister habrían sido difíciles de ignorar por estas agencias de Inteligencia. Nos pusimos en el lugar de los agentes federales en las proximidades y visualizamos la escena.

Para empezar, estaba David Ferrie, el sacerdote novicio a quien le habían quitado las órdenes y un piloto comercial degradado. Era un aventurero disoluto de aspecto tosco, una pelambrera tipo motair y de color rojizo hecha en casa y unas grandes cejas maquilladas que nunca parecían del todo iguales. Ferrie sufría alopecia, una extraña dolencia cutánea que deja completamente calvos a quienes la padecen. Salía y entraba constantemente de la oficina, excepto cuando fue al lago Pontchartrain a supervisar el entrenamiento guerrillero de los exiliados cubanos. Con frecuencia iba ataviado con su traje verde de campaña y con botas de combate.

Estaba el propio Guy Banister. El austero y franco ex jefe de la oficina del FBI en Chicago, quien tuvo que haber conocido necesariamente a un buen número de colegas de la Comunidad de Inteligencia que frecuentemente lo habrían saludado, cuando no parado para charlar.

Luego estaba el malogrado Lee Harvey Oswald, un hombre joven, delgado, que permanecía perfectamente erguido por los años pasados en la Marina. De forma periódica salía de la oficina de Banister con un puñado de panfletos lo bastante incendiarios como para poner los pelos de punta a cualquier agente federal.

Los cubanos anticastristas, algunos sin afeitar, con trajes verdes dc campaña y botas, subieron regularmente las escaleras hacia la oficina de Banister. Con frecuencia hablaban en español entre ellos. En su viaje hacia el campo de entrenamiento guerrillero situado en el lado norte del lago, varios de ellos no dudaron en llevar macutos militares.

Por si todo esto no bastara, los agentes del Servicio Secreto y de la Inteligencia naval que estaban al otro lado de la calle tuvieron que hartarse de ver el movimiento de cajas con municiones entrando y saliendo de la oficina de Banister: rifles, granadas de mano, minas, todo lo almacenado para la guerra secreta contra Cuba. Los agentes del Servicio Secreto y de la ONI deberían, en aquel largo y atareado verano de 1963, haber estado muy concentrados en sus asuntos, cualesquiera que éstos fuesen.

Mi pequeño equipo y yo nos preguntábamos en voz alta cómo era posible que varios elementos de la Comunidad de Inteligencia protegieran la operación de Banister, a pesar de que desde el principio sabían que se trataba de una abierta y sistemática violación de la Ley de Neutralidad. En realidad, el anuncio groseramente incompleto del FBI sobre la operación en el campo situado en el lado norte del lago Pontchartrain se sumaba al enorme encubrimiento de las continuas y considerablemente más sustanciales violaciones de la Ley de Neutralidad registradas en el mismo corazón de la Comunidad de Inteligencia de Nueva

Orleans. Me parecía evidente que el FBI —en su publicitada incursión al arsenal, supuestamente propiedad de un tal José Juárez, que nunca apareció— había operado según las órdenes dadas por el presidente Kennedy, mientras su corazón continuaba perteneciendo a las misiones que llevaban adelante Guy Banister.

Obtuve una copia del informe del Servicio Secreto sobre su investigación en calle Camp 544 —la entrada a la oficina de Banister— y la hice llegar a mi equipo. El resumen del informe, fechado el 9 de diciembre de 1963, indicaba que una «exhaustiva investigación» había revelado que nadie en dicha dirección recordaba haber visto a Lee Harvey Oswald. Venía a significar que en esa dirección no se había encontrado nada que tuviera importancia alguna*. Cualquier inexperto, frente a

* La sinopsis del Servicio Secreto decía: «La exhaustiva investigación realizada no ha podido establecer que el Comité Juego Limpio para Cuba tuviera oficinas en el 544 de la calle Camp en Nueva Orleans. Asimismo, ha sido imposible encontrar a alguien que recuerde haber visto a Lee Harvey Oswald en esta dirección.»

La entrada principal de la oficina del Servicio Secreto estaba situada aproximadamente a quince metros del 544 de la calle Camp. Cuando, después de haber andado estos quince metros, los dos agentes del Servicio Secreto subieron las escaleras, tuvieron que encontrarse en el rellano de la puerta exterior de la oficina de Guy Banister. Por si no lo sabían con antelación, el nombre de Banister figuraba impreso allí para que pudieran leerlo.

Si hicieron algún esfuerzo por investigar, debieron averiguar que uno de los empleados de Banister partió en un extraño viaje a Texas, aproximadamente una hora después

cuya casa Barnum & Bailey estuviese instalando un circo, hubiera visto demasiados elefantes antes de darse cuenta de que aquello no se trataba de un vecino normal. El consenso en mi equipo era que el circo de la calle Camp 544 no pudo ser tan invisible como pretendía el informe del Servicio Secreto. No nos dimos cuenta en ese momento, pero estábamos encontrando los primeros indicios de que hubo una fuerza en este país que —sin importarle el precio— deseaba continuar con la Guerra Fría y la Guerra Caliente en Vietnam.

---

del asesinato del presidente y que luego, durante la misma tarde, en una acción especialmente curiosa, Banister tuvo un incidente armado con otro de sus empleados. Si los agentes consiguieron una orden de registro tuvieron necesariamente que encontrar el paquete de panfletos del Juego Limpio para Cuba en la oficina.

Si interrogaron a Delphine Roberts, la secretaria de Banister, ella tuvo que decirles lo que luego admitió ante otros: que Banister mantuvo conversaciones a puerta cerrada con Lee Oswald y que arregló una habitación en el tercer piso para que la usara Oswald.

A pesar de ello, los investigadores del Servicio Secreto no siguieron estos pasos. Más aún, como revela su informe de siete páginas, localizaron a varios individuos cuya conexión marginal con el 544 de la calle Camp había finalizado en 1961 o 1962. Con estas personas los agentes se enfrascaron en una conversación plagada de divagaciones acerca de cuestiones que no tenían una relación perceptible con el asesinato del presidente Kennedy. Esto fue la suma y sustancia de la «exhaustiva investigación» del Servicio Secreto.

4

LOS TRIUNFOS SOCIALES DE LEE HARVEY OSWALD

Cuanto más pensaba en ello, más me roían las grandes incongruencias. Hubo un Lee Harvey Oswald que, según nos dijo el Gobierno, era prácticamente el comunista más fanático desde Lenin. Por otra parte, en nuestro umbral estaba un Oswald de carne y hueso que utilizaba como cuartel general de su operación de reparto de panfletos la oficina de Guy Banister, un ex miembro del FBI y de la Inteligencia naval y, más recientemente, activo en la Liga Anticomunista del Caribe. Por si esto fuera poco, el nombre de Oswald estaba directamente relacionado con ese mercenario fanfarrón y anticomunista que era David Ferrie, un hombre que había entrenado a pilotos anticastristas para el ataque de Bahía de Cochinos en 1961 y que dio preparación guerrillera a más cubanos exiliados en 1963 para alguna nueva aventura contra la isla.

¿Cuál de ellos fue el Lee Harvey Oswald de

verdad? Me parecía que la mejor forma de averiguarlo era volver atrás y estudiar la corta pero variada carrera de Oswald. En sus conclusiones, la Comisión Warren pareció quedarse con la idea de que Oswald tenía un «compromiso con el marxismo». Volví al pasado para concretar lo profundo que era ese compromiso.

Empecé con la base de marines El Toro de California, donde Oswald estuvo destinado desde noviembre de 1958 hasta septiembre de 1959. Me imaginaba que sus compañeros soldados tendrían una buena idea de quién era Oswald en los cerrados cuarteles donde se realiza el entrenamiento militar.

De todos los marines, el que vivió más cerca y durante más tiempo junto a Oswald fue Nelson Delgado, así que me concentré en obtener su testimonio. Encontré que Delgado, quien durmió en una litera contigua a la de Oswald durante la mayor parte de los once meses, no recordaba nada que señalara inclinaciones marxistas en Oswald. Bajo juramento, Delgado declaró que Oswald «jamás dijo cosas subversivas... y no exhibió en absoluto cualidades especiales como tirador certero». Delgado fue aún más lejos. Recordó por sí mismo que Oswald era un desastre cuando iba a disparar con el rifle al campo de tiro y que tuvo problemas para conseguir el promedio mínimo de calificación. «Fue una bonita broma —declaró Delgado—, porque tenía muchos "pósteres de Maggie", ya sabe, un montón de carteles de chicas, pero era incapaz de darle a una.» Oswald, añadió, «no fue un entusiasta como el resto de nosotros. A todos nos encantaba, disfrutábamos yendo al campo de tiro».

La conversación completa entre Delgado y el abogado Wesley J. Liebeler de la Comisión Warren confirma el hecho de que Oswald fue un inepto con el rifle:

> LIEBELER: Usted dijo al FBI que en su opinión Oswald no era hábil disparando un rifle; ¿es eso correcto?
>
> DELGADO: Sí.
>
> LIEBELER: ¿Y que no mostró un especial interés por su rifle, y de hecho parecía menos interesado en las armas que la mayoría de los marines?
>
> DELGADO: Sí. Era más bien un pensador, un lector. Leía bastante.

Llegados a este punto, el abogado interrumpió el interrogatorio sobre la falta de habilidad de Oswald como tirador, sólo para terminar resbalando más profundamente en el fango.

> LIEBELER: Según este agente del FBI, usted le dijo que Oswald sabía tanto español que podía discutir sus ideas sobre socialismo en español.
>
> DELGADO: Podía discutir sus ideas, pero crea usted que no era nada contra nuestro Gobierno y nada de socialismo.

Daniel Powers, que estuvo destinado con Oswald en el Centro Técnico Aeronaval en Florida, en Campo Keesler en Mississippi, en la base naval

El Toro y en Japón, fue interrogado minuciosamente sobre Oswald. Su respuesta se resume en el siguiente diálogo con el abogado Albert E. Jenner jr., de la Comisión Warren:

JENNER: ¿Nunca expresó ninguna simpatía hacia el Partido Comunista?
POWERS: Ninguna que yo recuerde.
JENNER: ¿Sobre principios comunistas?
POWERS: Ninguna que yo recuerde.
JENNER: ¿O sobre doctrinas marxistas?
POWERS: Ninguna que yo recuerde. No, señor.

Examiné la declaración de John E. Donovan, quien era un primer teniente en El Toro cuando Oswald estuvo allí. Su declaración sobre las inclinaciones izquierdistas de Oswald fue explícita: «... Nunca le oí confesar, en ningún sentido, tipo o forma, que fuera comunista o que alguna vez pensara en hacerse comunista.» Las declaraciones de otros compañeros de Oswald en la base de marines fueron unánimes al reconocer que no tenía inclinaciones comunistas o de cualquier tipo de izquierdismo*.

Sólo un hombre que estuvo con él en la base de

* Donald Peter Camarata: «No tengo recuerdos [...] de ninguna observación por su parte relativa al comunismo, a Rusia o a Cuba.» Peter Francis Connor: «Jamás oí que Oswald hiciera alguna afirmación antinorteamericana o procomunista. Reclamaba aparecer después de Robert E. Lee, a quien consideraba el mayor hombre de la historia.» Allen D. Graf: «Oswald jamás me dio señal alguna de estar a favor del

marines declaró que Oswald había demostrado tener inclinaciones marxistas. Este hombre —Kerry Thornley— no estuvo destinado con Oswald tanto tiempo como los otros marines, ni siquiera vivió en el mismo lugar en la base de El Toro. Esto me pareció extraño. Además, la declaración de Thornley fue escuchada directamente por la Comisión Warren y, por lo tanto, tuvo una gran repercusión en los medios de comunicación. Comprobé, sin embargo, que en los volúmenes de la Comisión, fue separada de las declaraciones juradas de los otros marines. Esto me hizo sospechar que tal vez ningún miembro de la Comisión Warren había leído las otras declaraciones juradas de los marines, las que contradecían flagrantemente las afirmaciones de Thornley.

Reflexioné sobre el examen de ruso que Oswald había hecho en El Toro y empecé a revisar su anterior destino como marine para buscar indicios de un posible trabajo de Inteligencia. Hasta el momento sabía que Oswald poseía las características que los militares requerían para sus reclutamientos de Inteligencia. Procedía de familia de militares: uno de sus hermanos pertenecía también al cuerpo

---

comunismo o de oponerse al capitalismo.» John Rene Heindel: «Si bien por lo general tenía a Oswald por una persona inteligente, no descubrí en él especiales intereses en política o relaciones internacionales.» Mack Osborne: «No recuerdo nada en él relacionado con el comunismo, Rusia o Cuba.» Richard Dennis Call: «... No recuerdo a Oswald haciendo ningún comentario serio en relación con la Unión Soviética o Cuba.»

de marines y otro a la fuerza aérea. Era de por sí poco hablador y tenía un buen coeficiente de inteligencia.

El destino de Oswald en Japón, en 1957, en la base aérea de Atsugi, antes de que fuera a El Toro, casaba con la posibilidad de que estuviera trabajando para la Inteligencia militar. Atsugi, según descubrí, era la base de despegue de todos los vuelos diarios supersecretos de los U-2 hacia China. La unidad antiaérea de Oswald, que requería una clasificación de alta seguridad, debía vigilar un hangar de U-2. Estaba rodeado por una alta y sólida alambrada. Ni siquiera el camión del correo podía entrar sin que un sargento, parado frente al vehículo, le diera el salvoconducto diario.

Se me ocurrió que el posible papel de Inteligencia de Oswald en Atsugi podría confirmarse gracias a dos documentos de la Agencia Central de Inteligencia mencionados en el informe de la Comisión Warren: CD 931*, «el acceso de Oswald a información sobre el U-2» y el CD 692, titulado «Reproducción del informe oficial de la CIA sobre Oswald». Por desgracia, estos dos documentos, así como otros muchos pertenecientes a los archivos de la CIA, fueron clasificados como secretos en la investigación de la Comisión Warren y no pude acceder a ellos.

Pero ahora era interesante conocer precisamente cuáles de estos temas no quería el Gobierno que estuvieran al alcance público. Uno de mis

* «CD» significa «Documento de la Comisión».

ayudantes reunió la lista de estos archivos relacionados con Oswald, que el Gobierno había clasificado como «inasequibles». Ésta es la lista:

CD 321 Cronología de Oswald en la URSS. (Secreto.)
CD 347 Actividades de Oswald en Ciudad de México. (Secreto.)
CD 384 Actividades de Oswald en Ciudad de México.
CD 528 re. Alegaciones de Oswald entrevistado por la CIA en Ciudad de México.
CD 631 re. Diseminación de información sobre Oswald.
CD 674 Información proporcionada al Servicio Secreto, pero no aún a la Comisión Warren. (Secreto.)
CD 692 Reproducción del informe oficial de la CIA sobre Oswald.
CD 698 Informes sobre viajes y actividades de Oswald y Marina.
CD 871 Fotografías de Oswald en Rusia. (Secreto.)
CD 931 Acceso de Oswald a información sobre el U-2. (Secreto.)
CD 1216 Memoria de Helms titulada «Lee Harvey Oswald». (Secreto.)
CD 1222 Declaraciones de George de Mohrenschildt re: asesinato. (Secreto.)
CD 1273 Memoria de Helms re: aparentes contradicciones en la información proporcionada por la CIA. (Secreto.)

Esta lista tan provocadora me hizo ver más que nunca que allí había gato encerrado.

A continuación decidí enfocar mis investigaciones en los movimientos de Oswald inmediatamente posteriores a su salida del cuerpo de marines. Durante el verano de 1959 —aproximadamente sólo unos cinco meses después de hacer su examen de ruso en El Toro—, Oswald solicitó una baja anticipada del cuerpo de marines. Los motivos aducidos fueron que su madre tenía problemas psiquiátricos que requerían su presencia y cuidados. En septiembre de 1959 obtuvo una dispensa honorable de cuatro semanas inmediatas, por «infortunio/dependencia». Tras pasar tres días con su madre en Fort Worth, se fue a Nueva Orleans.

La salida de Oswald de Nueva Orleans hacia la Unión Soviética fue algo confusa. Su partida hacia Europa, según averigüé, se realizó por barco. Su pasaje había sido adquirido en la oficina de Lykes en el Centro Internacional de Comercio de Nueva Orleans dirigido por Clay Shaw, cuyo nombre aparecería después con frecuencia en la investigación. Aunque Oswald zarpó hacia Inglaterra, voló hacia el Este desde allí. Precisamente fue un misterio qué tipo de servicio aéreo usó. La Comisión Warren estableció que Oswald voló directamente a Helsinki el 9 de octubre, el mismo día que llegó a Inglaterra. Pero el pasaporte de Oswald muestra que no dejó Inglaterra hasta el 10 de octubre, el día siguiente.

Se supo que Oswald se registró en su hotel en

Helsinki el 10 de octubre. Pero esto era imposible, considerando los horarios de la única línea comercial directa desde Londres. Bajo estas circunstancias, surge la duda de si realmente voló a Finlandia a bordo de una línea aérea comercial.

Mucho después, en 1978, James A. Wilcott, un ex oficial de finanzas de la CIA, explicó al Comité Especial sobre Asesinatos de la Cámara de Representantes que Lee Oswald había sido reclutado entre los militares por la CIA «con el propósito expreso de asignarlo como doble agente en la URSS»*.

Antes, en 1966, este testimonio revelador no estaba al alcance del público, pero la idea del doble agente cruzó por mi mente. La CIA, por supuesto, negó desde un principio que Oswald trabajara para la Agencia. Sin embargo, supe que ésta era la respuesta típica de la CIA cuando se preguntaba respecto a un funcionario destinado a cualquier clase de misión de Inteligencia**.

* Wilcott declaró bajo juramento que había manipulado el fondo del proyecto para el cual Oswald había sido asignado. Como era de esperar, una galería de testigos de otras agencias, cuyos nombres mencionó Wilcott, negaron conocer algo de dicho proyecto. El Comité no pudo continuar con esa línea de investigación.

** Durante una sesión ejecutiva de la Comisión Warren que se celebró el 27 de enero de 1964, el ex director de la CIA, Allen Dulles, reconoció que algunos oficiales del Servicio de Inteligencia de EEUU habían mentido antes que reconocer que un individuo fuera empleado de forma clandestina como agente de Inteligencia. También admitió que, posteriormente, no dudaron en mentir incluso bajo juramen

Después de que Oswald llegara a Moscú por tren desde Finlandia, el 16 de octubre de 1959, inició una serie de contactos con representantes gubernamentales soviéticos. La respuesta inicial de los soviéticos fue cauta al evaluar a este joven norteamericano que no sólo había dejado su país atrás, sino que también traía la promesa de regalos: los dulces secretos de la tecnología antiaérea norteamericana. El recién llegado sufrió largos interrogatorios, aunque no se ha sabido jamás cuándo se realizaron, dónde y bajo qué circunstancias.

Después de dos semanas, Oswald hizo una dramática aparición en la embajada norteamericana. Portaba de una forma ostentosa su pasaporte y una carta donde se aseguraba que su lealtad estaba con la Unión de Repúblicas Socialistas Soviéticas. También anunció que había dicho a las autoridades soviéticas que deseaba proporcionarles información acerca del cuerpo de marines y de las operaciones de radar de alto secreto en las que había intervenido.

Cuando la dramática deserción de Oswald llegó a todos los medios de comunicación mundiales, el FBI, después de haber hecho un estudio de los informes de Oswald en el cuerpo de marines, declaró que «no había información descalifica-

---

to. Como puede imaginarse, en 1977 el ex director de la CIA Richard Helms fue declarado culpable de faltas al responder de forma inadecuada cuando, bajo juramento, le interrogó el Comité del Senado.

dora sobre Oswald en los archivos del USMC (Cuerpo de Marines de EEUU) y de la ONI (Oficina de Inteligencia Naval) y advertían que no estaba contemplada ninguna acción contra él en este tema». J. Edgar Hoover explicó después que el fallo del FBI al no investigar más a fondo la «deserción» de Oswald fue debido a que la embajada norteamericana en Moscú había dado a Oswald «carta blanca».

A principios de enero de 1960, Oswald se trasladó a Minsk —una de las seis ciudades soviéticas adonde los desertores acostumbran ser enviados— y se le proporcionó un empleo como trabajador del metal en una fábrica de radares. En una evidente demostración de las bondades del sistema soviético, de cara a los desertores, se le proporcionaron varios privilegios a los que no accedía la media de los trabajadores rusos, incluyendo un cómodo apartamento y un salario relativamente elevado.

En febrero de 1961, tras permanecer quince meses en la Unión Soviética, Oswald solicitó en la embajada norteamericana en Moscú regresar a Estados Unidos. El siguiente mes conoció a Marina Prusakova, una hermosa mujer de ojos azules y sobrina de un teniente coronel del servicio de Inteligencia interior de la Unión Soviética. En abril de 1961, menos de dos meses después de conocerse, se casaron.

Sorprendentemente, nadie del Gobierno puso objeciones al retorno de Oswald a Estados Unidos ni a que Marina regresase con él. Fue como si el interminable hielo de la Guerra Fría se derritiera de golpe. Quizá se debió a la llegada de la primavera.

Cabe destacar, por ejemplo, que el Departamento de Estado aprobó el regreso de Oswald, aunque sin duda pudo rechazar la petición de un desertor. El informe del Departamento declaraba que Oswald «no se había expatriado a sí mismo» con su acción de viajar a la Unión Soviética en 1959. Añadía que no había indicios en los informes del FBI de que Oswald fuese un comunista. Autorizó a la embajada norteamericana en Moscú a entregarle el dinero, a cargo del Estado, para su regreso.

Según las normas del Departamento de Estado, semejante préstamo para repatriación no puede entregarse a alguien cuya «lealtad hacia Estados Unidos» haya «sido cuestionada». Considerando que, supuestamente, Oswald había desertado y entregado secretos militares a la Unión Soviética, su lealtad debería haber sido fuertemente «cuestionada». Sin embargo, la subvención de 436 dólares se otorgó tras pocos meses de retraso.

De forma similar, la Oficina de Pasaportes del Departamento de Estado no halló razones para no renovar el pasaporte a Oswald y autorizó a la embajada norteamericana a hacerlo en agosto de 1961*. Por lo general, cuando un ciudadano de EEUU va al extranjero y comete un acto que in-

* En consecuencia, en junio de 1963, cuando Oswald solicitó de nuevo su pasaporte, lo recibió en veinticuatro ho-

dique lealtad a otro país, sobre todo si es la Unión Soviética, la Oficina de Pasaportes prepara automáticamente una tarjeta de «vigilancia» por si el interesado intenta renovar su pasaporte. Jamás se preparó una de esas tarjetas de «vigilancia» para Oswald. Al igual que la embajada norteamericana, la Oficina de Pasaportes le dio a este desertor «carta blanca».

Estas acciones del Gobierno de Estados Unidos, que demuestran una actitud casi paternal por el bienestar de Lee Oswald, incluso durante el tiempo en que estuvo en la Unión Soviética, fueron, a mi entender, una constante ininterrumpida. Por otra parte, el trato preferencial no iba a terminar con la llegada de Lee, Marina y su joven hija a Nueva York en junio de 1962.

Al encuentro de los Oswald en el muelle de Nueva York no hubo agentes del FBI o de cualquier otra instancia legal. Sólo estaba Spas T. Raikin, secretario general de los Hermanos Norteamericanos de las Naciones Antibolcheviques, Inc., una organización privada anticomunista con conexiones en Inteligencia. Raikin también trabajaba en la Sociedad de Ayuda a los Viajeros, bajo cuya tutela, según explicó a la Comisión Warren, el Departamento de Estado le pidió que recibiese a los Oswald y les proporcionara cualquier ayuda que necesitasen.

---

ras. Esta rapidez en el servicio resulta extraña, se mire como se mire. Sin embargo, hubiera sido completamente imposible si la «deserción» de Oswald hubiera sido real.

El Gobierno jamás procesó a Oswald por su notoria deserción. Inmediatamente después de su regreso a EEUU, Oswald, acompañado de Marina y de su hija, se trasladó a Fort Worth, en Texas. Allí trabajó en la Compañía Leslie Welding hasta el 7 de octubre de 1962, cuando George de Mohrenschildt y su mujer fueron desde Dallas para pasar la tarde como huéspedes de Lee y Marina en su modesto apartamento.

Cualquier comparación seria de los estilos de vida y las historias personales de Lee Oswald, trabajador de la Compañía Leslie Welding, y el barón George de Mohrenschildt, miembro del Club de Petróleo de Dallas, habría tenido que aparecer como una anomalía discordante. Aunque Oswald era bastante hábil para valerse intelectualmente por sí mismo en casi cualquier compañía, también estaba claro que él y De Mohrenschildt tenían intereses comunes, no revelados aún oficialmente, que motivaron que ambos estuvieran pendientes de encontrarse.

Al día siguiente, el 8 de octubre, Lee empacó sus pertenencias y se trasladó a Dallas, a unos cincuenta kilómetros, donde vivían los De Mohrenschildt. Oswald no tardó nada en buscar un nuevo trabajo en la Oficina de Empleo de Texas, en Dallas.

La visita de Oswald a la Oficina de Empleo al parecer fue un gesto obligatorio, de acuerdo a las «reglas de oro» de la Comunidad de Inteligencia, según las cuales han de mantenerse estrictamente las apariencias respecto a las condiciones económicas previas de un individuo que entra a realizar un trabajo clandestino de Inteligencia. Por ejemplo, un nuevo reclutado, previamente un agente encubierto pobre, que abandona su raído guardarropa pasado de moda y empieza a vestir trajes de Brooks Brothers y a conducir, por ejemplo, un nuevo Chrysler LeBaron convertible, jamás será un personaje que soporte una segunda mirada, y por lo tanto su servicio no será tan productivo para las operaciones clandestinas.

En cualquier caso, antes de que terminase el mes de octubre de 1962, Oswald obtuvo un trabajo que, para un ex desertor a la Unión Soviética, parece un poco raro. Jagger-Stowall-Chiles, proveedor del Pentágono, producía cartas y mapas para uso militar. El escritor Henry Hurt ha observado que «parte del trabajo parecía estar relacionado con las misiones supersecretas de los U-2, algunas de las cuales consistieron en vuelos sobre Cuba». Este trabajo requería una clasificación de alta seguridad. Oswald no sólo obtuvo este trabajo una semana después de llegar a Dallas, sino que también accedió a diversos materiales secretos.

Octubre de 1962 fue el mes en el que Dean Rusk, como ex secretario de Estado, declaró esto: «Nuestro Gobierno y los rusos están cara a cara.» Nuestros U-2 realizaban frecuentes vuelos sobre Cuba y un aparato de la Fuerza Aérea había sido abatido. Si en efecto Oswald no tuvo conexiones con nuestra Comunidad de Inteligencia, si en realidad fue leal a los ideales comunistas —tal como nos lo aseguró nuestro Gobierno—, entonces la negligencia del dispositivo de seguridad de Jagger-Stowall-Chiles (que siempre había puesto el tipo para los nombres de los mapas utilizados por los U-2 para buscar las instalaciones de misiles soviéticos en Cuba) representaba una gran mascarada cómica digna de acabar en la basura.

Socialmente, pese a su «deserción» y a su ostensible lealtad de palabra al comunismo, Oswald y su familia fueron recibidos con los brazos abiertos por la comunidad de rusos blancos de Dallas. Cabe destacar que la mayoría de los rusos blancos compartía una filosofía política situada algo a la derecha del fallecido zar Nicolás. Algunos eran nobles rusos de sangre azul o grandes terratenientes que habían sido obligados por el Gobierno bolchevique a dejar sus ancestrales posesiones. Vivían pensando en el día en que los comunistas fueran arrojados de Rusia y pudieran volver a su patria. Otros tenían un pasado menos noble y eran simples inmigrantes que habían huido del comunismo, pero su aversión al régimen era igual de amarga.

Curiosamente, sin embargo, ésa fue la razón que ayudó a Lee y Marina a buscar alojamiento. Velaron para que dispusieran de suficiente leche para el bebé y para que pudiera ir al hospital cuando le subía la temperatura. De vez en cuando, llevaban bonitos vestidos para Marina y la hacían objeto de sus atenciones en todos los aspectos.

Descubrí que el compañero más asiduo de Oswald en Dallas fue George de Mohrenschildt.

Llevaba más tiempo en Estados Unidos que muchos de los rusos blancos y no era precisamente un emigrante común. Su padre, el barón Sergius de Mohrenschildt, había sido gobernador de la provincia de Minsk en tiempos del zar. La familia huyó del comunismo tras la revolución de 1917. De Mohrenschildt hablaba ruso, francés, alemán, español y polaco. Durante la Segunda Guerra Mundial trabajó para la Inteligencia francesa. Este educado miembro del equipo de polo internacional poseía un doctorado en Comercio Internacional y un máster en Ingeniería del Petróleo y Geología.

De Mohrenschildt era consultor geológico y miembro del exclusivo Club del Petróleo de Dallas, con contactos sumamente influyentes en el mundo de los negocios. Entre sus amigos más íntimos destacaba Jean de Menil, presidente del «gigante internacional» Schlumberger Corporation, empresa que mantenía estrechos vínculos con la Agencia Central de Inteligencia*.

De Mohrenschildt había trabajado en los más lejanos confines de la Tierra. Había visitado Ghana como coleccionista de sellos, aunque en esa época no coleccionaba sellos y en cambio realiza-

* La CIA y Schlumberger tenían intereses comunes en la OAS, una organización formada por ex generales franceses que se rebelaron contra el presidente Charles de Gaulle en 1961, cuando Argelia estaba a punto de conseguir su independencia. La Agencia apoyó de forma incondicional, aunque secreta, el movimiento antigaullista francés. Véase el capítulo 3.

ba negocios de petróleo. En Yugoslavia representó durante todo un año a la administración de Cooperación Internacional, una conocida tapadera de la Agencia Central de Inteligencia, con sede en Washington. Había viajado a Guatemala cuando, por casualidad, estaban allí muchos de los guerrilleros anticastristas cubanos entrenados por la CIA que invadieron Bahía de Cochinos. Y después se trasladó a Haití, donde se vio implicado en una aventura económica «orientada por el Gobierno» (utilizando las mismas palabras del informe de la Comisión Warren).

Este hombre, a todas luces un capitalista y aún más un anticomunista, fue el amigo íntimo en Dallas de un joven que, según la Comisión Warren, estaba «comprometido con el marxismo».

El carisma de Oswald parecía tener éxito también entre otros amigos de la comunidad de rusos blancos. Max Clark, un coronel de la Fuerza Aérea retirado y por entonces abogado, fue la primera persona invitada a cenar al apartamento de Oswald en Dallas. El coronel Clark había sido destinado como oficial de seguridad a la General Dynamicos, el mayor contratista del Departamento de Defensa y la mayor empresa del mundo en construcciones aeronáuticas. Su esposa, Katya —que también estuvo presente en la cena preparada por Marina Oswald— era un miembro de la familia real de Rusia, nacida princesa Sherbatov. Seguramente, para un marxista como Lee Oswald, ésta fue una conquista social de primer orden.

Aunque la mayoría de los rusos anticomunistas de Dallas dieron la bienvenida a los Oswald, sólo Anna y Teofil Meller abrigaron serias dudas acerca de la pareja. Ello se debió a que Anna, durante una visita al apartamento de los Oswald, encontró una copia del libro de Karl Marx *Das Kapital* (sic) sobre la mesa. A ella le pareció que no podía ignorarlo y Teofil, su marido, llamó luego al FBI para denunciar el hecho. Un portavoz de la Oficina Federal de Investigaciones le informó que Oswald estaba «limpio»*.

La Comisión Warren trató con su espíritu habitual este problema latente de la protección del FBI a Oswald. Simplemente, no llamó a Meller para declarar como testigo ni para tomarle declaración jurada.

El tratamiento dispensado a Oswald tras su regreso, tanto el de la Comunidad de Inteligencia como el que le dedicaron los anticomunistas, me llevó a una única e inevitable conclusión: que en la Unión Soviética Oswald se había comprometido a realizar una misión clandestina de Inteligencia para el Gobierno de Estados Unidos.

Pronto fui consciente de que en el período posterior a su regreso de la Unión Soviética, los exiliados anticomunistas y parte de la Comunidad

* Sin embargo, hasta después del asesinato Meller no informó a la policía de Dallas de que el FBI le había dicho que Oswald «estaba limpio». Este dato fue obtenido por el investigador Harold Weisberg, uno de los críticos más infatigables del informe Warren.

de Inteligencia norteamericana parecían tener intereses convergentes en el potencial valor de Lee Oswald. No fue por casualidad que Oswald estuviera rodeado de emigrantes rusos blancos en Dallas y de exiliados cubanos anticastristas en Nueva Orleans. Había descubierto que el entrenamiento guerrillero de los exiliados anticastristas entraba dentro de la competencia exclusiva de la CIA. Esto tuvo un trascendental efecto pragmático. El FBI, por lo general nuestra agencia de investigación más perspicaz, parecía cuidarse mucho de observar lo que hacía la Agencia Central de Inteligencia y de quién lo realizaba.

Aunque la mayor parte del Gobierno sabía que la CIA operaba dentro del país desde hacía tiempo, yo era consciente de que la Agencia Central de Inteligencia realizaba tales operaciones de forma clandestina. Los miembros de la Agencia que manipulaban a los emigrantes, por ejemplo, no llevaban uniformes ni identificaciones con el emblema de la CIA. En su trabajo encubierto no se les distinguía de otros abogados, hombres de negocios, ingenieros, amas de casa, detectives privados o lo que fueran.

En esa época no podía estar seguro de quién había manipulado a Lee Oswald y a los exiliados que lo rodeaban, pero ahora, con el beneficio de la duda, me parecía realmente evidente.

Si bien George de Mohrenschildt probablemente no obtuvo ningún indicio de la catástrofe que se avecinaba, hoy existen pequeñas dudas sobre si él operaba como agente encubierto de la

Agencia Central de Inteligencia*. También parece probable que una de sus misiones fuera trasladar a Oswald de Fort Worth hacia Dallas y posteriormente servirle como una de sus «niñeras»**.

Mi conclusión de que De Mohrenschildt fue inconscientemente una «niñera» para Oswald procede no sólo de las pruebas que se pueden obtener libremente, sino de mi conversación con él y su esposa. Años después del asesinato, cuando mi investigación estaba avanzada, me puse en contacto telefónico con De Mohrenschildt. Para evitar escuchas, realizamos una inspección de rutina de mi llamada al Club del Petróleo en Dallas y de-

* George de Mohrenschildt se suicidó en marzo de 1977, horas después de concertar una cita con un investigador del Comité Especial sobre Asesinatos de la Cámara de Representantes. Es teóricamente posible que Mohrenschildt hubiera estado trabajando para otros sectores de la Comunidad de Inteligencia. Sin embargo, lo profundo de su cobertura y la consiguiente protección que le proporcionaron varios miembros de la Comisión Warren e investigadores federales apoya la teoría de que trabajaba para la Agencia Central de Inteligencia, la cual tiene prohibido por ley operar en el interior del país. La Comisión Warren jamás llamó al cosmopolita como testigo. Mejor dicho, miembros de la Comisión tomaron su declaración para leerla posteriormente.

** «Niñera» es el término utilizado por las agencias de Inteligencia norteamericanas para describir a un agente destinado a proteger o, dicho de otro modo, velar por la salud de un individuo en particular. Este detalle suele ser importante para que se complete una misión. Dependiendo de la naturaleza de la operación a realizar, la «niñera» puede ser un participante «intencional» (lo cual significa que sabe cómo va a ser utilizado su protegido) o «no intencional» (cuando ignora qué le espera al «bebé» que tiene bajo su custodia).

jamos una llamada para mí en el Athletic Club de Nueva Orleans. Ambos, De Mohrenschildt y su mujer, afirmaron enfáticamente que el tiroteo contra el presidente, o incluso aunque fuera contra un conejo, no llevaba la marca de Oswald. Insistieron contundentemente en que Oswald había sido la «cabeza de turco». Me impresionó especialmente su profundo descontento por lo que le habían hecho no sólo a John Kennedy, sino también a Lee Oswald.

Llegó la primavera de 1963 y Lee Oswald —como siempre sin fanfarrias ni otros preliminares— dejó Dallas a finales de abril para trasladarse a Nueva Orleans. Su mujer y su hija llegaron poco después. El 9 de mayo, Oswald consiguió trabajo en la Compañía Cafetera Reily, en Nueva Orleans, justo frente al edificio de la oficina de Correos y al despacho de Guy Banister.

También examiné muchas de las actividades de Oswald en Nueva Orleans durante ese verano. Sin embargo, ahora me interesaba tener una clara visión de cómo consiguió obtener un empleo en la Compañía Cafetera Reily. Ésta fue una cuestión muy confusa porque entre los documentos de la Comisión Warren figuraban docenas de fotocopias de solicitudes de empleo que «en apariencia» Lee Oswald había rellenado una tras otra antes de aterrizar en su trabajo en la empresa Reily. El familiar garabato manuscrito de Oswald aparecía bien visible en cada una de ellas. A juzgar por las largas series de documentos de la Comisión, Oswald solicitó trabajo en la mitad de los negocios de la ciudad de Nueva Orleans.

Sin embargo, cuanto más absorto me encontraba estudiando estas solicitudes, más aumentaba mi perplejidad. En cada una de las solicitudes constataba su altura como de «1,75 metros». La cuestión era que Lee Oswald medía 1,80 metros. Entonces, ¿por qué afirmaba continuamente que medía cinco centímetros menos?*.

Al día siguiente debía reunirme con miembros de mi equipo para debatir algunos temas y añadí éste a la agenda. Por la mañana, apenas llegué a la oficina, Lou Ivon vino con la noticia —proporcionada por uno de sus policías que investigaban

* Existe una gran confusión sobre la altura de Oswald. Creo que medía 1,80 metros porque así consta en dos documentos hallados en su cartera cuando fue detenido: su tarjeta local de reclutamiento, fechada el 14 de septiembre de 1959, y su ID del Departamento de Defensa, sin fecha, pero aparentemente emitida en esa misma época. También en su solicitud de pasaporte, fechada el 10 de septiembre de 1959, constaba la misma talla, al igual que en su formulario DD214 de licenciatura, fechado al día siguiente. Con una sola excepción, todos los documentos en los cuales consta la altura de 1,75 metros están fechados en la época en que John F. Kennedy era presidente, lo cual coincide con la teoría de que, durante esa época, alguien suplantó la personalidad de Oswald.

La excepción es la ficha de enrolamiento de Oswald en el cuerpo de marines, fechada el 24 de octubre de 1956, en la cual consta una altura de 1,75 metros. Ello fue sólo unos días después de cumplir diecisiete años y es perfectamente verosímil que Oswald creciese cinco centímetros en los tres años siguientes.

en la calle— de que Oswald había visitado la compañía naviera Bolton Ford en la avenida North Claiborne. Siempre que podíamos, seguíamos hasta el menor de los rumores y, aunque este rumor después resultó falso, acabamos encontrando algo potencialmente más importante.

Según nos dijeron después los comerciantes Fred Sewall y Oscar Deslatte, dos hombres que decían representar a una organización llamada Amigos de Cuba Democrática llegaron a la naviera Bolton el 20 de enero de 1961. Esto fue sólo tres meses antes del abortado intento de invasión de Cuba en Bahía de Cochinos, el gran lastre que Kennedy heredó de la Administración anterior. Uno de los hombres era un latino corpulento con el cuello grueso y una inconfundible cicatriz sobre la ceja izquierda*. El otro era un joven delga-

* Después de que Lee Harvey Oswald volviese a Nueva Orleans y comenzase a repartir los panfletos procastristas, este hombre de la cicatriz siempre estuvo presente entre la muchedumbre. Cuando un agente de Inteligencia está realizando una acción provocativa, un procedimiento operativo normal contempla que en las proximidades haya un guardaespaldas para protegerlo de cualquier reacción violenta de la multitud. Parece probable que este hombre de la cicatriz fuera el guardaespaldas de Oswald por su presencia regular, siempre en la periferia de la escena y siempre con gafas de sol. Las gafas de sol eran grandes pero no podían esconder la cicatriz vertical que le atravesaba la ceja izquierda. Supimos de su constante presencia por nuestros interrogatorios a personas que lo vieron mientras se repartían los panfletos, muchas de las cuales lo identificaron a través de nuestras copias de las fotografías de prensa.

do anglosajón que, obviamente, estaba a sus órdenes.

Los dos hombres afirmaron que deseaban comprar diez camionetas Ford. Solicitaban un presupuesto de la Bolton Ford. El latino se identificó como «Josep Moore» pero dijo que la transacción debía realizarse a nombre de «Oswald». El joven anglosajón lo confirmó y aclaró que «Oswald» era su nombre y que era él quien tenía el dinero. En cambio, al solicitar la firma a los compradores, el propio Deslatte puso el nombre de «Oswald» en el formulario*. Por supuesto, como todo el mundo sabe en la actualidad, el verdadero Lee Oswald estaba en la Unión Soviética ese día y aún permanecería allí más de un año.

Después del asesinato del presidente Kennedy, Sewall y Deslatte recordaron la visita de «Oswald» y llamaron al FBI.

Cuando los agentes del FBI vieron el formulario con el nombre de Oswald al final, según explicaron los dos vendedores, lo tomaron cuidadosamente con pinzas.

Después de la declaración sobre el incidente

* Es justo asumir que las camionetas fueron prometidas para la inminente invasión de Bahía de Cochinos y que este procedimiento de compra indirecta fue utilizado para encubrir la implicación de la CIA en el desarrollo y lanzamiento de la aventura. El hombre que utilizó el nombre de Oswald indicó al vendedor de la Ford que debía venderle las camionetas a precio de coste debido a la naturaleza patriótica de la organización Amigos de Cuba Democrática.

de la Bolton Ford, me interesé por los Amigos de Cuba Democrática. Obtuve una copia de sus estatutos. Entre los mentores de la organización figuraba el omnipresente nombre de «Guy Banister».

Ponderé las implicaciones de esta asombrosa información. El mismo mes en que John Kennedy accedió a la presidencia, un proyecto de Inteligencia ideado por Guy Banister utilizaba el nombre de «Oswald» para pedir presupuestos de la compra de camionetas para, presuntamente, utilizarlas en la invasión de Bahía de Cochinos. Aún era más importante que el joven y delgado norteamericano que hacía la oferta conocía a Lee Oswald o conocía su nombre.

En cualquier caso, por esa época Oswald estaba en el extranjero, en la Unión Soviética. Por lo menos, este extraño incidente evidenciaba que la aparición de Oswald en la operación de Guy Banister, en verano de 1963, no era ni mucho menos una mera casualidad.

Llamé a Frank Klein a mi oficina para celebrar la reunión largo tiempo aplazada. Resumí los hechos del incidente de la Bolton Ford y Klein dijo:

—¿No cree que Sewal y Deslatte le están mintiendo?

—No.

—Sin embargo, la historia parece absurda —añadió—. Oswald estaba en Rusia en enero de 1961. Es imposible que visitara la Bolton Ford.

—En cambio pudo hacerlo alguien que representaba el papel de Oswald —apunté.

—¿Representando el papel de Oswald? —se extrañó Klein—. Pero ¿por qué?

—Todavía no lo sé —repliqué—. Pero la cuestión más importante ahora es que sabemos que quien estuviese tras el asesinato quería tener a alguien que adoptase la personalidad de Lee Oswald.

—Quieres llegar a alguna parte —me señaló Klein—, pero no se qué dirección sigues.

Le empujé el grueso volumen de documentos de la Comisión y le mostré las solicitudes de trabajo.

—¿Observas algo raro? —pregunté.

Hojeó los papeles durante un rato y luego levantó la mirada.

—La talla es incorrecta —señaló—. En todas las solicitudes ha puesto la talla incorrecta.

—Exacto —asentí—. Si alguien quería suplantarlo en 1961, también podía hacerlo en 1963.

—Pero ¿por qué querría alguien presentar estas solicitudes a todas esas plazas y poner continuamente la talla incorrecta? —preguntó Klein.

—Porque el impostor medía sólo 1,75 metros —respondí—. Desde que empezó a realizar entrevistas personales, tenía que poner su altura real o dejarlo. El hecho de que haya alguien que sepa imitar a la perfección la letra de Oswald no significa que pueda medir exactamente lo mismo que el propio Oswald.

Frank estuvo de acuerdo conmigo en la posibilidad de que hubiera un impostor que hubiera presentado todas esas solicitudes de trabajo. Lo que añadía, por supuesto, que Oswald había sido destinado desde el principio a la Compañía Cafetera Reily, cerca de la oficina de Guy Banister. Todas esas solicitudes hechas por algún impostor intentaban ocultar este hecho.

—¿Sabes? —dijo Klein—, no has mencionado lo más importante de todo.

—¿Qué es?

—La época de la visita a la Bolton Ford. Se utilizó el nombre de Lee Oswald muy pronto, a principios de enero de 1961. Ése fue el mes en que Kennedy asumió la presidencia.

Reflexioné considerando la importancia de lo que Frank me estaba sugiriendo.

—¿Me preguntas si creo que el plan para eliminar a John Kennedy empezó a fraguarse a principios de 1961?

Frank asintió.

—Me parece difícil de creer —declaré—. Mi respuesta tendría que ser no.

Años después de esta discusión con Frank, me topé con un libro fascinante sobre la Comunidad de Inteligencia norteamericana titulado *Las armas de la ignorancia*, publicado en 1977. En él, tropecé con un hecho que me dejó asombrado. Según el autor del libro, William R. Corson, poco después de la elección de Kennedy en noviembre de 1960, la CIA empezó enseguida a reunir un «expediente de análisis», donde se incluía un perfil psicológico del presidente electo. Su propósito, entre otras cosas, era predecir qué posiciones adoptaría Kennedy en un determinado tipo de situaciones que se plantearan. La existencia de este estudio no se hizo pública.

Hoy en día pienso a menudo en la pregunta de Frank sobre las implicaciones de la suplantación de Oswald en 1961. Cuando lo hago, creo que si hubiera sabido que la CIA estudiaba tan pronto el perfil psicológico de Kennedy mi respuesta no habría sido la misma.

5

LA CREACIÓN DEL CHIVO EXPIATORIO

Al avanzar en nuestra investigación, comprendí que Oswald no pudo haber disparado al presidente Kennedy solo, sino que una parte de la Comunidad de Inteligencia lo había guiado y que alguien había adoptado su personalidad. En otras palabras, era justo lo que dijo cuando fue arrestado, un chivo expiatorio. Permanece en secreto qué fuerza concreta lo creó. Una parte de la Comunidad de Inteligencia estuvo implicada, pero no tenía ni idea de lo amplia que pudo ser la base de la operación.

No comprendía por qué Oswald dejó Dallas en abril de 1963 y permaneció durante el verano en Nueva Orleans, sólo para volver de nuevo a Dallas en octubre. Sin embargo, teniendo en cuenta lo que había averiguado, empezó a cobrar sentido. Evidentemente, si se empezó a crear un chivo expiatorio con la imagen de Oswald como comunista, su íntima asociación en Dallas con los anticomunistas rusos blancos tenía que cortarse. De igual forma, un verano repartiendo de forma ostensible los panfletos procastristas en Nueva Orleans reforzaba la imagen de comunista asesino enloquecido. En la Comunidad de Inteligencia existe un término para este tipo de comportamiento manipulado y diseñado con el fin de crear la imagen deseada: «*sheepdipping*», algo así como baño de ovejas. Me parecía que Oswald estuvo en Nueva Orleans para ser «sumergido entre las ovejas», bajo la guía de Guy Banister, y que fue enviado a Dallas cuando había cumplido esta misión.

Para comprobar si estaba en la dirección adecuada, estudié más de cerca el retorno de Oswald a Dallas y sus últimos dos meses antes del asesinato.

El 23 de septiembre de 1963, Marina Oswald, embarazada, y su hija dejaron Nueva Orleans. Fueron hacia el oeste, hacia Dallas, según supe por Ruth Paine. En general se admite que Lee Oswald se marchó un día después. Hay indicios de que partió de Nueva Orleans en autobús, pero este extremo no se ha confirmado.

Por el momento me concentré —hojeando los gruesos volúmenes azules a los cuales ya estaba tan acostumbrado— en el papel que desempeñó Ruth Paine al llevar a Marina Oswald y a su hija a Dallas y acomodarlas allí.

Lee y Marina Oswald conocieron a Ruth Paine en febrero de 1963, en Dallas, en una fiesta en su honor que organizaron George de Mohrenschildt y su esposa. Averigüé que Ruth Paine era la esposa de Michael Paine, un ingeniero de diseño que desempeñaba un trabajo catalogado como muy secreto para la Bell Helicopter, la proveedora más importante del Departamento de Defensa.

Ruth Paine era una mujer fuerte e inteligente con amplias inquietudes, entre ellas el idioma ruso, que aprendió a hablar bastante bien. Su padre había trabajado en la Agencia para el Desarrollo Internacional (AID), organización que determinadas fuentes consideraban una tapadera de la CIA. Su cuñado trabajaba en la misma agencia en la zona de Washington D.C.

De regreso de unas largas vacaciones, durante las cuales visitó a sus cuñados en Washington, se detuvo en Nueva Orleans para recoger a Marina Oswald y a su hija, y regresar a Dallas. Me preguntaba vagamente si la propia señora Paine no fue manipulada durante esta operación.

Cuando Marina y su hija llegaron a Dallas, Ruth Paine las alojó en su casa de Irving, un barrio periférico de Dallas. Ella y su marido estaban separados temporalmente, por lo que tenía suficiente espacio para huéspedes.

El 4 de octubre, Lee regresó a Dallas. Afirmó que había estado en Houston buscando trabajo. Diez días después Ruth Paine le consiguió una entrevista y un trabajo en el Almacén de Textos Escolares de Texas.

Por motivos que aún no están claros, Oswald alquiló una serie de pequeñas habitaciones en Dallas mientras su esposa e hija permanecían en la casa de los Paine en Irving. Si bien Lee conservó con él parte de sus posesiones personales en Dallas, la señora Paine le prestó su garaje en Irving para que guardara el resto.

No hay ningún indicio que permita imaginar qué tenía en mente Lee Oswald con este extraño sistema de vida, ni quién se lo sugirió. Sin embargo no se puede negar que esta situación jugó a favor de quienquiera que se escondiera detrás del asesinato. Cuando el presidente fue asesinado, el chivo expiatorio apareció mucho más apartado de su familia y amigos, reforzando así la imagen de un loco tirador solitario.

Por cuestión de rutina, intenté examinar las declaraciones de renta de Ruth y Michael Paine, pero me dijeron que el material había sido declarado secreto. Además de las declaraciones de renta de los Paine, también se mantuvieron secretos, por razones de seguridad nacional, los documentos 212 sobre Ruth Paine y 218 sobre Michael Paine. Por el mismo motivo se mantuvieron secretos los documentos de la Comisión 258 sobre Michael y el 508 sobre la hermana de Michael Paine, así como los documentos 600 hasta 629 de la Comisión Warren sobre familiares de Michael Paine.

¿Qué había de especial en esta particular familia para que el Gobierno federal los protegiese tanto? Ni siquiera los Du Pont ni los Vanderbilt tenían este tipo de cuidadosa guardia. Me preguntaba si esta actitud tan paternal estaba relacionada con el hecho de que la CIA —por razones obvias— había sido la organización que orientó a esta familia.

Mientras su mujer y su hija permanecían con Ruth Paine, el propio Lee Oswald, de acuerdo a lo que dice el Gobierno, se dirigió a Ciudad de México, para, según se afirma, contactar con las embajadas soviética y cubana, dejándose ver por allí. Pero yo también abrigaba dudas sobre esta explicación. Estas dudas se confirmaron después, cuando logré consultar más información acerca de dicho incidente.

Un informe de la CIA con fecha 10 de octubre de 1963 detallaba que, a finales de septiembre y principios de octubre, Lee Oswald llamó en numerosas ocasiones y apareció por la embajada soviética en Ciudad de México preguntando si había mensajes para él y hablando con un agregado comercial que, supuestamente, formaba parte de la sección «asuntos líquidos» (asesinato) del KGB. Se enviaron copias de este informe al FBI y al Departamento de Estado. Posteriores indagaciones de la Agencia Central de Inteligencia sitúan también a Oswald en la embajada cubana, donde, ostensiblemente, intentó obtener un visado para viajar a la Unión Soviética vía Cuba.

Al principio de la investigación oficial, la CIA informó a la Comisión Warren de las supuestas actividades de Oswald en Ciudad de México antes del asesinato. Cosa rara, la Comisión pidió más pruebas. Quizá los miembros de la Comisión, conscientes de que la CIA tiene establecida una vigilancia fotográfica de veinticuatro horas sobre las embajadas cubana y soviética en Ciudad de México, deseaban una buena imagen para apuntalar su escasa documentación acerca del viaje de Oswald a ese país.

Inicialmente, la Agencia Central de Inteligencia ignoró la petición de la Comisión. Sin embargo, después de una mayor presión, la CIA mostró finalmente una oscura instantánea de un caballero gordo y entrecano, lo bastante mayor como para ser el padre de Oswald. Ése, según aseguró la CIA, era Lee Oswald en la embajada cubana.

La agencia también realizó un informe acerca de Silvia Durán, una mexicana que trabajaba en la embajada cubana, alegando que Oswald había aparecido por allí. Sin embargo, el informe se obtuvo bajo circunstancias «sospechosas», por decir algo. El día después del asesinato, la CIA ordenó a las autoridades mexicanas que detuvieran a Durán y la aislaran. El télex de la agencia decía: «Con pleno respeto a los intereses de México, les pedimos que esta detención permanezca en el más absoluto de los secretos y que no se publique o comunique información alguna respecto a ella; se nos enviará además información exhaustiva referida a la cuestión...» Durán no fue puesta en libertad hasta que identificó a Lee Oswald como el visitante a la embajada cubana. Después de su liberación, la CIA ordenó de nuevo que fuera encarcelada. Estas cuestiones no fueron dadas a conocer a la Comisión. Por otra parte, Durán explicó en 1978 al autor Anthony Summers que el hombre que fue a la embajada era rubio y por su altura —1,60 metros— difícilmente podía tratarse de Oswald.

La Comisión no formuló ninguna pregunta al cónsul cubano, Eusebio Azcue, pese a que había mantenido tres tormentosas entrevistas con «Oswald». Sin embargo, el Comité Especial sobre Asesinatos de la Cámara de Representantes sí lo hizo. Cuando Azcue vio las fotografías de Lee Oswald, declaró que el joven que le visitó en la embajada era rubio y que no se parecía al hombre de las fotografías. Según el cónsul, tampoco era el hombre al cual Jack Ruby había disparado, escena que vio en televisión sólo dos meses después de sus encuentros cara a cara con «Oswald».

La aseveración de que Oswald había telefoneado y había sido visto en la embajada soviética no pudo demostrarse tan fácilmente. No había fotos y, cuando la Comisión solicitó escuchar la cinta con la grabación de las llamadas de Oswald, la Agencia Central de Inteligencia aseguró que la vigilancia había sido suspendida en una ocasión y que en otra el equipo estaba estropeado. Sin embargo, las cintas sobrevivieron el tiempo suficiente para que las oyeran los agentes del FBI que estuvieron presentes durante las infames doce horas de interrogatorio a Oswald después del asesinato. Estos agentes, según un informe del FBI fechado el 23 de noviembre de 1963 y obtenido gracias a la Ley de Libertad de Información, eran «de la opinión de que el individuo referido más arriba (el de las cintas grabadas en la embajada soviética) no era Lee Harvey Oswald».

Esta prueba, obtenida años después de que mi investigación oficial hubiese concluido, me sugiere que Lee Harvey Oswald no estuvo en Ciudad de México, tal y como concluyó la Comisión Warren. Más bien apunta fuertemente a que alguien adoptó la personalidad de Lee Oswald en Ciudad de México, como cree Edwin Juan López, quien dirigió las investigaciones en México del Comité de la Cámara de Representantes. Esto concuerda con otras suplantaciones de Oswald realizadas en Nueva Orleans y en Dallas que fueron llevadas a cabo en un esfuerzo por convertirlo en un chivo expiatorio.

Varias de las escenas resultaban tan ridículas que sólo el más crédulo podía tragárselas. Una de esas representaciones ocurrió en el consulado mexicano en Nueva Orleans. Fue a primera hora de la tarde en un día de mediados de septiembre de 1963. Un hombre joven, acompañado por una mujer con un pañuelo atado alrededor de la cabeza, apareció por el consulado. En esta ocasión, ocurrió que la señora Fenella Farrington estaba allí para averiguar qué debía hacer para traer de vuelta su coche familiar que se había quedado en México. Lo habían dejado allí tras una reciente visita con su marido.

El joven preguntó a la empleada del mostrador:

—¿Qué tiempo hace en Ciudad de México?

—Es muy caluroso, como hoy aquí.

Y después le preguntó, poniendo al descubierto la siniestra constante que se repetiría en estas mascaradas:

a Oswald en México? ¿Y por qué no había imágenes de Oswald en el consulado? La cámara oculta sería obviamente lo bastante buena como para identificar a Fenella Farrington y para poner al FBI tras sus huellas en breve plazo de tiempo. El agente del FBI le dijo que tenía una fotografía del hombre que intentaba llevar un rifle a México y ése era Lee Oswald. Pero el Gobierno no ha entregado nunca esta foto. Si la instantánea era de Oswald, ¿iba a mostrarse tan reacio el Gobierno en darla a conocer?

El incidente del consulado mexicano en Nueva Orleans fue sólo el primero de varios sucesos sospechosos en los que un claramente identificable «Lee Oswald» llamaba la atención con alguna acción provocativa.

A finales de septiembre de 1963 ocurrió otro de estos incidentes, en esta ocasión en Dallas. Un tal «Leon Oswald» apareció por casa de Sylvia Odio —una emigrante cubana— con dos tipos de la guerrilla que hablaban en castellano. Uno de los dos la llamó luego explicándole lo loco que estaba «Leon» y que quería matar al presidente.

Al mes siguiente, en Dallas, la señora Lovell Penn encontró a tres hombres que sin ningún disimulo disparaban en su propiedad y los expulsó. Cuando se fueron, encontró una caja de cartuchos vacía con la etiqueta de «Mannlicher-Carcano», el rifle arcaico y casi fuera de uso que, según anunciaría la Comisión Warren, Oswald utilizó en su histórica exhibición de puntería en la plaza Dealey.

A principios de noviembre, un hombre joven que se identificó como «Lee Oswald» realizó una solicitud para un trabajo en el aparcamiento del hotel Southland. Durante su conversación con el responsable le preguntó si había una buena vista del «centro de la ciudad» desde el edificio.

Estas pantomimas fueron casi tan sutiles como cucarachas intentando moverse furtivamente a través de una alfombra blanca. Pero el incidente más absurdo de todos ocurrió una tarde, a finales de noviembre de 1963.

Un joven llegó al centro comercial Lincoln Mercury, que está justo frente al lugar donde pronto iba a ocurrir el asesinato. Anunció su intención de probar y comprar un coche. El vendedor, Albert Bogard, le mostró un Mercury Comet rojo y al poco rato, con el cliente al volante, enfilaron hacia la autopista Stemmons. Cuando estuvieron en la autopista, el cliente empezó a aumentar la velocidad hasta 110 kilómetros por hora o más y a conducir como Mario Andretti en las 500 millas de Indianápolis. Conducía el automóvil poniendo incluso el cuentarrevoluciones a la máxima velocidad. Como el vendedor comentó después a su jefe, «conducía como un loco».

Cuando volvieron, el cliente parecía poco contento al saber que tenía que pagar como mínimo unos doscientos o trescientos dólares para salir con el flamante coche. Eugene Wilson, otro vendedor, le oyó decir: «Quizá tenga que volver a Rusia para comprar un coche.» El hombre le dijo entonces a Bogard que volvería al cabo de unas semanas a buscar el coche ya que debía recibir un dinero. Le dio su nombre como «Lee Oswald» y Bogard lo escribió en el revés de una de sus tarjetas de visita. Varias semanas después, Bogard oyó por la radio de la tienda que Lee Oswald había sido arrestado. Sacó la tarjeta de «Oswald», la rompió y la tiró. «No va a comprar ningún coche», se dijo.

Bogard recordaba más la velocidad del paseo por la autopista que el aspecto del cliente. Su respuesta fue: «No se lo puedo asegurar, no lo recuerdo. Lo he identificado en fotografías pero no recuerdo el aspecto que tenía ese día.»

Frank Pizzo, para quien Bogard trabajaba, se mostró mucho más explícito. El abogado de la Comisión Warren, Albert Jenner, después de mostrarle infructuosamente varias fotografías de Lee Oswald con otros hombres, finalmente le mostró una tomada a Oswald el 22 de noviembre, tras su detención*. Éste es el diálogo que siguió:

PIZZO: Desde luego, no tiene [sic] las entradas en el pelo que yo estaba describiendo...

JENNER: Ésta fue tomada la tarde del 22 de noviembre en la sala de reconocimiento de la policía de la ciudad de Dallas.

(Discusión confidencial.)

* Es interesante destacar que tras la detención de Oswald, el FBI, que había sido informado inmediatamente después del asesinato de la visita de «Lee Oswald» al Centro Lincoln Mercury, no tomara ninguno de los testimonios de la tienda de automóviles sobre los movimientos de Oswald.

(Discusión confidencial entre el abogado Jenner y el abogado Davis con el testigo, señor Pizzo.)

JENNER: Volviendo al informe. ¿Recuerda usted más o menos si medía aproximadamente 1,72 o 1,70?

PIZZO: Entre 1,70 y 1,74, con una especie de corona alrededor de la frente. Esa forma de V es lo que más recuerdo.

JENNER: ¿Como unos cuernos?

PIZZO: Sí, pero muy tenues.

JENNER: Muy tenues.

PIZZO: Muy tenues, no el tipo melenudo que he visto en la foto. Bueno, como no estoy seguro tendría que decir que él no es el único, si ustedes desean que declare con seguridad.

Demasiado, según parece, para cualquier posibilidad de que el propio Lee Oswald fuese el salvaje conductor del Centro Lincoln Mercury. Oswald medía 1,80 metros.

Eugene Wilson, un vendedor veterano del comercio, estaba incluso en desacuerdo con la declaración de Frank Pizzo sobre la estatura del joven. Wilson aseguró que el joven corredor salvaje media menos de «1,70 o 1,74 ». Wilson, quien medía 1,72 metros, afirmó que el hombre que dijo ser Oswald medía «sólo un poco más de 1,50 metros».

Mientras que la Comisión se limitó a evitar el testimonio preciso de Frank Pizzo, inicialmente no presentó para nada el testimonio de Eugene Wilson. En consecuencia, Wilson no figura en el índice de las declaraciones. Posteriormente, cuando el informe de la Comisión fue entregado a la prensa, se descubrió a Wilson, probablemente de forma accidental. La tardía entrevista del FBI a Wilson, en aquella época vendedor de coches en otro comercio de Mercury, incomodaba claramente a los agentes que lo entrevistaban. No sólo eliminaba la posibilidad de que Oswald hubiera sido el joven visitante, sino que subrayaba la posibilidad de que alguien estuviera utilizando el nombre de Oswald. El informe del FBI destacaba que Wilson tenía problemas de vista debido a un glaucoma. Sin embargo él aún estaba vendiendo coches y parecía lógico considerarle capaz de notar cuándo un hombre era considerablemente más bajo que él.

La Comisión declaró con arrogancia que había evaluado cuidadosamente el incidente del Centro Lincoln Mercury «porque sugiere la posibilidad de que Oswald pudiera haber sido un conductor hábil y, durante el mes de noviembre de 1963, pudiera haber tenido expectativas fundadas de comprar el coche». La Comisión debió decir más bien que había evaluado cuidadosamente dicho incidente porque indicaba que Oswald había disminuido considerablemente en altura, ya que esto al menos debía ser más relevante.

Todos estos cuadros tan manipulados —desde el consulado mexicano en Nueva Orleans hasta el Centro Lincoln Mercury en Dallas— confirman mi impresión inicial de que alguien adoptó la personalidad de Oswald. El motivo parecía obvio:

antes de la ejecución del presidente se dejó caer cuidadosamente una estela de evidencias incriminatorias falsas que convertían a Oswald en un chivo expiatorio. Al mismo tiempo, el verdadero Oswald fue manipulado por sus niñeras de la Comunidad de Inteligencia. De Mohrenschildt lo convenció para que se trasladara a Dallas y luego Oswald fue enviado a Nueva Orleans para un «baño de ovejas», cortesía de Guy Banister. Cuando Oswald volvió a Dallas, otras manos que lo guiaron se aseguraron de que estuviera en el lugar correcto en el momento preciso. Ruth Paine fue una de quienes lo ayudaron a conseguir el trabajo en el Almacén de Textos Escolares de Texas y aunque Oswald recibió una llamada en casa de los Paine para ofrecerle un trabajo mejor en el aeropuerto, jamás se lo comentaron. Por ello, el día del asesinato lo encontró trabajando en el almacén de la calle Elm, el fatídico lado de la calle que la comitiva presidencial tomaría aquella mañana.

Estaba cada vez más perplejo ante tal acumulación de indicios sobre la manipulación de Oswald. Era como un peón en un tablero de ajedrez, yendo hacia donde se le ordenaba, terminando donde se le situaba. ¿Cuándo empezó la manipulación? ¿Hubo indicios previos? Mi mente volvió atrás, a la base de marines El Toro, en California, incluso antes del viaje de Oswald a la Unión Soviética. Pensé en Kerry Thornley, el único marine cuyo testimonio acerca de Oswald fue tan distinto del de sus demás compañeros.

Leí de nuevo desde el principio hasta el fin la

declaración de Thornley en el volumen once de las audiencias, las treinta y tres páginas. Gran parte de las otras declaraciones de marines acerca de Oswald se habían reducido a media página de declaración jurada, pero Thornley ocupaba más espacio que la mayoría de testigos en toda la investigación.

Puse a mi equipo a investigarlo y descubrí, para mi sorpresa, que Thornley —quien estuvo en los marines con Oswald en 1959— llegó a Nueva Orleans en 1961. En una comprobación rutinaria en los archivos de la policía encontramos que estuvo también en Nueva Orleans en 1962. Lo detuvieron en agosto por poner una señal en un poste de teléfonos en la calle Royal, en el Barrio Francés, violando las ordenanzas de la ciudad. Localizamos a los oficiales de policía que realizaron la detención. Sin embargo, cuando les preguntamos no lograron recordar el tipo de señal que había puesto Thornley.

Tal como reconoció, así como por las declaraciones de Barbara Reid y de otros, supimos que Thornley había estado en Nueva Orleans en 1963 y que dejó la ciudad sólo días después del asesinato de Kennedy. Reid, que vivió durante mucho tiempo en el Barrio Francés y que conoció a ambos, a Thornley y a Oswald, declaró haberlos visto juntos en varias ocasiones. Una de ellas fue a principios de septiembre de 1963, en la Bourbon House, una mezcla de bar y restaurante situado en el Barrio Francés. Thornley, quien por lo general llevaba el cabello muy largo, acababa de llegar de un viaje fuera de la ciudad. Entonces llevaba el cabello inusualmente corto, de forma similar a como lo llevaba normalmente Oswald. Reid recuerda que les dijo: «¿A quién queréis pareceros, muchachos? ¿A los Gemelos de Polvo de Oro?»

Estábamos impacientes por hablar con Kerry Thornley, pero no era un hombre fácil de localizar. Tardamos más de un año en conseguirlo y supuso un montón de trabajo muy pesado. Teníamos investigadores recorriendo punto por punto el Barrio Francés hasta que averiguamos cuál era su principal guarida, el café de Ryder. Exceptuando ocasionales visitas a la Bourbon House, en las calles Royal y Bourbon, Thornley rara vez iba a ninguna parte.

El café de Ryder era un local pequeño, débilmente iluminado y más bien poco atractivo. Resulta sorprendente que un lugar semejante, donde se sirve casi exclusivamente café, haya sobrevivido. Sin embargo el alquiler era bajo en este local del Vieux Carré y al parecer la venta de la cerveza y del vino funcionaba. A Thornley le gustaba hablar y el café de Ryder era un lugar donde la gente joven iba a charlar. Cuando Ryder cerraba, sus clientes habituales simplemente se trasladaban a lugares cercanos.

Tomamos a nuestros investigadores más sociables y los enviamos a efectuar un sondeo al pequeño claustro de bares que había crecido alrededor del viejo café de Ryder. Un buen número de patronos conocía a Thornley. Cuando nuestros investigadores encontraban a alguien dispuesto a ayudarnos, me lo traían para que lo viera y manteníamos una conversación informal. Resultaba menos autoritario, extremadamente relajado y muy productivo. Aunque Thornley no parecía ser una persona inclinada a mantener amistades profundas, tenía en cambio una inusual facilidad para desarrollar muchas relaciones informales. Además, el viajero Thornley era una rareza del siglo XX, un incansable escritor de cartas. Obtuvimos de sus amigos una carta aquí, una postal allá, durante mucho tiempo sin una dirección en qué apoyarnos.

La mayoría procedía de tres ciudades: Atlanta, Los Ángeles y Tampa, en Florida. Cuando finalmente lo encontramos estaba viviendo en Tampa. Era a principios de 1968 y nuestro caso estaba muy adelantado. Tenía una citación del Gran Jurado para él y unas semanas después Kerry Thornley nos visitó en el edificio de la Corte Criminal de Distrito en Nueva Orleans.

Nada más llegar hablé con él brevemente. Se mostró amable e incluso locuaz. Declaró que había llegado a Nueva Orleans en febrero de 1961 —un mes después del incidente de la Bolton Ford— y que había vivido en Nueva Orleans desde esa fecha hasta finales de noviembre de 1963, unos días después del asesinato. No tenía un motivo concreto para dejar la ciudad en ese momento preciso, simplemente decidió trasladarse. Contestó con una sorprendente franqueza las preguntas referentes a sus encuentros con Guy Banister y David Ferrie tiempo atrás en Nueva

Orleans, aunque los describió como breves. Negó haberse reunido con Oswald durante el período en que ambos permanecieron en Nueva Orleans.

Supe que prácticamente todos los jóvenes vinculados a la operación de Guy Banister, la mayoría de los cuales parecían ser empleados de la Comunidad de Inteligencia, llevaban una llave de un buzón de la oficina de Correos situada en la calle Lafayette. Nunca supe exactamente por qué, pero probablemente la utilizaban para recibir instrucciones por correo de sus oficiales de Inteligencia o para proporcionar una coartada a su periódica presencia en el edificio donde se emplazaba la Oficina de Inteligencia Naval. Intentando atraparlo, pregunté a Thornley por qué llevaba una llave de un buzón de la oficina de Correos de la calle Lafayette cuando vivía en Nueva Orleans. Rápidamente replicó que poseía dicha llave porque vivía justo enfrente en la misma calle, en el hotel Fox, y le resultaba cómodo recibir las cartas en la oficina de Correos.

Fue como para levantar las cejas enterarse de que, desde que llegó a la ciudad en febrero de 1961, Thornley se había trasladado justo al corazón de la Comunidad de Inteligencia. Sin embargo, mis cejas se levantaron cuando después supe que mientras estuvo en Nueva Orleans escribió una novela «inspirada en» Lee Oswald. (Terminó el libro en febrero de 1963, justo nueve meses antes del asesinato.) Pocos individuos escribirían libros inspirados en Lee Oswald, por lo menos no antes del asesinato del presidente Kennedy.

Si desarrollé un interés por Thornley en parte se debió a que sospechaba que pudo ser el hombre que utilizó el nombre de «Oswald» en la Compañía Bolton Ford en enero de 1961. Debía de ser uno de los pocos hombres en el mundo que estaba en Nueva Orleans en esa época, que conocía a Lee Oswald y que sabía que Oswald estaba en Rusia. Además, Thornley guardaba un gran parecido físico con Oswald. Tenían aproximadamente la misma altura y tipo delgado, ambos de cabellos castaños y con similares rasgos faciales. Recordé la declaración de Thornley acerca de sus respectivas alturas. El abogado Albert Jenner de la Comisión Warren le preguntó la altura de Lee Oswald. Éste es el diálogo que mantuvieron:

THORNLEY: Podría decir que medía 1,65 metros quizá. No sé.
JENNER: ¿Cuánto mide usted?
THORNLEY: 1,80.
JENNER: ¿Era más bajo que usted?
THORNLEY: Sí.

¡Pero Oswald era el más alto de los dos! Entonces, ¿por qué Thornley describió a su amigo Lee como quince centímetros más bajo de lo que era en realidad? ¿Quizá Thornley temía que alguien pudiese pensar que había sido el joven que suplantó a Lee Oswald al principio de los años sesenta, en la Bolton Ford de Nueva Orleans, luego en Dallas, luego en Nueva Orleans, luego en México y luego de nuevo en Dallas?

Durante mi breve interrogatorio a Thornley no mencioné su declaración de que Oswald era más bajo que él, sino que me guardé este dato para el Gran Jurado. Era el momento de cuestionar a Thornley acerca de su lista de viajes de 1963. Respondió que en aquella primavera, aproximadamente a principios de mayo, fue en autobús a visitar a sus padres a California. Le pregunté si el autobús había parado en Dallas y respondió afirmativamente. Reconoció haber visitado brevemente Dallas en esa ocasión. En ese momento el Gran Jurado estuvo a punto para iniciar la sesión y por ello entramos en la sala de reuniones para iniciar una tanda de varias horas de declaración de Thornley.

Después, al reflexionarlo, me chocó la fecha en que Thornley realizó el viaje a Dallas, si bien no revelé mis sospechas cuando hablamos. Precisamente a finales de abril, los Oswald se trasladaron de su apartamento en la calle Neely de Dallas a Nueva Orleans, dejando parte del alquiler pagado por adelantado. Por ello el apartamento de los Oswald permaneció vacío durante varios días. Analizando estas rutas de viaje, Oswald y Thornley casi se cruzaron en la autopista, cada uno en dirección opuesta en su respectivo autobús.

Y también pudo ser que, en ese tiempo desconocido, supuestamente cuando Oswald no estaba allí, un joven con cierto parecido a Oswald posara con una pistola en la cadera para varias fotografías en el patio trasero del apartamento de la calle Neely. En una instantánea llevaba en alto un rifle y un ejemplar del diario comunista *The Daily Worker*. En la segunda fotografía portaba un rifle y un ejemplar de *The Militant*, una publicación también izquierdista.

Estas imágenes acusatorias que incriminaban a Oswald fueron halladas en el garaje de Ruth Paine en Irving, donde presumiblemente ella le había permitido guardar sus cosas. Cuando el 21 de febrero de 1964 una de estas fotografías «estalló» en la portada de la revista *Life*, mucha gente decidió que el caso de Lee Oswald estaba zanjado. Pero para muchas otras personas con sentido común, yo incluido, la combinación de esgrimir un rifle y un periódico comunista planteaba más preguntas que contestaciones.

A primera vista, las fotografías parecían ser de Lee Oswald. Sin embargo, tras un estudio quedó de manifiesto que en cada una de las fotografías la cara de Oswald no concordaba con el cuello y el cuerpo. Más aún, el retrato de la cara de Oswald era exactamente el mismo en cada una de las dos fotografías, aunque la postura y la distancia del cuerpo y de la cámara diferían. Además, utilizando la altura de la cara de Oswald como un patrón de medida en una de las fotografías, uno de los cuerpos aparecía claramente menor que el cuerpo correspondiente de la otra fotografía*.

* La Comisión Warren y el Comité Especial sobre Asesinatos de la Cámara de Representantes llegaron por separa-

Por supuesto, tener fotografías del auténtico Oswald posando con un rifle en sus manos antes del asesinato iría contra la naturaleza humana. Es muy raro —cuanto menos inaudito— en los anales del crimen que el asesino proporcione una evidencia que le incrimine por adelantado. Me parecía evidente que se trataba exactamente de otra pieza en el proceso de creación del chivo expiatorio.

Thornley me dijo que regresó de su verano en California a través de Ciudad de México. Esto ocurrió aproximadamente en la misma época en que, según la Comisión Warren, Oswald estuvo en México. En noviembre, según nuestro propio calendario, Thornley vivía en el apartamento de Nueva Orleans que le había alquilado a John Spencer.

---

do a la conclusión de que ésas eran fotos verdaderas de Oswald tomadas antes del asesinato. Sin embargo, Robert Groden, el experto en fotografía del Comité de la Cámara escribió una disensión, impresa en el apéndice de las audiencias del Comité. Groden aseguraba: «... En mi opinión, no importa lo que los miembros del tribunal concluyan, las fotografías del patio son incuestionablemente falsificaciones. Para el informe, el método que se empleó fue, casi sin duda, hacer posar a un hombre [...] en el patio, con un rifle, la pistola y las publicaciones como parte de la foto original. El único detalle añadido es la cabeza de Lee Oswald en el medio del cuadro...» (Énfasis añadido.) En ausencia de una explicación racional para tal sesión suicida de pose fotográfica por parte de Oswald —y nadie la ofreció ni en la Comisión Warren ni el Comité de la Cámara—, la conclusión de Groden de que las fotos eran falsificaciones permanece como la más convincente a mi entender.

Localizamos a Spencer, quien había sido amigo de Clay Shaw. Tal como lo describió, algunas veces Spencer visitó a Shaw, el director del Centro Internacional de Comercio y otras fue al revés. Spencer nos dijo, sin embargo, que Shaw no había ido nunca mientras Thornley estuvo viviendo allí.

Varios días después del asesinato, según nos contó Spencer, fue a su casa y se encontró con que Thornley se había ido. En el buzón de Spencer había una nota de Thornley donde le decía: «Debo irme. Me dirijo al área de Washington D.C., probablemente a Alexandria, en Virginia. Te mandaré mi dirección y así podrás remitirme el correo.» Spencer dijo que se quedó un poco extrañado porque Thornley disponía al menos de una semana antes de que le caducara el alquiler. Fue al apartamento de Thornley, el C, y se encontró con que el suelo estaba cubierto de papel desgarrado en pequeños trozos, como confeti. Antes de ser rasgado, el papel había sido mojado, por lo que la tinta se había corrido y resultaba ilegible.

Spencer manifestó que había mantenido varias conversaciones con Thornley acerca de su libro *Los guerreros holgazanes,* y que Thornley le había pedido que leyera una copia del manuscrito, que fue rechazado por varios editores antes del asesinato. Spencer no llegó a leerlo. Después del asesinato, Thornley le dijo a Spencer que iba a ser un hombre rico por la coincidencia de que Oswald fuera el protagonista de su libro.

Posteriormente envié a Andrew Sciambra al área de Washington para que siguiera el rastro de

Thornley. Éste había terminado en Arlington, un suburbio de Washington, y se trasladó a Shirlington House, un edificio de apartamentos de lujo donde trabajaba como portero. Thornley permaneció en Shirlington House durante seis meses, hasta que declaró ante la Comisión Warren. Aunque parezca mentira, recibía un salario menor que el alquiler de su apartamento en Shirlington House.

A mediados de los años setenta, cuando ejercía como abogado particular, Thornley me mandó una extensa y casi autobiográfica declaración de cincuenta páginas, donde me describía, entre otras cosas, las pruebas que había encontrado en Nueva Orleans sobre «actividades nazis» relacionadas con el asesinato del presidente Kennedy. Era evidente que, aunque no fui durante mucho más tiempo fiscal de distrito, Thornley quería convencerme de que él no había estado implicado de ninguna forma en el asesinato de Kennedy.

Aunque no concordaba con la realidad, según le señalé, su declaración jurada tenía, en retrospectiva, una interesante característica. Pura y gratuitamente, mencionaba que Thornley había dejado Washington después de su testimonio ante la Comisión Warren y había vuelto a California, donde se hizo amigo de John Rosselli. El documento me fue enviado antes de que el nombre de Rosselli se hiciera público durante las investigaciones del Senado de 1975 acerca de las prácticas de asesinato de la CIA. Rosselli, según se supo, había sido uno de los tipos con quienes la Agencia

Central de Inteligencia había desarrollado una relación durante sus actividades en Cuba antes de Castro*.

Después de la revolución cubana, la misión de Rosselli en la CIA era asesinar a Fidel Castro. Con este fin, durante 1962 y 1963, se le dieron a Rosselli píldoras envenenadas, explosivos, rifles y metralletas. Sin embargo, nada parecía preparar el final de Cuba. El último esfuerzo de esta combinación CIA-Rosselli terminó a mediados de febrero de 1963, por lo visto porque «las condiciones no fueron correctas». Pero Rosselli no mantuvo su misión en secreto, tal como la Agencia Central de Inteligencia hubiera deseado. Cuando apareció ante el Comité del Senado que investigaba las inclinaciones asesinas de la CIA, Rosselli declaró que estaba al corriente de que este proyecto de asesinato estaba auspiciado por la CIA.

* La propensión al juego por parte de Rosselli en la Cuba precastrista —sede de numerosos casinos— lo convirtió después en un asiduo de Howard Hughes, el excéntrico multimillonario. Con Rosselli y sus conexiones para facilitarle el camino, Hughes se movió a través del tumultuoso mundo de los casinos de Las Vegas, comprando cuanto caía ante sus ojos. Mientras trabajaba para Hughes, y por sus antecedentes y contactos con el juego en Cuba, Rosselli fue reclutado por la CIA.

Gángsters como Rosselli reforzaban las afirmaciones que hacía circular la CIA tras el asesinato de Kennedy, ya que sus nombres desviaban la atención hacia la mafia como posible patrocinador del asesinato. Para más detalles sobre el uso por parte de la CIA de falsos patrocinadores después de los asesinatos, véase el capítulo 20.

Poco tiempo después, los restos de Rosselli —golpeado, apuñalado y descuartizado— fueron hallados flotando en un bidón de petróleo en la bahía de Dumfounding, en la costa de Florida. Las investigaciones federales no encontraron rastro alguno de quienes perpetraron el asesinato. Esto no impidió al Departamento de Justicia indicar que se pensaba que el trabajo era obra del crimen organizado. La CIA dijo que también pensaba eso. No parece que a las autoridades federales se les ocurriera que la banda (los gángsters) no quisiera aparecer como la parte desgraciada tras las afirmaciones de Rosselli ante el Senado de que había realizado intentos de asesinato para la CIA*.

Si el asesinato de John Rosselli fue un gesto anticuado por parte de la banda o un inteligente ejemplo de lo que la CIA llama «control de daños», está claro que a mediados de los sesenta, cuando Kerry Thornley conoció a Rosselli, se convirtió en amigo de un ciudadano norteamericano corriente.

Incluso tras la comparecencia de Kerry Thornley ante el Gran Jurado, las extrañas intersecciones entre su vida y la de Lee Oswald permanecen

* Una segunda figura mafiosa, Sam Giancana, que tuvo también algunos negocios con la CIA en relación con Cuba, fue llamado a comparecer ante el mismo Comité y fue asesinado poco antes de la fecha en que había sido convocado. Murió en su casa con igual salvajismo, sugiriendo también de forma dramática las tradicionales ejecuciones del crimen organizado.

en el misterio. ¿Fue Thornley un agente de la Comunidad de Inteligencia? ¿Adoptó la personalidad de Oswald o ayudó a otros a hacerlo? ¿Sabía más de lo que decía? No pude averiguar las respuestas a finales de los años sesenta. Además, la curiosa saga de Thornley se hizo aún más extraña cuando posteriormente descubrimos una carta que había escrito a un amigo en Omaha, Nebraska. Fechada en febrero de 1964, varios meses después de su llegada al área de Washington D.C., Thornley hizo una breve referencia al asesinato del presidente Kennedy:

> Toda la cuestión, el asesinato, fue muy interesante durante algún tiempo porque, en apariencia, había buenas razones para que los ignorantes SS [sic] y el FBI sospechasen que yo podía haber participado. Mantuvimos varias conversaciones educadas y, finalmente, supongo, quedé limpio. Desde entonces, ni una palabra. Confío, sin embargo, en que mi traslado a esta zona ahuyente cualquier cachondeo. No sé si me llamarán a poner mi granito de arena en las audiencias de la Comisión Warren. Pero cuidado. Cuando todo haya pasado, pienso que podré aún ir a mear sobre la tumba de JFK, RIP.

6
TAPADERA

—Hola, tío —me saludó Dean Andrews. Era un abogado regordete que hablaba en un argot hippie—. Somos amigos desde los días de la facultad. ¿Por qué me tratas como si tuviera lepra?

—Porque me estás timando, Dean. Aseguraste a la Comisión Warren que el día después del asesinato, mientras estabas ingresado en el hospital Hotel Dieu, te llamaron al teléfono y te rogaron que volaras a Dallas para ser el abogado de Lee Oswald. Cuando la Comisión Warren te preguntó quién te había llamado tú contestaste que había sido Clay Bertrand.

—Así es —asintió.

—Cuando te pregunto quién es Clay Bertrand me respondes que es un cliente tuyo, pero que en realidad no sabes cómo es porque nunca lo has visto.

—Palabra de honor, tío —aseguró.

—Quizás eso bastó para la Comisión Warren, Dean, pero no es suficiente para mí —repliqué.

El rostro ovalado e hinchado que estaba frente a mí mostró una expresión de orgullo herido. Al menos, lo que podía ver de él. Gran parte de su cara estaba permanentemente oculta por unas gafas oscuras, de esas de espejo. Siempre las llevaba. Los días de sol, los días nublados. En la calle, bajo techo. Creo que dormía con las gafas puestas.

Después de leer durante varias noches el testimonio de Andrews ante la Comisión Warren lo invité a comer al restaurante Broussard. Esto fue a principios de 1967, cuando me sentía frustrado por nuestra inútil búsqueda de Kerry Thornley. Por el testimonio ante la Comisión Warren, se me ocurrió que Andrews podría ser un testigo muy importante para nosotros.

Broussard era uno de los locales más antiguos del Barrio Francés. La mitad inferior de las paredes que nos rodeaban era de mármol veteado y la mitad superior de espejo. Estas paredes habían sido así durante un centenar de años y, a excepción de alguna limpieza periódica de los espejos, nada había cambiado en aquel lugar. Era uno de esos pequeños y atestados restaurantes franceses, un buen lugar para reunirse y conversar tranquilamente. Fue una charla que recuerdo perfectamente.

A través de mis lecturas supe que cuando tuvo su primera entrevista con el FBI poco después del asesinato, Andrews describió a Clay Bertrand, el que lo había llamado desde Nueva Orleans, como un hombre de aproximadamente 1,88 de altura. Añadió que Bertrand era un hombre que le llamaba de vez en cuando para que ayudase a jóvenes amigos suyos que se veían implicados en delitos menores. Entonces —y después con más detalle— explicó que en el verano de 1963, cuando Lee Oswald vivía en Nueva Orleans, Bertrand le llamó y le preguntó si podía ayudar a Oswald en algunos problemas que tenía con la ciudadanía de su esposa Marina. Por ello Oswald se vio con Andrews varias veces en el despacho de éste.

Sin embargo, enseguida me di cuenta de que Andrews sabía que el hecho de haber recibido una llamada para defender a Lee Oswald era un peligro potencial para él y se le ocurrió velar la identidad de Clay Bertrand. Cuando Andrews apareció ante la Comisión Warren en julio de 1964, la altura de Bertrand había encogido de 1,88 a 1,73.

Por lo visto, en respuesta a una sutil presión de los agentes del FBI, les dijo: «Escriban lo que quieran, me importa un bledo. No me preocupa.» Los agentes, atentamente, escribieron en su informe final que Andrews había llegado a la conclusión de que la llamada telefónica de Bertrand había sido «una quimera». Esto no sólo permitía al FBI concluir su investigación sobre Andrews, sino que también casaba con la anunciada conclusión de que Lee Oswald había realizado el asesinato de Kennedy solo y sin ayuda.

Yo conocía bien a Andrews, éramos amigos desde hacía años. Había estado en la Facultad de Derecho de Tulane cuando yo estudiaba allí, aunque no estábamos en el mismo curso. Su práctica profesional se enfocó hacia los casos de los tribunales municipales y parecía obtener muchos de sus trabajos gracias a su presencia regular en varios de los bares más excéntricos de la ciudad.

De la lectura de sus declaraciones y de su testimonio posterior, me quedaba claro que sin duda Andrews había recibido una llamada telefónica de alguien en Nueva Orleans para que fuera a Dallas a defender a Oswald. Eso ocurrió el día después del asesinato.

De pronto, Andrews se inclinó hacia delante, con sus gafas de espejo amenazándome.

—Mira a ese bombón de rojo —susurró.

—¿Qué?

Eché un vistazo hacia donde señalaba y vi a una joven ligera y radiante, vestida de rojo, que hacía volver las cabezas mientras llegaba a su cita para almorzar.

—Es bonita —admití, y me volví de nuevo hacia Andrews.

Su mala educación, que parecía capacitarle para desprenderse de la realidad como un pato se sacude el agua, empezaba a irritarme. Yo había intentado obligarlo a concentrarse durante media hora, y él iba ya por su segundo martini, completamente achispado.

—¿Podemos ir al grano? ¿Quién es Clay Bertrand? ¿Dónde puedo encontrarlo? Necesito hablar con él.

Andrews bajó sus brazos completamente abiertos con exagerada frustración.

—Dios todopoderoso —exclamó—. Eres peor

que los federales*. ¿Cómo puedo convencerte de que no conozco a ese tipo, no se qué pinta tiene y no tengo ni idea de dónde está? Sólo sé que de vez en cuando me envía casos. Un día, ese tal Bertrand me llamó por teléfono y me pidió que fuera a Dallas a representar a Oswald. —Se puso la mano sobre el corazón—. Palabra de honor, tío. No sé nada más acerca de ese tipo.

Andrews siguió comiendo su plato de cangrejo Louie con entusiasmo. Por lo visto, consideró que había contestado mi pregunta y que el asunto estaba zanjado.

Por primera vez se me ocurrió que el hombre que estaba sentado frente a mí se había tomado la vida a la ligera. O quizá, reflexioné, lo había hecho hasta el momento.

Mientras cogía otro bocado de su cangrejo Louie, alargué el brazo y atrapé su gorda mano con el tenedor en ristre. Las gafas de espejo se desplazaron hacia mí. La carne de cangrejo quedó en el aire.

—Dean —suspiré—, me parece que tenemos un problema de comunicación. Déjame aclarártelo. Para de comer ese maldito cangrejo por un momento y escúchame.

No podía ver a través de sus gafas, pero sabía que me prestaba atención.

—Soy consciente de nuestra larga amistad —insistí—, pero debo advertirte que te voy a lle-

* Los «federales» se refiere a los agentes del FBI, tal como les llama Andrews en su particular lenguaje.

var ante el Gran Jurado. Si mientes al Gran Jurado como me has mentido a mí, te demandaré por perjurio. Ahora, ¿puedo comunicarme contigo?

Andrews dejó de comer su cangrejo y bajó el tenedor. Permaneció en silencio un largo rato, aparentemente entristecido por el fracaso de su frenético humor. Entonces habló y por primera vez parecía hacerlo en serio, al menos tanto como podía serlo detrás de unas gafas oscuras que te bloqueaban la visión.

—¿Es esto confidencial, colega? —me preguntó. Asentí—. En ese caso, déjame hacerte un resumen realmente rápido. Es así de simple: si yo contesto esa pregunta que quieres formularme, si yo te doy el nombre que tú estás intentando obtener, entonces adiós Dean Andrews. Es *bon voyage*, Deano. Quiero decir para siempre. Quiero decir algo como una bala en mi cabeza, lo cual hace muy dura una investigación legal, no sé si me sigues. ¿Te ayuda esto a comprender un poco mejor mi problema?

Fuera de mi campo visual vi que se alzaban llamaradas azules. Eché un vistazo a la mesa contigua. Una pareja se disponía a tomar crêpes Suzette y el camarero acababa de encender el coñac. Permanecía inmóvil sobre el flamígero postre con gran ceremonia.

Me incliné hacia delante.

—Lee en mis labios —dije. Hablé con calculada deliberación—. O bailas ante el Gran Jurado con la verdadera identidad de ese tipo que te llamó para que representaras a Lee Oswald, o tu gordo trasero irá al talego. ¿Me captas?

Andrews se quedó helado. Yo no veía su expresión a través de las gafas oscuras, pero intuí que estaba tocado. De pronto se levantó y me espetó:

—No tienes ni idea del asunto en que te has metido, tío. ¿Quieres bailar con el Gobierno? ¿Es eso lo que quieres? Entonces sé mi huésped. Pero vas a conseguir sentarte encima y yo sé lo duro que es eso. —Lanzó su servilleta rosa sobre el plato de cangrejo—. Gracias por la comida —refunfuñó—. Ha sido encantadora.

Se volvió y caminó alejándose de la mesa. Cuando había entrado en el restaurante había dado unos pasos ante la puerta delantera, chascando los dedos mientras seguía una melodía imaginaria. Mirándolo mientras se iba, comprendí que por fin había conseguido tocarlo. No danzaría nunca jamás.

En mi oficina la búsqueda de «Clay Bertrand» empezó con una discusión en nuestro pequeño grupo concerniente a la marcha atrás de Andrews —según se describía en los tomos de la Comisión Warren— sin haber obtenido una clara identificación del hombre. Llegamos a la conclusión de que como el propio Andrews era conocido por frecuentar varios de los tugurios del Barrio Francés, esos mismos lugares podrían ser un campo fértil para nuestra investigación. Era evidente que

Andrews conocía a ese hombre que lo llamó y que la asociación bien podría haber surgido en uno de esos lugares que frecuentaba.

En esa época, Andrew Sciambra se había incorporado a nuestro equipo investigador. Sciambra se había criado y vivido gran parte de su vida en el Distrito Sexto, que incluía gran parte del bajo Barrio Francés donde se encontraban los bares a los que acudía Andrews. Con los años, Sciambra había llegado a conocer a uno y otro camareros o empleados de esos bares.

Para facilitar la entrada de nuestra gente a estos locales, que no siempre se mostraban entusiasmados con la aparición de agentes de la ley, proyectamos primero con él —y en algunos casos con amigos suyos— contactar con varios propietarios de bares de la parte baja del Barrio. De esta forma organizamos equipos compuestos por un ayudante de la Fiscalía y un investigador (en alguna ocasión, para cubrir la amplia área asignada, tuvimos que emplear a todo nuestro equipo de abogados y de investigadores) para que visitaran los bares y preguntaran a cada propietario si conocía a un hombre que utilizaba el nombre de «Clay Bertrand».

En nuestra primera noche de caza salí con uno de los equipos a uno de los antros del Barrio. Ese lugar en concreto, el Lafitte Blacksmith, había sido un popular oasis entre los compañeros de clase de mis días en la Facultad de Derecho de Tulane y creía recordar haber visto allí a Dean Andrews, aunque eso había sido varios años atrás.

Cuando llegamos al Blacksmith, descubrí que había cambiado muy poco. Reivindicaba que el local al que iba Jean Lafitte, el famoso pirata cuyo cuartel general estaba en Bayou Barataria, justo al salir de Nueva Orleans, era ahora el Blacksmith. El local fue construido en torno a una enorme chimenea abierta y casi por completo con antiguos ladrillos.

Parecía lo bastante viejo, aparte quizá de algunas reconstrucciones ocasionales a lo largo de los años, para haber estado allí desde la guerra de 1812. Flotaba un indefinido aire de intriga en el ambiente, enfatizado por el bajo techo y las vigas gruesas y desiguales que parecían haber sido talladas a mano antes que cortadas a máquina. No se veía ninguna luz eléctrica, ni en los faroles de gas a lo largo de la barra de madera ni en las lámparas de cada mesa.

En esta atmósfera tan especial no se precisaba mucha imaginación para ver al pirata Jean Lafitte negociando con representantes del general Andrew Jackson. La gran victoria de Jackson en la batalla de Nueva Orleans se atribuyó a varios de estos encuentros en los que obtuvo de Lafitte las municiones que necesitaba para sus fusiles.

Desgraciadamente para nuestra particular expedición, el antiguo propietario del lugar, que había sido amigo mío, había muerto hacía uno o dos años. El nuevo propietario, aunque amable sólo de forma superficial, parecía muy nervioso. Además, mientras nos saludaba sonriendo de oreja a oreja, observé que tenía los ojos como una barracuda ansiosa y, definitivamente, no me contestó muy animado. Supe de inmediato que no obtendría nada de él. No tenía ni idea de quién era «Clay Bertrand», declaró, y añadió con énfasis que nunca había oído ese nombre.

Cuando dejábamos el bar se me acercó Lou Ivon:

—Mire, jefe —me dijo amablemente—. Sé que usted ha querido más bien entrar en esto de forma directa y sin rodeos. Pero al mostrarse así con nosotros, sin previo aviso, ha estado a punto de causarle a ese hombre un ataque cardíaco. Ver aparecer de pronto al fiscal de distrito no satisface a mucha gente de este lugar. Me parece que lo mejor será que nos deje esta operación a nosotros.

Así lo hice. Los miembros del grupo realizaron el resto de la investigación. La mayoría de ellos lo hicieron mejor que yo y fueron más hábiles en establecer rápidamente relaciones que parecieran fortuitas.

Fueron unas largas noches para los miembros del equipo comprometidos en la cacería. No era el tipo de asuntos que uno podía negociar en un lugar y luego seguir en otro. Incluso con la ayuda de Sciambra, las relaciones tenían que establecerse en cada local que se visitaba. Si el propietario no estaba allí, entonces intentaban hablar con el camarero mientras tomaban unas cervezas. Nuestros investigadores aprendieron que la mejor estrategia era sentarse en el taburete que estuviera más cerca de la caja registradora, porque así había más ocasiones para iniciar una conversación casual con la personal que atendía el bar.

Al final de la primera semana todas las patrullas de vigilancia comprobaron que durante las últimas noches sólo habían logrado unas grandes ojeras. Varios propietarios y camareros parecían saber quién era «Clay Bertrand», pero consideraban una obligación profesional protegerlo, como cliente habitual, y por eso nadie nos ayudó.

Sin embargo, seguimos adelante. Entonces, aproximadamente alrededor de la tercera semana, logramos abrir nuestra primera brecha. En Cosimo, una pequeña y atestada taberna en las profundidades del Barrio, en la calle Burgundy, el camarero se mostró amistoso y receptivo en nuestro primer encuentro, aunque indeciso sobre quién era Bertrand. En las siguientes visitas fue mejor. Un tío de Sciambra le había llamado por teléfono.

—Claro —dijo—, Bertrand viene a menudo por aquí. Creo que puedo deciros que ésta es una de sus paradas habituales.

—¿Sabe si Bertrand usa otro nombre?

—Oh, desde luego —respondió—. Clay Shaw. Creo que mucha gente sabe esto.

Mencionó que lo había visto en las noticias de la televisión, normalmente con gente importante. No podía entender, sin embargo, cuál era el misterio. Según él, todos conocían a Bertrand en esta parte del Barrio. ¿Sabía por qué Shaw usaba el nombre de «Bertrand»? El camarero se encogió de hombros. Sólo sabía que frecuentaba ese lugar desde hacía tiempo.

Después de esto, otros dos camareros —también de locales de ese tipo en el Barrio— cooperaron en rápida sucesión. ¿Clay Bertrand? Pues claro que lo conocemos. Todo el mundo a su alrededor lo conocía. ¿Su otro nombre? Clay Shaw. Todo el mundo lo sabía.

Nuestra impresión general era que Shaw utilizaba su seudónimo como una especie de juego privado, algo para su propia satisfacción. Nadie de aquellos bares tenía ni idea de por qué había escogido ser «Bertrand» cuando visitaba aquellos lugares, pero tampoco necesitaban más explicaciones.

Shaw no fue especialmente discreto en la utilización de su alias, pero al parecer sólo lo usaba en los disolutos bares del barrio bajo, donde su presencia bien podía empañar su imagen pública de dirigente cívico importante.

Gradualmente mis hombres empezaron a encontrar una persona tras otra en el Barrio Francés que afirmaban que Clay Shaw utilizaba el alias de «Clay Bertrand» sin esconderse de nadie. Sin embargo, ninguno de los testimonios nos dio permiso para utilizar su nombre o firma en una declaración que sólo se daba como confidencial. Nadie quería verse implicado. Ésta fue una cuestión curiosa, considerando que la reputación de Shaw en toda la ciudad era la de un hombre correcto y distinguido.

Por fin localizamos a un joven llamado William Morris que había conocido a Shaw en el bar Masquerade de la calle St. Louis, en el Barrio Francés. Fue presentado a Shaw por Gene Davis, quien trabajaba en el Patio de las Dos Hermanas. Davis presentó a Shaw como «Clay Bertrand». Morris entabló amistad con Shaw y no sólo visitó el apartamento de éste, sino que también se encontraron en una fiesta privada y, en otra ocasión, en el bar Masquerade. Morris afirmó que siempre había conocido a su amigo como Bertrand.

Entonces nos surgió una pista desde otro punto muy distinto. Nos llamó una mujer que había sido azafata de la sala VIP de la compañía Eastern Airlines en el aeropuerto de Nueva Orleans. Ella estaba en la aduana cuando un hombre —que aparentemente se encontraba con un amigo que llegaba en avión— firmó el libro de registro como «Clay Bertrand». Algún conocido le había dicho que la oficina del fiscal andaba buscando a un hombre con ese mismo nombre.

Recordó el nombre, dijo, porque todos los visitantes de la sala VIP debían firmar el registro antes de partir. Sólo este hombre —y no su amigo— firmó antes de marchar. Ella examinó su firma, tal como hacía normalmente, y leyó el nombre «Clay Bertrand».

Seguimos adelante en nuestra búsqueda entre los registros de visitantes de la compañía aérea. A medida que la azafata fue recordando más detalles, circunscribimos la búsqueda a los libros de registro de firmas de un período de varios meses. Finalmente dimos con la firma. Bajo la frase impresa «Invitado Visitante» figuraba la firma con una florida caligrafía: «Clay Bertrand.» Se describía al firmante como un hombre alto, elegante, de cabello blanco y de porte distinguido; sin duda se trataba de Clay Shaw.

Empezaron a llover datos. Uno trajo al otro, y dos, y tres. Ello nos tomó semanas, pero el equipo iba haciendo constantes progresos. Lentamente, incluso muy lentamente, hicimos firmar una declaración aquí y otra allá.

Nuestro paciente y laborioso trabajo de calle nos había demostrado que «Clay Bertrand» era en realidad Clay Shaw, el distinguido director del Centro Internacional de Comercio en Nueva Orleans y notorio dirigente cívico. Pero en ese momento no teníamos indicios de que Clay Shaw fuera mucho más poderoso de lo que parecía en Nueva Orleans. Fue mucho después, bastante después del juicio a Shaw, cuando ya no nos servía de nada, cuando descubrimos el importante papel que desempeñaba Shaw como empleado de la CIA. En unos artículos de la prensa italiana que obtuvimos a través de Ralph Schoemann, secretario del filósofo Bertrand Russell, quien fue uno de los primeros que apoyaron nuestra investigación, se explicaba la vida secreta de Shaw en Roma, como hombre de la Agencia Central de Inteligencia que intentaba reavivar el fascismo en Italia.

Según estos artículos, la CIA —que por lo visto realizó su propia política exterior durante cierto tiempo— había puesto en marcha un proyecto en Italia hacia principios de los años sesenta. La organización, denominada Centro Mondiale Commerciale (Centro Mundial Comercial), se había instituido inicialmente en Montreal y después se trasladó a Roma en 1961. Supimos que entre los miembros del equipo directivo figuraba Clay Shaw de Nueva Orleans.

Según la prensa romana, la sede del nuevo Centro Mondiale Commerciale era elegante. Su publicidad, donde se anunciaba el nuevo y creativo papel que iba a desempeñar en el mundo de los negocios, resultó impresionante. El Centro abrió una sucursal en Suiza, otra impresionante jugada.

Sin embargo, en 1967, la prensa italiana estudió de cerca la cúpula directiva del Centro Mondiale Commerciale y descubrió que estaba formada por una curiosísima colección de individuos. El equipo contaba con un príncipe de verdad, Gutiérrez di Spadaforo, un miembro de la casa de Saboya, de la cual provenía Umberto, el último de los reyes de Italia. Spadaforo, un hombre de considerable fortuna con grandes intereses en armamento y petróleo, había sido subsecretario de Agricultura para Benito Mussolini. A través de su nuera, Spadaforo estuvo emparentado con el famoso ministro de Finanzas nazi Hjalmar Schacht, quien fue juzgado por crímenes de guerra en Nüremberg.

Otro director del Centro era Carlo d'Amelio, abogado de otros miembros de la ex familia real italiana. El siguiente era Ferenc Nagy, el exiliado ex primer ministro de Hungría y ex dirigente de su principal partido político anticomunista. Nagy también fue descrito por uno de los diarios italianos como el presidente del Permindex (en apariencia una fundación para una exposición permanente y un apéndice del Centro Mondiale Commerciale). Nagy, afirmaron los periódicos italianos, había constituido un gran apoyo para los movimientos fascistas en Europa. También era director un hombre llamado Giuseppe Zigioti, el presidente de algo que respondía al simpático nombre de Asociación Nacional Fascista para las Milicias Armadas.

Uno de los mayores accionistas del Centro fue el mayor L. M. Bloomfield, un estadounidense con residencia en Montreal y ex agente de la Oficina de Servicios Estratégicos, precursora de la CIA en Estados Unidos*.

Ésta fue la fachada del Centro Mondiale Commerciale, uno de cuyos directores fue Clay Shaw. A juzgar por el pasado de sus miembros y las graves actividades en las que se había comprometido, la organización no podía confundirse con el Shriners o el 4-H Club. En 1969, en su obra *La conspiración Kennedy*, el autor Paris Flammonde describe el centro como el posible representante de la derecha paramilitar en Europa, incluidos los fascistas italianos, la CIA estadounidense y otros intereses parecidos. Lo presenta como «un armazón de superficialidad [...] formado por canales a

* Este dato era significativo no sólo debido a su pasado vinculado al espionaje sino también a un curioso vuelo no registrado realizado por Clay Shaw y David Ferrie para visitar la ciudad donde vivía Bloomfield a principios de 1961 o 1962. Véase el capítulo 9.

través de los cuales el dinero corría a raudales y donde nadie conocía el origen o el destino del mismo».

El Gobierno italiano no tuvo problemas en distinguir la organización de los Shriners y los 4-H Club. Antes de finalizar 1962, expulsó al Centro Mondiale Commerciale —y a su hermanastro Permindex— de Italia por realizar actividades subversivas de Inteligencia.

Quizá debido a su origen en Montreal, el Centro captó el interés de un periódico canadiense, *Le Devoir*. Refiriéndose a Ferenc Nagy, uno de los directores del Centro, el diario escribía en 1967: «Nagy [...] mantiene estrechos vínculos con la CIA, que lo ha conectado con la colonia cubana de Miami.» Nagy, en consecuencia, emigró a Estados Unidos y se instaló en Dallas, Texas.

Acerca del mayor Bloomfield, *Le Devoir* decía que si bien era evidentemente un canadiense, había estado implicado en operaciones de «espionaje» años atrás para el Gobierno de Estados Unidos. Destacaba que Bloomfield no sólo era el mayor accionista del Centro, sino también de su grupo afiliado Permindex.

Resumiendo el destino de las dos mencionadas empresas, *Le Devoir* aseguraba: «Al parecer, el Centro Mondiale Commerciale y Permindex tuvieron problemas con los gobiernos italiano y suizo. Rehusaron especificar el origen de considerables sumas de dinero y nunca parecieron comprometerse en transacciones comerciales reales. Estas compañías fueron expulsadas de Suiza y de

Italia en 1962 y, desde entonces, tienen su cuartel general en Johannesburgo.»

La última valoración del Centro Mondiale Commerciale de *Paese Sera* señalaba: «Entre las posibles implicaciones (basadas en la presencia de hombres profundamente comprometidos con organizaciones de extrema derecha en puestos directivos) [...] está la de que el Centro fue una creación de la CIA [...] organizada como tapadera para transferir a la CIA [...] fondos para realizar actividades políticas y de espionaje ilegales en Italia. Esto queda claro por la presencia en el equipo administrativo del Centro de Clay Shaw y del ex comandante (de la OSS) Bloomfield.»

El *Paese Sera* aún hacía otra observación acerca del Centro. Según el periódico, era «el punto de contacto para varias personas que tenían, en algún aspecto, vínculos inequívocos, cuyo común denominador es un anticomunismo tan fanático que acabará con todos los que en el mundo han luchado para que se establezcan unas relaciones decentes entre el Este y el Oeste, incluyendo a Kennedy». Ésta parecía ser precisamente también la mordaz descripción de la casa central, la Agencia Central de Inteligencia.

Acerca de Permindex, empresa de la cual Clay Shaw también fue director, la prensa italiana reveló que, entre otras cosas, había financiado en secreto a la organización francesa OAS, que se oponía al apoyo del presidente De Gaulle a la independencia de Argelia, incluyendo los conocidos intentos de asesinar a De Gaulle. Esta observación, que me llegó en 1967, pudo habernos ayudado a cerrar completamente el círculo de la base militar de Houma, Louisiana, donde David Ferrie y otros partícipes de la operación de Guy Banister tomaron las municiones del búnker de Schlumberger, las que la CIA había entregado antes a las mentes asesinas de la OAS. Desde luego haber podido vincular a Shaw definitivamente con la CIA hubiera ayudado en nuestro caso. Por desgracia, con nuestro pequeño equipo, limitadas finanzas y muchas pistas a seguir, nuestra investigación no pudo descubrir esta información, la que más necesitábamos.

7

PRIMERA PLANA

Habíamos identificado al misterioso «Clay Bertrand». Ahora, para variar disfrutábamos de un período de calma. En Nueva Orleans continuaban cometiéndose noche y día los crímenes de costumbre. A pesar del síndrome que te ataca con el trabajo —la sensación de que cuanto más condenas a chorizos y atracadores, más rápido aparecen otros que ocupan su lugar—, el trabajo principal de la oficina del fiscal de distrito, la maquinaria procesal, debía mantenerse y perfeccionarse. Dejé que los miembros del equipo volvieran de momento a sus habituales ocupaciones en el despacho y yo reasumí las mías. Durante las noches o fines de semana, sin embargo, continuaba estudiando las pruebas disponibles. Solo en la oficina, o en casa, rodeado de mi familia, permanecía despierto hasta primeras horas de la madrugada, estudiando obsesivamente durante horas y horas las declaraciones, buscando conexiones y contradicciones, pensando, siempre pensando.

El disparo que vino de frente a la limusina presidencial me había convencido de que Lee Oswald no había sido el único asesino de John Kennedy. El «formulario de admisión» del hospital Parkland, firmado por el doctor Robert McClelland, describía la causa de la muerte como una «hemorragia cerebral generalizada provocada por una herida de bala en la sien izquierda», una localización que, según la acepción más común, señalaba una herida en el sector frontal de la cabeza.

Sin embargo, la opinión unánime situaba a Oswald en el Almacén de Textos Escolares cuando se produjo el tiroteo, es decir, detrás del presidente.

Empecé a preguntarme si de verdad Oswald había disparado al presidente. Estudié las declaraciones de los testigos que aseguraban haber observado extraños movimientos en el Almacén de Textos y en otros edificios próximos detrás del presidente. Cuanto más leía, más dudas me asaltaban.

Aproximadamente quince minutos antes de que llegase la comitiva presidencial, Arnold Rowland, un estudiante, y su mujer, Barbara, estaban de pie en la calle Houston frente a la plaza Dealey. Arnold echó un vistazo hacia el Almacén de Textos y en el extremo más oriental de la sexta planta (la llamada «guarida del asesino») vio a un hombre de piel oscura a quien describió como «un negro de edad». Sin embargo, en el extremo más occidental de la sexta planta (al otro lado del edificio) vislumbró a un hombre que estaba justo detrás de la ventana con un rifle en las manos. El hombre mantenía el fusil con el cañón apuntando hacia arriba, en un ángulo de 45 grados al que los militares denominan como «presentar armas».

Barbara Rowland estaba preocupada en ese momento por un hombre que sufría un ataque de epilepsia en la plaza, justo frente a ella. En ese instante, Arnold llamó la atención de su mujer y ella miró hacia arriba, al hombre con fusil apostado allí*. Ambos llegaron a la conclusión de que el hombre con el rifle era un agente del Servicio Secreto. Arnold declaró que, posteriormente, cuando describió a los agentes del FBI la presencia del segundo hombre, el de piel oscura situado en la sexta planta, «dijeron que eso no tenía ninguna relación con el caso. De hecho, ellos mismos me indicaron que me olvidara de ello».

Carolyn Walther, empleada en el cercano edificio Dal-Tex, también estaba en el lado este de la calle Houston. Según su declaración ante el FBI, Walther observaba la llegada de la ambulancia para recoger a la víctima del ataque epiléptico cuando echó un vistazo hacia el Almacén, donde vio a un hombre con un fusil en una de las plantas superiores. El hombre del fusil sostenía el arma

* En su declaración ante la Comisión, la señora Rowland recordó que su marido le había hablado de un hombre con un fusil que estaba en la ventana de la sexta planta del Almacén. Recordó que su marido le señaló la ventana del extremo más occidental. No volvió a mirar hacia la ventana; tampoco recuerda nada respecto al segundo hombre del piso.

con el cañón apuntando hacia abajo, según alcanzó a ver, hacia el lugar por donde debía entrar la comitiva presidencial en la calle Houston. La señorita Walther declaró que el rifle era diferente de los que ella había visto antes y tenía un extraño cañón corto. El hombre que lo llevaba vestía una camisa blanca y tenía el cabello rubio castaño claro. Estaba en el centro de la ventana situada en el extremo oriental de la planta, inclinado hacia delante. En la misma ventana, exactamente a su izquierda, descubrió a otro hombre que permanecía de pie. Le pareció que llevaba una chaqueta marrón.

En ese momento llegó la comitiva y dirigió su atención hacia ella. No se le ocurrió mirar de nuevo hacia arriba, hacia la ventana, ni después de que comenzara el tiroteo. No fue llamada a declarar por la Comisión Warren.

Toney Henderson, de Dallas, estaba esperando la comitiva en el lado este de la calle Elm, cerca de la esquina con Houston. Después de que la ambulancia partiera con el epiléptico, miró hacia el Almacén. Recuerda que había mucha gente en las ventanas, mirando hacia fuera desde diferentes plantas. Entonces, en uno de los pisos superiores, distinguió a dos hombres. Estaban detrás de la ventana y miraban hacia la comitiva. Uno de ellos, de cabello oscuro y camisa blanca, tenía la piel oscura y era «quizá mexicano, aunque podía ser negro». La señora Henderson no pudo describir al otro hombre, sólo que era el más alto de ambos. No supo decir con exactitud en qué piso estaban los dos hombres. El informe del FBI sobre su declaración no identifica las ventanas donde ella vio a los dos hombres.

Estas declaraciones de testigos que vieron dos hombres en la planta superior del Almacén resultaban lo bastante inquietantes, pero una noche, cuando topé con la declaración del joven Amos Euins, de 16 años, quedé tan aturdido que no logré dormir. Al declarar ante la Comisión Warren, Euins contaba que estaba saludando con los brazos al presidente mientras el largo descapotable realizaba su giro de 120 grados hacia la izquierda, hacia la calle Elm. En ese momento echó un vistazo hacia arriba, hacia el Almacén de Textos y descubrió lo que le pareció «un tubo» que salía de la ventana. Anteriormente, cuando fue interrogado por el sargento D. V. Harkness de la policía de Dallas, Euins identificó la ventana como la que estaba situada en el extremo oriental del piso «debajo del saliente», precisamente la famosa sexta planta del edificio.

Después de empezar el tiroteo, Euins alcanzó a distinguir el gatillo y la culata del fusil. También declaró que el tirador tenía una inconfundible zona calva en la cabeza. Euins describió la calvicie como un área de unos seis centímetros desde la línea del pelo hacia atrás, que se veía blanca en la relativa penumbra del lugar. Inmediatamente después del asesinato describió al hombre como un negro. Luego en su declaración ante la Comisión, Euins indicó que no estaba seguro de sí el hombre era blanco o negro. Sin embargo, sí estaba seguro de dos cuestiones. La primera fue su insistencia en que el hombre tenía definitivamente una «zona calva» en la cabeza. La segunda fue su negativa de que hubiera dicho al ayudante del sheriff que el hombre que vio en la sexta planta fuese blanco. Lo que él dijo, según explicó a los miembros de la Comisión, fue que el hombre que tenía una zona calva en la cabeza parecía blanco.

Considerando que Euins estaba justo al sur del Almacén aproximadamente a las doce y media, el Sol debía de estar casi en el cenit y por ello la zona calva de un hombre inclinado hacia delante bien pudo parecerle blanca. En cualquier caso, la observación de Euins de un hombre aparentemente de piel oscura con una «zona calva» en la cabeza parece coincidir con la observación de un «casi negro» de Arnold Rowland. En cualquier caso, el objeto de su atención estaba situado en la ventana del extremo más oriental del Almacén —la «guarida del asesino», donde se supone que estuvo Oswald— cuando llegó la comitiva*. Am-

* La mejor vista posible de la sexta planta del Almacén era sin duda la que se podía obtener desde la prisión del condado, en la calle Houston. Los reclusos estaban pegados a las ventanas para ver la comitiva presidencial. Stanley Kaufman, un abogado que declaró ante la Comisión Warren, manifestó que uno de sus clientes, Willie Mitchell, no había visto a nadie cuando echó un vistazo hacia «esa ventana». Sin embargo, Kaufman afirmó que en la prisión «hubo gente que presenció el asesinato».

Los reclusos de la cárcel no fueron llamados a declarar ante la Comisión Warren. Tampoco fueron interrogados por el FBI o el Servicio Secreto. Sin embargo, uno de los encarce-

bas declaraciones parecen apoyar la conclusión de Toney Henderson de que el hombre que ella había visto era un mexicano o un negro.

Otros dos hombres, ambos más observadores que la mayoría de los testigos, ayudaron a completar la colección de declaraciones de los anteriores testigos hasta formar una imagen comprensible de quién estaba en la sexta planta justo antes —y durante— el tiroteo contra el presidente. Roger Craig, condecorado en 1960 por su actuación como ayudante de sheriff de Dallas, recuerda que pocos minutos después del asesinato observó a la policía de Dallas interrogando a un hombre de aspecto latino en la calle Elm. Tal como lo recuerda Craig, la policía, frustrada porque el hombre no contestaba a sus preguntas porque no sabía hablar inglés, lo dejó partir. Varios minutos después, Craig vio que frente al Almacén arrancaba una camioneta Nash Rambler y reconoció al conduc-

---

lados, John Powell, apareció después. Powell, que estuvo en prisión unos pocos días por delitos menores, no fue presionado para declarar. Más bien se limitó a referir lo que había visto en el sexto piso del Almacén. Más recientemente, uno de ellos se puso en contacto con los medios de comunicación.

Powell y sus ex compañeros de reclusión estaban en la sexta planta de la prisión, por lo que podían ver directamente el sexto piso del Almacén, varias decenas de metros más allá. Unos minutos antes del asesinato, Powell y los otros reclusos se fijaron en la ventana que tenían justo enfrente y distinguieron a dos hombres con un fusil. Primero pensaron que ambos eran guardias de seguridad, hasta que empezó el tiroteo. Powell recordó que uno de los hombres era muy moreno.

tor como el latino que la policía acababa de poner en libertad. Antes de que pudiera hacer nada, un joven blanco —identificado posteriormente por Craig como Lee Oswald— llegó corriendo desde el Almacén, saltó dentro y la camioneta partió*. En esta ocasión —al ver al latino por segunda vez

* Varios meses después de haber leído su declaración, Craig vino a verme a Nueva Orleans. Era un hombre despierto e idealista que parecía más bien un animador que un ayudante de sheriff. Había sido enviado fuera de Dallas por la organización de las agencias de seguridad. Su honesta declaración había destruido su carrera profesional y decidió dejar Dallas después de que alguien le disparara y le hiriera levemente en el cuero cabelludo. Le conseguí un trabajo en la empresa Volkswagen de Williard Robertson y Craig vino a verme con frecuencia para revisar en detalle lo que había visto en la plaza Dealey y en el cuartel general de la policía de Dallas después del asesinato.

Poco después de saber que se había arrestado a un sospechoso, me dijo Craig, acudió al cuartel general de la policía de Dallas para ver si podía ayudar al Departamento de Homicidios con la identificación. Refirió al capitán Will Fritz, jefe de Homicidios que llevaba la investigación, el incidente que había visto con la Nash Rambler. Ambos fueron a la oficina privada de Fritz, donde estaba sentado Oswald. Fritz señaló a Craig y le dijo a Oswald:

—Este hombre te vio salir.

—Ya les he dicho lo que hice —replicó Oswald.

Fritz le indicó a Oswald que se lo tomara con calma, que precisamente estaba intentando descubrir lo que había sucedido.

—¿Qué me dices del vehículo? —intervino Fritz.

—La camioneta pertenece a la señora Paine; no intente mezclarla en esto —contestó Oswald.

Posteriormente, el ayudante de sheriff Buddy Walthers fue a la residencia de los Paine, en el barrio de Irving, y conen una situación aún más incriminatoria— Craig se fijó bien en él. Lo describió no como un hombre de piel oscura, sino como «un negro».

Entre tanto, Richard Randolph Carr había visto a un hombre blanco en la sexta planta del Almacén, y sólo en este caso era en la siguiente ventana hacia el oeste de la «guarida del asesino». Carr, quien también había observado actividad en el montículo, era un obrero metalúrgico que trabajaba en lo alto del nuevo edificio del Palacio de Justicia que se construía en la esquina de las calles Houston y Comercio. Cuando empezó el tiroteo, Carr, un veterano de guerra, echó un vistazo hacia el Almacén. Minutos después Carr estaba en los alrededores de dicho edificio cuando reconoció al hombre que había visto antes en la ventana del piso superior del Almacén. Carr describió al hombre como un individuo pesado, con gafas de carey y una chaqueta deportiva de color tostado.

Carr siguió al hombre una manzana. Entonces

---

firmó que la señora Ruth Paine tenía una furgoneta Nash Rambler con un portaequipajes en el techo, tal como había dicho Craig. No existían indicios de que el capitán Fritz o cualquier otro miembro de la unidad de Homicidios de la policía de Dallas hubiera seguido con la investigación para profundizar en este punto. De hecho, Fritz negó posteriormente que Craig hubiera estado en el cuartel general de la policía o que hubiera hablado con él de la Nash Rambler. Sin embargo, unas fotografías de prensa que salieron a la luz seis años después del asesinato, en la autobiografía del jefe de policía de Dallas, Jesse Curry, se vio claramente a Craig en el cuartel general de la policía, lo cual corrobora el relato de Craig.

éste subió a una camioneta Nash Rambler (aparentemente la misma que describe Roger Craig) que parecía estar esperándolo y el vehículo partió rápidamente. Al igual que Craig, Carr destacó en varias declaraciones ante agentes oficiales de la ley que el conductor era «verdaderamente moreno, o hispano o cubano».

Parece razonable concluir de todas las declaraciones que la composición de las visualizaciones de la sexta planta del Almacén, justo antes y durante el asesinato, suma al menos tres hombres distintos: dos blancos, uno de los cuales era aparentemente más bien joven, un poco rubio o con pelo castaño claro; el otro de complexión pesada y con gafas de carey; y uno identificado con tez oscura, probablemente de origen latino. No estaba claro si tenían uno o dos fusiles. El joven blanco y delgado fue visto con uno cuando estaba de pie en la ventana del extremo occidental (al otro lado de la «guarida del asesino»), mientras que el hombre moreno fue visto disparando directamente desde la «guarida» del extremo más oriental.

Después de leer las declaraciones de estos testigos presenciales, comprendí que Lee Oswald no pudo haber disparado a John Kennedy desde la «guarida del asesino», tal como pretendía la Comisión Warren. A diferencia del hombre que fue visto disparando desde la guarida, Oswald no tenía una zona calva, tampoco era de «piel oscura» ni de «aspecto hispano». Llegados a este punto, cabía la posibilidad de que Oswald fuese alguien implicado en el asesinato, pero parece evidente que otros participaron en el tiroteo, tanto desde el montículo de hierbas frente al presidente como desde el Almacén de Textos que se alzaba detrás.

La aparición y reaparición de un hombre de «piel oscura», de «aspecto hispano» o «negro» en las descripciones de los testigos me intrigó. No sólo fue identificado de esta manera el hombre de la guarida, sino también el «epiléptico» visto en la plaza Dealey, a quien describieron como un hombre de aspecto latino con un traje verde de combate*. Esta descripción me recordó a los exiliados anticastristas que constantemente pasaban por la

* El incidente relacionado con el «epiléptico» que sufrió un ataque poco antes de la llegada de la comitiva presidencial despierta grandes sospechas en varios aspectos. Primero, si de verdad no estaba disponible la ambulancia que habían aparcado allí por si el presidente resultaba herido, ¿por qué fue utilizada luego para llevar al epiléptico al hospital Parkland? Segundo, el incidente creó distracción y obligó al oficial de policía Joe Smith, de la policía de Dallas, a dejar su puesto en la esquina del Almacén, de forma que los hombres situados en el montículo de hierba pudieron colocarse en posición cuando la comitiva giró por la calle Mayor hacia Houston. Tercero, a varios testigos que escribieron a nuestra oficina les extrañó que la mujer que atendió al epiléptico hasta que la ambulancia se lo llevó (el hombre se hirió en la cabeza al caer), que apareció rápidamente y se autoidentificó como enfermera, mojara un pañuelo en el estanque de peces de colores antes de limpiar la cabeza del herido. Varios de estos testigos describieron al epiléptico como un hombre de aspecto latino que vestía ropas militares de faena. Cuando nuestra oficina investigó en el hospital Parkland, averiguó que, una vez llegada la ambulancia, allí el presunto epiléptico caminó hacia el exterior rechazando cualquier atención o identificación.

oficina de Guy Banister camino del campo de entrenamiento guerrillero del lago Pontchartrain. Se me ocurrió que el hombre «moreno» que varios observadores habían visto podría tratarse de un cubano. Por otra parte, parecía inequívocamente probable, dado lo que conocía respecto a la operación de entrenamiento de guerrilleros de Guy Banister y su relación con Lee Oswald, que guerrilleros exiliados cubanos anticastristas hubiesen participado en el asesinato del presidente, a quien despreciaban por su «traición» en Bahía de Cochinos en 1961 y por haber ordenado que se clausuraran sus campos de entrenamiento en el verano de 1963. De hecho, los cubanos empezaban a parecerme más sospechosos que el propio Lee Harvey Oswald. Además de las descripciones de los testigos presenciales, otras pruebas apuntaban más allá de Oswald. Por ejemplo, en el fusil Mannlicher-Carcano que, según se dijo, Oswald había utilizado, nunca se llegaron a encontrar sus huellas*.

Una gran confusión rodeaba a este fusil italia-

* Hacia la medianoche del 22 de noviembre, el FBI tomó el Mannlicher-Carcano, que se dijo había utilizado Oswald y se lo llevó al laboratorio del FBI en Washington D.C. Los técnicos de la Oficina Federal de Investigaciones no encontraron huellas, ni siquiera huellas parciales pertenecientes a Oswald. Al día siguiente el FBI devolvió el fusil a la policía de Dallas. Posteriormente, la policía de Dallas anunció con gran excitación que habían hallado la «huella de la palma de la mano de Oswald» en el fusil. Los detalles científicos de este descubrimiento tardío del Departamento de Policía de Dallas aparecieron en un informe interno del FBI fechado el 28 de agosto de 1964 (pero no entregado hasta

no de segunda clase, ya que se probó de forma convincente que no era el arma encontrada en la guarida del asesino inmediatamente después del asesinato. El oficial Seymour Weitzman, miembro del equipo de búsqueda de la policía de Dallas, describió posteriormente el descubrimiento del rifle en la tarde del 22 de noviembre. Declaró que estaba bien escondido bajo cajas de libros con las que los oficiales tropezaron en diversas ocasiones antes de encontrar el arma. El oficial Weitzman, titulado en ingeniería y que también dirigía una tienda de artículos deportivos, era un reconocido experto en armamento. Por consiguiente, el jefe de Homicidios de Dallas, Will Fritz, quien estaba en el lugar, le preguntó de qué mode-

---

1968), en el cual el abogado de la Comisión Warren, General J. Lee Rankin, aparece citado como declarante: «Porque en las circunstancias actuales la Comisión abriga serias dudas acerca de si la huella palmar obtenida por el Departamento de Policía de Dallas es la auténtica huella de la palma tomada del cañón del fusil o si se consiguió de otra fuente, y por este motivo la cuestión necesita ser aclarada.» No obstante, la Comisión Warren no se esforzó lo más mínimo por aclararlo. Presentó en su informe la «huella de la palma» como un avance significativo en el caso contra Oswald.

En 1984, el agente Vincent Drain, quien tomó el fusil para el FBI, fue interrogado sobre la supuesta huella de la palma por el investigador Henry Hurt. Drain afirmó que en su opinión no existía tal huella: «Lo único que se me ocurre es que eso [la huella de Oswald] fue algún tipo de montaje. Hacía mucho calor ese domingo por la noche. Se podía tomar la huella de la tarjeta de Oswald y ponerla sobre el fusil. Algo así ocurrió.»

lo era el fusil. Weitzman lo identificó como un Mauser 7,65, un arma alemana de gran precisión. El ayudante del sheriff Roger Craig también estaba presente y posteriormente recordó la palabra «Mauser» grabada en el metal del arma. Además, el ayudante del sheriff Eugene Boone realizó una declaración bajo juramento donde describía el fusil como un Mauser. Pasada la medianoche del 22 de noviembre, el fiscal de distrito de Dallas, Henry Wade, explicó a los medios de comunicación que el arma encontrada era un Mauser.

Hay, por supuesto, diferencias evidentes entre un Mauser de primera clase y un arma barata y comprada por correo como la Mannlicher-Carcano. Habría resultado fácil saber qué arma se había encontrado. Sin embargo, para complicar la cuestión, aparecieron tres cargadores vacíos de un Mannlicher-Carcano en la misma habitación que el Mauser. Estaban cerca de la ventana del extremo más oriental de la sexta planta, muy juntos y colocados de forma casi paralela uno con otro. Aunque esta disposición facilitó su localización, contraviene lo que cualquier tirador experimentado sabe: que cuando dispara el fusil, el cartucho sale violentamente hacia fuera. Resulta casi imposible que se produzca una pulcra distribución de los cartuchos como la muestra hallada en la sexta planta del Almacén. Esto me llevó a pensar que los cartuchos no habían sido disparados desde la guarida del asesino, sino colocados cerca de la ventana. Probablemente fueron disparados antes en otra parte, de tal forma que los fragmentos de proyectil hallados en la limusina del presidente pudieran ser identificados como pertenecientes al Carcano.

Había otros problemas con la cuestión de si el Mannlicher-Carcano había sido el arma homicida. Por ejemplo, no se encontró el cargador de munición. El cargador es el dispositivo que empuja los cartuchos a la recámara de disparo del fusil. Sin este mecanismo, los cartuchos tienen que cargarse manualmente, lo que imposibilita disparar rápido, tal y como se dijo que Oswald había hecho. La Comisión Warren evitó entrar en esta cuestión y no llegó a comprobar nunca estos detalles.

Para complicar aún más la situación, el Mannlicher-Carcano pomposamente denominado el «fusil del asesino», tenía la mira mal alineada. La mira estaba tan desajustada con el cañón que fue necesario ajustarla antes de que el experto en balística del Gobierno pudiera realizar su prueba de disparo. Incluso así, el experto en armas no logró repetir la proeza que el Gobierno atribuyó a Lee Oswald.

Pese a estos problemas, cuando se aclaró el humo y todas las autoridades judiciales de Dallas tuvieron sus relatos en orden a su debido tiempo, la versión oficial fue que el fusil encontrado en la sexta planta del Almacén era un Mannlicher-Carcano, que Oswald había obtenido mediante la utilización de un nombre supuesto; no el Mauser que tan rápidamente desapareció desde que llegó a manos del capitán Fritz.

Pero incluso este remodelado de la versión oficial no aclara la presencia del tercer fusil. La película tomada por la Dallas Cinema Asociados, una compañía de cine independiente, muestra una escena en el Almacén de Textos poco después del asesinato. En la salida de incendios aparecen unos oficiales de policía que bajan un fusil desde el tejado hasta la sexta planta con tanto cuidado como si llevaran un niño. Cuando el policía llega al suelo, un oficial de alta graduación toma el rifle y lo alza para que lo vea todo el mundo. La cámara se acerca hasta ofrecer un primer plano. Debajo de la imagen aparece el título: «El arma del asesino.» Cuando vi la película advertí que el fusil no tenía montada una mira. Entonces no pudo ser ni el Carcano ni el desaparecido Mauser, ya que ambos tenían mira.

No me sorprendió saber que este tercer fusil, al igual que el Mauser, había desaparecido. Pero su existencia confirmaba mi hipótesis de que Lee Oswald pudo no haber matado a John Kennedy tal como se le dijo al pueblo norteamericano. Dejando aparte la evidencia de que hubo otras dos armas en el escenario, la increíble precisión de un rifle increíblemente impreciso dentro de un margen de tiempo imposible era apenas el primer aspecto de la supuesta proeza que Oswald habría realizado, según se nos quería hacer creer.

Sabía por las declaraciones de sus ex compañeros marines que Oswald había sido un tirador pésimo. Sin embargo, este trabajo habría resultado imposible incluso para el mayor campeón de tiro. Desde la guarida del asesino, lo primero que un criminal vería, cuando intentara disparar sobre alguien que fuera en una comitiva por la calle Elm, era un enorme árbol que aún estaba plenamente frondoso a finales de noviembre y muy al sur de EEUU. Esto ya hacía improbable que la primera tanda de disparos lograse alcanzar otra cosa que no fuera una rama o un puñado de hojas del árbol que estaba debajo.

Por otra parte, Oswald fue visto en el comedor del segundo piso del Almacén menos de dos minutos después del tiroteo. No sólo apareció tranquilo y relajado, sino que además bebía una Coca-Cola que había sacado de una máquina expendedora. Hubiera sido necesario que Oswald se moviese casi a la velocidad de la luz para que, una vez terminada su histórica proeza de tiro (acertando ocho impactos sobre dos hombres en menos de seis segundos), escondiera luego el fusil bajo las pilas de cajas que describió el oficial Weitzman, bajara a continuación corriendo cuatro tramos de escaleras y se entretuviese ante la máquina expendedora de coca-colas. Todo ello en menos de dos minutos y sin perder el aliento. Otras evidencias físicas encontradas en el lugar de los hechos apuntan también a que hubo alguien más aparte de Oswald: se halló un recipiente de palomitas de maíz que no tenía las huellas de Oswald y que, por consiguiente, fue lanzado a la papelera más próxima por el capitán Fritz y sus investigadores.

Sin embargo, la prueba más obvia y convincente que exonera a Oswald fue la prueba del «nitrato» que se le hizo la tarde del asesinato. Fácil de realizar, esta prueba revela residuos de nitrato en la mejilla de un individuo cuando ha disparado un fusil. El resultado de la prueba del nitrato indicaba que Lee Oswald no había disparado un fusil el 22 de noviembre de 1963. Sin embargo, por motivos que el Gobierno y sus investigadores conocerán mejor, este hecho permaneció en secreto durante meses. Finalmente se hizo público en el informe de la Comisión Warren.

Tras examinar las pruebas del Gobierno, comprendí que mi primera conclusión de que Oswald no había sido el único asesino del presidente no era del todo correcta. Sin duda había otros implicados en el tiroteo, pero lo cierto es que el mismo Lee Oswald no mató en definitiva a John Kennedy. Ni siquiera intentó disparar contra John Kennedy.

Me parecía ineludible concluir como fiscal profesional que el hombre condenado por el mundo como el criminal del siglo era inocente. Sólo un auténtico inocente hubiera podido ser manipulado tan a fondo como obviamente lo fue Lee Oswald.

El respiro temporal de la investigación no duró mucho, Frank Klein no podía permanecer inactivo; nadie podía. Una mañana estaba yo en mi oficina leyendo y releyendo un diario. No oí entrar a Frank.

—Nunca te había visto tan preocupado —me comentó Frank.

—No se trata de un diario cualquiera, muchacho —expliqué—. Se trata de la portada del *Dallas Morning News* del 22 de noviembre de 1963.

—Ya. ¿Qué te tiene así de hipnotizado?

Le señalé el gran mapa de la portada que detallaba la ruta de la comitiva presidencial.

—¿Habías visto esto antes? —pregunté.

Hizo un gesto de negación con la cabeza.

Giré el periódico hacia él para que viera el mapa del recorrido de la comitiva presidencial. Ocupaba, como mínimo, cinco sextas partes de la portada.

—Frank —dije—, quiero que sigas la ruta de la comitiva conmigo. Marca aquí como si fueras bajando la calle Mayor aproximándote a la plaza Dealey. ¿Me sigues?

—Sí —respondió, mientras con el dedo seguía la gruesa línea que indicaba la comitiva—. Y aquí es donde se extiende la plaza Dealey... —Se detuvo.

—¿Que sucede? —pregunté.

—Este mapa indica que la comitiva presidencial debía continuar por la calle Mayor hacia el centro de la plaza Dealey, sin dejar en ningún momento esa calle. —Empezó a poner cara de incredulidad.

—¿Qué hay de malo en ello? —pregunté.

Movió el dedo por la calle Mayor hacia abajo, hacia Elm, hasta que encontró el Almacén, la zona donde el presidente fue tiroteado.

—Si la comitiva presidencial debía ir por la calle Mayor...

—¿Por qué bajaron hacia la calle Elm? —terminé la pregunta por él.

Frank levantó la vista hacia mí frunciendo el ceño levemente, luego volvió a mirar el mapa. Deslizó el dedo bajando por la calle Mayor hacia el punto de intersección con la calle Houston.

—La comitiva giró a la derecha en Houston y se dirigió hacia abajo, hacia Elm —señaló.

—Donde la comitiva hizo su dramático giro de 120 grados a la izquierda, lo estás viendo, de manera que se vieron obligados a reducir la velocidad del coche del presidente hasta unos quince kilómetros por hora.

Frank volvió a mirar la línea gruesa que indicaba que la comitiva presidencial continuaba por la calle Mayor hacia el centro de la plaza Dealey para seguir hacia la autopista Stemmons.

—Aquí, en la calle Mayor, continuando por el prado abierto no hubieran podido alcanzarle —observó—. ¿Quieres decir que en el último momento cambiaron la ruta prevista del presidente de Estados Unidos para hacerla pasar por donde está el Almacén? —Echó hacia atrás su silla y se levantó—. ¡Cielos! No había leído una maldita palabra acerca de esto. ¿Cómo puede permanecer algo así en secreto durante tres años?

Yo me recliné en la silla.

—Ahora entenderás por qué no te he oído llamar cuando has entrado.

—¿Dónde demonios estaba la policía de Dallas cuando se hizo este cambio de última hora? —preguntó.

—¿Dónde, en efecto? —asentí—. ¿Y el Servicio Secreto? ¿Y el FBI?

—¿Y la administración municipal de Dallas? —añadió—. ¿No tenían alcalde en ese condenado lugar?

—Sí, lo tenían. El alcalde que había cuando sucedió todo esto era Earle Cabell.

Llamé por el interfono y le pedí a mi secretario, Sharon Herkes, que viniera. Le pedí que tomara un taxi para ir a la biblioteca pública a buscar la última edición del *Quién es quién en el suroeste*.

—Estoy seguro de que ahí encontraremos a Earle Cabell. A ver si se detallan conexiones con Washington.

—¿Con Washington? —preguntó Frank.

—Por supuesto —repliqué—. Ya me contarás cómo es posible secuestrar al presidente, delante de todo el mundo, si no hay una cierta colaboración entre la administración municipal y el Gobierno federal.

Frank cogió el *Dallas Morning News* y señaló el mapa.

—Bueno —exclamó—, ¿la Comisión Warren estaba ciega? ¿No vio esto?

—¡Oh! —bufé—. ¿Quieres ver la portada que se presentó a la Comisión Warren?

Abrí el cajón central de mi mesa y saqué una copia de la portada del *Dallas Morning News* que se entregó como prueba a la Comisión. Se la tendí a Frank y encendí la pipa. Había dado una primera bocanada cuando Frank gritó.

—¡Malditos cabrones! Quitaron el mapa de la ruta presidencial de la portada.

En efecto. En las cinco sextas partes de la página donde debía aparecer el mapa de la ruta de la comitiva presidencial, sólo había una superficie gris.

—¿Y esto fue considerado como un documento oficial por la Comisión Warren? —preguntó.

Asentí.

—¿Y cómo se supone que debemos llamar a esto? —preguntó, agitando la parte posterior en blanco del documento. Di un par de chupadas a la pipa.

—Esto es lo que se llama un golpe de Estado —le repliqué.

Aproximadamente una hora después, Sharon entró por la puerta con una gran fotocopia.

—No aparecía ningún dato sobre el alcalde Cabell en el *Quién es quién* —informó—, pero aquí hay un montón de material referente al general Charles Cabell.

Eché un vistazo al artículo. Lo primero que vi fue que este Charles Cabell había sido subdirector de la Agencia Central de Inteligencia. Me vi a mí mismo observando este último nombre con fascinación. Hice una llamada telefónica a un amigo mío, abogado en Dallas, para comprobar que el general Charles Cabell era el hermano de Earle Cabell, ex alcalde de Dallas.

Ahora aún me intrigaba más el cambio de la ruta de la comitiva presidencial hecho en el último instante. Me dirigí de inmediato a la biblioteca pública. Antes del atardecer me había convertido en el mayor experto de todo Nueva Orleans acerca del general Charles Cabell, quien, según descubrí, había sido despedido como número dos de la CIA por el presidente Kennedy. El general Cabell fue el responsable en la Agencia Central de Inteligencia de la desastrosa operación de invasión de Bahía de Cochinos. En las horas finales, cuando la pequeña fuerza aérea de Castro estaba haciendo fracasar el intento de desembarco, Cabell efectuó una llamada al presidente Kennedy para intentar detener el desastre. En el horizonte, y no por casualidad, había un portaaviones con las pistas llenas de cazas dispuestos para el vuelo. El general Cabell informó al presidente que esos aviones de combate podían cambiar el curso del desastre en unos minutos y asegurar el éxito de la invasión. Sólo necesitaba la autorización presidencial.

El día anterior, Kennedy había asegurado a los medios de comunicación reunidos que si alguien invadía Cuba (y el ambiente estaba repleto de rumores de invasión) no dispondría de la ayuda del Ejército estadounidense. Con el final de las posibilidades de la invasión, se terminó la carrera del general de Inteligencia. El presidente Kennedy le pidió que dimitiese y el general fue inmediatamente reemplazado el 1 de febrero de 1962 en su cargo de subdirector de la CIA. El consiguiente odio del general Cabell hacia John Kennedy era un secreto a voces en Washington.

En la mayoría de los países, un poderoso individuo que ha tenido un conflicto público con un dirigente nacional posteriormente asesinado será objeto, como mínimo, de una modesta atención en el curso de las investigaciones subsiguientes. Más atención se prestaría a una gran organización de espionaje existente con un importante y sofisticado aparato capaz de perpetrar un asesinato. En efecto, si un poderoso individuo ha alcanzado además una alta posición dentro del más importante aparato de espionaje y ha estado enfrentado con el líder desaparecido, éste debería ocupar un lugar preferente en la lista de sospechosos.

Sin embargo, el general Cabell, quien respondía exactamente a esta descripción, jamás fue llamado a declarar ante la Comisión Warren. Uno de los motivos fue que Allen Dulles, ex director de la CIA (también destituido por Kennedy) era miembro de la Comisión y realizó todos los informes relativos a la Agencia Central de Inteligencia. Durante los nueve años en que Dulles actuó como jefe de la CIA, el general Charles Cabell fue su subdirector.

8
OPERACIONES ENCUBIERTAS

En 1963, Clinton era un pequeño pueblo rural en el profundo sur de Louisiana. Parecía una reliquia de los viejos tiempos, cuando el algodón era el rey y se pesaba en un centro de granjeros donde los compradores pujaban por él.

Clinton era uno de esos lugares que sobrevivirán sin saber muy bien por qué. Ya marchita su importancia para la industria del algodón, permanecía sólo porque siempre había estado allí. Pero a principios de 1967 averiguamos algo que puso a esta ciudad dormida en el candelero.

Al parecer, Lee Oswald fue visto en Clinton en compañía de dos hombres mayores a finales del verano o principios del otoño de 1963. Las descripciones de esos hombres concordaban con las de Clay Shaw, cuya casa de Hammond quedaba justo al este de Clinton, y David Ferrie, quien permaneció mucho tiempo en el campo anticastrista de Guy Banister situado un poco más lejos, al este y junto al lago Pontchartrain.

Era una pista insignificante, poco más que un rumor en el aire que la mayoría de las agencias de seguridad hubieran descartado con impaciencia, pero nosotros nos habíamos acostumbrado a trabajar con este tipo de pequeños datos desde el principio.

Clinton estaba muy apartado de las rutas más frecuentadas y decidí que enviar desde la ciudad al ayudante del fiscal Andrew Sciambra no era el mejor sistema de aproximarse a esa localidad rural. Sciambra necesitaba alguien con un poco de experiencia en el campo. Llamé al gobernador John McKeithen y éste ordenó al teniente Francis Frugé, un oficial de la policía estatal con ascendientes cajun*, incluido el acento, que acompañase inmediatamente a Sciambra hasta Clinton.

Antes de lo que imaginábamos tuvimos un golpe de buena suerte. Ocurrió que los dos viejos compañeros de Oswald habían elegido la ocasión más memorable en décadas para ser vistos con él en una ciudad rural del profundo Sur. Por primera vez en la historia, se estaba realizando la mayor operación de inscripción de votantes suscitada por el Gobierno federal. Este esfuerzo por registrar a más votantes negros fue apoyado enérgicamente por los negros de las ciudades y contó con la oposición intransigente de los blancos. Desde el amanecer hasta el atardecer prácticamente todos los adultos de Clinton estaban merodeando por

* Habitante de Louisiana de origen francés, que emplea un lenguaje con acento francés. *(N de la T.)*

las proximidades de la oficina de registro. Los negros, para asegurarse de que los blancos no impedirían la inscripción a los nuevos votantes negros, y los blancos, para asegurarse de que no vinieran forasteros para animar a los negros. Fue una situación jamás vista y que no se volvió a repetir. De hecho, los primeros dos testigos localizados por Sciambra y Frugé describieron sus recuerdos sobre la presencia de Oswald y los dos hombres mayores en Clinton, en el mes de septiembre de 1963, porque fue cuando se estaba realizando la inscripción de votantes.

Varios ciudadanos de Clinton que fueron entrevistados afirmaron que la escena fue inolvidable, ya que durante mucho rato Oswald fue el único hombre blanco en la larga cola de negros que esperaban para inscribirse. Tan inolvidable como los otros dos hombres mayores que estaba con Oswald. Todos los testigos recordaron que uno de ellos llevaba una extraña peluca y las cejas pintadas. Sin duda alguna se trataba de David Ferrie.

Ferrie y el otro hombre, el que conducía, permanecieron casi todo el tiempo en el coche que todo el mundo recordaba como una gran limusina negra. Uno tras otro, los habitantes de Clinton describieron al conductor como un hombre alto y muy distinguido. Tenía el cabello gris o blanco. Todos destacaron su buena educación, mencionando que, ante cualquiera que pasó cerca de la limusina, inclinó la cabeza educadamente y le dirigió un pequeño saludo.

El alguacil sospechó que los dos podían haber sido enviados por el Gobierno federal para ayudar a los negros a registrarse. Hizo comprobar la matrícula a la policía estatal. El coche, según descubrieron, estaba registrado a nombre de Centro Internacional de Comercio, cuyo director era Clay Shaw, obviamente el hombre delgado y de porte distinguido.

El tiempo fue inesperadamente fresco, quizás un presagio temprano del final de verano. Sin embargo, el ambiente de la ciudad estaba más caldeado de lo habitual, recalentado por la emoción de las circunstancias. Todo el mundo parecía haber echado un vistazo a los forasteros.

Para la gente que los observó, Shaw y Ferrie debían de ofrecer una imagen incongruente. Ferrie con su peluca y sus cejas pintadas debía de parecer un gran pájaro increíblemente extraño. A su lado, Shaw, fumando un cigarrillo tras otro con sus gestos imperiales, parecería incluso más distinguido y más fuera de lugar en aquella polvorienta y pequeña ciudad. Por si esto no bastara, Shaw, cuyo padre había sido un agente del Departamento del Tesoro de Estados Unidos, había nacido en Kentwood y crecido en Hammond, sólo a cincuenta kilómetros al este de Clinton.

Aquella gente de campo que no miró con curiosidad a los dos hombres de la limusina, sí debió observar con gran extrañeza a Lee Oswald. Varios meses después, cuando las noticias anunciaron que había asesinado al presidente, varios de ellos lo recordaban. Después, durante el juicio contra

Clay Shaw en Nueva Orleans, Edwin McGehee, el barbero local, recordó en el estrado de los testigos la primera vez que vio a Oswald. Acababa de apagar el aire acondicionado y había abierto la puerta de la barbería cuando un joven entró. Varios meses después, cuando ocurrió el asesinato, reconoció a ese mismo joven como Lee Harvey Oswald.

McGehee declaró que había cortado el pelo a Oswald, que tardó aproximadamente un cuarto de hora y que Oswald le mostró su tarjeta de licenciatura de marine. Oswald mencionó que estaba intentando encontrar un trabajo en un hospital en la cercana ciudad de Jackson. Cuando McGehee le comentó que se trataba de un hospital psiquiátrico, Oswald pareció quedarse realmente atónito, pero siguió manifestando interés por ese trabajo. McGehee le sugirió que se entrevistara con Reeves Morgan, el representante estatal en la zona. También sugirió a Oswald que tendría más posibilidades de conseguir el trabajo si se registraba como votante.

Oswald acudió luego a la casa de Morgan. El tiempo había refrescado, recordó Morgan, y se sentó con Oswald frente al fuego recién encendido en la chimenea. También le dijo a Oswald que tendría más probabilidades de trabajar si se registraba como votante en la zona. Después del asesinato reconoció a Oswald en las fotografías de los periódicos como el joven que fue a verle para pedirle trabajo.

Cuando Sciambra y el teniente Frugé terminaron su labor en Clinton, habían hablado con más de trescientos de sus habitantes. Después de que Sciambra volviera a Nueva Orleans, reuní a Fran Klein, Jim Alcock y Lou Ivon en mi despacho. También llamé a D'Alton Williams en un esfuerzo por cohesionar nuestro puñado de hombres dedicado al caso Kennedy. D'Alton, al contrario de los demás juristas presentes, no era un abogado penalista. Su especialidad era la supervisión administrativa. Sin embargo era sumamente inteligente y desde hacía tiempo se había mostrado interesado en el proyecto. Además, no había más ayudantes procesales que yo pudiera liberar de la sala de justicia en ese momento.

Cuando estuvieron reunidos en torno a la mesa en la sala de conferencias, me di cuenta de que, por primera vez desde que habíamos tropezado con este caso, formábamos lo que podía llamarse «un equipo». Escuchamos y formulamos preguntas mientras Andrew Sciambra revisaba sus semanas en Clinton. Alcock deseaba saber qué había motivado a Lee Oswald a buscar un trabajo en el hospital psiquiátrico estatal de Jackson, si realmente ése había sido el objetivo de Shaw y Ferrie. Sciambra replicó que se le había ocurrido lo mismo. Recordando la sorpresa de Oswald cuando el barbero local le informó que aquel lugar era una institución psiquiátrica, Sciambra fue a Jackson para averiguar si Oswald había rellenado una solicitud allí.

—¿Y lo hizo? —pregunté.

Sciambra asintió con la cabeza.

—Sí. Encontré a la mujer del departamento de personal que lo entrevistó, pero cuando la empleada fue a los archivos a buscar una copia de su solicitud, que ella recordaba haber rellenado, no la encontró.

En ese momento, era ya tan habitual la sistemática desaparición de pruebas que no fue necesario hacer comentario alguno. La cuestión consistía en que Oswald había aspirado a un trabajo en una institución psiquiátrica, lo cual permitió a sus mentores dar otro toque en su trabajo de crear un personaje. Unas pocas semanas de trabajo de baja categoría bastarían para completar la imagen de Oswald vagando desventurado de un empleo a otro, cada uno más raro que el anterior. Con un poco de suerte y algo de manipulación, podrían conseguir —con un cambio de tarjetas de «empleado» a «paciente»— que el psiquiatra de Jackson describiera sus problemas en el tratamiento de aquel extraño paciente llamado Lee Oswald.

Quizá la conclusión más importante del trabajo de Clinton fue que había tenido éxito en establecer la conexión de David Ferrie y Clay Shaw. Sabiendo que Shaw y Ferrie eran amigos, y aún más, que estaban comprometidos juntos en una organización clandestina, teníamos más posibilidades de completar la información. Investigar sólo a Shaw —un hombre discreto, muy controlado, con poderosas conexiones— resultaría difícil. Ahora, sin embargo, habíamos encontrado una palanca. Se llamaba David Ferrie.

Cuando me presenté en el edificio Pere Marquette, Wray Gill vino a buscarme a la sala de espera. Wray, uno de los mejores abogados penalistas de la ciudad, se inclinó y me dio la bienvenida de forma ceremoniosa antes de conducirme hacia su oficina privada, desde la cual se divisaba el sinuoso río Mississippi, dieciocho plantas más abajo. David Ferrie había trabajado para Gill como investigador en 1962 y 1963.

En la oficina de Gill me salté los preámbulos.

—Wray, necesito que me hagas un favor.

—Lo que quieras —replicó.

—Creo que David Ferrie pudo haber cargado algunas conferencias a tu teléfono cuando rondaba por aquí.

—¿Algunas conferencias dices? ¡Por Dios! Ese hombre casi me arruina —exclamó alzando las cejas.

—¿Podrías darme una relación de sus llamadas? —pregunté.

Envió a su secretaria a buscar las facturas de 1962 y 1963.

—Esto es lo que tenemos, señor Gill —dijo cuando volvió—. Usted lo despidió en enero de 1964. ¿Se acuerda?

—¿Cómo voy a olvidarlo? —refunfuñó. Colocó el dedo en la factura de aquel mes—. Despedí a Dave. Le dije que podía soportar sus excentricidades pero no sus conferencias.

Gill dio instrucciones a su secretaria para que subrayara las llamadas realizadas desde la oficina y resaltara las que había hecho Ferrie.

—Es fácil saberlo —comentó—. Estas ciudades no tienen nada que ver con mi oficina. Tú sabes mejor que nadie que casi el noventa por ciento de mis asuntos están aquí en Nueva Orleans.

Durante la señalización de las llamadas realizadas desde la oficina, la secretaria descubrió que la factura de noviembre de 1963 —el mes del asesinato del presidente Kennedy— había desaparecido. No tenía ni idea de quién la había cogido, pero señaló que Ferrie tenía acceso a los archivos de la oficina.

Esa noche empecé a investigar las facturas relativas a las conferencias hechas por Ferrie en 1962 y 1963. Lo primero que me llamó la atención fue su gran diversidad. Las llamadas no sólo eran a ciudades estadounidenses, sino a lugares tan distantes como Guatemala, México o Canadá. Podríamos haber descubierto rápidamente y con precisión a dónde había llamado si hubiéramos contado con la orden de una agencia federal como el FBI, con sus medios y con su autoridad. Pero parecía que estas agencias no me ayudarían de buen grado.

No teníamos ningún contacto en la compañía telefónica ni un equipo investigador que pudiera emprender el tipo de acercamiento extensivo y lógico que nos vimos obligados a escoger. En vez de eso, reuní y ordené laboriosamente todos los documentos de la Comisión Warren para extraer la lista de llamadas telefónicas relacionadas de alguna manera con testigos que la investigación federal hubiera encontrado.

Después de varias tardes en que comparé las conferencias de Ferrie con las de los documentos de la Comisión, establecí la relación. La factura nacional de teléfono indicaba que una de las llamadas de Ferrie se había realizado de Nueva Orleans a Chicago el 24 de septiembre de 1963. Ésta se realizó, según la conclusión final de la Comisión Warren, el día antes de que Lee Oswald dejara Nueva Orleans. El número al que llamó Ferrie ese día era de Illinois, el WH 4-4970. La factura de llamadas nacionales no identificaba al receptor. ¿Quizá Ferrie estaba llamando para informar a algún intermediario que el trabajo de crear al personaje se había finalizado, que «el chico está saliendo de Nueva Orleans», o algo parecido?

En el documento de la Comisión número 2.350 (página 335 del tomo XXV) encontré una llamada a ese mismo número: WH 4-4970, realizada a Chicago, Illinois. Como información adicional, en el tomo de la Comisión constaba: «Llamada personal a las 9.09. Se utilizó tarjeta de crédito. Kansas City Missouri para la señorita A. Asie habitación 1405.» Este documento no identificaba al que había llamado. De todos modos, por fin había conseguido un nombre relacionado con el número al que había llamado Ferrie.

Varias noches después, localicé a la señorita Asie —ahora llamada *Aase*— en el documento de la Comisión número 2.266. Era un informe del FBI que la identificaba completamente como «JEAN AASE», de Chicago, Illinois. El informe del FBI, fechado el 4 de diciembre de 1963, describía que ella había acompañado a «LAWRENCE V. MEYERS» en un viaje de trabajo a Dallas, Texas, adonde llegaron el 20 de noviembre de 1963 por la tarde, dos días antes del asesinato del presidente Kennedy. Según el informe, se inscribieron en el motel Ramada, donde pasaron la noche. El 21 de noviembre se trasladaron al motel Cabana.

Aase declaró luego, siempre según el informe del FBI, que la noche del 21 de noviembre Meyers la llevó al Carousel Club, donde le presentó a Jack Ruby y «los tres se sentaron en una mesa cerca de la puerta de salida y charlaron».

Considerando que el amigo de Lee Oswald en Nueva Orleans, David Ferrie, la había llamado al número de Chicago, me pregunté si la señorita Aase sintió posteriormente curiosidad cuando Jack Ruby, su compañero de una conversación informal, mató a Oswald tres días después.

A medida que examinaba los tomos de la Comisión Warren, más crecía mi confusión respecto a Jean Aase. No había en los índices de los volúmenes de testimonios nada que indicase la existencia de Jean Asie o Jean Aase. Como en los tomos de documentos, no había índice que indicara la existencia de nadie.

Entonces, en una entrevista del FBI con Lawrence Meyers, hallé que se había convertido en Jean West. Consulté la discusión de la Comisión Warren sobre Meyers. Por su entrevista, Meyers parecía ciertamente ser un típico hombre de negocios con éxito de clase media. Su hija trabajaba en el reactor nuclear gubernamental de Argonne, Illinois*, y su hijo era miembro de la Inteligencia Naval. Respecto a la amistad de Meyers con Jack Ruby, procedía de un encuentro casual, varios años atrás, y Meyers le había tomado aprecio al futuro asesino de Lee Oswald. Los miembros de la Comisión Warren quedaron evidentemente satisfechos con su declaración. Meyers jamás fue interrogado acerca de si conocía o no a David Ferrie. Tampoco le preguntaron si tenía algo que añadir respecto a la misteriosa señorita Aase.

La señorita Aase, o la señorita West, o cualquiera que fuera su nombre, jamás compareció ante la Comisión Warren o para prestar declaración ante sus abogados. Encontré una tercera mención del FBI de esta misteriosa mujer, esta vez descrita como «Jean West», en el mismo tomo de documentos de la Comisión, pero no me proporcionó nada nuevo. No fue interrogada sobre si conocía a David Ferrie o cómo pudo tener acceso al mismo número telefónico a través del cual Meyers se puso luego en contacto con ella. El informe tampoco revelaba un mínimo de curiosidad respecto a su charla con Jack Ruby antes del asesinato.

El momento del encuentro de esta mujer (jun-

* Argonne fue conocido en 1946 por sus investigaciones científicas y el desarrollo de los usos pacíficos de la energía nuclear. El Laboratorio Nacional Argonne es uno de los mayores centros de desarrollo y de investigación científica de Estados Unidos. Está fundamentalmente financiado por el Departamento de Energía de Estados Unidos.

to a Lawrence V. Meyers) con Jack Ruby era bastante provocador. Sin embargo, este constante cambio de nombres —que podía despistar a cualquiera que quisiere averiguar o confirmar algo sobre ella o sobre su número de teléfono— resultaba sospechoso.

Cuando reflexioné acerca de este complejo problema, se me ocurrió de pronto que había tropezado con la utilización de un «centro de mensajes», un servicio habitual de la Comunidad de Inteligencia para evadir el posible registro de llamadas. De ser éste el caso, el centro de mensajes por lo visto había servido para comunicarse con Jack Ruby.

La utilización de los centros de mensajes es un procedimiento operativo normalizado en cualquier aparato de la burocracia gubernamental. El centro de mensajes es tan importante para el Ejército, por ejemplo, que cada unidad —desde el cuartel general de una división de infantería hasta la simple jefatura de una compañía— cuenta con uno, ya que en caso contrario sufre problemas de funcionamiento.

En el Ejército, el centro de mensajes de una unidad está siempre localizado en la calle más cercana de los alrededores e identificado para los mensajeros con un pequeño símbolo a lo largo de la calle. Por otra parte, a los Servicios de Inteligencia interiores de Estados Unidos no les gusta avisar. Tanto es así que, de hecho, proclaman que no existen. Sin embargo, sus agentes también tienen necesidad de comunicarse, y muy a menudo, sobre todo cuando las circunstancias son delicadas, ellos también necesitan tener «indicadores», como al parecer fue el caso de Jean West, quien fue contactada por Ferry y acabó hablando el día antes del asesinato con Jack Ruby.

Había llegado el momento de hacer una reflexión a fondo acerca de los centros de mensajes clandestinos y reuní a mi equipo en la oficina. Utilicé la pizarra para ilustrar la ruta que había trazado: Ferrie llama a West al teléfono de Chicago; West y Meyers vuelan a Dallas el 20 de noviembre; West y Meyers se encuentran con Ruby el día antes del asesinato.

D'Alton Williams, nuestra nueva adquisición, señaló el diagrama.

—Su idea del centro de mensajes me parece probable —observó—. Sin embargo, diría que la imagen puede ser aún más clara.

Esperamos que D'Alton continuase.

—Ruby era de Chicago, ¿no? —preguntó.

—Sí —repliqué—, y también Jean West y Lawrence Meyers. Algunas de estas personas tenían que conocerse por fuerza. Por eso el centro de mensajes funcionó bien.

—Pero he aquí un problema —señaló D'Alton—. ¿Qué pasa si nos encontramos ante un centro de mensajes de la CIA? David Ferrie no tenía, obviamente, tanta categoría como para decidir qué mensaje iba a ser enviado y dónde. Recuerda que estamos dando por sentado que estas comunicaciones fueron a parar directamente a Jack Ruby.

—Ruby no era importante —espetó Ivon.

—Eso no es lo que dice D'Alton —replicó Klein—. Dice que alguien, algo así como el instigador original del mensaje, sabía lo que estaba programado para Ruby.

—En efecto —asintió D'Alton—. Entonces, ¿por qué no empezamos a preguntarnos quién era el jefe de Dave Ferrie? —Hizo una pausa y luego preguntó con aire inocente—: ¿Guy Banister no fue el jefe de la oficina del FBI en Chicago?

—Maldita sea —exclamó Ivon—. Chicago, Chicago; todas las vías pasan por Chicago.

—¿Conseguiría un ascenso —dijo D'Alton— si confirmara que Guy Banister probablemente conocía a Jack Ruby?

—No —repliqué—, porque Ruby dejó Chicago para ingresar en la Fuerza Aérea a finales de 1940 y no hay indicios de que Banister conociese a Ruby tan pronto. Pero te mereces una mención honorífica.

Recorrí la pizarra, borré el nombre de Ferrie y lo cambié por el de Banister.

—Lo más probable —seguí— es que, con sus conexiones en Chicago, conociera a algunas de las personas que estaban allí.

—¿Y cómo podremos confirmar —preguntó Alcock, moviendo la cabeza hacia la pizarra— que nuestro centro de mensajes es real? —Así era habitualmente Jim Alcock. Siempre se mostraba descontento con la incertidumbre.

—No lo sé —dije—. Por ahora sólo tenemos un modelo de centro de mensajes. Ahora debemos trabajar en ello.

En esa época tuvimos un inesperado golpe de suerte. Dick Billings, un editor de la revista *Life*, llegó a la oficina. Era un hombre delgado, de mente despierta y un talento encantador. Después de hablar conmigo durante un largo rato, me informó confidencialmente que la cúpula de *Life* había llegado a la conclusión de que el asesinato del presidente Kennedy había obedecido a una conspiración y que mi investigación avanzaba en la dirección correcta. Ya que *Life* había llevado a cabo su propia investigación, Billings sugirió que trabajáramos juntos. La revista podía proporcionarme recursos técnicos y podíamos desarrollar un intercambio mutuo de información.

La oferta llegó en un buen momento. Deseaba incrementar la vigilancia en torno a la casa de David Ferrie, pero no contaba con el personal adecuado, en especial un fotógrafo experto. Acordamos establecer una relación amistosa con la pareja que vivía enfrente de Ferrie en la avenida Louisiana. Como él, vivían en el segundo piso de un dúplex y también tenían un balcón protegido en la fachada. Describí esta situación al editor de *Life* y en unos días un buen fotógrafo llegó a la ciudad. Lo instalamos enseguida en su puesto de observación en el balcón de la segunda planta al otro lado de la calle.

Entretanto, en el aeropuerto Lakefront de Nueva Orleans, Lou Ivon localizó al ex mecánico del avión de Ferrie, llamado Jimmy Johnson, y lo convenció de que siguiera trabajando para Ferrie pero manteniéndose en contacto con nuestra oficina. Este cerco a Ferrie en el aeropuerto pronto proporcionó resultados. Ferrie confió a Johnson que pronto llegaría para él un paquete. Un coche deportivo blanco aparcaría justo frente al edificio de administración del aeropuerto con las ventanillas cerradas pero con las puertas sin el seguro puesto. Ferrie le pidió a Johnson que comprobase cada diez o quince minutos si habían depositado algo en el coche. Cuando llegase, dijo, Johnson debía buscar bajo el asiento delantero hasta encontrar —oculto por la parte inferior— un paquete marrón que debía entregar a Ferric.

El coche llegó y Johnson siguió las instrucciones. Cuando Johnson llevó el paquete al edificio de administración, Ferrie lo tomó y se lo llevó al lavabo para examinar el contenido. Salió muy nervioso y anunció que iba a comprarse un flamante coche nuevo.

Este dinero, que al parecer le llegó a Ferrie de una fuente misteriosa, sólo hizo más intrigante otra cuestión que Jim Alcock había descubierto. Tras enviar una citación al banco de Ferrie, Alcock descubrió que éste había depositado más de siete mil dólares en efectivo en su cuenta en las semanas inmediatamente anteriores al asesinato de Kennedy.

Otra cuestión referente a Ferrie nos permitió reunir alguna información comprometedora. Ferrie, ex piloto de Eastern Airlines, había sido investigado por una agencia privada de detectives. Obtuve una copia del informe. Los investigadores habían mantenido una vigilancia de su domicilio y habían averiguado que Ferrie recibía con frecuencia a un hombre llamado Dante Marachini.

Un simple vistazo al listín de teléfonos reveló que Dante Marachini vivía en la calle Dauphine 1309. Esto me resultó muy interesante porque a la derecha, en la siguiente puerta, estaba la casa de Clay Shaw. Imaginé quién podía vivir cerca de Shaw. Consulté la guía roja (que clasifica a las personas por su dirección) y encontré que en el 1309 de la calle Dauphine también vivía un hombre llamado James Lewallen. Recordé de mis primeras investigaciones que James Lewallen había alquilado en una ocasión un apartamento con David Ferrie en las proximidades de la ciudad de Kenner, en las afueras de Nueva Orleans.

Ahora veía dos nombres familiares, Marachini y Lewallen, ambos relacionados en el pasado con Ferrie y ambos viviendo cerca de Clay Shaw. Eso me dio que pensar.

Un tiempo después me topé de nuevo con el nombre de Dante Marachini. Estaba intentando hablar con personas que hubieran trabajado con Lee Oswald o a un nivel directamente por encima de él en la Compañía Cafetera Reily y envié a Frank Klein a anotar sus nombres y sus respectivos cargos.

Volvió rápidamente.

—Están todos fuera —anunció—. Todos los que tuvieron algún tipo de conexión con Lee Oswald dejaron la Compañía Reily pocas semanas después que Oswald. —Colocó un papel frente a mí—. Aquí están sus nombres y sus nuevos trabajos.

Eché un vistazo a la lista. Un nombre destacó de inmediato: Dante Marachini. Había empezado a trabajar en la Compañía Cafetera Reily el mismo día que Oswald. Varias semanas después de la partida de Oswald, Marachini también dejó la compañía y empezó una nueva vida en la División Aeroespacial de Chrysler en la NASA, al este de Nueva Orleans.

Luego supe que Alfred Claude, quien había contratado a Oswald para Reily, también fue a trabajar a la División Aeroespacial de la Chrysler.

También averigüé que John Branyon, quien trabajó con Oswald en la compañía cafetera, se había ido a un trabajo en la NASA.

Casi al mismo tiempo, Emmet Barbee, el jefe más inmediato de Oswald en Reily, había dejado la compañía cafetera y también había inaugurado una nueva carrera profesional en la NASA.

Después de ver todo lo que les había pasado a estos hombres relacionados con Oswald en la compañía cafetera, y tras encontrar de nuevo el nombre de Marachini, sentí una nueva curiosidad por el número 1309 de la calle Dauphine. Llamé a Lou Ivon y le pedí que encontrase a James Lewallen, el ex compañero de apartamento de David Ferrie, que ahora vivía en el número 1309 de la calle Dauphine. Tardó varios días, pero Ivon volvió con otra información completamente previsible: Lewallen había ido a trabajar para la Boeing en la NASA. Lou y yo dimos un respingo ante esta situación tan interesante y comenzamos a sentir curiosidad por el destino de Melvin Coffee, el que había acompañado a David Ferrie a Texas la víspera del asesinato.

Ivon volvió al día siguiente. Melvin Coffee había sido contratado por la Aerospace Operation en Cabo Cañaveral.

Quizás era una simple coincidencia que todos esos hombres relacionados con David Ferrie, Clay Shaw y Lee Oswald acabaran trabajando para la NASA, pero lo dudo. Sé que cuando un grupo de individuos gravitan alrededor de otro sin un motivo aparente, o cuando un grupo de individuos caminan inexplicablemente en una misma dirección, como si fueran atraídos por un campo magnético, o cuando se suceden tantas veces una coincidencia tras otra, con frecuencia significa que se está desvelando la silueta oculta de una operación encubierta de Inteligencia.

9

LOS VÍNCULOS DE LA AMISTAD

En Clinton nuestra investigación había establecido un claro vínculo entre Clay Shaw y David Ferrie. Sin embargo, nos enfrentábamos a un problema real de comunicación. ¿Iba a creer mucha gente que el educado y sofisticado Clay Shaw no sólo conocía al desmelenado y estrafalario David Ferrie, sino más aún, que había sido su pareja? Estos dos hombres de tan dispar personalidad no sólo trabajaban juntos, sino que eran íntimos amigos. La única vía para probar esto a los escépticos fue encontrar más testigos que conociesen a la extraña pareja. Esto nos llevó varios meses.

Un importante testigo fue Jules Ricco Kimble, miembro de grupos de extrema derecha como los Minutemen o el Ku Klux Klan, cuyo nombre también surgió después en relación con el asesinato de Martin Luther King, jr.*. A finales de

* A Kimble se le atribuyó haber conocido a James Earl Ray en Canadá, pero jamás se pudo demostrar.

1960 o principios de 1961, Kimble, un joven que no había cumplido los veinte años, estaba bebiendo en el Golden Lantern, uno de los bistrós situados en lo más hondo del Vieux Carré, donde Dave Ferrie le presentó a Clay Shaw. Después, dijo Kimble, vio a Shaw en varias ocasiones. Un día, a finales de 1961 o principios de 1962, recibió una llamada telefónica de Ferrie, quien le preguntó si querría hacer un vuelo nocturno con él. Kimble asintió y se encontró con Ferrie en el aeropuerto. En ese momento supo que Shaw iba también. Iban a volar a Canadá a buscar a otra persona. Kimble recordaba que Shaw se sentó en la parte posterior del avión y durante el viaje durmió u hojeó un libro. También recordó que Shaw llevaba un maletín marrón.

Ferrie aterrizó en Nashville, Tennessee, Louisville, Kentucky y Toronto, en Canadá, para poner combustible que pagó con una tarjeta de crédito de Gulf. La última parada fue Montreal. Kimble y Ferrie pasaron la noche en el hotel Dorval en las afueras de Montreal*. Shaw desapareció después de aterrizar y no lo vieron hasta la mañana siguiente hacia las ocho, hora en que se había acordado la partida hacia Nueva Orleans.

Cuando Shaw regresó al aeroplano, según re-

* Cabe resaltar que Montreal era la ciudad natal del mayor L. M. Bloomfield y que éste pertenecía, igual que Shaw, a los combinados gemelos de Inteligencia, el Centro Mondiale Commerciale (Centro Mundial de Comercio) y Permindex. (Véase capítulo 6.)

cordaba Kimble, le acompañaba un «mexicano o cubano». Lo describió como un hombre de fuerte complexión y piel oscura, calvo en la frente y de unos treinta y pocos años. Shaw y el latino se acomodaron juntos en la parte posterior del aeroplano y este último habló a Shaw en un inglés deficiente. Kimble describió el aeroplano como un Cessna 172 que pertenecía a un amigo de Ferrie. Cuando llegaron al aeropuerto Lakefront de Nueva Orleans, contó Kimble, caminaron hasta su automóvil y los condujo hasta la ciudad. Aproximadamente un mes después, recibió otra llamada de Ferrie preguntándole si querría hacer otro viaje parecido a Canadá, pero en esta ocasión Kimble se negó.

Había un par de puntos interesantes en este relato. Primero, era de dominio público que Shaw tenía miedo a volar. Sin embargo lo hizo en un pequeño Cessna y en una larga jornada de vuelo. Esto bien podría indicar que se trataba de una misión algo más que rutinaria de la cual Shaw parecía ser directamente responsable. Segundo, Ferrie no archivaba planes de vuelo y sin duda a Shaw le convenía que no se registrara este viaje ni cualquier otro que hiciera con Ferrie.

La declaración de Kimble no terminó aquí. Afirmó que había visto a Shaw en diferentes ocasiones en bares y en el Centro Mundial de Comercio de Nueva Orleans, del cual Shaw era director. Kimble oyó a otras personas presentar a Clay Shaw como Clay Bertrand.

Durante el período que duró su relación con

Ferrie y Shaw, explicó Kimble, realizó varios contactos con agentes de la CIA. Sus nombres, recordó, eran Steinmeyer, quien, según se informaron miembros de mi equipo, había sido trasladado a Texas; Natt Brown, que permanecía en Nueva Orleans cuando Kimble declaró; y un tercer agente llamado Red, cuyo apellido no conocía. Kimble utilizaba habitaciones de motel para sus citas y les daba informes, fotografías y grabaciones y recibía a cambio cheques o dinero, para los cuales firmaba un recibo. Estos agentes, añadió, le pasaban a menudo instrucciones por correo y las depositaban en un apartado postal, número 701-30252, de la oficina principal en la calle Lafayette*.

Hubo otras ocasiones en las que Shaw y Ferrie fueron vistos juntos. Por ejemplo, Ferrie presentó a un joven amigo suyo, David Logan, a Shaw en Dixie's, un antro situado en la calle Bourbon esquina con St. Peter. Con anterioridad Ferrie había llevado a Logan a un bar llamado Galley House, en la esquina de las calles Toulouse y Chartres, donde también se encontró con Shaw. Otra vez más, estando con Ferrie, Logan se encontró con Shaw en una fiesta privada en la calle Gobernador Nichols. A raíz de estos encuentros, el joven intimó un tanto con Shaw y fue invitado a comer a la elegante mansión que se alzaba en el número 1313 de la calle Dauphine. Logan recordó que un ca-

* Kerry Thornley y varios otros jóvenes que entraban y salían de la oficina de Guy Banister tenían llave de un apartado postal en esta oficina de Correos.

marerero uniformado les sirvió la comida mientras los dos comensales permanecían sentados en cada extremo de una mesa de casi tres metros de largo. Evidentemente, la pasión por la grandeza jamás abandonaba a Shaw.

En una situación un tanto distinta, Nicholas Tadin, el jefe de la unión local de músicos, y su mujer Mathilda fueron al aeropuerto de Nueva Orleans un fin de semana por la tarde, para hablar con David Ferrie con el propósito de que diera lecciones de vuelo a su hijo. (Ferrie tenía una escuela de vuelo.) Después de aparcar su coche, vieron salir a Ferrie del hangar hablando con Clay Shaw. Cuando Shaw volvió la espalda a los Tadin y caminó hacia su coche, Ferrie lo saludó. La señora Tadin preguntó quién era el visitante de Ferrie, y su esposo, que había visto a Shaw en diferentes ocasiones, le dijo que era el director del Centro Mundial de Comercio.

Otro individuo que localizamos y que había conocido a Clay Shaw a través de David Ferrie era Raymond Broshears, un viejo amigo de Ferrie que casualmente llegó a la ciudad desde Long Beach, California. Nos pusimos al día con Broshears, un hombre hablador, en especial tras la muerte de Ferrie. Fue en 1965, nos explicó, cuando Broshears vio por primera vez a Shaw en Dixie's, un local lo bastante alejado de las rutas habituales y suficientemente enterrado en el Vieux Carré como para serle cómodo a Shaw. Esa misma noche, en una de las pocas ocasiones en que Shaw había comido públicamente en un restaurante con Ferrie, Shaw fue a su casa y cambió su ropa deportiva por un traje menos informal, para encontrarse con los otros dos en el restaurante. Broshears lo describió vestido con un «elegante» traje gris.

En otra ocasión, Broshears estaba con Ferrie en la terraza de un café en la calle Bourbon cuando Shaw pasó con un gran coche negro con chófer. Broshears recordó que Ferrie fue hacia el coche y mantuvo una breve conversación con Shaw antes de que éste partiese.

Broshears vio a Ferrie y a Shaw juntos en otra ocasión en la esquina de la calle Dauphine con otra perpendicular del Barrio Francés que Broshears no logró recordar. Ferrie lo llevó a la esquina y le indicó que se quedarían esperando a que Shaw volviera. Éste regresó en su imponente coche negro y entregó a Ferrie un gran sobre marrón. Luego, volviendo la vista hacia Broshears, Shaw informó a Ferrie que el FBI buscaba a Broshears. Cuando Shaw se hubo marchado, Ferrie abrió el sobre, que contenía dinero, y le dio a Broshears parte de la suma que había dentro.

Ferrie nunca hablaba de su vínculo con el asesinato del presidente Kennedy, dijo Broshears, excepto cuando estaba muy borracho. Cuando había bebido mucho, sin embargo, hacía grandes esfuerzos por enfatizar que su papel había sido marginal. Invariablemente añadía que proporcionar un servicio relacionado con el asesinato en realidad no implicaba participar en el crimen.

Durante un período de meses, Ferrie fue conociendo mejor a Broshears y le explicó más cosas. Según Broshears, Ferrie había viajado hasta Houston, Texas, la tarde del asesinato. Su trabajo consistía en esperar a alguien que debía reunirse con los dos miembros del equipo asesino de Dallas. Estaba previsto que estos dos hombres llegaran en una avioneta monomotor pilotada por uno de los asesinos, un hombre llamado Carlos, que Ferrie conocía muy bien. Una vez fuera del área de Dallas, se consideró más práctico utilizar un avión bimotor y Ferrie tenía que proporcionarlo. Debía recoger a los dos miembros del equipo cuando el monomotor llegase a Houston, e inmediatamente volar con ellos a un lugar más alejado.

Ferrie dijo que él había cumplido con su parte, incluso había ido a la pista de hielo en Houston para esperar a Carlos, pero éste no apareció. Al principio Broshears creyó que Ferrie se inventaba todo esto.

En otra ocasión en que Ferrie volvió a emborracharse y a describir de nuevo su espera de Carlos en la pista de hielo de Houston, Broshears comprendió que Ferrie no estaba divagando. Llegó a la conclusión de que hubo un cambio de última hora en los planes de huida de estos dos miembros particulares del equipo asesino.

Ferrie no reveló a Broshears quién le daba las órdenes. Sin embargo dejó bien claro que no consideraba a Carlos cualificado para volar en un avión más complejo que un simple monomotor. Describió a Carlos como un exiliado cubano, al igual que el otro miembro del equipo asesino que había sido designado para llegar a Houston con él. Ferrie se citó con ambos en Nueva Orleans. Estaban convencidos de que el presidente Kennedy los había vendido a los comunistas.

Al menos, así lo declaró Broshears. Desde el principio, yo miraba con sospecha los detalles que apuntaban a un asesinato impulsado por una voluntad individual. Estaba más interesado en llegar al núcleo de las fuerzas involucradas. Sin embargo no podía ignorar el detalle de los cubanos que Ferrie había encontrado en Nueva Orleans. Yo sabía que Ferrie había sido el instructor guerrillero de Guy Banister y su grupo de norteamericanos y cubanos en el campo de entrenamiento situado en el lado norte del lago Pontchartrain. Así, la contribución de Broshears hizo que la fotografía se revelase. Tenía tres declaraciones distintas tomadas a Broshears. Había poca variación en los detalles de una a otra.

Mientras reuníamos estas declaraciones de Broshears y de otros testigos, no sospechábamos que Shaw y Ferrie estuvieran enterados de nuestra investigación, de forma que continuábamos reuniéndonos y planificando juntos confiados en que los despistábamos. Pero en septiembre de 1967, un hombre que había dedicado unas cuantas tardes a servicios contratados por Shaw y Ferrie dirigió sus pasos hacia mi oficina y proporcionó una extensa declaración a Jim Alcock acerca de las actividades de esa pareja.

Edward Whalen, de Philadelphia, Pennsylvania, era un criminal profesional. Había pasado gran parte de su vida de adulto en la cárcel. Un amigo, de quien no quiso proporcionar el nombre, le puso en contacto por teléfono con Ferrie a principios de 1967 en Columbus, Ohio, donde Whalen estaba al menos temporalmente «en libertad». Ferrie le pidió a Whalen que se reuniera con él en Nueva Orleans. Whalen se enteró de que podía obtener mucho dinero con un golpe en el hotel Jung y en la pequeña joyería situada en el cruce de las calles Baronne y Gravier.

Whalen, que acababa de robar un coche en Columbus, condujo hacia Nueva Orleans. Abandonó su reciente adquisición en alguna calle lateral y se encontró con Ferrie en el Absinthe House, en la calle Bourbon. Ferrie, que vestía su habitual ropa llamativa de segunda mano, parecía estar borracho, según Whalen. Éste cogió una silla y se reunió con él en la mesa.

Ferrie inició el encuentro con una discusión acerca de sus habilidades como piloto. Whalen no era un hombre sentimental y pronto interrumpió a Ferrie para decirle que necesitaba dinero porque la policía le seguía de cerca. Ferrie le aseguró que podría obtener una gran suma de dinero y, si era necesario, él mismo lo llevaría en avión fuera del país. En esta primera conversación, que duró aproximadamente una media hora, Ferrie no explicó detalles de su plan a Whalen.

Después de este encuentro, Whalen pasó la noche en un apartamento que Ferrie le proporcionó. Éste también proporcionó a Whalen un pequeño Ford negro, el peor para conducir, para que lo utilizara mientras estuviera en la ciudad. Acordaron que al día siguiente por la noche Whalen se reuniría con Ferrie y alguien más en el Absinthe House.

Whalen llegó el primero a la Abshinte House. Poco después llegó Ferrie con otro hombre que le fue presentado como Clay Bertrand. Ferrie llevó la mayor parte de la conversación, mientras Whalen, midiéndolo, permanecía en silencio. De tanto en tanto, Ferrie se dirigía al otro hombre, quien, por la descripción, se trataba obviamente de Clay Shaw, utilizando el alias de Clay Bertrand. Shaw se molestó pero no dijo nada directamente a Ferrie.

Después de dejar la Absinthe House, los tres hombres se dirigieron al apartamento de Ferrie, en la avenida Louisiana, del que Whalen describió con precisión su raído mobiliario.

Por fin Ferrie fue al grano. Él y Shaw necesitaban a un matón. Shaw daría de adelanto a Whalen diez mil dólares antes de realizar el trabajo. Una vez completado, Whalen recibiría otros quince mil. Shaw le proporcionaría un pasaporte falso y Ferrie lo llevaría en avión hasta México. Shaw declaró que la presunta víctima era un testigo en su contra por algo que había sucedido en el pasado, y si no paraban los pies a este hombre Shaw acabaría entre rejas por mucho tiempo. No se mencionó el nombre de la víctima en esta ocasión. Whalen fue cauto en el trato, pero se mostró dispuesto a seguir adelante. Antes de marchar, Shaw le dio trescientos dólares en metálico para gastos. Whalen pasó la noche en un motel en la avenida Tulane. No utilizó su nombre verdadero en el registro y no recordó cuál había utilizado.

Al día siguiente, Ferrie se encontró con Whalen en el restaurante Moran. Después del desayuno, Ferrie sugirió que dieran una vuelta. Cuando ya estaban en el coche, Ferrie le preguntó si había oído hablar de Jim Garrison. Whalen dijo que no. Ferrie entonces le reveló que Garrison era el fiscal de distrito y que era el hombre a quien debía matar. En este momento Whalen le dijo a Ferrie que no quería saber nada del asunto. Ferrie intentó hablar con él del plan pero Whalen se negó. Se separaron tras acordar encontrarse la noche siguiente en el Absinthe House. Whalen pasó la noche en un motel en la autopista Airline. No recordaba el nombre del motel ni el nombre con el cual se inscribió.

Whalen y Ferrie se encontraron la noche siguiente en el Absinthe House, tal como habían quedado. Desde allí, se dirigieron al apartamento de Shaw en la calle Dauphine. Whalen recordó que el apartamento estaba en la primera planta y que el interior era extremadamente lujoso.

Al principio sólo estaban Shaw, Ferrie y Whalen en el apartamento y Shaw y Ferrie le intentaron persuadir de que siguiera adelante con el plan. Después de una media hora llegó un hombre bajo y gordo con gafas negras. Shaw lo presentó como Dean Andrews. Éste y Shaw hablaron durante un rato lejos de Ferrie y Whalen y poco después Andrews dejó el apartamento.

Entonces Shaw se volvió hacia Whalen y siguió intentando convencerlo. Shaw anunció que había hecho algunas averiguaciones sobre Whalen y que sabía que su hija padecía la polio. Shaw prometió que si Whalen aceptaba seguir adelante con el plan proporcionaría a su hija el mejor tratamiento que pudiera pagarse con dinero y que incluso la enviarían a una escuela. Sin embargo, Whalen insistió que no quería matar a un fiscal de distrito, de forma que Shaw y Ferrie desistieron.

Una vez fuera, Ferrie advirtió a Whalen que cometía un error; Clay Bertrand, le dijo, podía ayudarle mucho. También Ferrie habló de Lee Oswald por primera vez. Dijo que Bertrand había hecho mucho por Oswald y que el tipo sólo fue asesinado porque había puesto obstáculos. Oswald era un agente de la Agencia Central de Inteligencia, aseguró Ferrie, y en una ocasión había recibido dinero de él y de Shaw. Ferrie también dijo que habían obtenido información «interna» de Dean Andrews referente a que Jim Garrison estaba a punto de empezar una investigación del asesinato del presidente Kennedy. Ferrie alardeó de haber sido el organizador del asesinato de Kennedy y mencionó los nombres de otras personas importantes que pretendía conocer. Whalen respondió que no creía estas afirmaciones y que las veía como una forma de impresionarlo para intentar que él cambiara de opinión. Whalen insistió en que no quería tener nada que ver con el plan y se marchó.

Excepto por la tendencia a mostrarse impreciso con las fechas y las horas, Edward Whalen, a mi parecer, hizo una muy detallada declaración a Jim Alcock. Especialmente convincente me resultó el conocimiento de Whalen de que Dean Andrews había dado el chivatazo a Shaw y Ferrie sobre mi inminente investigación. En el momento en que Whalen se entrevistó con Shaw y Ferrie, la única persona con la que había hablado de mi investigación, aparte de mi más inmediato equipo de colaboradores, era Dean Andrews, en nuestro memorable almuerzo.

Me sorprendió saber que me había convertido en un objetivo que había que eliminar. Pero, revisando mi investigación, un poco por aquí un poco por allá, encontré suficiente material como para ponerme en el lugar de Shaw y Ferrie. Su desesperación, sobre todo después de mi conversación con Dean Andrews en el restaurante Broussard, resultaba perfectamente comprensible. Pero no me marcó, y desde luego no me detuvo. Por mi carácter siempre he sido incapaz de rechazar un reto. Para mí, lo que ocurrió en mi vida fue como una especie de continuación de la Segunda Guerra Mundial, sólo que se trataba de otro tipo de combate y de un enemigo distinto. Cuanto más me comprometiera, Shaw y Ferrie y quienquiera que estuviese detrás de ellos, tendrían que echarse atrás antes de que lo hiciera yo.

Shaw bien podía haber solicitado a sus conexiones en la CIA que me eliminasen. Sin embargo, yo estaba convencido de que la Agencia Central de Inteligencia tenía otros medios más sutiles y sofisticados para ocuparse de mí sin practicar ninguna amenaza. Me imaginé que, al contactar con Whalen, Shaw y Ferrie habían urdido una operación delictiva para solucionar a su manera sus problemas legales.

Nuestra investigación tardó varios meses en descubrir numerosos testigos que habían visto positivamente juntos a Shaw y Ferrie: nosotros no sabíamos con exactitud qué habían decidido, pero si habían llegado al punto de contratar a un criminal para matarme, debía ser algo de considerable importancia.

10

LOS *IDUS* DE FEBRERO

Debería haberme dado cuenta de que las cosas nos iban demasiado bien. Desde esa semana afortunada en que tropecé con el hecho de que la dirección que figuraba en el sello de goma de Oswald, el número 544 de la calle Camp, estaba en pleno corazón de la Comunidad de Inteligencia local, habíamos encontrado pruebas y testigos que la Comisión Warren y los medios de comunicación, intencionadamente o no, habían ignorado. Tropezando con un descubrimiento imprevisible tras otro, comenzábamos a avanzar rápida y sistemáticamente.

Pero ahora nos llegaban los *idus* de Febrero, un término muy sugestivo para describir los días tenebrosos y destructivos que se nos avecinaban. Habían comenzado a aparecer problemas internos que estaban haciendo retroceder la investigación.

Desde muy al principio, las dos personas más dinámicas de mi oficina eran Frank Klein, mi ayudante jefe de fiscal de distrito, y Pershing Gervais, el investigador jefe. Klein poseía una inteligencia legal de primera línea, meticulosa y precisa. Este hombre rubio, de ojos azules, se enorgullecía de su ascendencia alemana y creía firmemente en la disciplina y en la lealtad. Su énfasis en el orden, la sistematización y la responsabilidad, así como su atención a los detalles, eran los principales motivos que me habían llevado rápidamente a convertirlo en el segundo en la oficina del fiscal de distrito.

Pershing Gervais era totalmente distinto a Klein, no sólo de aspecto sino por su experiencia y escala de valores. Era, como Klein, muy inteligente y tenía un sentido del humor tan rápido como el estallido de un relámpago, pero allí terminaba cualquier otra similitud. Así como Klein tendía a ser imperturbable, Gervais solía mostrarse voluble. De ascendencia francesa, era inquieto, moreno, de ojos oscuros. Su carácter era cambiante y a veces explosivo.

Quizá la mayor diferencia entre ambos hombres se ponía de manifiesto en sus respectivas actitudes frente a la autoridad. Klein tendía a respetarla y apoyarla, a considerarla como una especie de base de hormigón con la que se podía contar para apoyar cosas. Gervais, en cambio, sospechaba profundamente de ella; incluso tan profundamente que yo no pude verlo hasta que él fue demasiado lejos. Mostraba una atracción animal hacia la rebelión, casi a la rebelión por sí misma.

Yo conocía a Gervais desde 1941, cuando fuimos juntos al Ejército como miembros de la unidad de artillería Washington de la Guardia Nacional. Durante la Segunda Guerra Mundial estuvimos destinados juntos en los grandes cañones (obuses de 155 mm), y juntos fuimos ascendidos gradualmente hasta sargento. Con el tiempo, yo dejé nuestra unidad y fui a la escuela de entrenamiento de oficiales, pero nos habíamos convertido rápidamente en muy buenos amigos.

Muchos años después, cuando fui elegido fiscal del distrito, puse a mi viejo amigo a la cabeza de mi equipo de investigaciones de rutina, es decir, violaciones de la ley y estafas donde los ciudadanos pudieran resultar defraudados*. Supe que había estado implicado en algunas actividades no muy claras cuando era funcionario del notoriamente poco limpio Departamento de Policía de Nueva Orleans. Pero la declaración de Gervais había contribuido sustancialmente a poner fin a la era de corrupción policial en la ciudad, y cuando lo contacté se había convertido en una fuente protegida de información para la Comisión Metropolitana del Crimen. Yo pensaba que una oficina de fiscal de distrito completamente honesta y formal como la nuestra podía utilizar a un hombre como Gervais, que había actuado alguna vez mal pero que se había reformado y renacido. Necesitábamos un conocimiento de primera mano

* Gervais no estuvo implicado en ningún momento en la investigación del asesinato de Kennedy, ni nunca formó parte del equipo especial.

de los bajos fondos de la ciudad, y Gervais parecía saber todo lo que sucedía desde la calle Bourbon hasta los límites extremos de la ciudad.

Juré como fiscal a comienzos de 1962 y no recuerdo que nada indicara en nuestros primeros años en la oficina que mi ayudante jefe y mi jefe investigador no se llevaran bien. Durante ese tiempo, Gervais había sido un virtual guía turístico cuando comenzamos a luchar contra los garitos de las bandas, las operaciones de juego y otras actividades criminales que se habían convertido en sinónimo de Nueva Orleans. Perseguimos los antros donde se chantajeaba a los turistas y se ofrecían prostitutas en las trastiendas. Clausuramos hasta el último burdel de Nueva Orleans. Por primera vez en todo un siglo, desmantelamos la lotería ilegal que se alimentaba de la gente pobre de la ciudad. La combinación de la eficacia de Klein con el conocimiento de Gervais nos permitió realizar todo eso.

A mediados de 1966, aunque me había enterado de las diferencias personales entre Klein y Gervais, yo las consideraba un problema soluble. Pero cuando comenzó la investigación Kennedy, el conflicto entre ellos se agravó. Al hablar con Gervais, comprendí que el asesinato le traía sin cuidado. Pero lo que yo no sabía en ese tiempo era que desde los primeros días de 1966 Gervais había estado presionando a Klein para que intentara detenerme en la investigación Kennedy. A Klein, que compartía mi pasión por averiguar la verdad del caso, le afectaban las intrusiones de Gervais.

Descubrí el abismo que existía entre ambos una tarde de un fin de semana a mediados de febrero de 1967. Volvía a la oficina cansado y cubierto de polvo después de tres días de maniobras especiales con la Guardia Nacional y oficiales de una división del Ejército. Llevaba todavía mi uniforme de campaña y me encontré sobre el escritorio una corta nota de Frank Klein. Allí me decía que no podía soportar seguir más tiempo sirviéndo en el mismo equipo que Pershing Gervais. Me anunciaba que pensaba dimitir si yo no despedía a Gervais. Tenía que decidir.

Temo que estaba muy condicionado por mis años en el Ejército, y una de las cosas que un comandante jamás puede permitir es que un oficial de menor graduación le presente un ultimátum. Dejé la carta en la mesa, caminé hacia los archivos de mi despacho y saqué las evaluaciones de mis distintos ayudantes de fiscal. Vi que uno de los fiscales procesales, Charles Ward, destacaba por su récord de efectividad en el tribunal. Lo llamé y le ofrecí el puesto de Klein. Aunque sorprendido, él aceptó. Tras eso, cogí el resto de mi correspondencia del escritorio y me fui a casa.

Alejé el asunto de mi cabeza, satisfecho de haber maniobrado de la única manera que puede actuar un administrador, sin darme cuenta de lo que en realidad había hecho hasta que me desperté a la mañana siguiente. Entonces vi que con mi respuesta de estilo militar había perdido al individuo más importante de nuestra investigación, nuestro mejor cerebro.

En pocos días, mi sensatez se sobrepuso a mi orgullo. Llamé a Frank Klein y le sugerí que nos encontráramos para almorzar. Era el mismo Frank de siempre, se mostró un tanto distante pero comprendía mi reticencia a tomar decisiones basadas en personalidades. Yo admití que había cometido un error y le pedí que volviera a la oficina. Sin embargo, se negó a volver mientras estuviera allí Gervais. Nunca sabré por qué no me habló entonces de las presiones de Gervais para acabar con la investigación Kennedy. Sin embargo, Frank no dejó ninguna duda acerca de su propia y continuada dedicación a la investigación.

Le indiqué que podría encontrar un *modus operandi* que le permitiera continuar formando parte de la investigación Kennedy. Lo que acordamos antes de separarnos fue que en principio se mantendría en contacto, conmigo y con otros miembros del equipo, a través de Lou Ivon*. A pesar de las circunstancias, después del almuerzo Frank Klein y yo terminamos tan amigos como siempre.

En cuanto a Pershing Gervais, se mantuvo como jefe investigador bastante tiempo. Cegado por el sentimentalismo frente a un viejo compañero de armas, no advertí hasta que fue demasiado tarde hasta dónde podía conducirle su amor por el dinero (véase el capítulo 19).

* Después, cuando fue necesario tomar importantes decisiones, llamaríamos a Frank y él se encontraría con el resto del equipo especial en la sala de reuniones del Club Atlético de Nueva Orleans, participando en cada hecho clave como si estuviera aún en la oficina.

Poco después, el 17 de febrero de 1967, recibí otro golpe. Fue el inolvidable día en que el *New Orleans States-Item* irrumpió con su «gran historia». Jim Alcock estaba en plena exposición de cómo podíamos usar ordenadores para orga-nizar nuestro caso y recortar nuestros gastos operativos cuando un pálido Lou Ivon irrumpió en mi despacho. Dejó ceremoniosamente un número del periódico frente a nosotros.

—¡Feliz día de San Valentín! —exclamó.

Aunque sabía que esa historia estaba al caer, ya que un periodista me lo había advertido, los titulares y los párrafos iniciales me cayeron como un cubo de agua fría.

> Desde aquí se dirige una investigación que ha obtenido pruebas completas de un complot en la muerte de JFK.
>
> MISTERIOSOS VIAJES CUESTAN GRANDES SUMAS
>
> La oficina del fiscal de Orleans ha lanzado una amplia investigación sobre las circunstancias que rodearon el asesinato del presidente John F. Kennedy.
>
> El *States-Item* ha logrado saber que la oficina del fiscal de distrito está empleando grandes sumas de dinero para probar un posible complot en el asesinato.
>
> El fiscal Jim Garrison se ha negado a confirmar o desmentir la existencia de tal investigación o a

discutir la información recibida por el *States-Item*...

Los ayudantes procesales e investigadores asignados al fiscal de distrito han destinado más de ocho mil dólares a viajes inexplicados y a «gastos de investigación» en este período, desde el 25 de noviembre de 1966.

—Maldición —musitó Alcock.

Para Jim, que reservaba cualquier expresión de enojo a las confrontaciones en la sala del tribunal, esto era algo parecido a una blasfemia de carretero.

—Me pregunto si esos tipos pueden llegar a imaginar cuánto han dado de sí esos ocho mil dólares.

Continuamos leyendo en silencio. La periodista, Rosemary James, había advertido que nuestra oficina andaba tras un caso y había revisado nuestros formularios, donde requeríamos aprobación judicial para retirar fondos de nuestras cuentas de multas y tasas. Así financiábamos nuestra investigación. Habíamos operado lo más discretamente posible, asumiendo que era la forma más eficaz y más responsable de manejar una situación tan explosiva. Sin embargo, los formularios de requerimiento son documentos públicos, así que no podíamos ocultarlos legalmente.

Terminada la lectura de la historia, Ivon y Alcock empujaron a un lado el periódico. Me miraban esperando mi reacción.

Observé brevemente a cada uno y vi la rabia en sus ojos. Ellos esperaban mi parte de furia.

Me encogí de hombros.

—¿Eso es todo? —explotó Ivon.

—Han desenterrado la noticia —dije tranquilamente—. Ése es su trabajo. En cualquier caso, enfurecerse no arregla nada.

Jim Alcock me miró con desaprobación.

—Perdona un momento —dijo—. Debo salir afuera y echar otra mirada a la puerta de entrada. Creo que me he equivocado de oficina.

A la mañana siguiente, bajando por calle Broad hacia la avenida Tulane, vi una multitud de periodistas tratando de atravesar la estrecha entrada al segundo piso del edificio de la Corte Criminal del Distrito, donde estaba nuestra oficina. Le dije a mi chófer que rodeara la enorme estructura estilo fortaleza y fuera hacia la otra entrada, por el juzgado de primera instancia. Esto nos llevó a la discreta puerta del sótano, desde donde un pequeño ascensor nos llevó hasta el lavabo privado de mi despacho. En mis doce años como fiscal del distrito, la prensa nunca había podido averiguar cómo entraba en mi despacho cuando ellos cubrían todas las entradas.

La primera edición del periódico estaba en mi mesa y comencé a leer inmediatamente el editorial titulado «El complot de las pruebas de Garrison». Recordaban a los lectores que el Gobierno federal ya había investigado el tema y, un poco más adelante, leí estas palabras:

El silencio del señor Garrison sobre el tema ha suscitado algunas interesantes preguntas, en particular el hecho de que se hayan destinado más de ocho mil dólares a viajes no explicados y a «gastos de investigación» desde el pasado 25 de noviembre.

¿Ha encubierto el fiscal de distrito alguna prueba adicional disponible, o simplemente se ha reservado alguna interesante nueva información con la que pretende aparecer en una revista nacional?

El señor Garrison debería tener alguna explicación.

Leí estas líneas varias veces. Por un instante, quise arrojar el diario al aire e irme de la oficina para no volver, sin mirar atrás. Cogí entonces una de las largas plumas doradas que tenía en el escritorio y que me habían regalado cuando fui elegido. Mientras Ivon y Alcock se sentaban alrededor en silencio, doblé cuidadosamente la pluma en una perfecta U. Sin una palabra la arrojé a la papelera.

—¿Son imaginaciones mías —preguntó Ivon— o alguien nos dijo ayer que no lograríamos nada poniéndonos furiosos?

—Eso fue ayer —repliqué.

Furioso no era exactamente la palabra que reflejaba mi estado de ánimo. Hasta ese momento, había confiado, a despecho de todos los indicios en contra, en que los medios de comunicación comprenderían mis intenciones. Más aún, creía que se alarmarían al descubrir que había algo terriblemente incorrecto en las conclusiones de la Comisión Warren. Ahora me daba cuenta de lo ingenuo que había sido.

La voz de mi secretaria sonó en el interfono de mi mesa:

—Señor Garrison —me dijo—, tengo que decirles algo a los periodistas. Están empujando en el vestíbulo. Dicen que necesitan una declaración suya.

—Dígales que ya tuvieron su declaración ayer. Aparecía en la portada del *States-Item*.

Llené un maletín con libros de referencia. Tomé el ascensor del lavabo y me dirigí a casa para dedicarme a una tarde de trabajo ininterrumpido.

Inmediatamente después de los artículos del *States-Item* siguió una avalancha de publicidad. Me inundaron con peticiones de entrevistas. La gente me paraba en la calle día tras día. Llegaban a la oficina cartas de apoyo de todo el mundo. Al parecer, el escepticismo del público hacia la historia oficial de la Comisión Warren era más profundo y más extendido de lo que yo había supuesto. El mero hecho de que yo, un funcionario elegido, compartiera tal escepticismo y estuviera decidido a actuar, había despertado una respuesta pública de una magnitud inaudita.

Me llegó una poco habitual carta de apoyo de John Miller, que se describía a sí mismo como un petrolero de Denver. Llegó en un elegante papel de carta azul pálido, con un pequeño membrete grabado de «petróleo y gas» debajo del nombre, e indicaba que Miller deseaba ofrecer ayuda financiera de su oficina para que continuáramos nuestra investigación.

Miller vino muy pronto desde Denver. Cuando llegó, la recepcionista lo condujo a mi despacho, donde lo esperábamos Andrew Sciambra y yo.

Nuestro visitante llevaba un elegante traje de gabardina, que no había salido de ningún departamento de ventas de una tienda. Era un hombre imponente, seguro de sí mismo y pocos años mayor que yo.

Sharon, mi secretaria, trajo café para todos. Lo saboreó.

—Su café es casi como el turco —comentó—, pero supongo que me acostumbraría rápidamente a él. —Entonces se volvió hacia mí—. ¿Sabe usted? He sido un admirador de su oficina durante mucho tiempo.

Parecía no tener ninguna objeción por la presencia de Sciambra, aunque no se lo había presentado, así que indiqué a Andrew que se quedara.

Había reunido algunas fotografías recientemente reveladas para enseñarlas a Miller. Mostraban el tiroteo contra Kennedy con precisos y desgarradores detalles. Después de esta pequeña charla, le pasé una de ellas para que la viera.

—Éstas han sido ampliadas —informé—, y además han sido reveladas especialmente para que muestren mejor los detalles originales.

—Espléndido. Me gustaría verlas.

En ese momento estaba al otro lado de la sala, cogiendo algunas de mis fotografías de guerra de la repisa.

—¿Dónde estuvo usted? —me preguntó—. ¿Europa o el Pacífico?

—Alemania —respondí.

—Tuvo suerte. Yo me pasé tres años en el Pacífico.

—Dudo de que haya visto antes estas ampliaciones —le comenté, alcanzándole algunas otras imágenes—. Llegaron ayer de Nueva York.

Ahora nuestro visitante estaba junto a la ventana. Separó alguna de las persianas y echó un vistazo hacia la avenida Tulane.

—Nunca había visto una avenida con tal profusión de despachos de pago de fianza —observó—. ¿Por qué es así?

—Supongo que porque éste es el edificio de la Corte Criminal del Distrito —le respondí, ya un poco molesto. Nunca había tenido antes un visitante que se moviera tanto.

—Todos esos pequeños locales, toda esa acumulación de letreros. Hacen que toda la avenida parezca una calle secundaria.

Ahora paseaba por detrás, cerca de mi escritorio. Yo sostenía la gran fotografía que mostraba el momento del disparo fatal y la incliné hacia delante para ponerla en su mano.

—Debería ver esto —insistí—. En esta ampliación parece como si la explosión se debiera realmente a una bala explosiva.

—Conozco ese disparo —replicó. Dejó la foto en mi mesa—. Una terrible tragedia.

Se inclinó hacia el escritorio y deslizó todas las ampliaciones fotográficas hacia un lado. Las acumuló limpiamente en un montón y entonces se sentó y me miró.

—No tiene que mostrarme estas cosas —manifestó mientras agitaba la mano—. Salta a la vista que ha dirigido usted una investigación de lo más eficaz, teniendo en cuenta sus recursos. —Me estudió reflexivamente mientras juntaba los pulgares—. He advertido que la prensa local ha estado hablando de usted todos estos últimos días. ¿Eso no lo ha irritado?

—Sin duda alguna —respondí.

—¿De cuánto dispone para seguir adelante con su investigación?

—Si quiere saberlo —le respondí, un poco desconcertado por su repentina energía—, prácticamente de nada.

—¿Cuántos hombres están trabajando con usted en el asunto?

—Menos de los que usted imagina —contesté—. La mayor parte de los días dos ayudantes del fiscal, a veces tres. Y un puñado de policías investigadores.

—¿En todo este tiempo no ha conseguido nada más? —me preguntó incrédulo.

—Eso es todo.

—Entonces, ¿cómo pudo llevar su trabajo hacia la operación de Guy Banister? —preguntó.

Vacilé. No había nada acerca de Guy Banister

en la historia del *States-Item* ni yo lo había mencionado. Este hombre me estaba hablando de un cuadro más grande del que podía conocer razonablemente. Advertí los ojos de Andrew Sciambra clavados en mí, pero no miré hacia atrás.

—Andando de acá para allá —respondí lo más casualmente que pude. Me eché hacia atrás y esperé el siguiente movimiento de Miller. Ahora estaba alerta y sentía gran curiosidad por conocer los motivos que le habían llevado hasta allí.

Se puso nuevamente en pie y paseó por la habitación, aunque ahora más despacio. Continuó ignorando a Sciambra como si formara parte del mobiliario. Esto fue perfecto para Andrew, que pudo observar al hombre abiertamente. Por fin, Miller se destapó.

—Voy a ser muy franco con usted —dijo—. Usted ha hecho un gran trabajo, un sorprendente trabajo considerando los recursos limitados de que ha dispuesto. Pero lo máximo que puede usted esperar de ello es agitar un montón de cuestiones confusas. No va a hacer ningún bien a este país ni se va a hacer ningún bien a usted mismo.

Volvió a su silla y se sentó, ahora mirándome directamente.

No dije nada.

—Usted no pertenece a esto —continuó—, es demasiado importante para este trabajo. En esta calle de Mickey Mouse con este montón de tiendas de bonos de fianza alineadas a lo largo de la acera.

—El trabajo me mantiene hermosamente ocupado —le comenté.

—¡Qué tontería! Usted podría estar en un trabajo donde pudiera tomar decisiones de impacto, que afectasen al mundo. Aquí es como si tratara usted de trepar por el lado más escarpado del Everest.

Se inclinó hacia delante y habló con intensidad, mientras golpeaba con su bien manicurado índice derecho en mi mesa, como para subrayar cada palabra.

—Le sugiero que acepte una cita en la corte del distrito federal y se cambie a un trabajo más acorde con su talento. —Se inclinó hacia atrás en la silla y me estudió, con una media sonrisa bailándole en los labios—. ¿Tiene usted alguna idea, alguna noción, de lo fácil que sería arreglar esa cita?

Permanecí en silencio y lo miré.

—No hablo de una posibilidad de trasladarse a un tribunal federal —agregó—. Se lo estoy garantizando. —Con frío aplomo concluyó simplemente—: Detenga su investigación.

Por un momento nadie dijo nada. Entonces Miller rompió el silencio.

—La investigación fue un magnífico esfuerzo, pero ya es suficiente. Su propia prensa local anda ya detrás de usted, y eso es sólo el principio, hijo mío, sólo el comienzo.

—¿Cuánto piensa usted que tardaría esa cita? —le pregunté.

—Normalmente, esas cosas toman mucho tiempo. Pero en su caso, con sus antecedentes, será fácilmente cursada. Créame.

Me eché hacia atrás en la silla y puse ambos pies sobre la esquina de mi mesa. Lo observé un largo rato antes de hablar.

—Señor Miller —suspiré—, usted y yo sufrimos un gran malentendido. No tengo el menor interés en llegar a ser juez federal. Por otra parte, nada me impedirá seguir adelante con mi investigación sobre el asesinato de John Kennedy.

Permanecí donde estaba y el hombre no pudo darme la mano. Me volví hacia Sciambra.

—Andrew, el señor Miller y yo hemos terminado nuestra conversación. ¿Podrías acompañarlo a la salida?

Miller se sobresaltó con el repentino giro de los acontecimientos. Advertí que tenía las mandíbulas tensas.

Sciambra lo escoltó afuera y volvió poco después.

—¡Esos hijos de puta! —profirió despreciativamente—. Creen que pueden comprar a todo el mundo. ¿Viste el anillo de Annapolis de ese tipo?
—Yo no lo había advertido. Sciambra sacudió la cabeza—. Bien, te han ofrecido la zanahoria y la has rechazado. —Hizo una pausa para subrayar sus palabras—. Ya sabes lo que viene a continuación, ¿no?

11

JAQUE MATE

Era el 22 de febrero de 1967 y el equipo especial, como habíamos comenzado a llamarnos entre nosotros, estaba reunido en mi casa en las afueras de Lakeview, junto al Bayou St. John, al este de Nueva Orleans. Jim Alcock, Andrew Sciambra, D'Alton Williams, Lou Ivon y yo tomábamos café ante la mesa redonda situada en la habitación que servía de cocina y comedor. Una y otra vez, Touchdown, el gran bóxer de mi familia, corría por allí perseguido por mis hijos y éstos a su vez por tres gatos, mientras mi esposa, Lucy, intentaba esforzadamente arrinconar a la colección de fieras y lograr que se fueran al patio.

Aunque había transcurrido menos de una semana desde la escandalosa y prematura revelación de nuestra investigación en la prensa, ya habíamos aprendido una lección: el tiempo y la necesidad parecían llegar a tu umbral por su propia voluntad, con una profunda indiferencia hacia tus problemas particulares. Debido a mi propia insensatez, Frank Klein, nuestro mejor cerebro, no estaba con nosotros. Sin embargo, era hora de tomar decisiones. Y la decisión que nos esperaba era si había llegado o no el momento de convocar a David Ferrie ante el Gran Jurado.

La inesperada consecuencia de las noticias publicadas en los periódicos la semana anterior fue el repentino y espantoso deterioro del *savoir-faire* que había mantenido largo tiempo David Ferrie. El día en que las noticias aparecieron en la portada del *States-Item*, Lou Ivon, a quien Ferrie admiraba, además de confiar como ocurría virtualmente con todos los que lo conocían, recibió una inaudita llamada telefónica. La persona que llamaba ya estaba a media pregunta antes de que Lou reconociera la voz. Era David Ferrie, quien preguntaba si nuestra oficina había planteado la gran calumnia que destacaban los periódicos esa mañana.

—Dave —le dijo Ivon—, ¿piensas que hemos perdido la cabeza? Este edificio está plagado de periodistas grabándote cuando tratas de cruzar el vestíbulo.

Ferrie respondió que le creía. Fue entonces cuando Ivon reparó en el inusual nerviosismo de su interlocutor.

—Sabes lo que la historia de los periódicos me está haciendo, ¿no? —dijo Ferrie—. Soy hombre muerto. Desde ahora, créeme, soy hombre muerto.

—¿De qué estás hablando, Dave? No hay razón alguna para que llegues a una conclusión como ésa.

—Lo descubrirás bastante pronto —replicó Ferrie—. Ya verás.

Al día siguiente, Ivon recibió otra llamada de Ferrie. En esta ocasión, Ferrie parecía un poco más calmado, pero aún se detectaba su nerviosismo. Ahora, para asombro de Ivon, Ferrie le preguntó directamente cómo marchaba la investigación. Mientras Lou musitaba una respuesta, Ferrie se descolgó con esta frase:

—¿Crees que vuestra investigación ha sido totalmente secreta? Para que lo sepas, cuando tú hablas con la gente, ella habla con otra gente.

—Ya —replicó Lou—, no lo voy a discutir.

Entonces Ferrie le preguntó si ya habíamos interrogado a algunos cubanos.

Ivon se dejó llevar por su instinto y cargó contra él.

—Dave, sabes quiénes somos. Sabes adónde conduce este camino. Sólo deseo que te pongas de nuestro lado como guía. Te garantizo que el jefe daría el brazo derecho por tener tu cerebro trabajando con nosotros.

No sé si fueron las palabras que empleó Ivon o el modo de decirlas, pero al cabo de veinticuatro horas Ferrie llamó de nuevo, esta vez para pedir ayuda. Los medios de comunicación habían olfateado de algún modo que él era uno de los objetivos de nuestra investigación y estaban pululando alrededor de su apartamento en la avenida Louisiana como las abejas en torno a una barra de caramelo.

Ivon le pidió que esperara su llamada. Al cabo

de diez minutos lo telefonearía de nuevo con una solución al problema. Lou llamó inmediatamente al motel Fontainebleau y reservó una suite de lujo bajo un nombre supuesto. Llamó entonces a Ferrie y le indicó que fuera al Fontainebleau, donde había una suite reservada para él. Lou rechazó los intentos de Ferrie de darle las gracias.

—No te preocupes por eso —le dijo—. Llámanos cuando nos necesites y te echaremos una mano.

Unas pocas noches antes, justo antes de medianoche, Ferrie había llamado a Ivon a su casa y le había dicho que la prensa aún tenía rodeado su piso. Ivon lo había citado en un bar de la avenida Tulane y luego lo llevó al Fontainebleau donde de nuevo obtuvo una suite para él. También le sugirió a Ferrie que pidiera cualquier cosa al servicio de habitaciones y que intentara relajarse.

No era necesario ser psiquiatra para comprender que Ferrie estaba desmoronándose rápidamente. Su estabilidad emocional parecía tan precaria que nosotros no podíamos ignorar ni un día más esta situación.

—Debemos tomar una decisión esta misma mañana —dije a quienes me rodeaban en la mesa. Miré a Ivon—. Tú viste a Frank Klein. ¿Qué te dijo acerca de convocar justo ahora a Ferrie ante el Gran Jurado?

—Dijo que él esperaría. Su instinto le dice que Ferrie está desmoronándose cada vez más y que debemos llegar hasta el final para obtener mucho más de él. También presiente que si convocamos ahora a Ferrie, puede enfriarse, de forma que perderíamos nuestro mejor blanco.

Me volví hacia Alcock.

—Jim, ¿tú qué opinas?

Alcock, un conservador previsible, sacudió solemnemente su inexpresivo rostro.

—Como abogado, no creo que tengamos suficiente base aún para llamarlo ante el Gran Jurado.

Miré a Sciambra.

—¿Andrew? —le pregunté.

—La mayor parte de mí —contestó— dice: «Llámalo, llámalo tan pronto como sea posible.» He reunido unas cincuenta preguntas para hacerle y me muero de ganas de ver cómo las responde. Pero, como abogado, considero que es demasiado pronto, que nos precipitaríamos en unas pocas semanas.

Me volví hacia D'Alton Williams.

D'Alton sacudió negativamente la cabeza.

—Lo último que quisiera es que se nos pasara el momento de tomar decisiones —observó—. Pero aún no tengo la sensación de que haya sonado la hora de Ferrie, así que me abstengo.

—¿Lou? —pregunté.

—Ya sabes mi opinión —me dijo, mostrando una inesperada sonrisa—. Dave me da pena; ese tipo me cae bien. Lo vi la otra noche y te digo que alguien o algo está ejerciendo una tremenda presión sobre él y, bueno, yo no soy abogado como todos vosotros. Pienso que si nos sentamos demasiado tiempo sobre nuestros traseros mientras examinamos las legalidades, nos podemos encontrar con que hemos esperado demasiado. Yo opino que debemos llamarlo ahora mismo.

—De acuerdo, jefe —asintió Sciambra, mirándome—. ¿Cómo se suman los votos?

Me callé un momento y dije lentamente:

—Estamos fríos, mantengamos nuestro fuego y esperemos un poco más.

Sonó el teléfono y Liz fue a contestar.

—Lou —llamó—, es para ti.

Lou estaba en el teléfono hablando en voz baja. Comprendí por la intensidad de su expresión que algo estaba sucediendo. Entonces se volvió hacia nosotros.

—David Ferrie ha muerto —dijo lentamente—. El juez de instrucción ya ha levantado el cadáver.

Nos tomó un momento recuperarnos del choque.

—Manténte al teléfono, Lou —le indiqué—. Antes de que cuelgues, envía cinco o seis de tus mejores policías a la casa de Ferrie. Nosotros vamos a ir ahora mismo y rastrearemos hasta el último rincón. Y tengamos esto claro. Este caso cae en nuestra jurisdicción. No quiero ni un solo hombre de cualquier agencia federal husmeando en casa de Ferrie. Ni siquiera con una orden de un tribunal federal.

Nos apretujamos en los coches que estaban fuera y llegamos al apartamento de Ferrie menos de diez minutos después que nuestros propios investigadores. No había peligro de intrusos federales. Nuestros hombres lo habían vallado de manera tal que ni un tanque de diez toneladas podría haberse acercado a menos de cuarenta y cinco metros del apartamento del fallecido David Ferrie.

Lo primero que me impactó al atravesar la puerta fue el olor a ratones blancos. Había habido centenares de ellos en ese lugar, guardados en jaulas en la sala y en el comedor como parte de los experimentos sobre cáncer que Ferrie había realizado con un médico local. El doctor se había ido tiempo atrás y también las ratitas blancas. Pero quedaban las jaulas y ese inolvidable, rancio y extraño olor dulzón continuaba impregnando el aire.

El apartamento estaba inmundo. Parecía que nada se hubiera limpiado allí durante años. Había una ecléctica acumulación de muebles, sin que ninguna pieza casara con otra. Una atestada librería corría desde la sala al comedor y la cocina. En el baño, a ambos lados del espejo, encontramos tubos de brillantina, residuos de las periódicas aplicaciones que hacía Ferrie en su peluca casera. En uno de los extremos del armario de su dormitorio, revuelto de cualquier manera, con chaquetas raídas, nos encontramos mirando fijamente los limpios aunque descoloridos encajes y rasos de algún tipo de ornamentos sacerdotales.

Hacía rato que los hombres del juez se habían llevado el cuerpo de Ferrie. Lo habían encontrado tendido desnudo en el sofá de la sala, que a menudo utilizaba como cama, con una sábana que le cubría la cabeza. Hallaron dos notas suicidas, una sobre la mesa que estaba a su lado y la segunda encima de un viejo piano vertical arrinconado contra la pared. Sobre la mesa cercana a él había una gran cantidad de botes de medicamentos, varios de ellos completamente vacíos, sin la tapa. Me asombró que los hombres del juez hubieran tratado con tal indiferencia las potenciales pruebas del caso.

Ambas notas suicidas estaban escritas a máquina y ninguna de ellas llevaba la firma de Ferrie. La primera comenzaba: «Dejar esta vida es para mí una dulce perspectiva. No encuentro nada en ella que me resulte apetecible, por el contrario, me parece todo odioso.» A partir de este punto, la carta se volvía confusa, casi incoherente, y divagaba en una amarga diatriba acerca de la infelicidad de la vida. Había una referencia de pasada al «mesiánico fiscal de distrito». La segunda nota, igual de amarga, estaba dirigida a un amigo personal: «Cuando leas esta nota estaré muerto y ninguna respuesta será posible.»

Poco después de nuestra llegada al apartamento de Ferrie, Lou Ivon salió hacia el depósito de cadáveres para identificar el cuerpo. Una de las numerosas leyendas acerca de David Ferrie y de sus aventuras como piloto y soldado de fortuna recordaba una huida que había hecho de las montañas de Escambray en Cuba, después de suministrar municiones a los rebeldes anticastristas que operaban allí. Según el rumor, un contraataque casi lo había atrapado y se había visto forzado a despegar en su avión mientras luchaba con su mano libre contra uno de los soldados de Castro. Según esta historia, había sufrido una grave puñalada en el estómago antes de lograr que el avión se elevara. Cuando Lou Ivon regresó del depósito traía una reciente fotografía. El hombre muerto sobre la losa, con la cabeza desnuda y el aristocrático perfil que recordaba un poco a Julio César, exhibía la cicatriz de una herida de cuchillo que le atravesaba el centro del estómago.

La inesperada muerte de David Ferrie, con sus dos notas suicidas, creó un interés frenético en la prensa, no sólo nacional sino también de todo el mundo. Los periodistas aterrizaron en Nueva Orleans para esperar el veredicto del juez. Cada día crecía más la concentración de periodistas, que llenaban los vestíbulos de mi oficina y pululaban en busca de cualquier pizca de información acerca de nuestra investigación.

Yo estaba asombrado ante esta evolución. Previamente, los medios de comunicación se habían burlado de la idea de que el presidente Kennedy hubiera sido víctima de una conspiración y de que ésta hubiera sido ocultada por el Gobierno federal. Repentinamente, los periódicos, la televisión y la gente de la radio habían decidido que la muerte de Ferrie y la posibilidad de que hubiera sido a causa de un suicidio o de juego sucio parecía corroborar mi investigación.

El 25 de febrero, el juez de instrucción anunció —con bastante retraso, pensé— que Ferrie había muerto por «causas naturales». Instantáneamente, se desvaneció la excitación de la asamblea de periodistas y en pocas horas estaban esperando en el aeropuerto internacional las salidas de sus vuelos de regreso a sus respectivas ciudades. Su partida era para mí tan mixtificadora como su llegada, pues, a despecho del pronunciamiento del juez de instrucción, nosotros aún contábamos con dos notas de suicidio, cada una de las cuales explicaba literalmente que Ferrie había querido abandonar este valle de lágrimas.

Al contrario que la prensa, mi equipo especial se puso inmediatamente a averiguar más detalles sobre la muerte de Ferrie. Envié a todo el grupo de regreso al apartamento de Ferrie a registrarlo de nuevo, esta vez con un cepillo más fino.

Mientras tanto, estudié en mi despacho los frascos de medicamentos que estaban sobre la mesa junto a la cama de Ferrie. Yo deseaba conocer el efecto de cada una de esas drogas, así que las busqué en un grueso volumen de farmacología.

Levanté una botella grande de Proloid® y me asaltaron varios recuerdos. Años atrás sufrí durante una breve temporada una hipoactividad tiroidea. A fin de aumentar el nivel de producción de la tiroides y de incrementar el metabolismo, el médico me recetó Proloid. Hojeando el enorme libro, encontré que, casi con total seguridad, Proloid era un medicamento para ser utilizado sólo cuando se deseaba incrementar el metabolismo del cuerpo. Pero David Ferrie, según me enteré por diversas fuentes, no tenía problemas de bajo metabolismo. Por el contrario, sufría de hipertensión.

Empujé el gran libro a un lado y tomé la guía de teléfonos. Uno de los patólogos de la escuela de medicina de la Universidad Estatal de Louisiana había vivido en el mismo internado que yo cuando él estudiaba medicina y yo derecho. Lo había visto de vez en cuando a lo largo de los años. En pocos minutos lo tenía al teléfono y le resumía el problema que tenía ante mí.

¿Qué sucedería, le pregunté, si un hombre que sufría hipertensión tomara —o fuera obligado a tomar— una botella entera de Proloid? Su respuesta llegó sin vacilación alguna. Quienquiera que haga eso, explicó, moriría en breve de un ataque cardíaco o de un aneurisma cerebral (como consecuencia de la explosión de los vasos sanguíneos). El juez de instrucción había declarado en términos generales que la muerte de David Ferrie se había debido a «causas naturales», pero en el protocolo de la autopsia se había escrito que la causa específica era la ruptura de los vasos sanguíneos cerebrales.

Le pregunté a mi amigo patólogo si había algún medio de que un juez de instrucción averiguara si la causa de la muerte de Ferrie había sido una sobredosis de Proloid. Me contestó que no habría signos evidentes en una autopsia rutinaria. Sin embargo, agregó, si se realizaba un examen de la sangre o del líquido espinal, y se encontrase un nivel excesivo de iodina, eso indicaba la probabilidad de que hubiera tomado una sobredosis de Proloid. Sugirió que llamara a la oficina del juez de instrucción y averiguara si se habían guardado tales muestras en el refrigerador.

Telefoneé de inmediato pero me dijeron que no habían conservado muestras de sangre ni de líquido espinal de la autopsia de Ferrie. Me encontré con una botella vacía y con una cantidad de preguntas sin respuesta. ¿Había tomado Ferrie una sobredosis de Proloid? En ese caso, ¿la había tomado voluntariamente? ¿Era posible que alguien hubiera escrito las notas suicidas y le hubiera dado el Proloid? Cuanto más reflexionaba, más absurdo me parecía. ¿Por qué un hombre se suicida de una forma que no deja huellas, y deja en cambio dos notas? ¿O estaba yo imaginando más de lo que había en realidad? Quizá sólo se debía a «causas naturales» tal como había declarado el juez de instrucción.

Arrojé la botella vacía de Proloid a un cajón del escritorio. Durante el resto de la investigación la guardé como prueba, confiando en que quizás algún día pudiera ser una pieza útil en el rompecabezas. Al final, muchos años después, en un momento bajo, cuando sentí que mis preguntas no tendrían nunca respuesta, la tiré. No quería guardar un recuerdo como ése.

La repentina muerte de David Ferrie nos trajo nuestro segundo desastre directo, que nos golpeó encima de esa inoportuna noticia publicada la semana anterior en primera plana. No podía librarme de ese anuncio profético que hiciera Ferrie a Lou Ivon inmediatamente después de la historia de los periódicos: «Ahora soy hombre muerto.» Tampoco podía descartar la inquietante posibilidad de que su muerte pudiera ser tan fácilmente provocada tanto en forma de asesinato como de suicidio. En cualquier caso, habíamos perdido nuestra mejor carta para destapar el caso.

Incluso con David Ferrie en torno a nosotros, guiándonos, aunque fuera inconscientemente, hacia Clay Shaw y sus excéntricas relaciones, yo sabía que tendríamos que continuar y desarrollar un caso aún más sólido contra Shaw. Con Ferrie desaparecido, iba a resultar mucho más duro.

Además, ahora estaba preocupado por cuánto tiempo más contaríamos con Clay Shaw, que desde luego sabía tanto como Ferrie, si no más. Ferrie había dado muestras de deterioro emocional, había perdido claramente el control de sí mismo y en apenas cinco días había terminado en el depósito de cadáveres. ¿Pasaría algo diferente con Shaw? Al igual que con Ferrie, uno podía asumir que había otros que podían verlo sin duda más claramente que nosotros. ¿Podíamos continuar esperando más oportunidades?

Otra vez, pocas horas después de la reunión celebrada por la mañana en mi casa, había llegado la hora de tomar decisiones. Mi instinto me indicaba que deberíamos desarrollar un caso bastante bueno contra Clay Shaw para lograr que el Gran Jurado lo acusara de conspiración para asesinar al presidente Kennedy. Pero mi instinto me decía también que nuestra oficina sufría alguna filtración, aunque no sabía hasta qué extremo. En consecuencia, no dije a nadie del equipo que a mi entender estaba llegando el momento de movernos contra Shaw.

Nosotros ya habíamos interrogado una vez a Shaw en el despacho, cuando pudimos establecer que él era el «Clay Bertrand» que había llamado a Dean Andrews para que representara a Lee Oswald. En esa ocasión, él había encajado las preguntas de forma impecable. No, él no había conocido a Lee Oswald. No, jamás había visto a ese joven. ¿Conocía a David Ferrie? No, el nombre no le resultaba familiar. Cuando se fue, nos dimos cuenta de que no nos había proporcionado absolutamente nada.

Ahora, dejando a un lado la precaución, decidí que lo interrogaríamos de nuevo. En respuesta a una citación impresa del tribunal, apareció por nuestra oficina y lo interrogamos largo rato. En esta ocasión, quizá por la acumulación de detalles que habíamos conseguido, no cabía duda de que mentía. Tomé la decisión de ordenar pronto su detención, pero continué sin decir nada acerca de ello al equipo.

El 1 de marzo de 1967, el día que había escogido, convoqué a los miembros clave de mi equipo especial a las cinco y media de la tarde en mi despacho. Mientras esperábamos que se fueran los rezagados del resto de la oficina, revisé el caso que había desarrollado contra Shaw.

Cuando llegó el momento, bajé al vestíbulo, donde me estaba esperando un juez, y obtuve el mandato para la detención de Shaw y el registro de su casa. Mientras los demás esperaban en mi despacho, me llevé a Lou Ivon y a un selecto puñado de miembros del equipo a una oficina bajo el vestíbulo. Los instruí para que arrestaran a Shaw y registraran su casa a fondo apoyándose en las autorizaciones judiciales. Regresé entonces junto al resto del grupo y les informé de lo que había hecho.

Cuando Ivon y sus hombres volvieron al despacho con Shaw, lo conduje ante uno de los ayudantes más veteranos de la oficina. Supimos que su abogado era Salvatore Panzeca; el ayudante se puso en contacto con él y le pidió que acudiera a nuestro despacho para hablar con su cliente. Entonces, convencido de que era más bien inútil interrogar a Shaw en ese instante, le pedí a Ivon y a varios de sus hombres que lo escoltaran al departamento criminal de la oficina del sheriff.

Ocurrió una interesante anécdota durante el registro de Shaw. El oficial de policía Aloysius Habighorst, mientras llenaba el formulario del libro de registro, le preguntó rutinariamente a Shaw si tenía algún alias. Shaw le replicó con dos palabras: «Clay Bertrand.» Habighorst lo anotó así en el formulario y siguió con otros formulismos. Él no tenía manera de saber que esto equivalía a confirmarme virtualmente que en realidad era Shaw quien había llamado a Dean Andrews para representar a Lee Oswald en Dallas.

Mucho después, los policías investigadores de mi oficina recogieron una tenue pista de este incidente. En breve me encontré estudiando una hoja de registro policial por primera vez, observando el nombre de Clay Bertrand bajo la clasificación de «alias», e interrogando al oficial Habighorst. Éste era un hombre joven, eficiente, disciplinado y con excelente memoria, y recordó con sumo detalle el incidente, aunque algo estoicamente. Más adelante, este suceso y otros detalles en torno a él tendrían un memorable resultado (véase el capítulo 18).

Probablemente el material más interesante obtenido durante la detención de Shaw fue su agenda de direcciones. Se veía que era proclive a cultivar la amistad de importantes aristócratas europeos. ¿A cuántos norteamericanos les gustaría tener en sus agendas nombres y direcciones como los del marqués Giuseppe Rey (Vicenza, Italia), el barón Rafaello de Banfield (Villa Tripcovich, Trieste, Italia), sir Stephen Runciman (66 Whitehall Court, Londres), la princesa Jacqueline Chimay (2 rue Albert Thomas, París), lady Margaret d'Arcy (109 Earl's Court Road, Londres), sir Michael Duff (Bangor, Gales) y lady Hulse (7 Culross Street, Londres)?

Es verdad que una lista como ésta podría representar una obsesión por el pasado, ya que la mayor parte del mundo ya no está regido por la nobleza. Sin embargo, es también verdad que la CIA tenía una romántica fatuidad con los regímenes decadentes y que Clay Shaw, con sus pulidas maneras estilo corte de St. James, debía de ser precisamente lo que necesitaba la Agencia para las misiones que involucraban a familias reales, como sucedió en Italia en 1962 (véase el capítulo 6).

Entre los nombres de esta camarilla internacional de sangre azul, la agenda de Shaw contenía el siguiente registro: «LEE ODOM, P.O. Box 19106, Dallas, Texas.»

Este singular detalle se desvelaría públicamente cuando los abogados de Shaw intentaron que se le devolviera la agenda de direcciones. Nuestra oficina se opuso a esta maniobra, y en nuestro escrito de rechazo llamamos la atención sobre un interesante hecho: la cita de «P.O. 19106» aparecía tanto en la agenda de Lee Oswald como en la de Shaw.

Tras varios días de silencio, los abogados de Shaw se inventaron a un personaje llamado Lee Odom, que en ese tiempo alquilaba el apartado postal número 174 de Irving, un barrio periférico de Dallas. Él declaró que era de Dallas y que, aunque el apartado P.O. Box 19106 no había figurado nunca a su nombre, había sido usado durante varios meses por una compañía de barbacoas con la que había estado asociado.

Los abogados de Shaw, que ahora incluían tanto a Edward Wegmann como a Panzeca, se agarraron a este hecho y explicaron que Odom se había encontrado en una ocasión con Clay Shaw para discutir la posibilidad de promover una corrida de toros en Nueva Orleans.

Había algunos problemas con la explicación de la corrida, que se había esgrimido como justificación de la presencia del «P.O. Box 19106» en la agenda de direcciones de Shaw. Por un lado, cualquiera que esté genuinamente interesado en la promoción de corridas de toros ha de saber, como es muy natural, que una ciudad como Nueva Orleans no es la más indicada para sentirse atraída por la perspectiva de la muerte en la tarde. Segundo, tal como habíamos averiguado en la compilación sumarial de todas las actividades de Clay Shaw desde su graduación escolar, él nunca se había mostrado interesado en ningún tipo de promoción de espectáculos.

Por otra parte, la explicación de la corrida de toros parecía huera cuando se contraponía con el hecho de que prácticamente la misma frase aparecía en una de las páginas de la agenda de Oswald. La coincidencia resultaba aún más sospechosa cuando se consideraba que Lee Oswald tenía que haber escrito esa anotación antes de 1963, el año en que murió asesinado, pese a que en esa época Dallas no tenía un apartado postal con un número tan alto como el 19106.

Para mí, el hecho de que Clay Shaw hubiese escrito «P.O. Box 19106» en su agenda se explicaba porque estaba considerando la posibilidad de intentar llevar a los ciudadanos de Nueva Orleans a una corrida de toros; y que Lee Oswald la hubiera escrito en su agenda años antes sin motivo alguno se me antojaba completamente ilógica. Una vez más se quería hacer tragar a la gente de este país una bala de cañón, sin que importara si estaba o no bien lubricada.

Nuestros investigadores también encontraron en la lujosa casa de Shaw, en el Barrio Francés, algunos otros materiales novedosos. Ello incluía cinco látigos, varios eslabones de cadenas, y una capucha negra con su correspondiente capa. Los látigos mostraban lo que parecía ser sangre seca. En el dormitorio habían sido clavados en el techo dos ganchos, separados entre sí unos dos metros. Estos artefactos no eran necesariamente inculpatorios por sí mismos. Cada cual tiene sus aficiones. Shaw vivía anclado en eras pasadas, y podía haber incluido en la lista de nobles de su agenda al marqués De Sade.

Salvo una excepción, la agenda completa de Shaw contenía direcciones y números de teléfonos. Esa única excepción aparecía de manera distinta, en una de las páginas no utilizadas. Allí, escritas de puño y letra por Shaw, aparecían las palabras «oct» y «nov», que parecían significar octubre y noviembre. Después, tras un indescifrable garabato, aparecía, simplemente y escrito a toda prisa: «Dallas.»

12

CONFRONTACIÓN

Cuando detuvimos a Shaw, el Gobierno estadounidense saltó como un león furioso. Nuestra imprevista captura del hombre había cogido totalmente desprevenido al contacto del Gobierno en mi despacho. Se oyeron rugidos de rabia desde Washington D.C. y ecos chillones en los medios de comunicación.

Ramsey Clark, fiscal general de Estados Unidos, declaró que el Gobierno federal ya había exonerado a Shaw de cualquier implicación en el asesinato del presidente Kennedy. Esta revelación de alto nivel y el subsiguiente coloquio amistoso del fiscal general con los periodistas de Washington parecían no dejar ninguna duda acerca de que la Oficina Federal de Investigaciones había investigado a Clay Shaw y le había dado un certificado de buena conducta. Uno de los periodistas preguntó directamente a Clark si Shaw había sido «investigado y hallado inocente». «Sí, en efecto», replicó el fiscal general. No es necesario decir que este panorama no me dejaba precisamente como el «fiscal de distrito del año».

Sin embargo, la declaración de que Shaw, cuyo nombre no aparecía en ninguna parte de los veintiséis volúmenes de la Comisión Warren, había sido investigado por el Gobierno federal, resultaba intrigante. Si Shaw no tenía ninguna conexión con el asesinato, me pregunté, ¿por qué había sido investigado? Las implicaciones de la declaración de Clark por lo visto levantaron preguntas similares en Washington y pronto Clark se batió en una estratégica retirada. «El fiscal general —anunció un portavoz del Departamento de Justicia— ha determinado después que eso era erróneo. No se presentaba nada que indicase la necesidad de investigar al señor Shaw.»

Sin embargo, muy poco después del pronunciamiento de Clark, un funcionario del Departamento de Justicia anunciaba que el Departamento se había enterado de que Clay Shaw y Clay Bertrand eran un mismo individuo y que el FBI había investigado en realidad a Clay Bertrand. Esto confirmaba los hechos que habíamos descubierto. No obstante y pese al paso atrás del Departamento de Justicia, el pronunciamiento inicial del fiscal general fue lo que captó todos los titulares. Ello significó una seria bofetada a toda nuestra investigación.

Sin embargo, las cosas se movían rápido en Nueva Orleans. En la mayor parte de los casos en los que buscábamos una acusación, yo acostumbraba hacer la presentación al Gran Jurado. Pero este caso era diferente. Desde el principio, los medios de información habían personalizado la investigación, presentándome como un político poco escrupuloso movido por una ambición desmedida, ansioso de utilizar este caso como trampolín al despacho del gobernador, al Senado o, como especulaba *The New York Times*, a la vicepresidencia. Estas noticias me alteraban no por el absurdo retrato que ofrecían de mí, sino porque trivializaban un caso legal muy grave relacionado con el asesinato del presidente de Estados Unidos. La actitud de los medios de comunicación provocó que me inclinase a establecer cierta separación personal en los procedimientos. Por eso, mientras buscábamos una acusación sobre Shaw, decidí no entrar aún en la sala del Gran Jurado. Dejé esto para los ayudantes del fiscal de distrito del equipo especial. Ellos presentaron las pruebas que habían descubierto y el Gran Jurado remitió un acta positiva. Clay Shaw fue acusado de participar en una conspiración para asesinar a John Kennedy*.

Acto seguido, di un paso en nombre del acusado. Presenté una moción para pedir una audiencia preliminar. En la mayor parte de los casos suelen ser los abogados de la defensa quienes piden una audiencia preliminar. El objetivo es obligar al fiscal de distrito a mostrar cuáles son sus

* En términos legales, la acusación señalaba que él, «voluntaria e ilegalmente, conspiró con David W. Ferrie, aquí nombrado pero no acusado, y Lee Harvey Oswald, aquí nombrado pero no acusado, y otros, no nombrados aquí, para asesinar a John F. Kennedy».

cartas básicas para llevar al acusado a juicio. Este procedimiento se utiliza para evitar que un fiscal mantenga durante un largo período un cargo intrascendente sobre la cabeza de un acusado antes de juzgar las circunstancias del caso.

En este caso yo presenté la moción no por justicia hacia Shaw, sino por la extraordinaria seriedad del cargo. Mi instancia requería que un grupo de tres jueces fueran citados para escuchar las pruebas que implicaban a Shaw y para que determinaran si los cargos debían desestimarse o si Shaw tenía que ser llevado a juicio. Era la primera vez en la historia de Louisiana que tal moción era presentada por el fiscal en nombre del acusado.

Los cuatro días de audiencia preliminar de Shaw comenzaron la mañana del 14 de marzo de 1967. La amplia sala del tribunal estaba atestada. Los periodistas y los espectadores se apiñaban en todos los rincones. Aunque iba a presentar yo mismo algunas de las pruebas, había decidido no dejar que los medios de comunicación personalizaran esta audiencia. Por eso delegué el interrogatorio inicial de nuestro primer testigo importante en dos de mis ayudantes: Charles Ward, el nuevo ayudante jefe del fiscal de distrito, y Alvin Oser. Yo entraría a la sala del tribunal en ocasiones puntuales e incluso llevaría después a Jim Alcock. Quería que todos supieran que éste era un trabajo de equipo y no mi propia tribuna individual.

En una audiencia preliminar, el fiscal revela las pruebas suficientes para demostrar que tiene entre manos un caso plausible. En la audiencia de Shaw nosotros llamamos a dos testigos importantes. El primero era Perry Russo, un hombre de 25 años que trabajaba como agente de seguros en la compañía Equitable de Baton Rouge, y que había conocido largo tiempo a David Ferrie. Cuando Russo oyó hablar de nuestra investigación, nos escribió una carta que sin embargo nunca llegamos a recibir. Después se encontró con un periodista del *Baton Rouge State-Times* y, en una entrevista, la mañana del viernes 24 de febrero, le refirió una reunión que mantuvieron en el apartamento de Ferrie, donde se había discutido el asesinato del presidente Kennedy. La noticia apareció en el *State-Times* aquella tarde. A última hora de la tarde, el diario estaba en los quioscos de Nueva Orleans y Andrew Sciambra me lo mostró. Aunque decía que Russo intentaría viajar a Nueva Orleans, le pedí a Sciambra que se dirigiera a Baton Rouge de inmediato.

Sciambra llegó a la casa de Russo hacia las ocho de la tarde. Russo volvía en ese momento de los estudios de la cadena WBRZ-TV, donde había sido entrevistado para el noticiario de la noche (y huía de los periodistas de los estudios locales de televisión de la competencia). Sciambra estuvo varias horas con Russo y le mostró docenas de fotografías. Russo reconoció a varios cubanos y, cuando Sciambra le presentó una foto de Clay Shaw, exclamó: «Lo conozco. Estaba en casa de Ferrie.» Por supuesto, lo conoció sólo como Bertrand, pero su identificación era positiva.

Russo era importante porque fue el primer

testigo que acertó a oír a Shaw y Ferrie enzarzados en una discusión acerca de la perspectiva del asesinato de John Kennedy. A mi juicio, incluso sin Russo, teníamos pruebas suficientes para apoyar un cargo contra Shaw por participar en la conspiración para asesinar al presidente. Pero esta prueba era circunstancial. Como fiscal experimentado en procesos, yo sabía que los hombres de leyes son particularmente sensibles a las declaraciones de los testigos y Russo proporcionaba una de gran calibre. En consecuencia, además de enterarme de lo grave que había sido la discusión entre Shaw y Ferrie, decidí tomar la precaución adicional de confirmar los recuerdos de Russo. Los abogados del equipo especial y yo consideramos la posibilidad de utilizar un detector de mentiras, pero rechazamos la idea debido a que tales pruebas son sumamente imperfectas e inadmisibles ante un tribunal. En vez de eso, escogimos la hipnosis y el Pentotal Sódico. Se administraron ambos tratamientos a Russo bajo estricta supervisión médica. Ambos revelaron que Russo estaba diciendo la verdad.

Por eso, cuando llamamos a Perry Russo a declarar en la audiencia preliminar de Shaw, estábamos confiados. Después de las preguntas preliminares de costumbre, para exponer sus antecedentes y permitirle relajarse en el entorno de la sala del tribunal, el ayudante del fiscal Ward y Oser preguntaron a Russo respecto a una reunión en el apartamento de David Ferrie.

Russo respondió que cuando él fue a parar a la

casa de Ferrie, «más o menos a mediados de septiembre de 1963», terminaba en ese momento una reunión informal, que describió como «una especie de tertulia». Estaban allí algunos jovencitos de la habitual cuadrilla de Ferrie, pero se fueron pronto. Russo declaró que una ex novia suya, Sandra Moffet, estuvo también un rato. Cuando ella se fue, se quedaron, según Russo, unos cuantos cubanos anticastristas, un grupo que iba ocasionalmente a visitar a Ferrie. Algunos de ellos se quedaron un buen rato.

También estaba un hombre alto y distinguido a quien Russo describió como un «hombre canoso». Y cuando decía esto, echaba involuntariamente una mirada a Shaw, que continuaba contemplando imperturbable el panel de la pared del tribunal que estaba frente a él. Ferrie presentó al hombre a Russo como «Clem Bertrand».

Russo recordó que había visto al hombre alto y de cabello blanco en otra ocasión, cuando el presidente Kennedy fue a Nueva Orleans para la inauguración del muelle de la calle Nashville. A Russo le había llamado la atención porque era el único que no estaba mirando a Kennedy. El hombre se dedicaba a estudiar a la multitud y Russo dedujo que era un agente del Servicio Secreto.

En la reunión del apartamento, recordó Russo, Ferrie le presentó a un hombre joven a quien llamó «Leon Oswald». Sin embargo Russo no pudo identificar plenamente a este hombre como el mismo que viera después en televisión como sospechoso del asesinato, Lee Harvey Oswald.

Después de que los demás se fueran, sólo se quedaron «Oswald», Bertrand, Ferrie, Russo y varios de los cubanos. La charla derivó hacia la posibilidad de asesinar a Fidel Castro. Esta conversación fue especulativa y agresivamente antiKennedy. Ninguno de los presentes, incluso Ferrie, mostró algún reparo por Castro o por el presidente Kennedy. Además, la conversación fue particularmente acalorada porque en agosto la administración Kennedy había establecido un embargo para frenar el envío de armas a Suráfrica. Algunos presentían que pronto podía seguir una limitación similar de armas a países e incluso a las fuerzas guerrilleras que se oponían a Fidel Castro.

Pese al entusiasmo de Ferrie, Russo y los cubanos por la eliminación de Castro, continuaba la declaración de Russo, el hombre llamado Bertrand, que en principio también se mostraba a favor de la idea, ponía cautamente algunas objeciones. «El problema crucial sería llegar realmente hasta él», comentó.

Ferrie expuso inmediatamente un mapa de Cuba y lo desplegó sobre una mesa. Señaló una tras otra áreas de playa aptas para un desembarco y habló como experto sobre la accesibilidad, las mareas, los horarios y las rutas hacia La Habana.

En esta conversación, Russo fue tanto protagonista como oyente. Siendo un joven de ideas tenaces y con un alto grado de curiosidad, Russo no era uno de los típicos camaradas de Ferrie. Éste, virtualmente aislado por la mayor parte de los adultos, encontraba en Russo una compañía intelectual que lo estimulaba y por ello entablaron una sólida amistad. Russo estimaba que Ferrie había estado en su casa al menos una docena de veces y que él a su vez había ido al apartamento del piloto unas treinta o cuarenta. Esto parecía explicar por qué el hombre que le fue presentado a Russo como Clem Bertrand aceptaba su presencia cuando el posterior tema de conversación que apareció fue la eliminación de John Kennedy.

Russo, según siguió su declaración, permaneció después de que los cubanos se fueran, asumiendo que Ferrie lo acompañaría después a casa. Quedaron entonces sólo los cuatro: Ferrie, Russo, el hombre llamado Bertrand y «Leon Oswald».

Aunque resultara imposible llegar hasta Castro, recordó Russo que decía Ferrie, eso no significaba que no se pudiera alcanzar a Kennedy. Este repentino cambio de objetivos, indicó Russo, era inevitable ahora que el grupo se había reducido. En meses recientes, Ferrie había llegado a obsesionarse con el tema de Kennedy. Había empezado a coleccionar recortes de noticias, historias de actuaciones de la administración Kennedy tales como la operación del FBI contra la base paramilitar de Schlumberger, en Houma, o el embargo de agosto contra el embarque de armas a Suráfrica. A la menor provocación, sacaba los recortes del bolsillo y denunciaba amargamente las acciones. Ferrie, declaró Russo, estuvo paseando arriba y abajo mientras decía que ellos podrían eliminar a Kennedy y echarle la culpa a Castro. Existiría entonces el pretexto para invadir Cuba.

Ferrie bebía constantemente de su taza de café mientras hablaba. Todo lo que debían hacer, añadía, era dejar a Kennedy fuera de juego.

Ferrie parecía nervioso. Como hipertiroideo, se excitaba fácilmente y en ese estado se volvía locuaz. Entonces llegaba a ser magnético. Todos los ojos se centraban en él mientras continuaba describiendo lo fácil que podía resultar el trabajo.

Ferrie enfatizó que la «triangulación del fuego» era el método más adecuado. Disparando contra Kennedy desde tres direcciones, uno de los disparos tendría que alcanzarlo*. Russo recordó lo mucho que había destacado Ferrie este punto.

Russo describió la tensión eléctrica con que vibraba Ferrie cuando hablaba del asesinato de Kennedy, y el contraste de Bertrand, a quien recordaba sentado, tranquilo y relajado mientras fumaba sus cigarrillos. A despecho de la excitación de Ferrie y de su volubilidad, concluía Russo, Bertrand permanecía como la figura central del grupo. En ese momento, contó Russo, Bertrand comenzó a hablar.

* Tal como sucedió, parece que para matar al presidente Kennedy se utilizó fuego cruzado. Al menos un disparo salió desde el montículo de hierba que había frente a él y en apariencia dos desde los edificios que estaban detrás de él. Pero no significa necesariamente que Ferrie supiera de antemano tales detalles. La eliminación de un importante individuo por la maquinaria de acción encubierta del Gobierno es una operación «que se necesita conocer». Resulta dudoso que Ferrie supiera realmente que el fuego por triangulación iba a ser utilizado contra Kennedy (véanse los capítulos 2 y 7).

Bertrand manifestó que era importante para cada uno de ellos estar públicamente a la vista cuando sucediera. Ferrie respondió que él ya había decidido que estaría en la universidad en Hammond (Universidad del Sureste de Louisiana). Bertrand comentó que él problablemente estaría viajando, con destino a la costa Oeste*.

En ese momento, declaró Russo, cayó por primera vez en la cuenta de que esos hombres hablaban de lo que harían *cuando* el presidente Kennedy fuera asesinado. Ya no se trataba de especulación, como la anterior discusión sobre el posible asesinato de Castro.

Declaró que Ferrie volvió una vez más al tema de la triangulación (fuego cruzado). Cuando se obsesionaba por un tema, difícilmente lo dejaba. Pero Russo estaba ya cansado y su recuerdo de los detalles resultaba confuso. Recordaba que David Ferrie lo llevó a casa.

Algunos meses después, declaró Russo, aproximadamente en marzo de 1964, se dirigió hacia la nueva gasolinera de Ferrie. Cuando llegó allí, vio a Ferrie en conversación con un individuo a quien

* Tal como dijo, Ferrie fue a la universidad en Hammond y se alojó en el colegio mayor. Sin embargo, esto fue al regreso de su curioso viaje a Texas, y para entonces ya había ocurrido el asesinato. Clay Shaw, por otro lado, había ido en realidad al Oeste cuando sucedió el asesinato. Había sido invitado para pronunciar una charla en San Francisco, programada para él por Mario Bermúdez, jefe del departamento de relaciones internacionales para la ciudad de Nueva Orleans, un íntimo amigo personal de Shaw.

le pareció reconocer. Era el hombre alto y canoso que había visto en la casa de Ferrie, el hombre a quien le habían presentado como Bertrand. Al concluir su testimonio, se pidió a Russo que identificara al hombre. Sin dudar, Russo señaló al acusado, Clay Shaw.

Los abogados de Shaw emplearon horas de examen cruzado para tratar de desacreditar a Russo y su declaración. Se centraron sobre todo en los tratamientos de hipnosis y Pentotal Sódico, a fin de llegar a la conclusión de que nosotros habíamos drogado a Russo y le habíamos lavado el cerebro para que contara esta salvaje historia. Sin embargo, sus esfuerzos fracasaron. Llamamos al doctor Esmond Fatter, un distinguido médico e hipnotizador, y al doctor Nicholas Chetta, el juez de primera instancia de la ciudad de Nueva Orleans, para que explicaran los tratamientos que habían administrado a Russo. Ambos fueron evaluados por los tres jueces como cualificados expertos sobre la auténtica verificación a través de Pentotal Sódico y de hipnosis. Ambos declararon sólida y claramente bajo juramento que Perry Russo había dicho la verdad cuando recordó que había oído a Clay Shaw y David Ferrie discutiendo los detalles del asesinato del presidente Kennedy.

Más de dos décadas después, el candor de Russo respecto a su testimonio resulta sorprendente. «Algunas personas intentan agradecerme —dice él— el hecho de que ayudara a Kennedy al declarar sobre el asesinato. No lo hice por apoyar a ese hombre. La verdad es que yo lo odiaba por lo que le había hecho a los cubanos que querían luchar contra Castro.

»¿Por qué declaré en la oficina del fiscal del distrito contra Clay Shaw? —explicaba en 1988—. Es fácil. Ellos se habían enterado de que yo estaba en esa reunión con David Ferrie y con él y, cuando me interrogasen, yo no iba a mentir acerca de eso.»

El otro testigo clave que llamamos en la audiencia preliminar fue Vernon Bundy, un negro recluido en la prisión del distrito de Nueva Orleans. Bundy, de casi treinta años, era un drogadicto que había ingresado en prisión por violar la libertad condicional. Había dicho a una guardia de la prisión que tenía información relacionada con Lee Oswald. Los oficiales del centro, con quienes manteníamos muy buenas relaciones, nos comunicaron esto e interrogamos extensamente a Bundy hasta que nos convencimos de que nos decía la verdad. Durante estas entrevistas se puso de manifiesto que Bundy se sentía cómodo conmigo, así que decidí conducir yo mismo su interrogatorio ante el tribunal.

Aquel día, debido a toda la publicidad, el ambiente frente al edificio parecía el de un circo. Un hombre con globos de colores en forma de conejos estaba vendiéndolos rápidamente. A la entrada de la sala del tribunal descendió hacia mí un rebaño de periodistas, pero los rechacé sin comentarios.

Estaba en buenas relaciones con todos los jueces, pero a fin de enfatizar mi distancia y afán por despersonalizar el caso, no entré en sus cámaras para mantener con ellos y con los abogados opositores la habitual charla que precede a la audiencia.

Mientras observaba la escena, los tres jueces comenzaron a tomar asiento en el estrado. Los jueces Bernard Bagert, Matthew Braniff y Malcolm O'Hara figuraban entre los más competentes de la corte. Shaw estaba en el banquillo de los acusados con sus abogados, Irvin Dymond, Edward Wegmann y William Wegmann. En el estrado se apreciaba cierto movimiento. El juez Braniff, que tenía un temperamento parecido al Vesubio en erupción, había observado entre los espectadores a una mujer con tres niños con globos de conejo. El juez Bagert lo vio justo a tiempo y encargó al ujier que hiciera salir a la mujer y a su colección de fieras.

Cuando las cosas se calmaron, llamé al estrado a Vernon Bundy y le dirigí las preguntas preliminares. La preocupación de los abogados defensores llegó a ser evidente cuando comprendieron que yo estaba identificando a Shaw en un encuentro con Lee Oswald. Explotaron con auténtica rabia cuando Bundy admitió que él era adicto a la heroína y había ido al muelle del lago Pontchartrain a «meterse un pico». Ellos se quedaron de pie lanzando objeciones. Uno de ellos, por razones que aún no me explico, pedía la nulidad del juicio.

Advertí que todo esto estaba trastornando a Bundy y reclamé su atención. Le sonreí y él se arrellanó en la silla y se relajó. Todas las objeciones de la defensa cayeron por su propio peso y finalmente estuve en condiciones de volverme hacia Bundy y dejar que declarara en su propio estilo narrativo.

Manifestó que había estado en el muelle de cemento junto al lago Pontchartrain una mañana de julio de 1963, preparándose una dosis de heroína. Estaba prácticamente fuera de la vista, ya que se había sentado unos pocos escalones más abajo, cerca del agua.

—Estaba mirando hacia todos lados porque soy desconfiado —declaró Bundy—. En ese momento, se acercó un sedán negro de cuatro puertas y aparcó.

»Bajó entonces un individuo del automóvil y caminó hacia mí. Yo soy desconfiado. No sabía si era policía o qué.

»El tipo pasó detrás de mí, y me comentó que hacía un día muy caluroso.

Bundy vio al hombre, a quien describió como alto y de cabello canoso, que caminó hacia delante unos cuatro o seis metros y «después de cinco o siete minutos se le acercó un hombre joven». Dijo que los dos conversaron durante un cuarto de hora. «El sujeto más viejo le dio al joven algo que no llegué a ver con claridad, pero que parecía un rollo de dinero. El joven se lo guardó en el bolsillo trascro.»

Identificó con fotografías al joven como Lee

Oswald y a Clay Shaw como el hombre que conducía el automóvil. Con anterioridad ya había realizado las dos identificaciones ante nosotros sin la más mínima vacilación, seleccionando sus fotografías entre otras. Ahora, una vez más no vaciló al seleccionar las fotos de Lee Oswald y de Clay Shaw y los identificó ante los jueces como los dos hombres que había visto reunidos en el muelle.

Después de oír su conversación y tras su partida, declaró, se dirigió al lugar donde habían estado hablando y vio varios panfletos amarillos. (Debe recordarse que Oswald había estado distribuyendo octavillas procastristas de color amarillo desde su domicilio en el número 544 de la calle Camp.) Bundy usó una de las hojas de papel amarillas para envolver su heroína después de «ponerse la dosis».

Cuando le pedí a Bundy que señalara al hombre que se había encontrado con Oswald, dirigió un dedo firme hacia el acusado. Durante este largo instante, la sala del tribunal, que había parecido un carnaval ruidoso antes de que comenzara el proceso, permaneció tan silenciosa como un cementerio abandonado a medianoche. Los abogados defensores se concentraban en sí mismos con una aparente inefabilidad aburrida por tal pérdida de tiempo, una señal inequívoca de que no estaban muy satisfechos. Mientras tanto, los tres jueces y los espectadores seguían pendientes de cada una de las palabras pronunciadas por el joven Bundy.

Cuando sentí que ya había logrado mi objetivo, pedí a Bundy que bajara de la silla de testigos y pusiera la mano sobre el hombre a quien había visto reunido junto al lago con Lee Harvey Oswald. Bundy bajó, caminó a través de la silenciosa sala de la corte y puso la mano sobre el cabello grisáceo de Clay Shaw.

En ese momento, en la sala todos parecían conmocionados por el choque. Entonces, tras recibir aparentemente una orden gestual del juez Bagert, el secretario del tribunal anunció: «La corte se tomará un descanso.» Mientras los jueces descendían del estrado, detrás de la barra comenzó a crecer un fuerte murmullo en el público. Miré hacia la mesa de la defensa y, por primera vez, descubrí claros signos de temor en las frentes de los abogados defensores. Al otro lado, con aspecto de estar por encima de todo y apareciendo ante el mundo como un elegante Gulliver atrapado en su silla por liliputienses, Shaw continuaba saboreando su cigarrillo, con la vista por encima de la multitud mientras echaba una ojeada a través de la sala del tribunal.

En el turno de contrainterrogatorio, por supuesto, los abogados de la defensa se lanzaron sobre Bundy como lobos rabiosos. Desconcertado al principio, Bundy pareció relajarse en cuanto volvió a contar su historia tranquila y pacientemente. Yo conocía todas las preguntas que ellos podían repetirle hasta la saciedad. Me había acostumbrado hacía tiempo a ver que en los juicios se presentaban objeciones cuando un testigo se mantenía firme contra los abogados opositores. Esperé un buen rato a que los abogados de Shaw lo hicieran contra Bundy, como finalmente sucedió.

En las conclusiones de la audiencia preliminar del 17 de marzo, el tribunal acordó que la acusación había presentado suficientes pruebas y ordenó que Clay Shaw fuera llevado a juicio.

13

EL ASALTO

El 4 de septiembre de 1967, el juez supremo Earl Warren anunció desde Tokio, Japón, que yo no había presentado «absolutamente nada» que contradijera públicamente los hallazgos del informe de la Comisión Warren respecto al asesinato del presidente Kennedy. Warren, que hablaba en el Club de la Prensa Extranjera de Japón, manifestó que no había oído «ningún hecho» que refutara las conclusiones de la Comisión de que Lee Oswald había sido el único asesino.

Se trataba de una conducta extraña para el juez supremo de Estados Unidos. El juicio de Clay Shaw no había comenzado. El primer jurado no había sido todavía seleccionado. Sin embargo, el principal juez de nuestro país ya estaba declarando como primer testigo del caso. No declaraba bajo juramento, lo que le daba una libertad única respecto a las leyes de perjurio de la que cualquiera de los testigos siguientes no iba a disponer. Y él estaba cargando abiertamente los dados en favor de Shaw. Ningún testigo iba a ser tan vehemente, frente a todo el mundo, como para hacer que el juez supremo apareciera como un mentiroso, o al menos como equivocado.

Pero la absolutamente inadecuada declaración de Warren no fue nada comparada con los ataques de los medios de comunicación a nuestro caso contra Clay Shaw y a mí personalmente. Ya desde la detención de Shaw, los medios de comunicación se habían mostrado perversos e implacables.

Algunas de mis largamente acariciadas ilusiones sobre la gran libertad de prensa en nuestro país cayeron en una penosa reconsideración durante este período. La moderación y el respeto por la justicia que uno podía esperar de la prensa para asegurar un juicio justo, no sólo para el individuo acusado sino para el Estado mismo, no existieron. Ni siquiera la diversidad de opiniones que siempre había considerado uno de los fundamentos de la prensa norteamericana. Según todo lo que pude ver, los reportajes y los editoriales de *Newsweek*, *Time*, *The New York Times*, *The New York Post*, *The Saturday Evening Post*, etcétera, no podían distinguirse. Todos compartían el punto de vista básico de que yo era un hombre sediento de poder, un exhibicionista irresponsable que estaba creando un vistoso circo con el propósito de ser elegido para cargos más elevados, sin importarme las consecuencias.

Ofrezco varios ejemplos representativos de cómo trató la prensa norteamericana nuestro caso contra Clay Shaw.

En *Newsweek*, el 15 de mayo de 1967, bajo el título «La Conspiración JFK»*, Hugh Aynesworth escribió:

> Jim Garrison tiene razón. Ha habido una conspiración en Nueva Orleans, pero es un complot urdido por el propio Garrison. Es un plan para inventar una fantástica «solución» a la muerte de John F. Kennedy y hacerla encajar; en este caso, el fiscal de distrito y su equipo han sido los causantes indirectos de la muerte de un hombre y han humillado, hostigado y financieramente destruido a varios otros.
>
> En realidad, las tácticas de Garrison han sido aún más cuestionables que su caso. Tengo pruebas de que uno de los fornidos investigadores del fiscal de distrito ofreció a un «testigo» poco dispuesto tres mil dólares y un trabajo en una compañía aérea si accedía a «explicar lo que sucedió» en la pretendida reunión para organizar la muerte del presidente. Yo también sé que cuando el funcionario del fiscal de distrito se enteró de que este intento de soborno había sido grabado en cinta, dos de los hombres de Garrison volvieron a ver al «testigo» y, según declaró él, lo amenazaron con daños físicos.

* Este titular resultaba admirablemente discreto comparado con el del *New York Post*, que anunciaba «Mórbido alboroto en Nueva Orleans». Cuando un determinado titular era especialmente salvaje, algunos de los miembros de mi equipo lo colgaba en el tablón de anuncios para reírse un rato.

Aynesworth, que parecía un hombre bastante correcto y amable cuando me entrevistó durante varias horas en mi casa, nunca proporcionó ningún dato que revelara a quién había acortado la vida nuestra oficina. Respecto al soborno de tres mil dólares, al conocer la revelación de Aynesworth, el testigo a quien supuestamente lo había ofrecido nuestra oficina, Alvin Babeouf, reconoció que eso nunca había sucedido. Aynesworth, por supuesto, nunca explicó cuál era la «prueba» en su poder. Por otra parte, la cinta grabada del citado «soborno» nunca existió en realidad.

Si este artículo fuera un típico producto de Aynesworth, uno difícilmente podía asombrarse de que un periodista con imaginación tan desbordada encontrase mercado para sus historias. Pero, en honor de Aynesworth, debo decir que estas «noticias» eran todas demasiado típicas y el equipo de mi oficina las encontraba en artículos de diarios y revistas escritos por redactores de ciudades distantes que no tenían ni la más remota idea de lo que hacía mi oficina.

James Phelan, que había redactado un artículo central muy entusiasta para el *Saturday Evening Post* acerca de los éxitos de mi oficina en la lucha contra el crimen en Nueva Orleans («El hombre-cometa contra el vicio»), volvió a escribir un artículo respecto a la investigación de JFK. En un texto titulado «Asalto al juicio en Nueva Orleans», Phelan alegó que Perry Russo nunca había hablado al ayudante del fiscal Andrew Sciambra de conspiración hasta que fue «drogado». La clara alusión era que nuestra oficina había drogado a Russo y había plantado en su cerebro la historia de la conspiración mientras estaba en estado altamente sugestionable. La verdad, por supuesto, era totalmente distinta. De hecho, el propio Phelan estaba al corriente de lo que Russo nos había dicho acerca de la conspiración, mucho antes de que se me ocurriera que podíamos verificar el testimonio de Russo con hipnosis y Pentotal Sódico médicamente supervisados. Lo sabía porque yo fui uno de los que le contó primero a Phelan la noticia de Russo. La colorida ficción de Phelan se derrumbó en el juicio de Clay Shaw, cuando quedó claro que Russo había proporcionado a Sciambra una descripción completa de todos los hechos significativos, antes de cualquier tratamiento médico (véase el capítulo 18). Sin embargo, como era evidente para los periodistas del *Baton Rouge* (véase el capítulo 12), Russo había concedido entrevistas a la prensa en las que él hablaba de una conspiración —aunque no supiera entonces que Shaw y Bertrand eran una sola persona—, y eso antes de que él se encontrara con Sciambra.

La pura y simple verdad es que la gente que los elige no deja de observar a los funcionarios públicos. Yo jamás había oído hablar de un fiscal de distrito que fuera capaz de hacer carrera drogando a sus testigos para aleccionarlos sobre cualquier cosa que él les ordenara decir. Si un procurador estaba tan desquiciado como para utilizar tales medidas, correría muy rápido la voz y no seguiría en el cargo durante mucho tiempo. Sería algo así como querer empujar su carrera con la ayuda de tenazas y otros instrumentos de tortura.

Es preciso decir que la población de Nueva Orleans examinó a fondo la bien publicitada acusación de que sus fiscales del distrito drogaban intencionalmente a un testigo para influir en su declaración. La gente escuchó las intervenciones de expertos como el doctor Esmond Fatter y Nicholas Chetta. La gente sabía que lo que se había buscado bajo controlada supervisión médica era refrescar la memoria dentro de lo posible. En los siguientes comicios de 1969, salí reelegido de nuevo para mi cargo, esta vez en la primera vuelta. Ningún fiscal de distrito había sido nunca antes reelegido en Nueva Orleans.

Los ataques no terminaron con Phelan. Sin previo aviso, Dick Billings, nuestro amigo editor de la revista *Life*, voló repentinamente desde Nueva York. Parecía bastante amistoso, pero parecía haber adelgazado mucho. Tenía profundas ojeras en torno a los ojos. Sus trajes estilo Ivy League colgaban holgados sobre su delgada figura. Me informó que *Life* no podría apoyarme más ni trabajar conmigo en la investigación. La revista, alegó, había llegado a la conclusión de que yo no era el fuerte luchador contra el crimen organizado que habían creído inicialmente.

—¿De qué diablos me estás hablando? —le pregunté.

Mencionó entonces un nombre y me preguntó si yo sabía algo de aquel individuo. Negué con un gesto y le respondí que nunca había oído hablar de él. El editor levantó las manos.

—De esto se trata —suspiró—. Ya deberías tener todo un expediente sobre él.

Cogí una guía de teléfonos y localicé el nombre que había mencionado en la pequeña ciudad de Convington, justo al norte del lago.

—¿Es éste de quien hablas? —le pregunté.

—Ése es el hombre —asintió—. Es uno de los principales delincuentes de por aquí.

—Y tú eres el delantero centro del equipo de fútbol de los Green Bay Packers —repliqué—. Si ese personaje hubiera andado metido en algún asunto criminal dentro o alrededor de Nueva Orleans, habría conocido muy bien su nombre.

Cuando lo pregunté, resultó que nadie en la oficina había oído jamás ese nombre. Tampoco fue mencionado nunca más luego.

Estudié a mi visitante. Saltaba a la vista que realizaba a disgusto la fea misión que le habían encomendado. Él era considerablemente más sensible e inteligente que la mayor parte de los representantes de la prensa con quienes había tratado. Poco después lo destinaron a cubrir noticias como el nacimiento de quintillizos en Bangor, Maine, o un descubrimiento para aumentar la fertilidad de los conejos.

Por lo visto, el gambito de la revista *Life* había sido preparado con tiempo, si no desde el principio. Al cabo de pocas semanas, en el segundo de dos artículos de *Life* sobre el crimen organizado apareció mi nombre. Resaltaba particularmente que de vez en cuando yo era un despreocupado visitante de los casinos de Las Vegas. El autor del reportaje tenía claros problemas para situarme en el escenario, ya que yo no jugaba en absoluto. No se trataba de que fuera demasiado virtuoso, sino simplemente de que me había dado cuenta hacía mucho tiempo de que la banca siempre ganaba.

Ese detalle no inhibió sin embargo a los editores de *Life*. Afirmaban que yo tenía un contacto especial con alguien que era «lugarteniente» de la mafia de Nueva Orleans. Sabían que disponía de un «crédito garantizado de cinco mil dólares en caja». Ello sugería que yo usaba este crédito para firmar pagarés durante mis supuestas incursiones a las mesas de juego.

Era verdad que yo había rellenado una vez un formulario cuando cambié un cheque en el hotel Sands. Por lo visto era allí donde yo adquirí tal crédito, si en realidad lo tenía, según insistían. Era también verdad que realizaba viajes a Las Vegas un par de veces al año, pero era con el simple propósito de disfrutar del clima seco del Oeste, pues me gustaba, y tenderme un poco al sol. Eso era todo lo que necesitaban en la versión de *Life* para convertirme en «el hombre que hizo saltar la banca de Montecarlo».

Por la época en que apareció el artículo de *Life* sobre mi supuesta inclinación al juego en Las Vegas, la revista *Time*, una publicación hermana de *Life* dentro del imperio editorial Luce, publicó una serie de artículos acerca de nuestra investigación. La describían como una falsedad indefendible y a mí como bufón demente, hambriento de fama.

Ninguna de las publicaciones que leí parecía considerar que nuestra investigación podía estar basada en pruebas legales y que John Kennedy pudiera haber sido realmente víctima de una conspiración. El *New York Times Magazine*, aunque muy brevemente, abordó en una ocasión la idea de una conspiración. El artículo apareció bajo el ambiguo título: «No hay conspiración, pero... ¿quizá dos asesinatos?» El autor, un inglés llamado Henry Fairlie, señalaba de forma bastante increíble que ni en Europa ni en Estados Unidos había encontrado a mucha gente interesada por la posibilidad de que la Comisión Warren hubiera llegado a conclusiones equivocadas. Él sabía no obstante que «había crecido la duda» y que la preocupación acerca de esta duda «podía haberse convertido en una obsesión, al menos en algunos lugares, quizá sólo en la imaginación popular, que está muy lejos de ser algo consistente».

La tesis del artículo emergía eventualmente en el siguiente párrafo:

> El hecho de que más de una persona esté implicada en una operación no la convierte necesariamente en una conspiración. Ésta es una afirmación que me alarma y representa un asidero (quiero imaginar que inconsciente) al que algunos autores ambiciosos se aferran con quizá demasiada facilidad.

Si no me equivocaba, el razonamiento del artículo era que si varios individuos habían disparado simultáneamente contra el presidente Kenndy, eso no significaba que existiera una conspiración.

Tras el atormentador fuego a que me sometieron los periódicos, comenzaron a moverse los grandes cañones de la televisión. En la primavera de 1967, fuentes locales me alertaron de que había llegado a Nueva Orleans la avanzadilla de un equipo especial de investigación de la cadena NBC. El jefe público de la investigación era un hombre llamado Walter Sheridan. Estaba instalado en el Royal Orleans y pronto quedó claro que pensaba quedarse un buen tiempo en Nueva Orleans.

Sheridan era un hombre de aparente presencia y autocontrol a quien vi varias veces en el vestíbulo del hotel, donde nos saludábamos con una leve inclinación de cabeza. Al poco tiempo se me ocurrió que su figura no cuadraba totalmente con la de alguien que estuviera simplemente en el negocio de conseguir noticias. Pronto averigüé que nuestro visitante tenía contactos anormalmente importantes, no sólo en Nueva York, sino también en Washington D.C. A menudo hizo referencias a su servicio en la Oficina de Inteligencia Naval, el *alma mater* de Guy Banister.

El equipo de investigación de la NBC no pareció muy interesado en entrevistar a nadie de la oficina, lo cual nos convenía mucho. Éramos lo bastante ingenuos como para creer que estaban investigando el asesinato del presidente. La continua ausencia de algún signo de curiosidad hacia los hechos reales en torno al asesinato de Kennedy nos demostraba simplemente que se estaba fabricando otra ficción como la del «asesino solitario».

Sin embargo, comenzábamos a preguntarnos por qué Sheridan y su numeroso equipo permanecían tanto tiempo en la ciudad. Nos acostumbramos a ver los coches azules y blancos de la WDSU, la cadena local de televisión afiliada a la NBC, aparcados durante horas en los alrededores del edificio de justicia, donde estaba mi oficina.

Con el tiempo nos enteramos de que los investigadores de la NBC habían encontrado su filón en la Penitenciaría Estatal de Angola, donde habían interrogado a Miguel Torres, un ladrón profesional, y a otros reclusos.

Fue justamente entonces cuando comprendimos de pronto que la NBC no estaba en absoluto investigando el asesinato. Nos estaba investigando a nosotros, a mi oficina, a mi equipo, a nuestra propia investigación. Una de las fuentes que nos habló de los planes de la NBC fue Marlene Mancuso, que había estado casada con Gordon Novel*. Ella nos escribió en un informe que había recibido la llamada de un periodista de la NBC:

* En esa época estaba intentando extraditar a Novel desde Ohio para interrogarlo acerca de las municiones que había tomado del búnker de Schlumberger, en la base de Houma, con David Ferrie y los cubanos anticastristas. La NBC había encontrado la pista de Novel a través de Marlene Mancuso (véase el capítulo 14).

Richard Townley me dijo que había estado intentando ponerse en contacto conmigo durante un par de semanas. Declaró que trabajaba para la NBC y que su intuición le decía que yo estaba implicada de alguna forma...

Me dijo que el señor Garrison se estaba buscando una sentencia de prisión. En su opinión yo iba a ser la testigo principal del señor Garrison y el fiscal iba a utilizarme para desacreditar a Gordon con el propósito de que apareciera como un segundo Oswald. Me propuso como apoyo grabarme una entrevista que me mostrara lúcida y en buena forma. Me dijo que de otra manera era muy probable que yo resultara aturdida, ya que habría un montón [sic] de periodistas alrededor de mí y estar confusa podría perjudicarme mucho...

Townley me advirtió que sería más inteligente presentarme en buena forma que ser exhibida en el tribunal bajo un aspecto negativo... Dijo que ellos iban a presentar al señor Garrison como un fraude y que estaban trabajando en ello en la NBC, además de la WDSU...

El acercamiento de la NBC a Perry Russo fue aún más agresivo. Russo le confesó a Andrew Sciambra que lo abordaron varias veces antes del programa con la intención de persuadirle de que cambiara su recuerdo de la conversación que habían mantenido Clay Shaw y David Ferrie acerca del asesinato de Kennedy.

Mientras los hechos estaban frescos en su memoria, Sciambra escribió un informe basado en lo que le había dicho Russo. Éstos son algunos párrafos representativos que resumen las declaraciones de Perry Russo acerca de lo que le proponía la gente de la NBC:

> Durante las últimas semanas, he estado en contacto permanente con Russo para hablar sobre los agentes y personal de la NBC que habían acudido a su casa para discutir con él las pruebas de Garrison, en general, y en particular las del informe elaborado para el programa Libro Blanco de la cadena de televisión NBC. Respecto a esto, Russo me informó que durante las últimas semanas Richard Townley, de la emisora de televisión WDSU, lo había visitado en dos ocasiones y que James Phelan, del *Saturday Evening Post,* había ido cuatro veces a su casa. Algunas de las cuestiones más relevantes de estas conversaciones eran las siguientes [...].
>
> Townley le dijo también a Russo que él podía localizarlo en pocos días y darle a conocer los movimientos que tenía en mente el fiscal. Russo también informó que Townley le había dicho que tanto él como la NBC se habían puesto en contacto con todos los testigos que ellos conocían y que tratarían de descubrir más datos de la oficina del fiscal, aunque estaban logrando más información fuera de ella, ya que el despacho del fiscal del distrito estaba cayendo en el aislamiento.
>
> Russo dijo que Walter Sheridan, de la NBC, le había dicho que el presidente de la cadena de televisión se había puesto en contacto con el señor

Gherlock, quien estaba a cargo de la oficina de la compañía Equitable en Nueva York, y que Gherlock le había asegurado que si Russo cooperaba con la NBC en el intento de acabar con las pruebas de Garrison, no se tomaría ninguna represalia contra Russo por parte de la Equitable, los patronos de Russo, tal como se había instruido a la oficina local desde la central.

Russo comunicó que le había respondido a Sheridan que necesitaba descansar, ya que los periodistas lo habían acosado día y noche, y que se tomaría una semana o diez días de vacaciones en California. Sheridan le advirtió que «si él se ponía de parte de la NBC y de la defensa y hacía saltar las pruebas de Garrison, él podría alejarse de Garrison e irse de Louisiana». Sheridan, siguió Russo, le aseguró que ellos podrían instalarlo en California, proteger su trabajo, conseguirle un abogado y que «tendría la garantía de que Garrison jamás podría traerlo de nuevo extraditado a Louisiana». [Énfasis subrayado.]

Sheridan le dijo también que la NBC había traído a Novel a McLean, Louisiana, que le habían realizado una prueba con el detector de mentiras y que Garrison nunca podría traer de nuevo a Novel a Louisiana. Según Russo, Sheridan añadió que lo necesitaba para llevarlo a un programa nacional de televisión de la NBC donde declarara: «Siento lo que he dicho porque he mentido; algunas cosas que he declarado son la verdad, pero fui instruido por el equipo del fiscal del distrito para declarar como lo he hecho.»

> Perry dijo que James Phelan, del *Saturday Evening Post*, le había contado que estaba trabajando en colaboración con Townley y Sheridan; que estaban en permanente contacto y que iban a destruir a Garrison y sus pruebas...

Comencé a preocuparme por la severa agresividad con que la NBC se enfrentaba al caso, sin mencionar los correspondientes esfuerzos para llenar de lodo mi oficina. Ya habíamos sido objeto de numerosas distorsiones, exageraciones e incluso invenciones de los medios de comunicación. Pero estos periodistas estaban yendo mucho más lejos que los juegos de palabras. Se empeñaban en una campaña organizada para desarticular una investigación oficial de la oficina del fiscal de distrito de una ciudad importante. Intentaban persuadir a testigos para que cambiaran su declaración, e incluso pretendían trasladar a un testigo principal de forma permanente a otro lugar del país.

Cuando el programa «Libro Blanco» titulado «El caso de Jim Garrison» fue transmitido a una audiencia de millones a lo largo y ancho de todo el país, en junio de 1967, bastaron pocos minutos para comprobar que la NBC había clasificado el caso como criminal y que se había erigido en fiscal.

Los tres testigos clave eran John Cancler, un ladrón convicto y muy conocido entre los agentes y funcionarios locales de la justicia bajo el apodo de «Juan el Bautista»; Miguel Torres, un ladrón convicto que cumplía condena en la Penitenciaría Estatal de Angola; y un hombre llamado Fred

Leemans, de quien yo había oído hablar y que parecía ser el propietario de un baño turco en los barrios bajos de Nueva Orleans.

En el programa, Juan el Bautista anunció que había sido compañero de celda de Vernon Bundy. Según contó, Bundy le confió que su historia acerca de Clay Shaw y Lee Oswald no era verdad. Esto era, por supuesto, una completa mentira, pero era sólo la primera de una larga serie*. Cancler también describió un increíble intento por parte de la oficina del fiscal de distrito para convencerlo de que instalara una prueba falsa en la casa de Clay Shaw. Cancler añadió que había rechazado tajantemente tan cuestionable sugerencia.

En su entrevista, Torres pretendió que la oficina del fiscal de distrito le había presionado para que diera el testimonio falso de que Clay Shaw le había hecho propuestas deshonestas. Aún peor, afirmó, la oficina del fiscal intentó que declarara estar en conocimiento de que Shaw era Clay Bertrand. Para ayudar a inducir tales mentiras, agregó, los hombres del fiscal le ofrecieron un suministro de heroína y tres meses de vacaciones en Florida. Torres, según el resto de su historia, pre-

* Lo que más divirtió a mi equipo fue la solemne descripción que hizo la cadena de uno de sus testigos, William Gurvich, como «jefe investigador de la oficina del fiscal de distrito». Gurvich, un detective privado, se había ofrecido voluntariamente para ayudar en la investigación, pero había desaparecido de la oficina meses antes. Nunca fue un investigador regular y menos el jefe de investigación de mi oficina.

firió regresar a cortar caña de azúcar a la Penitenciaría Estatal de Louisiana antes que aceptar unas vacaciones tan poco éticas.

Entonces apareció Leemans, que informó al entrevistador de la cadena que la oficina del fiscal de distrito le había ofrecido dos mil quinientos dólares si declaraba que Clay Shaw había ido a sus baños en los barrios bajos de la ciudad con Lee Harvey Oswald. Al principio, señaló, había aceptado. Sin embargo, tras pensarlo de nuevo, la idea de participar en un acto tan inmoral le empezó a reconcomer y no pudo seguir adelante con ello.

Apareció entonces la redonda cabeza de Dean Andrews en la pantalla para anunciar solemnemente que no había sido Clay Shaw quien le había llamado al día siguiente del asesinato para defender a Lee Oswald. En realidad, afirmó, él no reconocería a Clay Shaw si cayera delante suyo muerto en la acera.

Después del programa, en vista de la evidente voluntad de John Cancler de rebatir la veracidad de Vernon Bundy, el Gran Jurado de Nueva Orleans quiso escuchar la declaración de Cancler bajo juramento. El tribunal le pidió que repitiera lo que había dicho en la NBC acerca del testimonio falso de Bundy sobre Oswald y Shaw. El Gran Jurado quería oír también, y confirmar bajo juramento, sus alegatos sobre las actuaciones incorrectas de mi oficina.

Cancler se refugió entonces en la Quinta Enmienda* y se negó a repetir sus acusaciones con el pretexto de que podían incriminarlo. A requerimiento del Gran Jurado, fue llevado ante los jueces de la Corte Criminal, quienes le pidieron de nuevo que repitiera los cargos que había formulado frente al país entero. Una vez más, se acogió a la Quinta Enmienda y rehusó. El juez lo consideró culpable de desacato y le condenó a seis meses de cárcel que debían añadirse a la condena por robo que estaba cumpliendo. De igual forma, Miguel Torres fue llevado desde la Penitenciaría Estatal de Angola para comparecer a requerimiento del Gran Jurado. También se le exigió que repitiera bajo juramento las acusaciones que había formulado ante toda la nación a través de la NBC. Como Cancler, Torres se negó a declarar bajo juramento bajo el pretexto de que podría ser incriminado. En la corte nuevamente se acogió a la Quinta Enmienda y también recibió una condena de cárcel adicional por su rechazo.

El Gran Jurado dio poco crédito a la rocambolesca historia de los baños de Fred Leemans, así que ni siquiera lo llamó. Respecto a Dean Andrews, poco después de que apareciera en el programa de la NBC, fue acusado por el Gran Jurado de cometer perjurio cuando declaró en la sala que Clay Shaw no era el «Clay Bertrand» que lo había

* La Quinta Enmienda es un artículo de la Constitución de Estados Unidos que protege el derecho de un testigo judicial a no declarar algo que pueda ser causa de incriminación en contra suya. *(N. de la T.)*

llamado para actuar como abogado de Lee Oswald en agosto de 1967. Andrew fue considerado culpable de perjurio por un jurado de ciudadanos de Nueva Orleans.

A los pocos días de emitirse el programa de la NBC, envié una furiosa carta de denuncia a la Comisión Federal de Comunicaciones. Yo requería el mismo tiempo en pantalla para replicar personalmente el rastrero ataque de la cadena a mi oficina.

La Comisión Federal me proporcionó media hora para responder a la hora larga del Libro Blanco. No era exactamente el mismo tiempo, pero yo no necesitaba más. Sería transmitido en directo por la estación local afiliada, la WDSU TV, y reproducido por todo el país.

Después de todo, pensé que podía comunicar mi mensaje, aunque no me sentí totalmente satisfecho. Continuaba preguntándome por qué la NBC había trabajado tanto y tan a fondo para arrasar nuestro caso. ¿O era en realidad para arrasar nuestra oficina?

Yo sabía desde hacía años, sin darle particular importancia, que la NBC era una empresa subsidiaria de la Radio Corporation of America (RCA). Ahora comenzaba a preguntarme ¿qué era exactamente la Radio Corporation of America?

En la biblioteca pública me enteré de que la RCA se había convertido en parte integrante de la estructura de Defensa de Estados Unidos durante la Segunda Guerra Mundial, debido al desarrollo del uso de la radio por las fuerzas armadas. Esta integración creció aún más cuando la RCA desarrolló un nuevo y efectivo altímetro para las misiones de bombardeo a gran altura. Desde allí se había movido hacia el desarrollo del radar y otros sofisticados instrumentos para las fuerzas armadas. Como parte del aparato militar norteamericano, la RCA había crecido desde un relativamente simple servicio a un gigante de sumo poder. Los contratos militares habían incrementado sus ganancias en más de mil millones de dólares entre 1960 y 1967. Ya no era un simple «negocio de radio». Ahora formaba parte de la maquinaria de guerra. El presidente, el general retirado David Sarnoff, era muy conocido por sus beligerantes pronunciamientos y actividades en favor de la Guerra Fría.

Dados estos antecedentes, me iba pareciendo más comprensible que la RCA y su subsidiaria NBC desearan desacreditar a un fiscal de distrito provinciano que estaba sugiriendo la desagradable posibilidad de que el presidente hubiese sido asesinado por el *establishment* de los guerreros de la Guerra Fría en la Comunidad de Inteligencia de Estados Unidos.

Comparado con la brutalidad aplicada a los hechos por la NBC, el documental de la cadena Columbia Broadcasting System (CBS) fue civilizado, aunque casi todo fuera mentira. Se retransmitió en cuatro capítulos en cuatro sucesivas tardes de junio y, al contrario que en el «Libro Blanco» de la NBC, se centraba en el asesinato más que en mí y en mi oficina.

Fui invitado por la CBS a participar en esta épica presentación. Yo me mostré reticente porque sabía que de un modo u otro podría recibir otra vez una bofetada de los medios de comunicación. Sin embargo, supe que nadie más había sido invitado a presentar el caso contra la tesis del asesino solitario, así que acepté.

Para mi sorpresa, la cadena me entrevistó extensamente, al menos durante media hora, durante la cual expliqué que el presidente Kennedy pudo ser eliminado a raíz de una conspiración y describí el probable motivo.

Cuando el programa de la CBS fue emitido a la nación, mi media hora había sido reducida a aproximadamente treinta segundos. Esto dio el tiempo suficiente para poner una nota discordante en el aplastante tributo de cuatro horas brindado por la cadena a la Comisión Warren.

14

LA COMPAÑÍA

Estuve preocupado desde el principio por la escasez de personal y del presupuesto asignado a una investigación sobre el asesinato de JFK*. Al principio pudimos tener una oportunidad para obtener un aumento especial de presupuesto, pero quedó descartada por el editorial que publicó la prensa local y por el furioso ataque nacional que provocó.

El dilema se resolvió de forma inesperada. Prácticamente como caídos del cielo, vinieron a ayudarnos voluntarios que se habían enterado de la investigación que realizábamos. Unos llegaron personalmente; otros escribieron; otros llamaron. En la primavera de 1967 habíamos formado un «equipo especial de ayudantes» compuesto por los voluntarios. Esta ayuda suplementaria supuso un gran apoyo para levantar la moral del equipo especial.

* Se refiere a John Fitzgerald Kennedy. *(N. de la T.)*

Uno de los voluntarios que tomamos era un joven inglés que había estado trabajando en el Archivo Nacional de Washington. Nos remitió copias de su excelente trabajo de investigación y, dado que no teníamos a nadie en Washington para realizar un trabajo de archivo, en especial para obtener copias de documentos de la Comisión, lo admitimos en el equipo. Posteriormente lo trasladamos a Nueva Orleans para que trabajara en nuestros propios expedientes de investigación acumulados en lo que llamábamos «los Archivos».

Poco después llegó el voluntario más impresionante: un ex oficial de la Agencia Central de Inteligencia, ancho de espaldas y de mandíbula cuadrada, llamado William Wood. Advertimos que era una oportunidad única para comprender las actuaciones y la mentalidad de la Agencia y deseamos impacientemente conservarlo. De todas formas, antes de hacerlo, queríamos asegurarnos de que realmente había estado en la CIA.

Explicó que había servido en la CIA durante siete años, pero que había sido despedido por problemas de alcoholismo. Aunque él no guardaba nada contra la Compañía*, creía firmemente en lo que estábamos intentando hacer con nuestra investigación sobre el asesinato de Kennedy y quiso ayudarnos. Era periodista en Austin, Texas, y tenía credenciales que corroboraban su consi-

* «Compañía» es el término que habitualmente utiliza la Comunidad de Inteligencia para referirse a la CIA.

derable experiencia como hombre de prensa e investigador.

Wood sospechó que no estábamos completamente satisfechos con su pasada conexión con la Agencia, así que nos hizo una sugerencia. Según creía, un viejo amigo de sus días en la Agencia aún estaba en activo en la enfermería del centro de Langley, Virginia. Hizo un ademán hacia Lou Ivon, quien había permanecido sentado desde el comienzo de nuestra larga entrevista. ¿Por qué no llamaba Ivon a la CIA, pedía por el doctor y luego escuchábamos la conversación entre Wood y el médico?, propuso.

Cuando el doctor se puso al teléfono y Wood respondió, resultó evidente que ambos se conocían bien. Wood le explicó que sus días de bebedor ya habían terminado y que, desde que dejó la Agencia, le había ido bien trabajando en la prensa. El doctor le deseó buena suerte. Satisfechos de que Wood tuviera un auténtico pasado en la Agencia, lo admitimos en el equipo.

A causa de la curiosidad de los medios de comunicación por nuestra actividad, decidimos que sería mejor mantener en secreto que teníamos a un ex miembro de la Agencia en nuestro equipo. Así que, desde entonces, utilizamos el nombre «Boxley» en lugar de Wood. Bill Boxley se convirtió en una figura familiar dentro y fuera de la oficina. Siempre llevaba una pistola automática de calibre 45, que guardaba en una sobaquera. Esto me indicó que su trabajo de Inteligencia fue en la Marina, ya que los otros servicios de Inteligencia norteamericanos utilizaban revólver de calibre 38. Él también llevaba siempre un gran maletín negro rectangular. Era un trabajador infatigable y no cabía duda de que se dedicaba a nuestra labor.

Otros voluntarios nos ayudaron a investigar las pistas que iban surgiendo. Uno era un hombre educado, muy inteligente, que se había criado en América Latina y hablaba español como un nativo: era muy eficaz en las entrevistas con exiliados cubanos. Jim Rose, otro ex empleado de la CIA, fue admitido tras una fuerte recomendación de Boxley, quien lo había conocido en sus días de la Agencia. Rose tenía varias fotografías donde aparecía instruyendo a guerrilleros voluntarios anticastristas en el campo de entrenamiento de No Name Key, en Florida, a principios de 1960. Otro voluntario era un detective privado cuya aportación consistía en ofrecernos acceso al equipo técnico que necesitábamos. Otro voluntario de la costa Oeste vivía de una herencia familiar, que le proporcionaba mucho tiempo libre y una eficaz capacidad para viajar.

Con el entusiasmo y la mente fértil de nuestros voluntarios, parecieron abrirse excelentes perspectivas para aumentar nuestra productividad. El único problema, como descubrimos después, fue que muchos de los voluntarios se habían unido a nosotros por orden de la CIA. De hecho, durante la primera época, en nuestro equipo especial ha bían casi tantos hombres trabajando para el Gobierno federal como para la oficina de la Fiscalía de

Distrito de Nueva Orleans. Pese a ello, con el paso del tiempo alguno daría un paso en falso y tendríamos que echarlo.

Al comenzar la investigación yo tenía sólo la ligera sospecha de que la Comunidad de Inteligencia federal había estado implicada de alguna forma en el asesinato, pero no sabía qué sector o sectores. De cualquier forma, a medida que transcurría el tiempo y se desvelaban más pistas, las pruebas empezaron a apuntar más y más hacia la CIA.

Por ejemplo, uno de los elementos clave, Guy Banister, había estado vinculado a la ONI y al FBI, pero su trabajo en Nueva Orleans con los guerrilleros cubanos tenía que ser una operación de la CIA. David Ferrie, por supuesto, había adiestrado a guerrilleros para la invasión de Bahía de Cochinos, una operación de la CIA. Por otra parte Jules Rico Kimble, quien había acompañado en una extraña misión en Montreal a Shaw y Ferrie, reconoció que percibía dinero de funcionarios de la CIA (véase el capítulo 9).

La suplantación de Oswald en enero de 1961 en la Bolton Ford, donde se debían comprar camiones para la invasión de Bahía de Cochinos, olía a la CIA, así como la relación de George de Mohrenschildt con Lee Oswald. La modificación a última hora de la ruta de la comitiva en Dallas resultaba muy sospechosa y levantó serias preguntas acerca del alcalde de Dallas, Earle Cabell, y su hermano, el ex subdirector de la CIA, Charles Cabell, despedido tras el fiasco de Bahía de Cochinos. La modificación de la ruta presidencial, así como otras pistas que acusaban a la CIA, fueron nítidamente encubiertas por la Comisión Warren y por su especialista en asuntos de Inteligencia, el ex director de la CIA, Allen Dulles. Todas ellas remitían a Cuba, a Bahía de Cochinos y a la CIA.

Pero yo continuaba preguntándome por qué la CIA, que debía velar por la seguridad nacional, había asesinado a su propio presidente.Todas las pruebas obtenidas apuntaban hacia eso, pero precisamente por ello no tenía sentido. A fin de encontrar algún asidero, empecé a leer todo lo que pudiera serme útil acerca de la Guerra Fría, la presidencia de Kennedy y la Comunidad de Inteligencia. Con la casa totalmente a oscuras excepto por el círculo de luz alrededor de mi escritorio, permanecía absorto en la lectura has-ta la madrugada. En algún lugar esperaba encontrar la clave sobre qué había podido motivar a la CIA —o parte de ella— a querer deshacerse de Kennedy. Tras acumular más conocimientos durante varios meses, empecé a tener una idea de cuál había sido el móvil del asesinato.

Empezando por su oposición a acudir en rescate de la CIA, utilizando apoyo aéreo durante la desastrosa invasión de Cuba por Bahía de Cochinos en abril de 1961, el presidente Kennedy había adoptado una actitud de gran desconfianza hacia los combatientes de la Guerra Fría pertenecientes a la CIA. Más importante aún, había dado pasos significativos hacia un proceso de distensión con la Unión Soviética. Pese a las protestas iniciales de la Junta de Jefes de Estado Mayor, había autorizado al secretario de Estado, Dean Rusk, a firmar en 1963 un tratado de prohibición de pruebas nucleares con la Unión Soviética. Durante la crisis de los misiles cubanos rechazó las recomendaciones de sus asesores de bombardear e invadir la Cuba de Castro. En cambio, mediante el bloqueo naval, obligó a una negociación con el dirigente soviético Nikita Jruschov, que incluía el compromiso de Kennedy de que Estados Unidos no invadiría Cuba. La incursión del FBI en el verano de 1963, cuando cerró el campo de entrenamiento de guerrilleros anticastristas de la CIA, al norte del lago Pontchartrain, se realizó en cumplimiento de ese acuerdo.

Todo ello cuestionaba más de una década de la política exterior de Guerra Fría ampliamente desarrollada por John Foster Dulles, secretario de Estado de Eisenhower, y por su hermano, el director de la CIA Allen Dulles. En junio de 1963 el presidente Kennedy había renunciado de forma expresa y tajante a la Guerra Fría en un señalado discurso en la Universidad Americana de Washington D.C., subrayando que Estados Unidos y la Unión Soviética tenían que vivir juntos pacíficamente en un pequeño planeta.

Pero, si miramos atrás, ninguno de estos cambios políticos fue tan significativo como la intención de Kennedy de retirar todo el personal militar norteamericano de Vietnam. Para entender por qué esta decisión horrorizó tanto a la comunidad de política exterior, hay que retroceder al comienzo de la intervención de Estados Unidos en Vietnam.

Me enteré de que, desde el final de la Segunda Guerra Mundial, la doctrina de los soldados norteamericanos de la Guerra Fría era la de que Estados Unidos no podía perder el control de Vietnam y de sus valiosos recursos naturales bajo ninguna circunstancia. A principios de 1952, un informe secreto del Consejo Nacional de Seguridad decía terminantemente:

> El control comunista de todo el sureste de Asia dejaría muy precaria la posición de Estados Unidos en toda la cadena de islas del Pacífico y pondría seriamente en peligro los intereses fundamentales de la seguridad del país en Extremo Oriente.

En 1954, después de que las tropas francesas se rindieran a las fuerzas de Ho Chi Minh en Dien Bien Fu, todos los países importantes, a excepción de Estados Unidos, firmaron los acuerdos de Ginebra, admitiendo temporalmente la división del país por el paralelo 17 hasta que se pudiesen celebrar elecciones para su unificación. Para rescatar la inversión norteamericana, el secretario de Estado Dulles, el general Nathan Twining y el almirante Arthur Radford idearon un plan para que los militares estadounidenses invadiesen Vietnam, pero el presidente Eisenhower se opuso. A cambio, Eisenhower sancionó en la práctica la división permanente del país al cancelar las elecciones programadas y formar un gobierno separado en Vietnam del Sur. Bajo el control de la CIA, los asesores militares se acostumbraron a apoyar una dictadura títere contra las fuerzas del Norte de Ho Chi Minh y las del Viet Cong en el Sur, ambas partidarias de la unificación del país.

Ésta fue la situación que John Kennedy heredó como presidente electo. Al principio cedió a la presión de la CIA y autorizó un incremento del número de asesores militares. De cualquier forma, se negó a enviar tropas de combate. En el momento de su muerte, según dijo su asesor Kenneth O'Donell, había decidido limitar la ayuda norteamericana a Vietnam a técnicos, pilotos de helicóptero y asesores Boinas Verdes, y había asegurado que «nunca enviaré allí reclutas para luchar».

En octubre de 1963, al ver que Estados Unidos se empantanaba en una situación sin salida, Kennedy dio instrucciones al secretario de Defensa, Robert McNamara, para que salieran inmediatamente mil asesores militares estadounidenses de Vietnam —«una orden que fue silenciosamente anulada tras su muerte»—, y decidió retirar todas las tropas norteamericanas para finales de 1965.

Esta resolución, sumada al nuevo enfoque político hacia Cuba y a la firma del tratado de prohibición de pruebas nucleares, impulsaba nada menos que una ruptura fundamental con la política exterior de la Guerra Fría, que había sido el sustento de la CIA. Aquí, me pareció a mí, estaba el móvil plausible del asesinato. Aunque en esa etapa aún no tenía todo el esquema muy desarrollado, al menos comprendía cuáles eran los intereses creados de la CIA y su compromiso ideológico con la continuación de la Guerra Fría. John Kennedy no sólo había amenazado con terminarla, sino que además, como recordó el senador George Smathers, había amenazado con quitarle a la CIA su «exorbitante poder». Con el tiempo, Kennedy se había ganado enemigos implacables, desde los poderosos soldados de la Guerra Fría, que estaban en la cumbre de la CIA, como Allen Dulles, el general Charles Cabell y Richard Helms (entonces subdirector de operaciones encubiertas); hasta los exiliados cubanos anticastristas que se sintieron engañados en Bahía de Cochinos.

Aunque me resultaba difícil aceptar que toda una agencia tan enorme como la CIA pudiese haber aprobado y llevado a cabo un plan para asesinar al presidente, no me parecía descabellado pensar que hubieran participado algunos canallas pertenecientes a la Agencia, o agentes contratados que hubieran trabajado con ellos en otros proyectos. Esto abarcaba a mucha gente, entre ellos a Clay Shaw, Guy Banister, David Ferrie y gran cantidad de guerrilleros cubanos que habían sido entrenados en el lado norte del lago Pontchartrain.

Aunque ninguna de las pruebas que acumulamos implicaba definitivamente a la CIA, yo sabía que las sofisticadas agencias de Inteligencia rara vez dejan armas de fuego humeantes a su alrededor. Sorprendentemente, sin embargo, las pistas que apuntaban hacia la Agencia continuaban llegando. Esto debía preocupar a alguien en Langley, ya que se infiltraron en mi equipo y gradualmente, con el tiempo, averigüé que en realidad la Agencia intentaba impedir nuestra investigación. Esto sólo acrecentaba mis sospechas de que la CIA —o parte de ella— había estado profundamente implicada en el asesinato.

Los intentos de la Agencia de obstruir nuestra investigación fueron incrementándose perceptiblemente cuando tratamos de extraditar a Gordon Novel desde Ohio. Esta maniobra legal era factible gracias a la visita clandestina de algunos de los asociados de Guy Banister a la base paramilitar de Houma, en Lousiana (véase el capítulo 3). A medianoche se habían llevado municiones del búnker de Schlumberger y las habían trasladado a Nueva Orleans.

Tiempo después de tener conocimiento de esta acción, un informante nos avisó de que Novel había hecho una fotografía del camión que habían utilizado para llevarse las municiones. Posteriormente, Novel vendió la instantánea a Walter Sheridan de la NBC. Discutí este caso inusual con el fiscal de distrito de Houma y él insistió en que, en lo concerniente a su jurisdicción, el traslado de municiones había sido un robo. A mi entender, el transporte a Nueva Orleans del material robado había sido un delito de mayor gravedad. Por otra parte, también consideraba que la entrega de pruebas relativas al crimen (la venta de la fotografía a la NBC) había sido un delito cometido en Nueva Orleans.

Pero antes de que yo pudiera interrogar a Novel acerca de esta última aventura, en la que estaba involucrado Guy Banister y su guerra personal contra Cuba, Novel se enteró de que yo andaba tras él (probablemente por alguno de la media docena de hombres de la CIA que en mi inocencia había aceptado como voluntarios) y se largó. Localizamos a Novel en Ohio e intentamos extraditarlo en abril de 1967. Queríamos saber por qué la munición había sido sustraída del búnker de Schlumberger, por qué había sido llevada a Nueva Orleans y por qué había vendido a Walter Sheridan la fotografía del camión.

En las semanas siguientes, Gordon Novel, mediante entrevistas y ruedas de prensa realizadas en Ohio, empezó a publicar más información respecto a algunas actividades de la CIA de la que habíamos podido desvelar en todos los meses anteriores.

Entre otras cosas, anunció que el asunto del búnker Schlumberger había sido de principio a fin una empresa de la CIA.

Incluso el *New Orleans States-Item*, que no había mostrado gran interés por nuestra investigación, publicó un artículo titulado «Pruebas que vinculan a la CIA en la investigación del fiscal de distrito». El artículo afirmaba que «fuertes vínculos unen a la CIA con Gordon Novel». Decía que Novel había informado a unos cuantos conocidos que había sido miembro de la CIA y que utilizaría este hecho para limpiarse de las acusaciones de haber participado en el robo del búnker de Schlumberger*.

«Tanto a los operadores del detector de mentiras como a sus amigos y asociados —proseguía la crónica—, Novel ha dicho que el robo de municiones no era del todo un robo, sino una toma de material de guerra hecha bajo la dirección de su contacto en la CIA.» Novel indicó que el búnker de Schlumberger en la base paramilitar era en realidad «un depósito puntual de la CIA para municiones destinadas a ser utilizadas en el fracasado ataque de Bahía de Cochinos a la Cuba de Castro».

Novel identificó a todos los hombres presentes en el traslado de municiones del búnker como personas que trabajaban para la CIA, entre ellos a David Ferrie, Sergio Arcacha Smith (ex dirigente del Frente Cubano Revolucionario en Nueva Orleans, quien se trasladó a Dallas, Texas, tras ese incidente), y a unos cuantos cubanos anticastristas a los que no conocía.

Aproximadamente un mes después, nuevas pruebas indicaron de forma más fehaciente la evidente relación de Novel con la Agencia Central

* No es inverosímil que en un proceso criminal se utilice como defensa el hecho de que la CIA tenga conocimiento de las actividades de una persona. En 1982, el jurado de la Corte Federal absolvió a cinco norteamericanos de ascendencia irlandesa de los cargos de tráfico de armas, porque, según dijeron, la CIA tenía conocimiento de ello y lo había tolerado.

de Inteligencia. Pocas semanas después de que Novel hubiera partido de Nueva Orleans, dos chicas se trasladaron a su apartamento en el Barrio Francés. Mientras lo limpiaban encontraron un borrador de carta, escrito a lápiz y pegado bajo el plástico del fregadero. La nota iba dirigida a Hoke May, un periodista del *States-Item* y, posteriormente, May me la enseñó. Cuando me pidió permiso para publicarla, le di carta blanca.

La autenticidad de la carta fue confirmada por el abogado de Novel, Steven Plotkin, quien indicó que «todo lo que hay en la carta, en lo que a Novel concierne, es la pura verdad». Gilbert Fortier, un destacado grafólogo de Nueva Orleans, llegó a la conclusión de que la carta había sido escrita por Novel, tras comparar la misiva con otras muestras de la letra de éste.

La carta iba dirigida al probable contacto de Novel en la CIA, un hombre identificado sólo como «señor Weis». Debo añadir que la carta fue escrita en enero de 1967, antes de que saliera a la luz pública nuestra investigación. En su carta Novel indicaba:

> Me he tomado la libertad de escribirle directamente y de ponerle al corriente de la actual situación, a la espera de comunicárselo más adelante mediante los canales adecuados. Nuestras relaciones y actividades durante ese período implican a individuos que, en la actualidad, están acusados de conspiración en la investigación de Garrison [...] Garrison nos ha enviado una orden de compare-

cencia a mí y a un compañero para declarar ante su Gran Jurado sobre cuestiones que podrían estar clasificadas como TOP SECRET...

La carta de Novel venía a decir que la Agencia debía realizar «acciones adecuadas en contra de las investigaciones de Garrison que nos afecten». Sugería que esto podría «tratarse mejor a través de canales militares, es decir, un hombre de la DIA, Agencia de Inteligencia de Defensa. Garrison es actualmente coronel de la Guardia Nacional en Lousiana y está en la reserva».

Aquí teníamos a Gordon Novel sugiriendo a la CIA que me proporcionase un destino militar en activo como forma de quitarme de en medio. Al final no me llamaron al servicio activo. Sin embargo fuimos incapaces de extraditar a Novel desde Ohio. Incluso una llamada personal del gobernador John McKeithen, de Lousiana, al gobernador James Rhodes, de Ohio, solicitándole la extradición de Novel, sólo sirvió para que se continuara protegiendo a Novel como fugitivo. Ohio nos devolvió los papeles de extradición de Novel, indicando que éstos contenían «detalles técnicos que no cumplen con la ley».

Ésta era la primera vez que nuestra oficina perdía un caso de extradición, pero por desgracia, mientras seguimos con la investigación del asesinato de JFK, no sería la última. La mayoría de las extradiciones que yo solicité en este caso fueron bloqueadas como si un pie gigantesco hubiera pisado mi oficina. Entre ellas se incluía un intento de extraditar de Nebraska a la ex novia de Perry Russo, Sandra Moffet, quien había estado en la fiesta de David Ferrie sobre la cual Russo había declarado.

Obtuvimos menos cooperación del Gobierno federal que de los demás estados. Intentamos, por ejemplo, citar al agente del FBI Warren DeBrueys, quien, considerábamos, podía aclarar unas cuantas cuestiones. Un informador nos había explicado que DeBrueys estaba tan relacionado con Guy Banister, David Ferrie y los cubanos anticastristas que, en lugar de operar en la sede local del Bureau, tenía una oficina especial en el edificio de Aduanas de la calle Canal, junto al escenario de las actividades anticastristas. DeBrueys fue citado por el Gran Jurado local, pero, bajo instrucciones del Departamento de Justicia, alegó privilegio ejecutivo y se negó a testificar.

Más adelante llegó la hora de que el Gran Jurado escuchase a Allan Dulles. Quería averiguar más datos acerca de él, sobre todo si Clay Shaw, Lee Oswald, David Ferrie, Gordon Novel y Guy Banister habían pertenecido a la CIA y por qué su ex subdirector, el general Cabell, no había sido interrogado por la Comisión Warren.

Envié una citación a la capital de nuestra nación. En breve llegó una enérgica carta del fiscal de Estados Unidos, en Washington D.C., donde me informaba que «declinaba» usar la citación de Dulles.

Mientras tanto, unos familiares de Richard Case Nagell, un agente federal de Inteligencia, se habían puesto en contacto conmigo. Me contaron que a mediados de 1963 Nagell había descubierto una operación para asesinar al presidente Kennedy. Según explicaron, su intento de advertir de ello al Gobierno se saldó con su ingreso durante tres años en la penitenciaría federal. Estaba a punto de ser liberado y quería reunirse conmigo en otra ciudad. Si yo no podía ir a verle, su familia me visitaría.

Acepté y dos miembros de su familia volaron desde Nueva York a Nueva Orleans para realizar el encuentro. Su confirmación de la historia, aunque desprovista de los antecedentes que sólo él podía suministrar, resultaba convincente. Sin embargo, él no quería viajar fuera de Nueva York, adonde había llegado tras su liberación de la prisión federal. Acordé con su familia discutir esta cuestión más detenidamente al día siguiente.

Esa noche, en casa, examiné el material de la Comisión Warren. El nombre de Nagell no aparecía en el índice de las audiencias ni en los documentos de la Comisión.

No obstante, yo sentía curiosidad respecto a esta extraña historia y decidí buscar cuanto pudiese acerca de Nagell. Si había estado lo bastante cerca del plan del asesinato como para conocer algo de éste con antelación, pensé, la burocracia federal habría realizado un informe sobre él. Incluso aunque hubiera sido alterado para señalar hacia una dirección equivocada, tendría que existir un informe en algún lugar.

Finalmente lo encontré en los documentos de la Comisión. El informe del FBI decía únicamente:

> Para que así conste, le gustaría decir que su asociación con Oswald [refiriéndose a Lee Harvey Oswald] fue puramente social y que se había encontrado con él en Ciudad de México y en Texas.

Nagell había estado realmente en el borde del asunto, al menos, de lo contrario no habría aparecido en el informe del Bureau. Saltaba a la vista, sin embargo, que éste había sido excesivamente purgado. Era uno de los informes más cortos de los que había realizado el FBI durante la investigación. No había referencias al empleo de Nagell. No había indicación alguna de por qué el FBI lo había interrogado. No había referencia de ninguna acusación federal contra él cuando se escribió el informe. Y a pesar de todo, la acusación había sido lo suficientemente auténtica como para que sólo ahora —tres años después— fuese puesto en libertad.

Al día siguiente, por la mañana, me encontré de nuevo con la familia de Nagell en mi oficina y pocos minutos después estaba hablando con él por teléfono. Se mostró explícito en sus requerimientos para una cita. Tenía que ser en Nueva York. Yo debía ir solo. No quería hablar con ningún delegado. El encuentro tenía que ser al aire libre, no en un hotel u otro edificio cerrado.

Un tipo muy suspicaz, pensé, pero comprendí

que tenía sus motivos. Describí un lugar al sur de Central Park, en la calle 59 justo frente al hotel Plaza, cerca del gran estanque. Era una zona de árboles pequeños, arbustos dispersos y bancos. Aceptó que nos encontráramos allí.

Así pues, viajé a Nueva York*. Minutos antes de la hora señalada, salí del hotel Plaza y crucé la concurrida calle hasta el parque. La zona estaba desierta, exceptuando a un hombre alto y encorvado que permanecía allí con las manos en los bolsillos. Su cabello rubio raleaba. Me estudiaba mientras me aproximaba a él.

Nos dimos la mano y nos sentamos en un banco. Resultaba chocante pensar que estábamos en el corazón de Nueva York. No había nadie por allí. Era un día soleado, con una ligera brisa que soplaba a través de los pequeños árboles. Allí mantuvimos, tal como lo recuerdo, una de las conversaciones más sugestivas y frustrantes que haya mantenido jamás. No puedo decir que no me hubiese advertido desde el principio.

—No voy a identificar la organización para la que trabajaba en 1963 —señaló—. Usted mismo tendrá que sacar sus propias conclusiones acerca de eso. No diré en qué estaba trabajando exactamente. Estoy limitado por algunas leyes en este aspecto y ya he tenido suficientes problemas con el Gobierno como para tener otros de nuevo.

* Yo pagué de mi bolsillo tanto el vuelo como el hotel y fueron ese tipo de cosas las que permitieron a los periódicos observar nuestros movimientos y comprobar nuestros gastos.

Sin embargo, yo no podía dejar de preguntar:

—¿Estaba usted en la Compañía? —pregunté.

—No puedo contestar esa pregunta —respondió con un ademán.

—Entonces, ¿qué información puede darme usted? —pregunté. Yo no había viajado hasta Nueva York para escucharle recitar el acuerdo reservado estandarizado que se hace firmar a todos los agentes de la Comunidad de Inteligencia.

—Yo ya estoy fichado por averiguar que el asesinato estaba programado y por mi intento de contactar con el FBI y advertirles de ello. En lo que a mí concierne, tengo el derecho a meterme en esto porque ya lo hice antes. Por eso consideré que usted debería saber de primera mano lo que tengo que decirle. ¿Es esto de algún interés para usted?

Asentí.

A mediados de 1963 él había estado trabajando para el Gobierno de Estados Unidos, así empezó la historia de Nagell, en una agencia que no identificaría. La gente para quien trabajaba, una vaguedad que mantuvo en todo momento, sentía curiosidad por un proyecto que implicaba a un sujeto llamado Lee Oswald y a algunos otros. Por consiguiente, Nagell recibió la orden de establecer las relaciones necesarias y observar. A finales de agosto o principios de septiembre de 1963, por razones que no detallaría, descubrió que se preparaba una operación sumamente importante —enfatizó la palabra «importante»— para asesinar al presidente Kennedy. Nada más hacer este descubrimiento, por razones que no quería explicar, el individuo que le había asignado la misión fue trasladado a otra parte del país y de repente Nagell se quedó sin un contacto directo.

Fue un extraño relato. Nagell fue «quitado de en medio» por la misma agencia gubernamental que le había ordenado dirigir una infiltración en una actividad en marcha. Sólo puedo decir que Nagell me dio la impresión de ser completamente honesto y sincero en su relato.

Sabiendo lo que iba a suceder, siguió diciendo, pero sin tener posibilidad de averiguar cuándo, decidió que la mejor solución era informar a J. Edgar Hoover, director del FBI. Escribió una carta a Hoover donde detallaba todo lo que había podido averiguar acerca del intento de asesinato. Envió la carta certificada, con acuse de recibo. Entonces, al ver que los días y las semanas transcurrían sin respuesta alguna del jefe del FBI, llegó a la conclusión de que su intento de advertir de lo que se aproximaba había sido en vano. Peor aún, a partir del silencio con que había sido acogida su carta, sintió que existía el auténtico peligro de haber caído en una trampa. Después de todo, él había estado en compañía de Oswald, junto con otros, durante parte del verano de 1963.

Al final, en lo que admitió fue un acto de desesperación, decidió que su única forma de salvarse era asegurar que estaba en una institución federal el día en que ocurriera el asesinato. Razonó que prefería la acusación de daños intencionales a verse arrastrado a una gigantesca trampa que lo implicase en el asesinato de un presidente. Se dirigió a un banco federal en El Paso, disparó varios tiros al techo y luego esperó sentado en la cuneta hasta que el guardia acudió corriendo. Tuvo que llamarlo ya que, en su precipitación, había pasado de largo por su lado.

Sin embargo, Nagell no fue acusado de daños intencionales. El Gobierno lo acusó de asalto a mano armada. Además, fue condenado en su juicio y el juez le sentenció a diez años de prisión*.

Nagell contestó varias preguntas. ¿Había estado realmente en contacto físico con Lee Oswald? ¿Verdaderamente cerca de él? Sí, contestó. ¿Y con otros hombres relacionados con Oswald? La respuesta fue afirmativa. ¿Dónde ocurrió esto? En Nueva Orleans y en Texas.

Le pregunté si todos esos hombres y Oswald estaban trabajando juntos en el proyecto o si los demás estaban manipulando a Oswald. Él reflexionó un largo rato. Entonces contestó que no pretendía haber estado lo bastante cerca como para saberlo con seguridad, pero su intuición le indicaba que los otros habían manipulado a Oswald.

Le pregunté los nombres de los demás hombres. Vaciló, pero cuando llegó la respuesta, fue reveladora: Guy Banister, Clay Shaw y David Ferrie.

¿Con qué organización estaban relacionados

* Había cumplido tres años de reclusión. Dos años después, su condena fue revocada porque no hubo pruebas de intento de robo.

estos hombres? Ahora él me miraba con una media sonrisa y movía su cabeza lentamente. Yo presionaba. ¿Estaban relacionados con la CIA?

—No puedo hablar ni nombrar ninguna organización gubernamental —replicó.

A pesar de los problemas que había padecido, no diría una palabra acerca de la Comunidad de Inteligencia, con la única excepción de que el FBI había ignorado su carta de aviso referente al asesinato del presidente Kennedy. Y ésa fue la historia de Nagell. No se movería ni un centímetro más de los parámetros precisos que había establecido.

Durante la mayor parte de mi viaje de regreso a casa reflexioné largo y tendido sobre mi encuentro con Richard Case Nagell en Central Park. Lo había estudiado de cerca durante el tiempo que estuvimos juntos —tres horas más o menos—, y estaba convencido de que no era persona capaz de inventarse un relato. Por otro lado, no cabía duda de que su historia era difícil de digerir. Llegué a la conclusión de que, probablemente, tendría que guardar la charla en el escenario del Central Park como una simple experiencia.

Pasaron muchos años hasta que me encontré leyendo un relato de la detención de Nagell por la policía de la República Democrática Alemana cuando intentaba cruzar hacia la República Federal de Alemania. Definitivamente, no recomendaría a Richard Case Nagell como el mejor agente de seguros.

Nunca llegué a saber si Nagell vino a mí por su propia voluntad o si fue enviado por algún aparato de Inteligencia para desviarme en una dirección desconocida. Pero sucedió otro incidente que me hizo comprender que yo podría ser objeto de una conspiración y acabar desacreditado en cualquier momento.

Progresivamente, comencé a pronunciar conferencias en varias universidades, esperando que mediante la comunicación con los estudiantes de todo el país pudiera contrarrestar el histérico asalto de los uniformes medios de comunicación. Igualmente importante era el hecho de que yo estaba gastando muy rápido mis ahorros de la Guardia Nacional. Los honorarios de esas conferencias me ayudaron a seguir financiando nuestra investigación.

Así me encontré de nuevo en camino. En esa ocasión debía pronunciar un discurso en la Universidad de Nuevo México, y fue en este viaje cuando nuestra estructura de Inteligencia interior hizo su primer intento de tenderme una trampa. Llegué a la Universidad de Albuquerque por la tarde y esa noche hablé con los estudiantes durante varias horas. Recibí una calurosa y esperanzadora respuesta, como solía suceder en las universidades.

Casi inmediatamente después de la charla, Bill Boxley, el ex agente de la CIA que se había convertido en uno de mis investigadores voluntarios, apareció en el vestíbulo de mi motel. Me sorprendió verlo porque yo creía que permanecía en Nueva Orleans.

Me arrastró fuera del lugar y me contó con gran ansiedad que, según sus informes, se tramaba un atentado contra mí. No le había quedado otra alternativa que viajar a Nuevo México donde podría ofrecerme protección. Manifestó su alivio por haber llegado a tiempo.

Siempre había tenido un gran respeto por la inteligencia y habilidad de Boxley. Sin embargo, por una vez, yo estaba furioso. Encontré una mesa vacía y lo llevé allí.

—Sé que siempre llevas un cuarenta y cinco encima.— Él asintió dando una palmadita a su pistolera—. ¿En qué rama del Ejército estabas antes de entrar en la CIA?—pregunté.

Hizo una pausa, sin saber a dónde quería llegar yo.

—En infantería. Fui soldado durante años. Luego en el Cuerpo de Contrainteligencia del Ejército. Luego en la Agencia. ¿Qué sucede?

—Cuando tú estabas en el Ejército —proseguí—, ¿tuviste la oportunidad de aprender lo que significa una orden? —Él asintió—. Así pues, recordarás mi orden de que nadie de mi equipo participase en estas historias de terror, estos interminables rumores sobre que alguien va a ser asesinado.

—Sí, pero... —empezó a decir.

—No hay pero —lo interrumpí—, no comprendo tu obstinación en esta basura paranoide sobre mí, ni tu incapacidad para cumplir una simple orden. Sobre todo cuando significa que yo pagaré de mi bolsillo tu viaje de ida y vuelta.

Lo último se lo gruñí casi ferozmente, porque Boxley andaba siempre sin blanca y continuamente tenía que prestarle dinero.

Por encima de mis airadas objeciones, continuó alegando firmemente que yo necesitaba protección y esa noche Boxley compartió mi suite en el hotel. Durmió en el sofá, con su gran pistola automática del 45 colocada sobre la mesa más cercana. Por la mañana, me acompañó al aeropuerto y me vio partir hacia Los Ángeles, donde yo debía encontrarme con alguien relacionado con nuestra investigación.

Cuando llegué al aeropuerto de Los Ángeles fui directo al quiosco de revistas a comprarme algo para leer. No había asientos libres en la zona de espera de equipaje del aeropuerto pues yo siempre he sido alérgico a dar vueltas para matar el rato. Por consiguiente, tal y como se lo había señalado a Boxley más o menos un mes antes, cuando mencioné el vuelo a Los Ángeles, en ese aeropuerto siempre iba al lavabo de hombres, me sentaba en el retrete de una cabina y leía una revista durante diez minutos hasta que llegaba mi equipaje. Entonces lo recogía, tomaba un taxi y seguía mi camino.

En esta ocasión sucedió algo desacostumbrado. Después de comprar un ejemplar de *Life*, me dirigí al lavabo de hombres para leerlo. Lo abrí por un artículo del general James Gavin, que recomendaba que adoptásemos nuevas técnicas de defensa en la guerra del Vietnam. Justo en ese momento, oí que la puerta de la cabina de mi derecha se abría y cerraba. Había entrado en la primera de una larga fila de cabinas vacías. Cuando alguien entró casi inmediatamente en la cabina más próxima, comprendí que algo andaba mal. Cerré la revista sobre mis rodillas y escuché.

Entonces oí voces quedas susurrando en la puerta. No esperé ni un segundo más. Como sólo intentaba leer, estaba completamente vestido y por ello pude abrir rápidamente la puerta de la cabina. Dos policías del aeropuerto, gordos y uniformados, que se habían detenido un momento en la puerta de salida del lavabo de hombres, se apresuraron a salir simultáneamente, por lo visto en respuesta a mi inesperada emergencia. Los tres salimos juntos.

Entonces vi un anillo de por lo menos media docena más de policías del aeropuerto uniformados, agrupados en un semicírculo alrededor de la entrada del lavabo de hombres. Cuando se dieron cuenta de que me iba, el sargento que estaba a cargo de ellos se dirigió a mí bruscamente.

—¡Eh, señor! —llamó en un tono acusatorio—. ¿Cuánto tiempo ha estado usted en ese lavabo de hombres?

La respuesta, por supuesto, era un par o tres de minutos a lo sumo. No obstante, en estas circunstancias no era ésa precisamente la cuestión.

En el mismo momento que se dirigía a mí, observé que dos mujeres que trabajaban en el mostrador de uno de los servicios de alquiler de automóviles estaban mirándome fijamente y me habían reconocido. Como resultado del intenso asalto de los medios de comunicación, yo había aparecido con frecuencia en la televisión. En esta ocasión me fue muy útil.

—Esto no es ninguno de sus malditos asuntos —le grité. Me volví y, mientras pasaba por delante del otro policía hacia la rampa de equipajes, vi que el sargento al mando movía la cabeza. El otro policía, el que me bloqueaba el camino, se retiró y me permitió pasar.

Al subirme a un taxi, comprendí lo afortunado que había sido al poder irme. Cuando pude reflexionar, sospeché que en esa trampa había más de lo que había visto hasta entonces. Recordé una curiosa llamada que había recibido desde Los Ángeles unas tres semanas antes. La llamada fue a mi casa de Nueva Orleans, donde tenía un teléfono que no figuraba en ningún listín telefónico. El que llamó fue un hombre a quien no había visto desde hacía muchos años. Lo había representado una vez en un caso federal. Lo recordaba como a un homosexual mugriento, furtivo y desmelenado que vendía fotografías pornográficas para ir tirando. A mí me disgustó tener que aceptarlo como cliente, pero en esos momentos mi negocio era representar tanto casos criminales como civiles, así que tuve que llevar su caso. Sin embargo, ese hombre no me pagó y notifiqué a la corte que yo ya no era su abogado.

Años después y sólo tres semanas antes del extraño incidente del aeropuerto, ese tipo me llamó como si bajara del cielo. Después de identificarse, yo le pregunté cómo había obtenido mi número, ya que no figuraba en ningún listín. Respondió vagamente que tenía contactos. Entonces le pregunté por qué me había llamado y se lanzó a una fantástica explicación. Había pensado en visitar Nueva Orleans en el siguiente Mardi Gras*, dijo, y se le había ocurrido que quizá podríamos vernos. Le expliqué que no tenía intención de verlo en ningún momento ni en ningún lugar y colgué el teléfono.

Ahora, de repente, comprendí quién se había metido en la cabina de al lado justo antes del intento de detenerme en el aeropuerto de Los Ángeles. Como un fiscal experimentado, no me resultaba difícil imaginar lo que habría sucedido de no haber salido yo tan rápido del lavabo de hombres, junto a los dos policías. De una u otra forma, mi sórdido ex cliente se las habría ingeniado para salir de su compartimento al mismo tiempo que yo abriera mi puerta. Podemos imaginar cualquier variedad de escenas eminentemente comprometidas. La policía del aeropuerto habría reaccionado y, en mi consiguiente proceso por violar alguna norma sobre delitos sexuales de la legislación de California, me habría encontrado como acusado bajo interrogatorio. En el momento apropiado, un fiscal me habría preguntado si aún mantenía alguna relación con mi ex cliente, a quien justo antes mi fiscal habría acabado de tomar declaración. Por supuesto, yo habría respondido que no. Entonces el fiscal habría sacado la

* Fiesta típica de Nueva Orleans. *(N. de la T.)*

factura del teléfono del hombre de Los Ángeles. Figuraría en ella una conferencia al número no registrado de mi casa de Nueva Orleans. Eso hubiera significado el final de mi partida.

Mi condena por la acusación de delito sexual de menor cuantía hubiera provocado titulares en toda la nación; a la Asamblea Legislativa de Louisiana no le quedaría más remedio que destituirme, y la CIA hubiera completado así otra sucia trampa en nombre de la seguridad nacional.

Analicé completa y repetidamente la escena durante mi visita a Los Ángeles y mi viaje de regreso a casa. Sin embargo, no alcanzaba a imaginar cómo la policía del aeropuerto de Los Ángeles sabía exactamente en qué vuelo iría yo.

La respuesta llegó mucho más tarde, cuando Vincent Salandria, un distinguido abogado de Filadelfia, el más importante crítico de la explicación sobre los balazos de Kennedy ofrecida por la Comisión Warren, vino para ver nuestro equipo de investigación en acción. El día en que llegó Salandria, Bill Boxley estaba presentando al equipo especial alguna prueba que había encontrado en Dallas en un reciente viaje.

Tras disolverse la reunión, Salandria me preguntó si podía ver más datos —informes, notas— de Bill Boxley. Recogí algunas muestras de los archivos y Salandria empleó el resto del día en examinar las carpetas. Al llegar a casa me sugirió que entráramos en el salón y charláramos.

—Una vez usted mencionó su temor de que se hubieran infiltrado en su oficina —comentó casi distraídamente mientras revolvía los documentos que tenía sobre las rodillas. Salandria tenía una voz inusualmente suave, imperturbable, que sugería seda deslizándose sobre seda.

—Pues sí —admití—. Quizás usted se sienta paranoico con este tipo de cosas. Es justo la sensación que yo tengo.

—Jim —dijo suavemente—, me temo que su amigo Bill Boxley trabaja para el Gobierno federal.

Un escalofrío me recorrió todo el cuerpo.

Entonces Salandria, metódicamente, me demostró por qué tenía que ser así. Las memorias e índices de Boxley —todos escritos por su propia mano— no aportaban nada cuando se evaluaban en su totalidad. Resultaba desconcertantemente evidente que el material de Boxley había sido diseñado, primero, para llamar mi atención y, segundo, para no llegar a ninguna parte.

Salandria descolgó el teléfono y llamó a Boxley.

—Bill, Jim y yo hemos mantenido una conversación. Estamos en su casa y nos preguntábamos si usted podría venir.

Dos horas más tarde miraba mi reloj.

—No vendrá —observé.

—Creo que te encontrarás con que Boxley se ha largado —replicó.

Telefoneé a Lou Ivon y le pedí que viniera. Entonces nos encaminamos al apartamento que Boxley había alquilado en Canal Boulevard. Nunca había estado allí. La propietaria nos atendió en la entrada.

—No —dijo ella—, no he visto a ese hombre desde que me alquiló la habitación a principios de este año. Sólo me envía un cheque cada mes.

Me mostró la habitación de Boxley. Había una camiseta, doblada por la asistenta, sobre la cama.

—Dejó esa camiseta aquí hace ya seis meses —comentó. Le mostré el número de la casa de Boxley en mi agenda. Ella movió la cabeza—. Aquí no hay ningún teléfono con ese número.

—En algún lugar de los alrededores —susurró Salandria—, el Gobierno debe de tener una casa muy cómoda y segura. Pero dudo de que la veamos nunca.

No respondí. Estaba pensando en el incidente del aeropuerto de Los Ángeles. Al fin lo comprendí. Boxley había dicho a la policía del aeropuerto en qué vuelo iría. Les había llamado desde Nuevo México después de verme coger el avión. Toda la historia sobre un intento de asesinarme era pura invención. Su verdadera misión no había sido protegerme, sino lanzarme a los lobos.

Estaba disgustado conmigo mismo. Había estado ciego. En contraste, Vincent Salandria se había tomado un solo día fuera de su despacho de abogado en Filadelfia para venir aquí y virtualmente había atrapado a Boxley al primer vistazo.

Al día siguiente averiguamos que Boxley había viajado a Beaumont, Texas, tras la llamada telefónica de Salandria. Desde allí, utilizando el nombre de Wood, envió telegramas a los editores del diario *Times-Picayune* y a cada uno de los estudios locales de televisión declarando que había dimitido como investigador oficial al averiguar que yo era adicto a las drogas.

Un periodista de uno de los estudios de televisión entregó una copia del telegrama a Lou Ivon y le preguntó con curiosidad quién era ese tal Wood, pero la historia no dio más de sí. La respuesta última de Boxley desapareció como una piedra lanzada al centro del lago Pontchartrain, sin dejar una onda.

Con todo, el hombre había estado presente durante meses en nuestras reuniones más secretas. Siempre con su gran cartera en la mano, había estado dentro y fuera de nuestro archivo cientos de veces. Tenía que admitir que me habían engañado Y peor aún, ahora debía tener en cuenta que el Gobierno federal contaba con todos nuestros expedientes.

15

EL JUEGO DE LOS CARTUCHOS

Pasaron cerca de dos años entre la detención de Clay Shaw, el 1 de marzo de 1967, y el inicio de su juicio. Nuestro despacho empleó gran parte de ese tiempo en procesos rutinarios de crímenes locales, en responder a las maniobras legales de los abogados de Shaw y en preparar nuestro caso contra él. Los indicios que perseguimos nos llevaron en muchas direcciones, aunque algunas tenían poco que ver con Shaw. Para mí, la investigación más fascinante en esta última fase apuntaba al ocultamiento de la verdad del asesinato por parte de los estamentos legales oficiales y de los medios de comunicación.

Los ejemplos más destacados eran las manipulaciones de las pruebas por parte de la Comisión Warren y por la unidad de Homicidios de Dallas en sus investigaciones referentes al asesinato de J. D. Tippit. Tippit, por supuesto, fue el oficial de policía de Dallas que fue asesinado a balazos aproximadamente una hora y media después del asesinato de Kennedy. El crimen tuvo lugar en el barrio de Oak Park, cruzando desde Dallas el seco río Trinity, no demasiado lejos del lugar donde Lee Oswald se hospedaba por entonces. Aunque el caso no llegó nunca a juicio, tanto la Comisión Warren como la unidad de Homicidios de Dallas estuvieron de acuerdo en que el asesino, que abandonó el escenario con fría despreocupación, llevándose los cartuchos usados del rifle, era Lee Oswald.

Era una conclusión muy conveniente. Entre otras cosas, proporcionaba al Gobierno un motivo para el asesinato: Lee Oswald era un joven perturbado y temperamental tan violento que podía disparar a sangre fría contra un oficial de policía sin que mediara provocación. Un hombre tan salvaje también era capaz de asesinar al presidente sin ninguna razón. Un miembro del equipo jurídico de la Comisión Warren expuso retóricamente la pregunta y la respuesta: «¿Cómo sabemos que Lee Oswald mató al presidente Kennedy? Porque él asesinó al oficial Tippit.» El argumento inverso también funcionaba a la perfección: sólo un hombre que acababa de matar al presidente y que se sabía perseguido podía tener algún motivo para disparar, a plena luz del día y en un barrio tranquilo, contra un oficial de policía.

El único problema con este guión era que, tal como sucedía con frecuencia, cuando yo examinaba las pruebas, las condenadas conclusiones sobre Oswald no se sostenían.

En primer lugar, teniendo en cuenta lo que se

sabía acerca de los movimientos de Oswald, resultaba altamente improbable que él pudiera haber estado físicamente presente en el momento del asesinato de Tippit. Según diversos testimonios directos, Tippit fue abatido entre las 13.06 y las 13.10 horas. El ayudante de sheriff Roger Craig, que estaba en ese momento en el Almacén de Textos, lo confirmó. Cuando oyó el informe de la muerte de Tippit en la radio, consultó su reloj y eran las 13.06. Además, Oswald, según se supo y quedó establecido, regresó a la casa donde se alojaba alrededor de las 13 horas. Se fue rápidamente y Earline Roberts, el portero, lo vio esperando en la parada de autobuses del norte en la avenida Beckley a las 13.04. El sector donde fue asesinado Tippit está en dirección opuesta, a más de un kilómetro y medio hacia el sur. Basándonos en la interpretación más amplia del factor tiempo, aunque Oswald hubiera cambiado de idea respecto al autobús y se hubiera dirigido hacia el sur, le resultaba virtualmente imposible llegar al lugar antes de que se produjeran los disparos contra el oficial de policía.

La Comisión Warren se limitó a ignorar estas anomalías temporales y presentó varios testigos cuyas declaraciones fueron rápidamente aceptadas. Domingo Benavides, que había sido el testigo más cercano a los hechos (unos pocos metros), no logró asegurar que Oswald hubiese estado presente.

Warren Reynolds, que había visto a un individuo armado corriendo por la calle Jefferson, a una manzana del tiroteo, declaró que el hombre que había visto era Oswald. Pero las circunstancias de su testimonio fueron altamente sospechosas. Al principio, Reynolds había dicho al FBI que «dudaba» en identificar a Oswald como el hombre que corría. Muy poco después, Reynolds fue golpeado en la cabeza en la oscuridad de un aparcamiento subterráneo. Tras una milagrosa recuperación en el hospital, Reynolds pensó por segunda vez lo que había visto y decidió que el fugitivo era efectivamente Oswald.

La inconsecuente declaración de este y de muchos otros testigos puso a Helen Markham como la pieza central del caso del Gobierno contra Oswald. Mientras yo leía el testimonio de Markham, se me ocurrió que pocos procuradores podían encontrarse con un testigo que al principio estaba tan impaciente por servir a su causa y simultáneamente tan destructivo para la misma.

Mientras los otros testigos admitían unánimemente que Tippit murió instantáneamente, Markham subrayó de forma explícita que intentó hablar con él durante veinte minutos, antes de que llegara la ambulancia. Pese a los acuciantes intentos de los abogados de la Comisión Warren por empujarla a una identificación de Lee Oswald (un joven delgado y desgarbado con cabello fino castaño claro), ella informó a Mark Lane, un conocido crítico de la investigación del Gobierno, que el asesino de Tippit era bajo y fornido y tenía una «cabellera enmarañada». Después de eso, ella negó bajo juramento haberlo dicho y sólo lo admitió tras oír una cinta grabada de la conversación. Entonces, haciendo aún más confuso el asunto para el Gobierno, Markham declaró que el asesino tenía el «cabello negro».

Antes de completar su testimonio, algunos observadores dudaron de si Markham había estado o no en el escenario del asesinato de Tippit. Al menos dos testigos no recordaban haberla visto.

Pero, a pesar de todo esto, Markham fue el mejor testigo del Gobierno, el único que identificó a Lee Oswald como el asesino del oficial Tippit. Así se desarrolló la identificación ante la Comisión Warren:

BALL: Bien, ¿cuando entró usted en la habitación, miró a esta gente, a estos cuatro hombres?

MARKHAM: Sí, señor.

BALL: ¿Reconoció a alguno en la fila de identificación?

MARKHAM: No, señor.

BALL: ¿No? ¿No vio a nadie, no reconoció a nadie en esas caras? Tenga en cuenta que eso ya se lo he preguntado antes.

MARKHAM: En esas caras, no.

BALL: ¿No identificó a nadie entre esas cuatro personas?

MARKHAM: No conocía a nadie.

BALL: Ya sé que no conocía a nadie, pero ¿había en esa fila alguien que se pareciera a alguna persona que usted hubiese visto antes?

MARKHAM: No. Nunca había visto antes a ninguno de ellos.

BALL: ¿Ninguno de los cuatro?
MARKHAM: Ninguno de ellos.
BALL: ¿Ninguno de ellos cuatro?
MARKHAM: No, señor.

Finalmente, la desesperación del abogado de la Comisión lo llevó a forzar a su propio testigo con una pregunta cuyo propósito era que el testigo dijera lo que el abogado quería oír, algo inadmisible en cualquier tribunal de justicia:

BALL: ¿Usted lo reconoció por su aspecto?
MARKHAM: Yo me pregunté..., lo observé. Cuando vi a este hombre no estaba segura, pero en ese momento sentí escalofríos.

Este breve intercambio constituye toda la declaración del testigo que identificó a Lee Oswald como el asesino de Tippit.

Hubo otros testigos significativos, por supuesto. Entre éstos se contaba el conductor de la ambulancia y su ayudante, que pudieron aclarar la hora de la muerte de Tippit y qué testigos estaban presentes en la escena: el señor Donald Higgins y su esposa, que vivían justo frente al lugar donde se produjo el crimen y que vieron parte de lo ocurrido, y T. F. Bowley, que usó el micrófono del coche del oficial muerto para informar a la centralita de la policía que Tippit acababa de ser asesinado. Sin embargo, la Comisión Warren nunca llamó a declarar a ninguno de ellos.

Hubo también tres importantes testigos visuales del asesinato que para mí cambiaron totalmente la apariencia del caso. Los descubrí en los numerosos y cada vez más abundantes trabajos que enseguida realizaron reconocidos críticos de la Comisión Warren. Mark Lane, el discrepante que vino después a Nueva Orleans para trabajar en nuestro proceso, había investigado a fondo para encontrar y entrevistar a uno de esos testigos, Acquilla Clemons. Antes del primer disparo, observó a dos hombres que se detenían cerca del coche policial del oficial Tippit. Vio a uno de esos hombres con una pistola, dirigiéndose hacia el otro, mientras trotaba hacia la calle Jefferson, al otro lado de la manzana.

El hombre que corría, a quien recordó como el que había disparado contra el oficial de policía, era, según sus palabras, «bastante bajo y rechoncho». Al segundo hombre lo recordaba como alto y delgado, ataviado con una camisa blanca y pantalones color caqui, vestimenta que ningún otro testigo describió como la que Oswald usaba ese día. Clemons manifestó que los oficiales de policía de Dallas le habían pedido que no contara a nadie lo que había visto si no quería morir. Ese día, en Dallas, el asesinato fue una amenaza habitual por parte de las fuerzas de la ley.

Supe algo referente a Frank Wright a través de Lane*. Wright vio la última parte de la escena que

* La localización y entrevistas que realizó Mark Lane con los testigos clave del asesinato del oficial Tippit fue probablemente el primero y más exhaustivo de los trabajos

describió Clemons. Fue la esposa de Wright quien llamó a la ambulancia que se llevó el cuerpo de Tippit.

El señor Wright, que había estado dentro de su casa, salió justo cuando el oficial Tippit rodaba sobre el asfalto, probablemente el último movimiento de su vida. Wright observó a otro hombre que contemplaba al oficial caído. Entonces, el hombre rodeó el coche policial y subió en un automóvil viejo de color gris que estaba al otro lado. Arrancó y se fue rápidamente.

Me parecía sumamente probable que éste fuera el segundo hombre que había visto Clemons, aquel que fuera conducido por el hombre bajo y rechoncho que se había alejado corriendo. Comenzaba a vislumbrar que estos testigos estaban diciendo algo nuevo: el oficial Tippit había sido asesinado por dos hombres, ninguno de los cuales era Lee Oswald. Caí en la cuenta de lo preocupante de las implicaciones. Si Oswald era inocente del asesinato de Tippit, se desmoronaban las bases de la causa gubernamental contra él.

Tres años antes, el director del FBI, J. Edgar Hoover, debía de haber llegado a la misma conclusión que yo, ya que ordenó explícitamente al agente especial a cargo de la oficina del FBI en Dallas que no permitiera a sus agentes interrogar a Acquilla Clemons ni a los Wright. No lo supe hasta varios años después, cuando el informe del

---

efectuados por todos los críticos de las conclusiones oficiales sobre el asesinato.

FBI enviado por Hoover a Gordon Shanklin apareció en un libro de Michael Kurz. Algo que sí supe entonces fue que no pude encontrar ni un fragmento de las declaraciones de Clemons o de los Wright en los materiales de la Comisión Warren.

A medida que continuaba mi investigación, descubrí que además de los testigos había otra evidencia añadida y alterada por la unidad de Homicidios de Dallas, que mostraba que Lee Oswald se había visto involucrado artificialmente en el asesinato de Tippit. Por ejemplo, leí las transcripciones de los mensajes que se enviaron a través de la radio de la policía de Dallas inmediatamente después del asesinato. Éstos se grababan automáticamente en un registro. Pocos minutos después de que un ciudadano comunicara el primer informe del asesinato por la radio del coche de Tippit, el patrullero H. W. Summers de la unidad policial de Dallas número 221 (designación de una patrulla de automóviles) informó que habían localizado a un «testigo visual del hombre que huía». La descripción del sospechoso señalaba que tenía abundante cabello negro y vestía una chaqueta tipo Eisenhower* de color claro, pantalones oscuros y camisa blanca. «En apariencia iba armado con una pistola automática, oscura, cali-

* El presidente Eisenhower acostumbraba vestir cazadoras saharianas de colores claros. *(N. de la T.)*

bre 32», que esgrimía en la mano derecha. Momentos después, el sargento G. Hill informaba de que «el cartucho encontrado en el lugar indica que el sospechoso está armado con una automática del 38 y no con un revólver»*.

A partir de esto me pareció claro que el arma utilizada para disparar contra Tippit había sido una automática. Sin embargo, el arma presuntamente arrebatada a Lee Oswald cuando lo detuvo la policía de Dallas era un revólver. A no ser que Oswald se hubiera parado a cambiar de arma, lo que nadie sugirió nunca, este detalle abría un enorme agujero en el caso que el Gobierno presentaba.

Las balas encontradas en el cuerpo del oficial

* Para apreciar la injusticia aquí descrita, es preciso entender la diferencia entre una pistola automática y un revólver. Una automática contiene las balas en un cargador, que se introduce en la culata. Cada vez que se dispara el arma, el cartucho vacío que permanece en la recámara salta automáticamente, empujado por el eyector, y el nuevo cartucho con su bala correspondiente ocupa ese lugar desde el cargador. Un revólver, tipificado en la tradición americana del viejo Oeste, lleva los cartuchos y las balas en un tambor circular, que da vueltas en torno a la cámara y que no eyecta automáticamente los cartuchos cada vez que se dispara. Una de las mayores diferencias entre las dos armas es que cada vez que la automática expulsa un cartucho usado, deja en él una marca reconocible del mecanismo eyector. Un revólver no lo hace: sólo deja la marca del percutor.

Otra diferencia es que los revólveres suelen ser de metal y tienen una culata relativamente pequeña, mientras que las automáticas acostumbran tener una culata ancha con un remate de color azul metálico oscuro.

Tippit y los cartuchos hallados en el lugar de su asesinato proporcionaban aún más pruebas del montaje. El juez de instrucción* de Dallas había ordenado que se hiciese la autopsia al cuerpo de Tippit y se habían extraído cuatro balas. Tres de ellas, según se comprobó, estaban recubiertas de cobre y habían sido fabricadas por la empresa Winchester Western. La cuarta, sin embargo, era un proyectil manufacturado por la compañía Remington-Peters. Algo inaudito, pensé, ya que las balas nunca se venden en lotes mezclados. Quienes usan pistolas compran una caja con todas las balas Winchester o con todas Remington, pero no un poco de cada una. El descubrimiento de dos tipos diferentes de proyectiles en el cuerpo de Tippit me indicaba a mí —y debía indicar a los oficiales de policía más experimentados— la probabilidad de que dos pistoleros diferentes hubiesen efectuado los disparos. Esto casaba con las declaraciones de Acquilla Clemons y los esposos Wright.

Cuando ocurre un asesinato, el procedimiento habitual de la división de Homicidios de la policía es enviar las balas y los cartuchos al laboratorio del FBI, en Washington D.C., a fin de estudiar la posible identificación del arma empleada. En este caso, la unidad de Homicidios de Dallas, comprensiblemente incómoda con el anuncio del des-

* El juez de instrucción, en el sistema judicial británico y norteamericano, es el juez encargado de abrir el sumario inicial de un caso para determinar si cabe o no un proceso. *(N. de la T.)*

cubrimiento del juez de instrucción, envió sólo una bala al laboratorio del FBI, junto con el informe de que era la única encontrada en el cuerpo de Tippit.

Para sorpresa de todos, el laboratorio del FBI descubrió que la bala no procedía del revólver de Oswald. Ante esta contrariedad, la Comisión Warren se dedicó a buscar otras balas que pudieran corresponder mejor. Aunque la Comisión no recibió nunca una copia del informe de la autopsia de Tippit, de algún modo se enteró de que en el cuerpo de Tippit se habían hallado cuatro balas, y no sólo una. La Comisión, que en otros aspectos se mostraba poco curiosa, pidió al FBI que buscara las tres balas desaparecidas. Se encontraron cuatro meses después acumulando polvo en los archivos de la unidad de Homicidios de Dallas.

Estas balas fueron enviadas al laboratorio del FBI. Pero el agente especial Courtlandt Cunnungham, experto en balística del laboratorio, declaró ante la Comisión que el laboratorio no podía dictarminar si el revólver encontrado a Lee Oswald había disparado alguna de las cuatro balas halladas en el cuerpo de Tippit.

Los cartuchos que presuntamente se habían encontrado en el lugar del crimen parecían aún más problemáticos. Mientras que al principio las balas habían sido inicialmente puestas bajo control del juez de instrucción que las encontró en el cuerpo de Tippit, los cartuchos —las cápsulas de metal que proporcionan el poder de propulsión a los proyectiles— estaban desde el comienzo bajo la responsabilidad de la unidad Homicidios de Dallas.

El mismo día del asesinato del oficial Tippit, la unidad de Homicidios de Dallas había hecho una lista de todas las pruebas que tenía del caso, un procedimiento muy importante en la rutina policial. Pero este índice no incluía cartuchos de ningún tipo, pese a que algunos testigos mencionaban que los habían visto desparramados en el lugar después del tiroteo, y pese a que los primeros mensajes de radio grabados describían el arma empleada como una automática debido a las marcas del eyector en los proyectiles encontrados en la zona.

No fue hasta seis días después de que se enviara una única bala al laboratorio del FBI en Washington, cuando la unidad de Homicidios de Dallas añadió finalmente en el índice de pruebas del caso Tippit cuatro cartuchos supuestamente hallados en el escenario del crimen. Los cartuchos se enviaron entonces a Washington y el laboratorio del FBI informó rápidamente de que en realidad habían sido disparados por el mismo revólver que Oswald parecía haber comprado por correo bajo el alias de A. Hidell.

La policía de Dallas debió de respirar aliviada al tener conocimiento de este desenlace. Pero para mí, la precipitada aparición de los cartuchos sólo me demostraba aún más la inconcebible manipulación de pruebas que realizaba la unidad de Homicidios de Dallas. Yo sabía que si Oswald había disparado realmente los cartuchos antes de su detención, éstos tendrían que haberse incluido por rutina en la lista de pruebas y remitido al laboratorio del FBI la tarde del asesinato. Sin embargo, los cartuchos no se enviaron hasta mucho después de que la unidad de Homicidios de Dallas supiese que el laboratorio no había encontrado marcas positivas del revólver de Oswald en la única bala enviada al principio. (Esta evaluación debía llegar desde el laboratorio de Washington a la oficina del FBI en Dallas por télex y en un plazo de veinticuatro horas.)

Me parecía claro lo que había sucedido. Al fracasar en obtener una identificación positiva entre la bala y el revólver de Oswald, la unidad de Homicidios de Dallas no podía enviar cartuchos con la marca de un eyector de pistola automática, aun cuando fueran los cartuchos realmente encontrados en el escenario del crimen. En vez de eso, un miembro de la división de Homicidios o alguien que cooperaba con ella disparó con el revólver de Oswald después de su detención, para obtener de este modo los cartuchos que necesitaban con la marca impresa. Fueron éstos los cartuchos enviados a Washington.

Sin embargo, la principal característica de la unidad de Homicidios de Dallas no era la eficacia, ni siquiera en la fabricación de pruebas.

El laboratorio del FBI descubrió que dos de las cápsulas de proyectil habían sido manufacturadas por la Western y dos por la Remington. Dado que el laboratorio ya había llegado a la conclusión de que tres de las balas encontradas en el cuerpo de Tippit eran de proyectiles de cobre Western y uno era un Remington, estos números, simplemente, no cuadraban.

Peor aún, en las audiencias de la Comisión Warren llegó a ser molestamente evidente que la unidad de Homicidios de Dallas había enviado unos cartuchos usados que en realidad no eran los hallados en el escenario del asesinato de Tippit. Un testigo, Domingo Benavides, encontró dos cápsulas de cartuchos usados no lejos del lugar del tiroteo y se los entregó en mano al oficial J. M. Poe. El sargento Gerald Hill, de la policía de Dallas, dio instrucciones a Poe para que los marcara, es decir, para que inscribiera sus iniciales en ellos a fin de mantener la cadena de las pruebas. Éste es un sistema habitual en el procedimiento policial que siguen todos los oficiales de Homicidios en todas partes.

Según informó Poe a la Comisión Warren, él creía que los había marcado, aunque no podía asegurarlo con certeza. En las audiencias de la Comisión Warren, Poe examinó cuatro cartuchos, pero no logró identificar sus marcas en ellos.

El sargento W. E. Barnes informó a la Comisión que él había recibido dos cartuchos del oficial de Poe en el cuartel de la policía y que había añadido en ellos sus propias iniciales. Sin embargo, él tampoco pudo identificar positivamente las dos cápsulas.

Tras haber estudiado todas las pruebas, sabía que debía hacer algo serio. Mi estudio sugería que dos hombres habían asesinado al oficial J. D. Tippit. Esto no me sorprendía. Los artífices del asesinato del presidente habrían cometido un grave error si hubieran enviado un solo civil, armado con una pistola del 38, a eliminar a un oficial de policía entrenado. Cualquier oficial experimentado, herido una o incluso dos veces por un 38, podía, con un poco de suerte, atravesar la cabeza de su asaltante de un balazo. Por eso, si la muerte de Tippit era importante para el complot —quizá como medio de inculpar a Oswald y demostrar que era en realidad brutalmente violento—, necesitaban por lo menos a dos hombres para que hicieran el trabajo con limpieza.

La prueba sumergida de que Oswald no había cometido el asesinato de Tippit confirmaba toda la investigación previa que yo había realizado, es decir, que Oswald era un hombre de maneras apacibles e incapaz de tal violencia. En el posterior juicio de Shaw, comprendí que si podía convencer a un jurado de que Oswald era incapaz de asesinar a John Kennedy o a J. D. Tippit, ello incrementaría inmensamente nuestras posibilidades de conseguir una sentencia, ya que forzaría inmediatamente al jurado a considerar la posibilidad de una conspiración como una alternativa realista al montaje urdido por la Comisión Warren.

A pesar de ello, el caso de Tippit era aún más significativo para mí porque revelaba el alcance de la tapadera perpetrada por el Departamento de

Policía de Dallas, o más bien por la unidad de Homicidios de Dallas. Yo recordaba que en una ciudad del tamaño de Dallas, la unidad de Homicidios era pequeña, compuesta por unos seis o nueve oficiales de policía. El artífice del asesinato habría sido capaz de predecir antes del crimen quiénes se encargarían de investigarlo y muy bien podría controlar a los hombres estratégicos. De todos modos, el hecho de que esta unidad, bajo el mando de hierro del capitán Will Fritz durante más de tres décadas, hubiera ocultado y manipulado pruebas, no era razón para condenar a todo el departamento.

Repasé lo que sabía respecto a la conducta de la unidad de Homicidios en el caso Kennedy. Se había descubierto una posible arma asesina, un fusil Mauser 7,65 mm, en la «guarida» del sexto piso del Almacén de Textos Escolares de Texas, pero pronto se había perdido (véase el capítulo 7). Lee Oswald había sido interrogado durante doce horas y no se había grabado ni una palabra del interrogatorio (véase el capítulo 2). Se había permitido que varios sospechosos detenidos en las proximidades de la plaza Dealey fueran puestos en libertad sin ni siquiera obtener sus nombres o sus fotografías (véanse los capítulos 2 y 16). Se había olvidado investigar la camioneta Nash Rambler en la que el ayudante del sheriff Roger Craig vio subir a Oswald tras salir corriendo del Almacén de Textos.

En realidad, se mintió acerca de este incidente, al negar que Craig hubiera estado en ningún momento en el cuartel de la policía (véase el capítulo 7). Lo peor de todo es que se permitió que Oswald fuera asesinado en el sótano de su propio cuartel general, rodeado por docenas de policías y que inmediatamente se cerrara el caso, por considerarlo resuelto.

Ahora agregaba a este apabullante repaso la escandalosa manipulación de pruebas en el caso Tippit: el ocultamiento de tres balas, la desaparición de los cartuchos de automática encontrados en el lugar, el tardío descubrimiento de los cartuchos de revólver, el fracaso en seguir las huellas de los dos hombres a quienes los testigos habían visto.

Al principio me parecía que el objetivo del homicidio de Dallas había sido desarrollar un caso contra Oswald, el hombre que había sido precipitadamente designado como asesino. Sin importar cómo, era preciso endilgar a Oswald el asesinato de Tippit, para reforzar así la hipótesis de que él era en realidad capaz de asesinar al presidente sin ningún motivo aparente.

Pero mientras revisaba el informe, se me ocurrió una segunda idea más escalofriante. Quizá la unidad de Homicidios de Dallas no había alterado las pruebas de forma sistemática para crucificar a Oswald en un arranque de equivocado patriotismo.

Tal vez habían actuado intencionalmente, para proteger a los auténticos asesinos de John Kennedy de J. D. Tippit. En ese caso, significaba que estábamos tratando con algo más que simple incompetencia, incluso con algo más que una tapadera. Todo ello significaba que la unidad de Homicidios de Dallas —o sus miembros clave— estaba, en el peor de los casos, involucrada en el asesinato desde antes de que sucediera o, en el mejor de los casos, activamente comprometida después de que se perpetrara.

16

LA HUIDA DE LOS ASESINOS

Nunca me importó tanto averiguar quién apretó el gatillo como saber quién organizó, pagó y se benefició del asesinato de John Kennedy. Sí me interesaba muchísimo el hecho de que las autoridades de Dallas hubieran permitido irse libremente a muchos sospechosos en las cercanías de la plaza Dealey el 22 de noviembre de 1963. Si esos sospechosos hubieran sido correctamente detenidos e interrogados, presiento que alguno de ellos hubiera conducido a las autoridades hasta los que se ocultaban detrás del asesinato.

Yo ya tenía conocimiento, a través del ayudante de sheriff Roger Craig y de otros testigos, de la partida de tres sospechosos desde el Almacén de Textos, muy poco después de que se realizaran los disparos fatales. El vehículo en que huyeron era una camioneta marca Nash Rambler, de color claro, y con una baca para equipaje en el techo. Durante el tiroteo, estaba aparcada en la calle Houston, adyacente a la entrada trasera del Almacén y encarada hacia el norte, en dirección contraria al tráfico de la calle Houston. Nadie observó a un conductor sentado en ella mientras estaba aparcada.

Cuando ya hubo pasado el tiroteo, llegaron tres hombres corriendo desde la entrada trasera del Almacén y subieron a la camioneta. Se fueron en dirección norte por Houston a tal velocidad que una de las puertas aún estaba abierta y se movía. Gracias a Craig supe que la camioneta giró en redondo, pasando a la derecha y frente al Almacén para recoger a un hombre joven. El hombre joven saltó hacia el interior del vehículo y éste se alejó a toda velocidad.

Lo más asombroso de este breve viaje no fue que los agentes de la ley no interfirieran, sino que los movimientos de la camioneta fueran tan temerarios. Ello sugería que el conductor sabía a ciencia cierta que no encontraría obstáculos. De hecho, el norteamericano medio se enfrenta a más problemas al conducir por el centro de la ciudad una tarde cualquiera que los que encontró ese chófer que conducía a toda velocidad y contra dirección en una calle de sentido único, en el escenario del asesinato del presidente de Estados Unidos. Cabe destacar que el informe de Roger Craig acerca de este incidente al jefe de Homicidios de Dallas, Will Fritz, no se halló en ninguna parte. Nadie se molestó en averiguar a quién pertenecía la camioneta.

Los testigos que estaban detrás de la comitiva presidencial oyeron disparos no sólo desde el Almacén de Textos, sino también desde el edificio Dal-Tex, cerca de Houston y Elm. Al menos un hombre, detenido inmediatamente después del tiroteo, había salido corriendo del edificio Dal-Tex sin dar ninguna explicación de su presencia allí. Las autoridades locales difícilmente podían evitar detenerlo debido al clamor de los espectadores. Lo llevaron a la oficina del sheriff, donde lo retuvieron para interrogarlo. Sin embargo, la oficina del sheriff no facilitó ningún informe sobre el interrogatorio de este sospechoso, si en realidad se hizo alguno; tampoco se obtuvo un informe con su nombre. Poco después, dos policías uniformados lo escoltaron fuera del local entre los abucheos de la multitud que esperaba en el exterior. Lo metieron en un coche de policía y se lo llevaron. En apariencia ésta fue su despedida de Dallas, porque simplemente desapareció para siempre.

Otro hombre fue detenido en el edificio Dal-Tex. Según los responsables de las fuerzas de la ley de Dallas, dijo que se llamaba Jim Braden y fue puesto en libertad después de que se comprobara su identidad. Cosa rara, el Gobierno federal proporcionó en ese momento un considerable acopio de información acerca de este individuo. Su nombre auténtico, se dijo, era Eugene Hale Brading, y era un ex convicto con un historial de varias docenas de detenciones. Meses antes del asesinato, comenzó a utilizar el nombre de Jim Braden, bajo el cual tenía registrado en Los Ángeles su negocio de petróleo. Explicó a las autoridades que había estado en Dallas por asuntos de negocios, con la aprobación del oficial encargado de su libertad condicional. Sólo unos pocos días antes, había tenido una cita con uno de los hijos de H. L. Hunt, el magnate del petróleo. Braden explicó que estaba en el edificio Dal-Tex en el momento del asesinato porque quería hacer una llamada telefónica. Cuando vio que el teléfono público estaba averiado, salió, momento en que lo detuvieron.

Esta historia contenía varias pistas sugestivas de lo que ahora yo reconocía como los «falsos patrocinadores»* del asesinato. No sólo estaba la vaguedad de la explicación que proporcionó el hombre acerca de su presencia en el edificio Dal-Tex, sino el hecho de que tenía un largo historial de detenciones que evocaban conexiones con el «crimen organizado». Éste fue el primero de los falsos patrocinadores a que los medios de comunicación aludieron vagamente. Estaba su pista que conducía a H. L. Hunt, un representante de los «magnates del petróleo del suroeste», el segundo de los falsos patrocinadores que siempre parecían emerger. Después de un prolongado análisis, sin embargo, quedaba claro que esa contribución de Braden al asesinato era un rotundo cero. Éste, concluí yo, era el motivo por el cual su nombre (y

* Los «falsos patrocinadores» son los sospechosos ficticios que rutinariamente crea la maquinaria de desinformación en la Comunidad de Inteligencia, a fin de proteger una acción encubierta y evitar que algún incauto se acerque al camino equivocado desde el punto de vista de la Inteligencia gubernamental. Véase en el capítulo 20 un tratamiento más detallado del uso de los falsos patrocinadores.

sólo el suyo entre todos los sospechosos) fue dado a conocer al público.

Yo era consciente de que las autoridades locales habían ignorado también a varios sospechosos que estaban en el montículo de hierba situado enfrente de la comitiva presidencial. Desde hacía tiempo sabía que Julia Ann Mercer había visto a un hombre con una funda de fusil subiendo el montículo de césped, una hora antes del asesinato. Los oficiales de policía que permanecían en las inmediaciones del paso superior obervaron lo que sucedía y no hicieron ningún movimiento para interceptarlo (véanse los capítulos 2 y 17).

Sólo mucho tiempo después me enteré de que incluso hubo otro sospechoso, que se fue inmediatamente después del tiroteo, deslizándose literalmente desde la parte trasera del montículo de hierba hacia su coche. Tom Tilson, un oficial de policía libre de toda sospecha, había oído la noticia del tiroteo en la radio de su coche y había visto el automóvil del presidente avanzando a toda velocidad. Mientras conducía cerca del paso superior, vio a un hombre «resbalando y deslizándose» hacia abajo por la ladera del arcén, en el punto más alejado del Almacén de Textos. Éste fue el único hombre a quien el oficial Tilson descubrió alejándose a toda prisa del lugar del tiroteo, así que lo vigiló. El hombre bajó hasta llegar junto a un coche aparcado allí, echó algo sobre el asiento trasero, se puso de un salto tras el volante y arrancó a toda velocidad.

Tilson siguió al coche en una salvaje carrera.

Cuando logró acercársele lo suficiente, le dictó a su hija, que viajaba con él, el número de matrícula, la marca y el modelo del coche. Ella anotó la información y después de que el coche se hubiera alejado la transmitió a la unidad de Homicidios de Dallas. Sin embargo, no hubo ninguna respuesta de Homicidios. El oficial Tilson no oyó ninguna otra palabra acerca del sospechoso a quien había perseguido.

En la época en la que estaba indagando el tema de los sospechosos huidos, me abordó un consultor informático de Nueva York llamado Richard E. Sprague. Éste había recopilado y estudiado extensamente muchas de las casi quinientas fotografías y películas tomadas en la plaza Dealey el día del asesinato. Le inquietaban en particular varias fotografías nuevas que mostraban a tres hombres detenidos en los andenes de ferrocarril, detrás del montículo de hierba, que caminaban escoltados por policías armados con armas cortas.

Estudiando varias fotografías tomadas en el área del montículo de hierba, a la derecha y enfrente del presidente Kennedy, Sprague había trazado la ruta de esos tres hombres al vagón de carga vacío en los andenes del ferrocarril, donde habían sido capturados después de correr desde el montículo. Yo recordé que el sargento Harkness había descrito a esos hombres en su declaración ante la Comisión Warren (véase el capítulo 2). Los «vagos y pordioseros», según palabras de Harkness, habían sido capturados en un vagón de carga, en el momento en que el tren, por casualidad o calculadamente, comenzaba a partir del andén de la estación. El tren en movimiento fue detenido por el guardagujas, Lee Bowers, quien accionó los controles desde su torre de más de cuatro metros, permitiendo así a la policía que los perseguía saltar dentro del vagón. Según Harkness, los tres sospechosos «fueron conducidos hacia la estación e interrogados». Aún no existen informes de esos sospechosos, ni nombre, ni fotografías, ni huellas dactilares, ni pruebas de nitrato. Las autoridades de Dallas también dejaron en libertad a estos sospechosos en algún punto a lo largo de la línea férrea.

Los reporteros gráficos William Allen, del *Dallas Times Herald*, y Joe Smith, del *Fort Worth Star**, tomaron las fotos de los «vagabundos» mientras los sospechosos pasaban junto al Almacén de Textos, presumiblemente camino a ser interrogados. Sprague creía que esas fotografías, que asombrosamente jamás se publicaron, podían ayudar a desvelar algunos misterios del asesinato. Si ni los «vagabundos» ni los oficiales que los escoltaban pudieron ser identificados, se abrían nuevas avenidas para la investigación.

* Jack Bears, del *Dallas Morning News*, también tomó fotografías de la misma escena, pero Sprague no obtuvo las fotos de Bears hasta más tarde. Todas ellas están ahora en los archivos del Western New England College, en Springfield, Massachusetts. Un ejemplo representativo aparece en una de las fotografías que ilustran este libro.

Me dije que necesitaba copias y le pedí a Sprague que me enviara algunas inmediatamente. Debía viajar a Nueva York para participar en el espectáculo de Johnny Carson. Para mí era una oportunidad especial que me permitía informar en directo al público estadounidense acerca de nuestra investigación y necesitaba las fotos como documentación. Sprague lo arregló todo para que me las entregaran en el aeropuerto de Nueva Orleans.

La oportunidad de participar en el espectáculo de Carson se logró inesperadamente gracias a los esfuerzos de Mort Sahl. Este elocuente escritor satírico, que había dedicado mucho tiempo en Nueva Orleans para ayudar a la oficina de varias maneras, conocía a la perfección mis problemas de comunicación con el público a través de los medios de información. Incluso la rueda de prensa más simple involucraba un proceso de «traducción», de modo que lo que salía en los medios nunca se parecía precisamente a lo que yo había dicho. Sahl, siendo un hombre del mundo del espectáculo, tenía acceso a lugares que a mí me resultaban vedados, como el espectáculo de Johnny Carson. Una noche en que él estaba en el programa, la conversación derivó al tema del asesinato y mi investigación. Repentinamente Sahl se volvió hacia la audiencia y preguntó si ellos no pensaban que Carson debía llevarme como invitado al programa para que yo expusiera mi punto de vista acerca del caso. La respuesta fue tan rotundamente afirmativa que no dejó otra alternativa ni a Carson ni a la cadena. Pocos días después, recibí un telegrama de invitación que me apresuré a aceptar.

En el avión de Nueva York, abrí el paquete de fotografías que me había enviado Sprague. Había alrededor de media docena. Estudié cuidadosamente los rostros de las instantáneas. Uno de los tres hombres detenidos era de estatura media y grandes hombros, con una desordenada cabellera rubia y media sonrisa en la cara. Los otros dos eran bajos, y no evidenciaban mucha preocupación. Uno de los hombres bajos llevaba un arrugado sombrero de fieltro, pero estaba echado hacia atrás y permitía ver a los lados un corte de pelo cuidado.

Este detalle me suscitó algunas preguntas. Por lo que yo sé, los que acostumbraban vagabundear por las líneas férreas en el pasado solían llevar el cabello enmarañado y largo, fruto inevitable de su vida en los caminos. Pero cada uno de estos hombres lucía un cuidado y reciente corte de pelo. Además, las fotografías de 20 por 25 centímetros no dejaban lugar a dudas de que todos ellos estaban perfectamente limpios y afeitados.

Los tres hombres llevaban ropa raída y basta, pero parecían ir completamente limpios. Por otra parte, mientras los verdaderos vagabundos invariablemente lucen zapatos con suelas finas y gastadas, que ponen en evidencia su precaria situación económica, no sucedía así en estas imágenes.

Varios detalles suscitaban también preguntas sobre los oficiales de policía. La primera era por qué los hombres no estaban esposados. Parecía extraño. Los oficiales de policía suelen esposar a sus prisioneros por faltas mucho menos graves que el asesinato de un presidente. Si ésos eran lo bastante peligrosos como para caminar escoltados por una guardia armada, también lo serían como para ir esposados. Incluso, por alguna razón, los sospechosos de las fotografías no mostraban la acostumbrada inquietud de quienes han sido capturados huyendo de la escena de un crimen.

Otro extraño detalle de las fotos era que los oficiales no llevaban las armas en fundas o cartucheras, como suele suceder en la mayoría de las ciudades. Cada uno llevaba el arma de forma distinta, informal, como si se tratara de ir a cazar pájaros. Además estaba el hecho curioso de que uno de los policías parecía llevar unos pantalones que no eran de su talla. Supongo que el Departamento de Policía de Dallas debía de tener algún tipo de reglamento sobre el uniforme, pero el atuendo de este oficial no parecía seguir esas normas. Por fin, se advertía una cuestión interesante en el oficial que caminaba al frente, aparentemente el jefe del piquete de detención. Era un hombre alto y enjuto que llevaba un radiorreceptor en miniatura colgado en la oreja, un artefacto muy pequeño*. Yo sabía que en 1963 muchas agencias de Inteligencia

* Otro grupo de fotografías tomadas en la plaza Dealey poco después del asesinato por Jim Murray, de Blackstar Photo Service, y por William Allen, del *Dallas Time Herald*, mostraban a otro individuo utilizando exactamente el mismo tipo de radiorreceptor en un auricular casi invisible. En esta serie de fotos, aparece el ayudante del sheriff Buddy Wal-

poseían esos aparatos, pero no sabía de ninguna fuerza local de policía que los tuviera.

Al reunir todos los detalles me pregunté no sólo si los sospechosos mal vestidos eran realmente vagabundos, sino también si los hombres armados uniformados pertenecían en efecto a la policía de Dallas*. Por supuesto, el hecho de saber que los sospechosos habían sido puestos en libertad sin realizar ningún informe sobre su

---

thers, observando una bala mientras un hombre rubio bien vestido intenta cogerla. El rubio no identificado lleva el radiorreceptor de plástico colgado en el lóbulo de la oreja. La bala no apareció nunca más. La Comisión Warren no interrogó a Walthers respecto a la bala ni al hombre rubio con el auricular, y él tampoco explicó voluntariamente nada acerca de eso. Tiempo después Walthers murió asesinado, con lo que se puede concluir que esa bala permanecerá en la larga lista de pruebas desaparecidas o destruidas.

* La Comisión Warren nunca trató ese tema. No hizo ninguna referencia a los «vagabundos». Sin embargo, el Comité Especial sobre Asesinatos de la Cámara de Representantes sí lo hizo. Uno puede preguntarse cómo se trató de identificar a esos sospechosos. ¿Acaso el equipo de la Comisión pactó con las autoridades de Dallas mostrar a los policías de uniforme en las fotografías? Estos guardianes de los prisioneros podían proporcionar algunas pistas acerca de su identidad. Después de todo, lo primero que hace un policía, aun en un caso menor, es preguntar el nombre del sospechoso. Sin embargo, los captores podrían haber ayudado muy bien a explicar por qué esos tres personajes pudieron evaporarse con menos problemas que si hubieran sido detenidos por robar en una tienda.

Por desgracia, no existe ningún informe de algún intento del Comité para identificar a los hombres uniformados.

detención no me aclaraba ninguno de estos puntos.

Al día siguiente me dirigí a las oficinas de Carson en la cadena NBC, donde había sido citado a primeras horas de la tarde. El programa se retransmitiría esa noche. Alguien me explicó que en ocasiones especiales se entrevistaba al invitado antes de la transmisión en directo, ya que Carson quería tener alguna idea del tema que trataría en el debate. Acepté rápidamente. Acto seguido, tres o cuatro hombres bien vestidos, obviamente todos abogados, entraron en la sala. Me interrogaron durante varias horas acerca de cuáles serían exac-

---

Tampoco se enviaron a miembros del mando del Departamento de Policía, quienes, con sólo dar un vistazo, podrían haber dado los nombres de los guardianes de los prisioneros desaparecidos.

Más bien el Comité de la Cámara se acercó al tema como si se tratara de seres venidos de otro planeta. Formaron un equipo de expertos en antropometría y les proporcionaron las fotografías de los hombres arrestados. Estos antropólogos midieron cuidadosamente las narices, las frentes y otras partes con un calibrador. Entonces los antropólogos repitieron la operación de medir la nariz, la frente, etcétera, de varios personajes que, según se creía, alimentaban un gran malestar hacia John Kennedy. Cuando las medidas no cuadraban, el jefe de los antropólogos declaraba entonces en las audiencias que esos sospechosos no estaban entre los detenidos.

En una nación de más de doscientos millones de personas, tal proceso de eliminación llevaría un tiempo muy largo. Lo que inventó el Comité Especial sobre Asesinatos de la Cámara —o al menos su equipo de investigadores— fue un método científico para asegurar que los hombres detenidos después del asesinato nunca fueran identificados.

tamente mis respuestas frente a determinadas preguntas. Encajé las preguntas y ellos grabaron mis respuestas.

El propio Carson entró de sopetón en la sala para cumplir brevemente con la obligada bienvenida a un invitado antes del programa. Parecía rígido e inquieto. Para dar pie a una breve conversación, le comenté que yo era oriundo de un pueblecito al oeste de Iowa, a pocos kilómetros del suyo en Nebraska. En respuesta, echó un vistazo a su reloj y se fue. Me sorprendió descubrir que alguien tan jovial y sonriente ante las cámaras pudiera parecer un pez frío fuera del estudio.

Aquella noche llegué pronto a la cadena de televisión. Se había previsto que Carson me entrevistara durante una hora. Después de una breve espera en una pequeña habitación verde, alguien me llevó afuera, me empujó junto a una cortina muy ancha, y allí estaba yo, rodeado de grandes luces brillantes, de pie en un estudio de televisión. El público estaba aplaudiendo tan calurosamente que me hacía sentir como un millón de dólares; les brindé una gran sonrisa y me volví.

Mientras me acomodaba junto a Carson, vi que el escritorio estaba cubierto con preguntas y respuestas mecanografiadas. Me bastó dar un vistazo para reconocer que eran las preguntas que había contestado a primera hora de la tarde, seguidas de las respuestas que yo había dado a los abogados. Después de eso habían mecanografiado las preguntas que le sugerían hacerme.

Carson comenzó leyéndome una larga y enmarañada pregunta del estilo de «¿Cuándo dejó usted de golpear a su esposa?». Era una verborrea hinchada con fantásticas, fatuas y estrafalarias especulaciones respecto al asesinato, ninguna de las cuales se correspondía con las declaraciones que yo había hecho.

Después de un par de minutos vi que había terminado y que esperaba mi respuesta. Sus pequeños ojos sin humor, como un par de delgados mármoles oscuros, estaban fijos en mí. Por lo visto, él creía realmente que yo había sido la fuente de tal basura intelectual. De pronto me resultó difícil contener la risa y supe demostrarlo.

—Johnny —le dije—, ¿cuánto tiempo tengo para contestar a eso?

Cuando vio que yo descartaba por completo la pregunta, bajó la vista y empezó a leer la siguiente. Entonces comprendí que iba a formular cada pregunta como un papagayo, leyendo mi propia respuesta y saliendo con algún rompecabezas cerebral que los abogados le habían agregado. Esto me convenía. Como abogado, estaba acostumbrado a los procedimientos del adversario. Por otra parte, sabía que Carson estaba habituado a los invitados que admitían sonrientes todo lo que él decía.

Confiaba realmante en un abierto intercambio de ideas con Johnny Carson. Pero no estaba dispuesto en absoluto a entretenerme en juegos en los que yo era la pelota. Por eso cambié muy pronto y completamente mi *modus operandi*. Tan despreocupadamente como una persona puede moverse en una sala de juzgado de una silla a otra, comencé a cambiar mis respuestas a los abogados esa tarde.

Por supuesto, no cambié el contenido. Sólo alteré la forma o, en algunos casos, el énfasis. Por ejemplo, cuando la pregunta tenía dos partes, daba ahora la segunda respuesta en primer lugar, a diferencia de como lo había hecho por la tarde. Tras unas pocas preguntas, comprendí por el movimiento arriba y abajo de los dedos de Carson que éste había perdido el punto. Nunca más lo encontró.

No intentaba ser astuto. Ni tampoco trataba de librar un duelo de ingenio con un gran talento cómico como Carson. Como abogado, simplemente estaba utilizando mi mejor recurso. Poco a poco, trasladé el centro de nuestro coloquio a un punto donde era yo quien hacía las preguntas. Por supuesto, él no estaba preparado para manipular un tema tan complejo como éste. Cuando claramente frustrado me preguntó por qué el Gobierno aún estaba ocultando pruebas, yo me contuve, pero supe que había llegado el momento de exhibir las fotografías.

—No me lo pregunte a mí, John —le dije, abriendo mi maletín—. Pregúnteselo a Lyndon Johnson. Usted sabe que él debe tener las respuestas.

Me miró fijamente, sin comprender y sin responder.

—Tal vez sería mejor que le mostrara unas fotografías —añadí buscando en el maletín.

Antes de que nadie pudiera detenerme, sujeté frente a la cámara una de las grandes imágenes que mostraban a los tres hombres caminando escoltados por los policías de Dallas con sus armas. A Carson le llevó un momento reconocer la escena, pero cuando se dio cuenta de lo que era, arremetió contra mi brazo como una cobra y lo bajó violentamente para que las fotografías salieran del ángulo de visión de la cámara.

—Fotografías como éstas no se muestran en televisión —advirtió ásperamente.

Yo levanté de nuevo la fotografía para exhibirla delante de la cámara.

—Por supuesto que sí —repliqué—. La cámara puede recoger esto.

En esta ocasión, me apartó el brazo aún con más brusquedad.

—No, no se puede —espetó.

No obstante, yo icé la foto por tercera vez. En esta oportunidad, sin embargo, vi que parpadeaba la luz roja y comprendí que el director de escena había desconectado la cámara. Otra cámara, probablemente enfocada hacia el público, estaba ahora emitiendo otra imagen más amable hacia Estados Unidos.

Entonces, antes de que nadie pudiera cambiar de tema, dije en voz alta:

—Nunca hemos vuelto a ver a esos hombres detenidos cuyas imágenes han aparecido en pantalla. Todos fueron puestos en libertad.

En ese momento supe que había comunicado lo que deseaba. Por supuesto, tuve un anfitrión molesto ante mí el resto del programa. Pero ése era su problema, no el mío.

Durante el viaje de regreso a Nueva Orleans reflexioné acerca de la mentalidad de Carson y de los abogados de la NBC que me habían interrogado. Comprendí que estaban nerviosos por mi forma de ver las cosas, pero no porque disintieran de ello, sino porque yo estaba invocando explícitamente la existencia de una conspiración en el asesinato del presidente Kennedy. Recordé la evidente preocupación de los abogados cada vez que se acercaban a la idea de una conspiración. Me sentí como si fuera un ciudadano alemán a mediados de los años treinta que hubiera cuestionado públicamente la salud mental de Adolf Hitler y que hubiera formulado la obligada pregunta antes de ser conducido hacia un hospital psiquiátrico. Recordé que el propio Carson había estado a punto de desintegrarse al calor de nuestra argumentación cuando llegué al momento crítico de insinuar que hubo una conspiración.

Me pregunté por qué esa gente, que se movía en el mismísimo centro de la industria de los medios de comunicación de Nueva York, se mostraba tan alérgica a la teoría de una conspiración. ¿Qué hacía tan inconcebible y tan completamente impensable la tesis de una conspiración?

Entonces, quizá por primera vez, percibí qué petrificaba a esa gente, qué congelaba sus cerebros en una sola dirección. Reconocer que había existido una conspiración organizada implicaba reconocer que se había hecho con un propósito: cambiar la política del Gobierno. Tras decir al mundo durante muchos años que éramos maravillosos, aquí, en el país más grande del mundo, la gente de los medios de comunicación no quería admitir que nuestro líder nacional podía ser apartado de una manera tan brutal a fin de cambiar la política gubernamental. Eso revelaría la mentira de la democracia estadounidense. Eso no podía hacerse de ninguna manera. Por ello, desde su punto de vista, el asesinato debía ser un suceso aislado, la acción de un desquiciado solitario.

Revisé de nuevo las fotografías de los detenidos bajo custodia armada. Los periodistas que habían tomado esas fotos no habían tratado de ocultar nada. Evidentemente, habían llegado al lugar lo más pronto posible y tomaron tantas fotografías como pudieron. Luego regresaron rápidamente donde los esperaban sus editores con los resultados.

Cualquiera de esas fotografías era una potencial ganadora del Premio Pulitzer con una ventaja de cien puntos. Colectivamente, figuraban entre las imágenes más importantes de todos los tiempos. ¿Por qué, entonces, los directores o los editores de los periódicos involucrados desperdiciaron la oportunidad de ser los primeros en publicar esas grandiosas fotografías?

Yo consideraba inaceptable la idea de una enorme y sofisticada conspiración de los medios de información. Simplemente, era algo demasiado ingente para manejarlo. No obstante, algo había provocado que las fotografías no salieran nunca a la luz.

Por otra parte algo me había sucedido también a mí en Nueva York. ¿Por qué había sido interrogado previamente para que Carson estuviera informado de mis respuestas? ¿Por qué Carson me apartó el brazo para sacar las fotografías fuera del campo de visión de la cámara? ¿Y por qué el director y la sala de control desconectaron las cámaras para que las fotografías no aparecieran en pantalla?

La única explicación razonable y realista que pude concluir era el control. No se trataba de un pequeño cabildo en Washington o Nueva York que imponía a todos los medios lo que se podía imprimir o lanzar al aire. Era un control más intangible. Aquí una llamada de un alto funcionario de Inteligencia, que explicaba a un editor de prensa las perjudiciales consecuencias para la seguridad nacional que podría acarrear la publicación irresponsable de ciertas fotografías antes de que el Gobierno las estudiara. Allí una llamada de un político de Texas, un amigo de toda la vida de Lyndon Johnson, al presidente de una cadena de televisión para explicarle el gran daño que podría causar a la nación si tales fotografías se exhibían al público.

Me resulta difícil de aceptar, porque si yo hubiera sido un editor y hubiera recibido tal llamada, seguramente no sólo habría ordenado que la fotografía apareciese en la portada, sino que habría hecho todo lo posible para que nadie se la perdiese. Sin embargo, debía admitir que yo no pensaba como la mayoría de los editores, ni la mayoría de los editores eran del mismo parecer que yo.

Era trágico, pero, en el análisis final, los principales medios de comunicación habían sido persuadidos de algún modo para seguir adelante con la historia oficial. Sea por incompetencia o con alguna intención, los medios de comunicación también ratificaron la versión oficial del asesinato, al igual que muchas de las autoridades de Dallas que dejaron escapar a tantos sospechosos.

17

LOS INVESTIGADORES RETICENTES

Algunos de los mejores testigos del asesinato encontraron la forma de llegar a nosotros tras darse cuenta de que ni los agentes federales ni la policía de Dallas parecían estar realmente interesados en obtener información. Julia Ann Mercer fue exactamente ese tipo de testigo. De hecho, ningún otro testigo me hizo comprender tan claramente la extensión del engaño.

Mercer había estado a sólo unos pocos metros cuando uno de los hombres armados con rifle llegó al montículo de hierba poco antes de que apareciera la comitiva presidencial.

En consecuencia, ella era un testigo no sólo de la preparación del asesinato del presidente Kennedy, sino también de la conspiración que ello implicaba.

Declaró ante el FBI y ante la oficina del sheriff de Dallas, y volvió otra vez al FBI a prestar declaración complementaria, pero la Comisión Warren nunca la convocó, ni siquiera para prestar declaración jurada.

Yo había leído mucho antes las declaraciones de Julia Ann Mercer en los documentos de la Comisión Warren, pero no había tenido ocasión de hablar con ella. Entonces, un día a principios de 1968, su marido me llamó a la oficina. Me dijo que él y su esposa estaban en Nueva Orleans por asuntos de negocios y que tenían algunas cosas que decirme. Quedé en encontrarme con ellos en el hotel Fairmont, donde se alojaban.

Al llegar a su suite, me encontré con una pareja impresionante. Un hombre de mediana edad, de aspecto muy serio, que había sido miembro republicano del Congreso por Illinois. Ella resultaba igualmente impresionante, parecía inteligente y elegante, el tipo de testigo que cualquier abogado estaría encantado de tener a su lado frente a un jurado. Después de que el marido saliera a trabajar, le facilité a ella las copias de sus declaraciones, según la versión impresa de los documentos de la Comisión Warren. Ella las leyó cuidadosamente y comenzó a negar con la cabeza.

—Todo esto ha sido alterado —manifestó—. Me hacen decir justo lo contrario de lo que realmente les conté.

Alrededor de una hora antes del asesinato, ella conducía en dirección oeste por la calle Elm y se había detenido, justo al pasar por el montículo de hierba, debido a la congestión del tráfico. Sorprendida (ya que recordaba que el desfile presidencial iba a comenzar pronto), vio a un hombre joven que bajaba de la camioneta que estaba a su lado y cargaba un rifle, sin preocuparse en absoluto de disimularlo. Ella le vio subir «la colina de césped que forma parte del desnivel». Miró al conductor varias veces y distinguió a la perfección su cara redonda y sus ojos marrones. Él replicó observándola directamente.

Mercer también percibió que había tres oficiales de policía parados cerca de una motocicleta, sobre el paso elevado, justo enfrente y encima de ella. Recordó que ellos habían contemplado sin curiosidad al joven que trepaba por la ladera del montículo de hierba con un rifle en la mano.

Después del asesinato, cuando Mercer intentó transmitir esta información a las autoridades legales, se encontró con una respuesta casi gélida. En la oficina del FBI, donde acudió al día siguiente del asesinato, le mostraron algunas fotografías. Entre los individuos que ella seleccionó por su semejanza con el conductor figuraba una fotografía de Jack Ruby. El domingo, cuando vio en la televisión a Ruby, en el momento de matar a Oswald, lo identificó como el conductor de la camioneta y lo notificó rápidamente a la oficina local del FBI. Sin embargo, el FBI alteró su declaración y no registró que ella había hecho una identificación positiva.

Ella se rió cuando me señaló con el dedo ese punto.

—Mire —me comentó—, el FBI dijo exactamente lo contrario de lo que yo les había dicho en realidad. Él estaba a pocos metros de mí. ¿Cómo no iba a reconocer a Jack Ruby cuando lo vi en televisión disparando contra Oswald?

La oficina del sheriff de Dallas realizó el mismo laborioso fraude y agregó un imaginativo toque de su propia cosecha. Aunque Mercer no había firmado antes ninguna nota, la oficina del sheriff archivó una declaración formal jurada en la que ella no identificaba al conductor, aunque quizá lo haría «si lo viera de nuevo». También cambiaron otros detalles significativos.

—¿Ve esta firma legalizada? —me preguntó—. Pues no es en absoluto la mía. Yo firmo con una gran A, como ésta.

Cogió una pluma y me escribió su nombre. Era evidente que la firma que había añadido la oficina del sheriff de Dallas en su declaración alterada no se parecía ni remotamente a la suya.

Julia Ann Mercer escribió a continuación, junto a mis copias de las manipulaciones del FBI y del sheriff de Dallas, la versión correcta de lo que había visto. Esa versión no había sido aceptable en Dallas, pero yo la recibía como lluvia de mayo. Consciente de las repentinas muertes de algunos testigos que parecían haber visto demasiado para poder sobrevivir, pensé que ella debería firmar con su nombre de soltera como lo había hecho en Dallas, justo después del asesinato. Ella aceptó mi consejo.

Cuando regresé a mi oficina, pensé en Julia Ann Mercer. Ella había estado a escasos metros de uno de los incidentes más cruciales del asesinato y había intentado en vano decir la pura verdad a las autoridades federales y los representantes de la ley en Dallas. Las implicaciones de su experiencia eran muy profundas. Antes que nada, las observaciones de Mercer proporcionaban la prueba más concluyente de que había otro hombre armado en el montículo frente al presidente. Para mí, las conclusiones de sus declaraciones resultaban aún más escalofriantes. Demostraban que los representantes de la ley comprendieron muy pronto que existía una conspiración para asesinar al presidente. Tanto las autoridades locales como las federales habían alterado las declaraciones de Mercer precisamente para ocultar este hecho.

Yo ya había deducido que parte del sistema legal de Dallas probablemente estaba implicado en el asesinato o en su tapadera. Pero ahora comprendía que el muy respetable FBI también andaba metido en ello. Después de todo, el FBI había tenido que saber el sábado 23 de noviembre, cuando se le mostró la fotografía de Jack Ruby a Mercer, que Ruby debía estar involucrado en una conspiración*. Eso sucedió un día antes de que Ruby matara a Oswald.

* Jack Ruby mantuvo una relación especial con la oficina de Dallas del FBI. En 1959, Ruby se entrevistó al menos nueve veces con agentes del FBI de Dallas. En esa época, también compró un reloj equipado con micrófono, un aparato transmisor que se colgaba en la corbata, un microteléfono y un transmisor de maletín. Estos hechos sugieren que Jack Ruby era probablemente un informante regular de la oficina local del FBI.

Pero Ruby también pudo colaborar con la CIA. Los individuos que están en la plantilla de una agencia son a veces

El hecho de que el FBI no buscara de inmediato a Ruby para interrogarlo, además de su trabajo de reescritura de las declaraciones de Mercer*, me dejaron muy inquieto. ¿Hasta qué grado, me pregunté, estaba involucrado en el asesinato mi ex patrono?

---

ocultados como empleados contratados por otra agencia de la Comunidad de Inteligencia. Durante 1959, el mismo año en que Ruby se veía con el agente del FBI, viajó dos veces a Cuba. En una ocasión permaneció allí ocho días. El otro fue un vuelo nocturno de ida y vuelta. A principios de los años cincuenta, había consultado a un traficante de armas sobre la compra de cien vehículos todo terreno, uno de los bienes más preciados para los rebeldes de la isla, a los que la CIA apoyaba en esa época. En una ocasión posterior, estuvo profundamente implicado en el envío de fusiles a los rebeldes cubanos apoyados por la Agencia.

* Había un código en la historia de Julia Ann Mercer. A finales de los setenta, cuando ejercía la abogacía en forma privada, se reunió el Comité Especial sobre Asesinatos de la Cámara de Representantes. Como yo me había mostrado especialmente crítico con la desaparición de materiales en manos de los investigadores federales, no estaba entusiasmado con la idea de mandar nada al Comité.

Sin embargo, las observaciones de Mercer, tanto como las alteraciones gubernamentales que habían sufrido, eran de suma importancia. No había prueba más concluyente sobre el disparo frontal a Kennedy, sobre la conspiración y sobre la consiguiente operación de tapadera. En consecuencia, envié al Comité copias de las declaraciones de Mercer al FBI y a la oficina del sheriff de Dallas, tal como aparecían en los documentos de la Comisión Warren, y con la descripción de las alteraciones escrita en los márgenes de cada una.

Debido a la tasa excepcionalmente alta de daños sufridos por testigos de importantes causas criminales, puse solamente su nombre de soltera, con el cual ella había firmado sus decla-

La respuesta a mi pregunta emergió muy pronto. Mark Lane había estado trabajando un tiempo en Nueva Orleans en su libro *A Citizen's Dissent* («La disidencia de un ciudadano») y me había ayudado en la investigación. Una noche pronunció una conferencia sobre el asesinato en la Universidad de Tulane. Poco después se encontró con un ex empleado del FBI llamado William S. Walter. Durante su conversación, Walter le mencionó que el 17 de noviembre de 1963 —cinco días antes del asesinato— estaba de guardia nocturna en la oficina del FBI en Nueva Orleans cuando llegó por el teletipo un mensaje de alerta donde se advertía sobre un posible intento de asesinato contra el presidente. Walter llamó de inmediato a cinco agentes que dirigían las unidades de investigación local más importantes y consideró que ya había cumplido con su obligación. Cuando oyó esto, Lane se llevó rápidamente a Walter aparte, lo interrogó y redactó una declaración que resumía lo más importante de la conver-

---

raciones. En una carta anexa, expliqué al Comité la razón y precisé que, si ellos deseaban llamarla como testigo y estaban dispuestos a un esfuerzo serio para protegerla, les enviaría gustoso su nombre de casada y su dirección actual.

Jamás recibí respuesta del Comité de la Cámara. Años después, estaba hojeando las audiencias publicadas del Comité cuando tropecé con un interesante pasaje. Decía que yo había enviado al Comité las «pretendidas» declaraciones hechas por una tal Julia Ann Mercer. Los investigadores del Comité de la Cámara, proseguía el informe, «no fueron capaces de localizarla».

sación. Tiempo después, localicé a Walter y volvimos a hablar con él extensamente varias veces*.

En 1976, Walter entregó una copia del texto del télex del FBI al Comité de Inteligencia del Senado que presidía el senador por Pennsylvania Richard Schweiker. Cuando el plazo de la Ley de Libertad de Información lo permitió, Lane obtuvo también una copia del télex de alerta y me la facilitó. Éste era el texto:

* Más adelante, cuando Walter me conoció mejor, me contó que durante nuestra investigación del asesinato, el FBI grabó todas las conversaciones telefónicas en mi casa. Normalmente, el FBI intercepta las conversaciones telefónicas de los ciudadanos sin demasiado esfuerzo. Pero yo era un funcionario público, así que tomaron la precaución de hacerlo a través de una agencia privada de detectives de una ciudad al norte de Louisiana. Un detective trasladado temporalmente al centro de Nueva Orleans y operando desde el hotel Warwick, manipulaba el control de mi teléfono para el FBI. Cada mañana, la oficina local del FBI recibía una cinta grabada con mis conversaciones del día y la noche precedentes, que eran rápidamente mecanografiadas.

Cuando lo permitió la Ley de Libertad de Información, Lane exigió copias al FBI de todo el material referente a mí. Cuando llegó el paquete, casi todo estaba borrado. No había ninguna referencia al control telefónico, ya que los sistemas de intercepción telefónica del FBI y susinformes elaborados en base a escuchas fueron excluidos automáticamente, por decisión administrativa del propio FBI, de los requerimientos de la Ley de Libertad de Información. Pese a ello encontramos bastantes evidencias de que el FBI controló cada viaje que hice fuera de Nueva Orleans durante la investigación sobre JFK.

No habían omitido detalle alguno, desde el momento de mi llegada a una ciudad hasta el hotel donde me alojaba. En

URGENTE: 1.45 A.M. ESTE 17-11-63 1 PÁGINA

A: TODOS LOS «SACS» (AGENTES ESPECIALES EN SERVICIO)

DE: DIRECTOR

AMENAZA DE ASESINAR AL PRESIDENTE KENNEDY EN DALLAS TEXAS 22 O 23 DE NOVIEMBRE DE MIL NOVECIENTOS SESENTA Y TRES. DIVERSA INFORMACIÓN ALARMANTE. INFORMACIÓN RECIBIDA POR EL BUREAS [sic] BUREAU HA DETERMINADO QUE UN GRUPO MILITANTE REVOLUCIONARIO PUEDE ATENTAR CONTRA EL PRESIDENTE KENNEDY EN SU VIAJE A DALLAS TEXAS PREVISTO NOVIEMBRE VEINTIDÓS STOP VEINTITRÉS DE MIL NOVECIENTOS SESENTA Y TRES. LAS OFICINAS QUE RECIBAN ESTE MENSAJE DEBEN CONTACTAR INMEDIATAMENTE TODOS LOS «CIS», LOS

---

algunos casos, después de tener más publicidad de la que deseaba, pagué mi pasaje de avión o me registré en un hotel con nombre supuesto. En algún viaje, como aparecía en el informe del FBI, me registré en un hotel como W. O. Robinson, que es el apellido de mi abuelo materno. En otros dos, usé Claude Culpepper y Clyde Ballou, nombres que me había inventado. Los informes del FBI trataban esto con gran seriedad y se referían arteramente a mi utilización de «alias».

Por supuesto, llegué a acostumbrarme tanto a la vigilancia que no me sorprendió. Sin embargo, retrospectivamente, me sorprende que hubiera llegado a una situación donde consideraba normal algo así.

GRUPOS LOGÍSTICOS «PCIS» E INFORMANTES DE GRUPOS HOSTILES Y DETERMINAR CUALQUIER BASE PARA AMENAZA. EL BUREAU DEBE PERMANECER ALERTA A TODA INFORMACIÓN ULTERIOR POR TELETIPO. OTRAS OFICINAS HAN SIDO AVISADAS. FIN. SE RUEGA ACUSE DE RECIBO.

Supimos por Walter que cuando ocurrió el asesinato, él estaba almorzando, pero inmediatamente corrió de regreso a la oficina del FBI en Nueva Orleans. En el archivo, encontró el télex de alerta junto al duplicado que él había hecho a continuación. Al momento copió el texto exacto del télex y lo guardó. Poco después, revisó de nuevo el archivo para comprobar que la nota de aviso estaba todavía allí. Alguien la había cogido. No había ninguna señal ni referencia al télex.

El télex había sido más que explícito: concretaba un lugar y una fecha para el intento de asesinar al presidente. Estaba dirigido a todos los agentes especiales en servicio, lo cual significaba a todos los del país, incluido Dallas. Pero el FBI no hizo nada. No hay ningún informe de que se notificara a alguien; ni siquiera el Servicio Secreto, que es la guardia personal del presidente, fue informado inmediatamente.

Creo que si se distribuyó el aviso del 17 de noviembre a todas las agencias afectadas, el cambio de último minuto en la ruta del desfile presidencial debería haber sido investigado más escrupulosamente, reconocido como una trampa, y el desfile podía haberse cancelado. Si, pese a todo, se hubiese decidido mantener el desfile, se tendría que haber utilizado la pantalla portátil de plástico de la limusina como protección, lo que habría salvado la vida del presidente. Asimismo el Servicio Secreto podría haber obligado a que las persianas metálicas de las ventanas estuvieran cerradas y las azoteas vacías a lo largo de la ruta de la comitiva. En cambio, mientras el desfile se acercaba al edificio Dal-Tex y al Almacén de Textos siguiendo la ruta cambiada, la proliferación de ventanas abiertas y la limusina descubierta no dejaban lugar a dudas de que la seguridad del presidente Kennedy había sido abandonada*.

Cuando me enteré de la existencia del télex de alerta gracias a William Walter, ya habían pasado casi cinco años desde el asesinato. Pero hasta ese momento, ninguno de los cinco agentes a los que Walter había avisado la madrugada del 17 de noviembre ni siquiera había insinuado al pueblo

* La actuación del Servicio Secreto es algo menos que ejemplar en otros sentidos. Después de haber sido informados por los oficiales de Texas en el hospital Parkland de que la ley exigía una autopsia en Texas, el Servicio Secreto secuestró el cuerpo de Kennedy y lo llevó a bordo del *Air Force One* para realizar una autopsia militar en Bethesda, Maryland. Antes de que terminara el día, el Servicio Secreto limpió también la limusina del presidente e hizo desaparecer todos los fragmentos de bala con baldes de agua. El traje del gobernador John Con-nally (con agujeros y otras señales de bala) fue enviado a la lavandería y al planchado. Preservar pruebas importantes evidentemente no era una cuestión prioritaria en la agenda del Servicio Secreto.

norteamericano o a la Comisión Warren que el FBI hubiera recibido un aviso específico acerca del asesinato cinco días antes de que éste ocurriera. Tampoco lo hizo ninguno de los agentes especiales de servicio a lo largo de todo el país, a quienes se dirigía el mensaje de alarma. Ni siquiera lo hizo el propio FBI, o su director, J. Edgar Hoover, en cuyo nombre se emitió de primera mano la alerta. Si tal conspicuo silencio no huele a tapadera, no sé qué otra cosa puede hacerlo.

El télex de alerta que llegó cinco días antes del asesinato adquirió nueva importancia cuando de forma marginal tuve conocimiento de otra destacada información hecha pública años antes por C. A. Hamblen, el encargado nocturno de la oficina de la Western Union en Dallas. Más o menos una semana después del asesinato, según descubrí, Hamblen había informado a varias personas de que aproximadamente diez días antes del crimen, Lee Oswald había estado en la oficina de la Western Union y había enviado un telegrama a Washington D.C. Tenía la impresión de que el telegrama de Oswald había sido dirigido al secretario de Marina. Yo ya sabía que Oswald, aunque de modales relativamente pacíficos, era lo bastante enérgico como para haber enviado otras quejas al secretario de Marina, un hecho que no se podía esperar que conociese Hamblen*.

* En otras ocasiones Oswald había escrito al secretario de Marina protestando por el «deshonroso licenciamiento» que había reemplazado a su honorable licencia, tras su pro-

Hamblen también recordó que Oswald había ido en varias ocasiones a la oficina de la Western Union a recoger modestos giros telegráficos que le habían sido enviados. Según Hamblen, Oswald le mostraba como identificación una cartilla y un documento de identidad (I.D.) de la Marina. Esto era todo lo que Oswald llevaba normalmente para identificarse: una cartilla y una tarjeta de identidad de la Marina.

Con el conjunto de datos de Hamblen, emergía una situación inquietante. Casi diez días antes del asesinato, Lee Oswald había enviado un telegrama al secretario de Marina. Luego, cinco días antes del asesinato, el cuartel general del FBI enviaba a todas las oficinas del Bureau un detallado télex de alerta para impedir el intento de asesinato contra el presidente. Me pregunto si había alguna relación entre ambos mensajes.

Mi anterior investigación sobre las relaciones de Oswald con el FBI cobraba importancia a la luz de esta pregunta. Yo había sabido mucho antes que la libreta de direcciones de Oswald contenía el nombre del agente James Hosty, de la oficina del FBI en Dallas. Inmediatamente después del nombre de Hosty, Oswald había escrito un número de teléfono. Obtuve una guía de teléfonos de Dallas de 1963 y encontré que ése no era el número del teléfono local del FBI. Más aún, según descubrí, el número de teléfono de la casa de

---

nunciamiento sobre la Unión Soviética. Como ex marine, Oswald estaba bajo la jurisdicción del secretario de Marina.

Hosty no figuraba en la guía. Era evidente, entonces, que Oswald había escrito debajo el número particular de la casa de Hosty o de algún centro de mensajes. Me imagino que el propio Hosty le dio el número a Oswald.

También supe que cuando el FBI entregó a la Comisión Warren una lista con el contenido de la libreta de direcciones de Oswald, omitió el nombre del agente especial Hosty y el número particular que había anotado debajo Oswald. Hasta la Comisión Warren se sintió molesta cuando descubrió esta omisión. El FBI se justificó alegando que la persona que había transcrito la lista sólo estaba interesada en la «información clave».

Pero, años después de la investigación de la Comisión Warren, apareció en la prensa una noticia que describía la visita de Oswald a la oficina del FBI en Dallas muy poco antes del asesinato. El reportaje señalaba que Oswald había dejado una nota dirigida al agente Hosty. La mujer que recibió el mensaje en el despacho del FBI declaró que contenía una amenaza de Oswald de volar la oficina. Por su parte, Hosty explicó que se trataba simplemente de una amenaza para que no interrogara más a la esposa de Oswald mientras él no estuviese presente en su casa. Si la nota era una amenaza de hacer estallar los cuarteles del FBI en Dallas, Oswald tendría que haberse incluido de inmediato en la lista de prioridades como «individuo peligroso», con motivo de la visita del presidente. Incluso si la nota hubiera sido una amenaza más suave, lo normal es que Oswald hubiera sido sometido a una rápida entrevista de evaluación, o incluso confinado en arresto domiciliario mientras durase la visita del presidente a la ciudad. Pero, en este caso, el FBI no hizo ni una cosa ni otra.

No sabremos nunca con seguridad lo que decía en realidad esa nota. Hosty arguye que el agente especial a cargo, Gordon Shanklin, le ordenó destruirla, lo cual hizo de inmediato. Es interesante observar que Hosty dijo que él nunca había mencionado la nota a la Comisión Warren porque «el FBI lo había aleccionado para que no diera información voluntaria».

¿No era esto acaso como aquel incidente anterior en Nueva Orleans, cuando el agente del FBI John Quigley destruyó las notas de su entrevista con Oswald en la comisaría del primer distrito del Departamento de Policía, tras la detención de Oswald por ese incidente en la calle Canal con cubanos anticastristas? (Véase el capítulo 2.) Yo me preguntaba asombrado: ¿qué empujaba tan sistemáticamente al FBI —tradicionalmente cuidadoso en guardar sus notas y cintas— a quemar o destruir todo aquello que describiera un encuentro entre el aparentemente inocuo Lee Harvey Oswald y algún agente especial del Bureau?

La imagen de Oswald llevando una nota para Hosty a la oficina del FBI y dejándola en su mesa de recepción resulta chocante. Recuerdo el sistema que utilizaban a menudo los informantes confidenciales para establecer comunicación con sus agentes de contacto, gracias a mi breve paso por el FBI en Seattle y en Tacoma. La mayoría de los informantes podían dejar sus mensajes o la información del área que cubrían en la recepción, en un sobre sellado y dirigido a su agente de contacto. Los informantes eran modesta pero regularmente pagados por la información secreta que proporcionaban acerca de varios temas. Sus identidades se protegían cuidadosamente. Incluso en los archivos del FBI los informantes siempre aparecían identificados por un código.

En cualquier caso, comencé a preguntarme si en las semanas previas al asesinato Lee Oswald era un informante confidencial del FBI que proporcionaba datos al agente especial James Hosty.

En 1964, Waggoner Carr, fiscal general de Texas, ya planteó esta posibilidad. Hombre de gran integridad y sólida reputación, Carr había entregado a la Comisión Warren, en una sesión secreta celebrada el 22 de enero de 1964, pruebas que indicaban que Oswald había sido un informante secreto. Carr había obtenido estas pruebas de Allan Sweatt, jefe de la división criminal de la oficina del sheriff de Dallas. Más concretamente, las pruebas demostraban que Oswald había sido empleado por el FBI como el agente confidencial número 179, con un salario de doscientos dólares al mes, que había comenzado más de un año antes del asesinato del presidente Kennedy y había continuado hasta ese mismo día.

Estas escandalosas noticias se filtraron a la prensa y aparecieron en artículos de Joe Goulden en el *Philadelphia Inquirer*, el 8 de diciembre de 1963; de Lonnie Hudkins, en el *Houston Post*, el 1 de enero de 1964; y de Harold Feldman, en *The Nation*, el 27 de enero de 1964. Después de un debate considerable, la Comisión Warren admitió que era preciso introducir en las audiencias esta cuestión. Por desgracia, no se realizaron demasiadas. Ninguno de los tres redactores mencionados aquí fue llamado como testigo por la Comisión. Tampoco se convocó a la fuente original, el jefe de la división criminal de la oficina del sheriff de Dallas.

Con los años, los alegatos de Waggoner Carr se perdieron en el maremoto de información, teorías y especulaciones acerca del asesinato. Pero, ahora, la idea de que Oswald había sido informante confidencial del FBI, cosa que yo había descartado inicialmente como una premisa forzada, comenzaba a cobrar sentido*. Ello podía explicar la presencia del nombre de Hosty y el nú-

* Años después, escuché una historia acerca de la condición de Oswald como informante que me proporcionó un residente de Milwaukee llamado Jim Gochnour. Me contó que un ex agente del FBI llamado Carver Gaten había sido su casero en Seattle, estado de Washington. Gaten, uno de los pocos agentes negros del FBI, había confesado a Gochnour que él conoció a James Hosty en la oficina del FBI en Kansas cuando ambos estaban destinados allí.

Los dos agentes desarrollaron una estrecha relación y en varias ocasiones Hosty le comentó la extraña forma en que había sido trasladado de Dallas a Kansas City inmediatamente después del asesinato. Kansas se consideraba por entonces como la «Siberia» del FBI. Hosty confió a Gaten que Oswald había recibido regularmente dinero a cambio de in-

mero no registrado en la agenda de Oswald, la visita de Oswald a la oficina del FBI en Dallas y la nota amenazante a Hosty.

Las posibilidades de que fuera informante confidencial proyectaba además una misteriosa luz sobre otro hecho curioso: el FBI no hizo ninguna mención de Lee Oswald como sospechoso del asesinato hasta dos o dos horas y media después del tiroteo, inmediatamente después de que el avión presidencial *Air Force One* saliese hacia Washington con el nuevo presidente Lyndon Johnson y el cuerpo de John Kennedy a bordo. Según el teniente de policía de Dallas, Jack Revill, un agente del FBI fue al cuartel general de policía de Dallas a las 14.50 horas y comunicó que el Bureau tenía «información de que este sospechoso era capaz de cometer el asesinato». El agente que llevó estas bienvenidas noticias y que mencionaba por primera vez el nombre de Lee Harvey Oswald no era otro que James Hosty.

¿Era James Hosty sólo un mensajero inocente, o acaso él y probablemente otros en el FBI estaban involucrados en un complot para manipular a Oswald como chivo expiatorio? Si algunos fun-

---

formación, pero que llevaba muy poca. Como agente de contacto de Oswald, Hosty había recibido aparentemente muchas quejas de sus superiores por no exigir más de Oswald y estaba amargado porque cargaba con las culpas del poco trabajo de Oswald.

Mis intentos en años recientes de encontrar a Gochnour y a Hosty para confirmar esta historia no han tenido éxito.

cionarios del FBI tomaron parte en la conspiración, eso explicaría por qué el Bureau había fallado tan misteriosamente en actuar tras la alarma transmitida por su sistema de télex cinco días antes del asesinato, y por qué nadie respondió a la carta de advertencia que Richard Case Nagell afirmó haber enviado a J. Edgar Hoover (véase el capítulo 14). También explicaría por qué Oswald, a quien evidentemente no le había ido bien con Hosty y que empezaba a sospechar que estaba siendo manipulado, hubiera enviado un telegrama al secretario de Marina diez días antes del asesinato.

Si Oswald figuraba en la plantilla del Gobierno como informante confidencial en Dallas y Nueva Orleans, bien pudo creer que su trabajo consistía en introducirse en organizaciones subversivas, incluyendo Juego Limpio para Cuba y quizás el aparato de Guy Banister, con la misión de informar al FBI sobre ellos. Siguiendo esta pauta, se le permitió conocer una parte marginal del proyecto de asesinato, otra vez con la idea de que estaba comprometido en un esfuerzo apoyado oficialmente para obtener información acerca del mismo. Incluso pudo haber reunido informes sobre el complot para matar al presidente para su agente de contacto, James Hosty. Cuando percibió que Hosty no se mostraba receptivo, pudo dar vueltas al asunto y telegrafiar algún tipo de advertencia al secretario de Marina, quien a su vez pudo informar al cuartel general del FBI en Washington, y entonces éste emitió su télex de alerta.

Pero también es probable que Oswald hubiera actuado más bien como un informante para alguna rama de la Comunidad de Inteligencia, tales como la ONI o la CIA, representada por Guy Banister, y que hubiera ocultado información relevante sobre la conspiración a Hosty y al FBI. Quizá cuando Hosty comenzó inocentemente a hostigar a Oswald y a su esposa para obtener más información, Oswald respondió con su nota amenazadora y con un telegrama al secretario de Marina.

Resulta imposible saber qué pasaba por la cabeza de Lee Harvey Oswald. En cualquier caso, no cabe duda de que había tenido acceso a más información de la que los artífices del asesinato podían tolerar. Por eso debía morir tan repentinamente en Dallas, menos de setenta y dos horas después que John Kennedy.

Yo sabía que nunca podría llevar nada de todo esto ante un tribunal. No ofrecía ningún vínculo concreto con Clay Shaw y todo era pura conjetura. Pero me parecía que no pudo escogerse mejor sistema para diseñar y manipular un chivo expiatorio como Oswald que el de persuadirlo de que se infiltrara en la organización de un magnicidio para estar así en posición de dar en la undécima hora la alerta acerca de él a las autoridades adecuadas.

La pregunta que me atormentaba y que tal vez atormentó a Oswald era: si la policía de Dallas, la oficina del sheriff, el Servicio Secreto, el FBI y la CIA estaban potencialmente implicados en la conspiración, ¿quiénes eran las autoridades adecuadas?

18

EL JUICIO DE CLAY SHAW

En su novela *El viejo y el mar*, Ernest Hemingway relata las vicisitudes de Santiago, el viejo pescador, para capturar un pez enorme, monstruosamente grande, tan grande que debió atarlo a su barca para poder sacarlo mar afuera. Cuando Santiago llegó a la playa, hacía ya tiempo que el pez había sido completamente devorado por los tiburones, que habían dejado solamente el esqueleto.

Retrospectivamente, me doy cuenta de que así se desarrollaron las cosas más o menos cuando finalmente conseguimos que Shaw se sentara en el banquillo de los acusados en la corte criminal del distrito. Habíamos llegado muy lejos después de un largo, tedioso y casi siempre frustrante combate cuesta arriba. Nuestro despacho había sido infiltrado por el Gobierno federal y Bill Boxley nos había robado importantes archivos. Como si todo esto no bastara, un par de semanas antes de que se iniciara el juicio, Lou Ivon se enteró de que el joven inglés de Oxford que estaba a cargo de nuestros archivos había pasado copias de varios de ellos a la defensa. Tan importante como lo anterior era el hecho de que algunos de nuestros testigos principales —por ejemplo, David Ferrie, Gordon Novel, Sandra Moffet— habían muerto, tenían miedo de declarar o se habían ido de Nueva Orleans sin que yo tuviera la posibilidad de conseguir su extradición.

Antes de que se iniciara el juicio, debíamos decidir qué testigos descartaríamos. Un fiscal no puede llamar lisa y llanamente a sus testigos a declarar sólo porque están dispuestos a hacerlo y porque su testimonio, examinado directamente, apoya el caso del fiscal. Debe también considerar la posibilidad de que uno de estos serviciales testigos pueda echar a perder el caso a la hora de un examen calificado a través de los interrogatorios.

El ejemplo de Richard Case Nagell vive para ilustrar lo que acabo de decir. Había llegado a la ciudad poco antes del juicio dispuesto a declarar contra Shaw. Me reuní con él en el New Orleans Athletic Club, donde mantuvimos una larga conversación. Su actitud fue tan decidida como la que manifestó la última vez que conversamos. Se mostró cuidadoso y preciso a la hora de situar los detalles. Como la primera vez, expresó en términos igualmente convincentes su sentimiento acerca del silencio que había mantenido J. Edgar Hoover después de la primera carta que le envió advirtiéndole sobre la existencia de un plan para asesinar al presidente Kennedy.

Sin embargo, como en la anterior ocasión, se mostró inflexible en su negativa a identificar a la agencia de Inteligencia con la que su nombre había sido asociado y con la cual aún se le podía relacionar. Comprendí su preocupación por respetar el acuerdo de mantener el secreto que al parecer había firmado con su agencia. Pero al mismo tiempo me resultaba muy claro qué tipo de triunfo podría regalarles a los abogados de la defensa cuando se descubriera que mi testigo había ocultado su afiliación a una agencia secreta. En compacta formación se abalanzarían sobre él como los tiburones sobre el pez de Santiago. Cuando hubieran dado cuenta de Nagell, el jurado se habría formado la impresión de que había escuchado a un loco. Sólo hace falta uno de estos incidentes para desbaratar un juicio y sumirlo en el descrédito. Decidí que con Nagell no podíamos correr semejante riesgo.

A continuación estaba Julia Ann Mercer, posiblemente la testigo más importante que encontramos durante nuestra investigación. Una hora antes del asesinato había visto que Jack Ruby dejaba a uno de los hombres que dispararon con rifles desde el montículo de arbustos. Lo que Mercer había visto equivalía virtualmente a un caso *prima facie* de conspiración. Sin embargo, su testimonio tendría sólo un valor circunstancial en nuestro caso contra Clay Shaw, quien era sólo una pequeña pieza en el conjunto de la conspiración. Tomando en consideración el número de testigos que habían sido asesinados o eliminados en misteriosos «accidentes», decidí que no tenía sentido poner su vida innecesariamente en peligro. Por la misma razón, me seguí negando a comunicar su nombre de casada y su residencia a la prensa o al Gobierno federal.

En cuanto a los testigos que habíamos decidido utilizar, Jim Alcock, a quien le asigné la función de acusador principal, y los restantes miembros del equipo especial prepararon el orden en que aparecerían y decidieron la táctica para tratarlos. Uno de los testigos, un contable de Nueva York llamado Charles Spiesel, se puso en contacto con nosotros cuando estábamos en una fase muy avanzada de la investigación, lo cual nos planteó un dilema. Sostenía que se había encontrado con Ferrie y Shaw durante un viaje a Nueva Orleans y que los había oído discutir el posible asesinato del presidente. Alcock me presentó su declaración y me preguntó si estaba de acuerdo en hacer uso de ella. A esta altura me había convertido en una persona muy suspicaz debido a todas las trampas que nos habían tendido. Aun cuando no encontré en la declaración nada específicamente erróneo, le respondí a Alcock que el testimonio me resultaba demasiado esquemático. Sin embargo, Alcock decidió que había que llamar a Spiesel, y como yo no tenía tiempo para interrogar personalmente a los testigos, accedí a ello. Fue una decisión que muy pronto íbamos a lamentar.

El 29 de enero de 1969, finalmente se celebró el juicio «Estado de Louisiana contra Clay Shaw». Esa mañana, mientras ingresaba en la majestuosa sala del tribunal, me apoyé en uno de los macizos bancos de roble y me invadió un intenso sentimiento de nostalgia. Estaba en la misma sala donde había defendido mi primer caso como ayudante del fiscal, aproximadamente quince años antes.

Tal como había ocurrido en las audiencias preliminares, la sala del tribunal se había transformado una vez más en un circo, incluso más atestado que nunca. Tras abrirnos paso a través de las hordas de periodistas que se agolpaban en la entrada, tuvimos que proseguir forcejeando en medio de un amontonamiento de cuerpos hasta llegar a la mesa de la Fiscalía. La multitud era ruidosa hasta el punto de resultar ensordecedora. Cada uno de los presentes estiraba el cuello para no perderse el momento en que Clay Shaw y sus abogados hicieran su entrada al tribunal. Shaw, alto e impecablemente vestido, llamaba naturalmente la atención. Era un hombre de tez morena, casi cetrina. Cuando se inclinó en dirección de sus abogados, sus altos pómulos parecían más amenazadores que nunca.

Los abogados de la defensa, en el otro extremo de la sala, apenas se habían sentado cuando el bedel pidió silencio con unos golpes de maza. Mientras los asistentes se calmaban, el juez Edward Aloysius Haggerty entró en la sala vestido con su toga negra y se instaló en el estrado. Haggerty era un hombre robusto, de cara rubicunda y de ojos alertas bajo las espesas cejas, que había nacido y se había educado en el corazón del Canal Irlandés de Nueva Orleans y que aún vivía allí. Lo conocía muy bien desde los años en que trabajaba en el gran edificio.

El juez comenzó por abordar un tema de enorme interés para los espectadores locales. Contrariamente a lo habitual, los funcionarios del tribunal habían programado un juicio tan importante como éste en pleno festejo del Mardi Gras. A Haggerty por lo visto le preocupaba sobremanera que el jurado no fuera a perderse la diversión, sobre todo los desfiles del carnaval. El desfile del Rex, que representaba el rey del Mardi Gras, era el más importante y a menudo el más espectacular. Invariablemente, Rex era un ciudadano eminente de Nueva Orleans cuyo nombre nunca se revelaba hasta la misma mañana del desfile, en que su fotografía y la de su reina aparecían en la primera plana del *Times-Picayune*. El «desfile de los camiones» de Elks Crew, que tradicionalmente seguía a la parada del Rex, era probablemente el más agradable de todos los desfiles.

Compuesto de cientos de camiones, en cada uno de los cuales se realizaba una fiesta que duraba toda la jornada de Mardi Gras, el desfile era siempre osado, imaginativo y reservaba sorpresas imprevisibles al espectador.

El juez Haggerty anunció con tono de orgullo que había hecho todos los arreglos necesarios para que el jurado pudiera disfrutar no sólo de la parada del Rex, sino también del desfile de Elks Crew, desde los balcones de la residencia de St. Charles Avenue. Una vez resuelto un asunto de tan alto interés local, el juicio podía comenzar.

Dejé en manos de Jim Alcock y del ayudante del distrito Alvin Oser la selección del jurado y volví a la oficina para concentrarme en la tarea de persuadir a los testigos indecisos para que vinieran al juicio desde Dallas y desde otras ciudades aún más distantes.

Cuando la composición del jurado estuvo lista, mientras me reunía con Alcock y Oser en la sala del tribunal, comenzaron a oírse los sonidos intermitentes de los festejos del Mardi Gras, que nos llegaban de las comparsas que desfilaban por la avenida Tulane.

Tras asegurarse de que las partes estaban preparadas, el juez Haggerty me hizo una señal con la cabeza para indicarme que la acusación podía iniciar su alegato. Caminé en dirección a los miembros del jurado y, paseándome lentamente frente a ellos, les expliqué la naturaleza del caso. Les precisé lo que decía la ley sobre conspiración y las pruebas que íbamos a presentar para demostrar que Clay Shaw la había violado. Como los ataques de dramatismo judicial nunca han sido mi fuerte, mantuve bajo el tono de voz mientras daba las explicaciones, exento de todo histrionismo.

Cuando hube terminado, F. Irving Dymond, uno de los mejores abogados procesales de Nueva Orleans, inició el alegato de la defensa. En numerosas ocasiones me había enfrentado a Dymond en los tribunales. Se inclinaba hacia delante cuando se dirigía a los miembros del jurado, con los pies muy separados y los hombros ligeramente curvados, mientras gesticulaba con las manos para subrayar sus palabras. Raras veces abandonaba tan rígida postura. El estilo de Dymond, aunque inconsciente, resultaba realmente efectivo, pues era capaz de transmitir al jurado con gran énfasis su intensidad y preocupación.

Tras las declaraciones iniciales, llamamos como nuestros primeros testigos a los habitantes de la pequeña ciudad de Clinton, Lousiana, que habían visto allí a Lee Oswald en compañía de Clay Shaw y de David Ferrie dos meses antes del asesinato (ver capítulo 8). Ya que Andrew Sciambra había localizado para nosotros a los testigos de Clinton y dado que conocía mejor que nadie este aspecto del juicio, lo designé para que realizara los interrogatorios. Tenía una gran corpulencia, resultado de sus años de boxeo en LSU, que difícilmente disimulaba bajo su traje de negocios. Sin embargo poseía una manera natural de conducir los interrogatorios, además de haber establecido una excelente relación personal con los testigos de Clinton, tanto con los blancos conservadores como con los liberales.

Reeves Morgan, un ex representante estatal, declaró que después del asesinato informó al FBI acerca de la presencia de Oswald en Clinton. Morgan agregó que el agente especial le había dado las gracias, pero que le había dicho que el FBI ya estaba al corriente de la visita de Oswald a Clinton. No supo nada más de la Oficina Federal.

John Manchester, el alguacil de Clinton, declaró que había «controlado» a todos los automóviles extraños que visitaron Clinton durante el período de inscripción electoral, incluido el gran coche negro aparcado cerca de la entrada del edificio del registro electoral. «Me acerqué y conversé con el hombre que estaba detrás del volante —afirmó Manchester—. Era un hombre grande, de cabello gris y aspecto rubicundo. Le gustaba dar conversación y me dijo que era representante del Centro Mundial de Comercio en Nueva Orleans.»

Manchester indicó que Clay Shaw era el hombre con el que había conversado. Shaw le sostuvo la mirada con aire impasible. Según había averiguado Sciambra en Clinton, Manchester había ido a la policía del Estado y allí había confirmado que la limusina pertenecía al Centro Mundial de Comercio de Nueva Orleans.

Al responder al interrogatorio de Sciambra, los testigos de Clinton no sólo identificaron a Shaw como al hombre sentado detrás del volante de la limusina negra, sino que además reconocieron las fotografías de David Ferrie y señalaron que era la persona sentada junto a Shaw. Todos recordaban la extraña escena en que Lee Oswald, que había llegado a Clinton acompañado de ambos hombres, se había puesto en la cola de votantes negros. Por su condición de único hombre blanco que esperaba turno, además de forastero para los vocales de la mesa, su presencia había quedado grabada en la mente de cuantos lo vieron.

Mientras se sucedían las declaraciones, observé en dirección a la defensa y a su equipo de abogados. Shaw se mostraba tan imperturbable como siempre; sostenía el cigarrillo hacia arriba, mientras el humo ascendía en espirales*. Su noble apostura y la distinción de sus gestos me hizo pensar que ésa debía de haber sido la actitud de Luis XVI durante su juicio. Parecía ausente, incluso ligeramente aburrido, como si considerara una vulgaridad la agitación que lo rodeaba.

A su lado estaba sentado su consejero principal, Irvin Dymond. Como Shaw, también fumaba un cigarrillo tras otro, entornando los ojos cada vez que inhalaba. En la mesa de la defensa también estaban Edward Wegmann y su hermano William, que tenían a su cargo los aspectos legales de las propiedades e intereses de Shaw. Edward, el mayor de los hermanos, sonreía a menudo, pero se pasaba casi todo el rato tomando notas en un bloc de color amarillo. William, el más vivaz de los dos, conversaba de vez en cuando con Dymond.

Otro miembro aparente del equipo legal que defendía a Shaw era un fiscal llamado Richard Matthews. Su labor no consistía en aconsejar acerca de los aspectos jurídicos de la causa, ni se sentaba en la mesa de la defensa. Sin embargo, todos los días estaba sentado en la primera fila de espectadores, inmediatamente detrás de Shaw, y ocasionalmente se acercaba al acusado. En esos momentos se producía un largo intercambio de

* En Nueva Orleans, las partes y sus consejeros están autorizados a fumar durante las sesiones, a menos que el juez que preside el tribunal lo prohíba expresamente.

murmullos entre ambos, y Matthews se apoyaba hasta casi arrodillarse junto a la silla de Shaw. Este hecho, que hasta ese momento nunca se había visto en una sala de tribunal, continuó durante todo el juicio.

A Mattews lo conocía desde hacía varios años, antes de que se trasladara de Louisiana a Japón. En esos años, cuando estaba levantando su oficina, le pregunté de qué manera esperaba ejercer la abogacía en Japón. Su respuesta me sonó incongruente y recuerdo haberme preguntado sobre lo que realmente le llevaba al Lejano Oriente. Ahora, repentinamente me encontraba mirándolo por primera vez desde su partida. Me resultó extraño verlo aparecer de pronto en medio de este juicio, en calidad oficial o extraoficial, y comportándose como uno de los principales consejeros de Shaw.

Observar a Matthews en este contexto arrojó una nueva luz sobre su misterioso desplazamiento a Japón. No tenía pruebas, pero mi instinto me indicó que el hombre había estado trabajando para la Agencia Central de Inteligencia. Su extraña aparición en este juicio me evidenció que aún estaba trabajando para ella. Alguien cercano a Shaw tenía que representar los intereses de la Comunidad de Inteligencia.

Aunque Matthews desapareció inmediatamente después del juicio y, por mi parte, nunca llegué a vincularlo directamente con la Agencia, años después vi confirmada mi suposición de que la CIA había ayudado a la defensa de Shaw. En la época de la investigación en Nueva Orleans sobre el asesinato de Kennedy, Victor Marchetti era un alto funcionario en el cuartel general de la CIA. En un artículo publicado por la revista *True* en 1975, Marchetti se refirió a la preocupación de la Agencia durante el juicio de Shaw:

> Yo solía asistir, entre otras cosas, a las reuniones matutinas del director con sus más estrechos colaboradores. En esa época era Richard Helms y la reunión se celebraba todas las mañanas a las nueve. A ella asistían entre doce y catorce de sus principales asesores, además de tres o cuatro funcionarios, su ayudante ejecutivo, otros dos o tres miembros de la Agencia y también el encargado de prensa. Por lo general yo realizaba la memoria de estas reuniones..., lo que constituye un juego porque las cosas se escribían o se omitían de tal modo que resultaran carentes de sentido. Pero durante el juicio a Clay Shaw recuerdo que en varias ocasiones el director hizo preguntas como: «¿Les estamos dando toda la ayuda que necesitan?» Yo no sabía quiénes eran «ellos». Sabía que Garrison no les caía bien porque proferían diversas observaciones ofensivas acerca de su personal. Solían emplear frases incompletas, como: «¿Todo va bien por allí...? Sí, pero habla conmigo al respecto después de la reunión.» O: «Esto lo trataremos más tarde en mi oficina.» Después de varias de estas reuniones, un par de semanas después comencé a preguntarme acerca de lo que estaba pasando, cuál era esa gran preocupación. Empecé a preguntar: «¿Por qué les preocupa tanto ese juicio y ese Shaw?»

Entonces me dijeron: «Mira, hace mucho tiempo, Shaw fue un contacto de la Agencia. Está en el negocio de importación y exportación, conoce a gente que va y viene de ciertos lugares —el Servicio de Contacto Doméstico, que le llaman— y solía hacer tratos con ellos. Hace mucho tiempo que lo apartaron del juego.» Y luego me dijeron: «Bueno, por supuesto, la Agencia no quiere que esto se sepa ahora porque Garrison se aprovecharía para distorsionarlo todo y el público sacaría una falsa conclusión.»*

Por supuesto, en esa época no teníamos pruebas de las conexiones con la Agencia, ni conocíamos la amplitud de la «ayuda» que la Agencia le brindaba. Durante el juicio actuamos como si tuviéramos una posibilidad genuina de que lo condenaran.

A fin de poner en evidencia la relación entre

* En la entrevista, Marchetti agregó: «En ese momento, o poco tiempo después que de apareciera ese tipo, Ferrie..., se me dio el mismo tipo de explicación: que había estado implicado en lo de Bahía de Cochinos y que su misión había sido la de agente contratista. Como ya dije, yo acepté estas explicaciones por lo que valían, y nunca volví a pensar en el asunto hasta que fui contactado por el Comité y volví a plantearme la cuestión. Una de las razones por las que acepté todo esto tal cual me lo habían dicho es porque uno comienza a estar harto de que le digan: "Mira, ésta es una cuestión muy delicada y no tienes necesidad de saber más." Algunas veces, cuando se trataba de algo realmente delicado, te daban una excusa ridícula. Sus asociaciones y contactos podrían haber sido mucho más extensos y a mí estaban tratando de dejarme al margen.»

Shaw y Oswald, llamamos a declarar a Vernon Bundy. Éste, hay que recordarlo, había prestado declaraciones en las audiencias preliminares, donde afirmó haber visto reunidos a Lee Oswald y Clay Shaw en la costanera que bordea el lago Pontchartrain (véase el capítulo 12). Bundy era un hombre tranquilo de unos veinte años, cara redonda y de raza negra, que trabajaba como planchador en la firma Avondale Cleaners. Con gran naturalidad y control de sí mismo, Bundy repitió con gran lujo de detalles la versión que había referido durante las audiencias: que, en el momento en que se inyectaba heroína, vio juntos a Oswald y Shaw y captó parte de su conversación; que Shaw le entregó a Oswald una cantidad de dinero; que Oswald lo guardó en uno de sus bolsillos, momento en que dejó caer al suelo uno de los panfletos de color amarillo con propaganda castrista que distribuía; que el mismo Bundy usó luego ese panfleto para envolver los utensilios con que se drogaba.

Esta vez, sin embargo, Bundy sacó a relucir un elemento nuevo e inesperadamente dramático. Sin que nada lo hiciera prever, le pidió al juez que le permitiera demostrar cómo sabía que el hombre que vio frente al lago era Clay Shaw.

—¿Le podría pedir al señor que está sentado allí que caminara hasta el fondo de la sala? —preguntó Bundy.

El juez, tras un momento de vacilación que siguió a la sorpresa, asintió con un gesto de la cabeza. Shaw obedeció, y caminó hasta el fondo de la sala con dos guardias judiciales a su lado.

Bundy bajó del banco de los testigos, hizo girar la silla de Shaw y, sentado en uno de los bordes, dirigió la mirada hacia la entrada de la corte, donde se encontraba Shaw.

—¿El caballero tendría la amabilidad de acercarse a mí? —preguntó Bundy.

Shaw y los dos guardias avanzaron hacia delante.

—Aquí estoy en el borde del malecón con mi perro —dijo Bundy. Shaw, con aspecto de estar irritado e intrigado, caminó por el pasillo central de la corte.

Bundy observaba la manera particular en que Shaw movía los pies al caminar.

—Así identifiqué a este hombre en la siguiente ocasión que lo vi —explicó.

Todos los que estaban en la sala observaron que el acusado tenía una pequeña cojera, resultado, como explicó posteriormente, de una herida en la espalda que recibió en el Ejército mientras levantaba un hospital de campaña.

Era evidente que los funcionarios judiciales y los jurados habían quedado impresionados con el testimonio de Vernon Bundy. Fue sin duda la primera vez que vi a un testigo poner de su parte a un tribunal durante un juicio. Debo agregar que hasta que Bundy me contó lo que había visto cuando Shaw y Oswald se encontraron en la costanera, yo no tenía la menor idea de que Shaw caminaba con una cojera casi imperceptible.

Por el momento, habíamos establecido la existencia de una relación entre Shaw, Oswald y Ferrie. Asimismo, demostramos que Shaw había dado dinero a Oswald en forma clandestina. Debimos habernos dado cuenta de que las cosas estaban marchando demasiado bien.

La bomba que nos reventó el caso hizo explosión bastante pronto. Su nombre era Charles Spiesel. El contable de Nueva York a quien habíamos incorporado tardíamente en nuestra lista de testigos fue la siguiente persona en prestar declaración. Dijo que en un viaje a Nueva Orleans había encontrado a David Ferrie en el Lafitte's Blacksmith Shop, en el Barrio Francés. Poco después se reunieron con Clay Shaw en un edificio que, según recordaba Spiesel, podía ser el Dauphine and Esplanade, situado cerca de la residencia del propio Shaw. Spiesel dijo que cuando todos se hubieron puesto cómodos y bebido algunos tragos, Ferrie y Shaw comenzaron a discutir la posibilidad de asesinar a John Kennedy. Aunque Spiesel se sorprendió la primera vez que el tema salió a relucir, el hecho de que todos hubieran bebido copiosamente le pareció un justificante de las indiscreciones que afloraban en la conversación. Recordaba con gran precisión de detalles el intercambio de comentarios entre Shaw y Ferrie, cada uno dando sus razones de por qué había que eliminar a Kennedy y cómo se debía hacer.

Durante los interrogatorios, el principal abogado de la defensa parecía saber misteriosamente qué preguntas formular a Spiesel. En primer lugar, Dymond preguntó si Spiesel se había quejado alguna vez públicamente de haber sido sometido a «hipnosis y guerra psicológica». Spiesel replicó que, en efecto, había sido hipnotizado en Nueva York y Nueva Jersey, y también durante varias visitas a Nueva Orleans, durante el período comprendido entre 1948 y 1954.

Al preguntársele quién lo había hipnotizado, Spiesel respondió que no siempre lo había sabido. Lo único que podía afirmar, dijo, era que cuando alguien quería hipnotizarlo «trataba de atraer su atención, buscaba de que le sostuviera la mirada. Ése es el síntoma más claro».

Dymond le preguntó a continuación lo que ocurría cuando alguien se encontraba bajo estado hipnótico. Spiesel contestó: «Le ponen a uno ciertas ideas en la cabeza y le crean la ilusión de que son verdaderas.» Agregó que se había convertido «casi en un experto» en detectar cuándo la gente trataba de hipnotizarlo.

Sometido a un ulterior interrogatorio, Dymond deshizo la creencia de Spiesel de que la policía de Nueva York lo había hipnotizado, aplicándole torturas mentales y obligándolo a renunciar a sus tareas de contable.

—¿Ha experimentado recientemente algún tipo de problemas que pudieran indicar la existencia de una conspiración comunista? —le preguntó Dymond, quien agregó—: ¿Con gente que lo sigue y que intercepta sus conversaciones telefónicas?

—Bien —replicó Spiesel, con tono vacilante—, no recientemente.

A continuación Dymond decidió que había llegado el momento de darle el tiro de gracia. ¿No era cierto, preguntó, que cuando la hija de Spiesel viajaba de Nueva York a su colegio en Louisiana él acostumbraba tomarle las huellas digitales? Spiesel contestó afirmativamente.

Dymond le preguntó entonces si no era un hecho habitual el que volviera a tomarle las huellas digitales a su hija cuando ésta volvía a casa al final del semestre. Nuevamente, el testigo reconoció que esto era cierto.

A continuación Dymond le preguntó por qué lo hacía. Spiesel explicó que lo hacía, en efecto, para asegurarse de que la hija que volvía de LSU era la misma que había enviado.

Durante un largo momento, aun cuando estoy seguro de que mi cara no revelaba preocupación, me invadió un sentimiento de náusea. Me di cuenta de que la operación clandestina de la parte opuesta era tan cínica, tan sofisticada y, al mismo tiempo, tan sutil, que destruir a un jurado compuesto de gente de ideas anticuadas resultaba tan fácil como matar a un pez en un barril de un pistoletazo.

Nuestra única esperanza ahora era que el siguiente testigo pudiera borrar el recuerdo que había dejado el interrogatorio de Spiesel. De modo que a continuación llamamos a Perry Russo, quizá nuestro testigo más importante. Russo repitió extensamente el testimonio que había ofrecido en la audiencia preliminar (véase el capítulo 12), pero en esta ocasión estuvo en el banco de los testigos un tiempo mucho más largo; dos días, gran parte de los cuales se pasaron en interrogatorios. Ya al final, Russo se cerró imperturbable en la misma declaración que había sostenido claramente desde un principio; es decir, que había visto el encuentro de Clay Shaw y David Ferrie con el joven llamado «Leon Oswald» y que habían discutido en detalle el asesinato del presidente.

Durante el interrogatorio a que lo sometió Dymond, las cuestiones planteadas por el periodista James Phelan salieron a relucir (véase el capítulo 13). Phelan había escrito, y posteriormente lo declararía como testigo de la defensa, que existían incongruencias entre los dos informes escritos por Andrew Sicambra, basados en entrevistas con Russo, y el testimonio presentado por Russo en las audiencias preliminares. Russo respondió que ninguno de los dos informes contenía todos los detalles que él pensaba que se podían haber agregado, indicando que él no había escrito las notas respectivas y que no era su responsabilidad corregirlas. Agregó que, en su opinión, lo importante era lo que acababa de declarar bajo juramento, frente al jurado. Acto seguido, mirando directamente a Clay Shaw, dijo: «Estoy absolutamente seguro de que el acusado es el hombre que se encontraba allí», refiriéndose a la reunión sobre el asesinato que se celebró en el apartamento de Ferrie.

Phelan había logrado un breve efecto de opinión al pretender que Russo había identificado erróneamente a Clay Shaw. Ahora, tras el evidentemente honesto y convincente testimonio, el joven testigo había enviado al garete los esfuerzos de Phelan. Éste se había vuelto tan irrelevante que más tarde, cuando la defensa lo llamó a declarar, ni siquiera le enviamos a Andrew Sciambra, que estaba tascando el freno, para que lo interrogara.

Para establecer que el presidente tenía que haber sido muerto por más de un tirador y que se trataba de una conspiración, llamamos a numerosos testigos de Dallas que vieron y oyeron disparos realizados desde el frente de la comitiva de vehículos. William E. Newman, un joven ingeniero de diseño de Dallas, declaró que, encontrándose a menos de tres metros de la limusina, vio cómo hacía impacto el primer disparo en la frente del presidente. Kennedy cayó violentamente hacia atrás. Los disparos, recordó Newman, salieron del promontorio de arbustos que se encontraba a la derecha de donde él se encontraba. France Newman, esposa de William, corroboró el testimonio, al igual que Jane Simmons, una empleada de la Union Terminal Railway, y también lo hizo la señora Mary Moorman, un ama de casa de Dallas, y el señor Philip Willis.

Richard Randolph Carr, reducido a una silla de ruedas a consecuencias de un accidente de la construcción, viajó pese a todo desde Dallas y declaró que había oído disparos procedentes del montículo de arbustos y que había visto la muesca provocada por una bala que no alcanzó la limusina presidencial, cuando se abría una senda en dirección este a través del césped en la plaza Dealey.

Entonces Carr descendió de la escalera exterior del edificio en que estaba trabajando y en ese momento vio a cuatro hombres que salían corriendo del Almacén de Textos. Uno de ellos corrió en una dirección, mientras los otros tres se subían a una Nash Rambler aparcada frente a la acera norte de la calle Houston, en el que partieron contra dirección sin que nadie se los impidiera. Cuando Carr contó su relato al FBI, dijo, los agentes le dijeron que mantuviera la boca cerrada.

Roger Craig, ayudante del alguacil, corroboró parcialmente el testimonio de Carr, y repitió bajo juramento que en la calle Elm, frente al Almacén, había visto detenerse una Nash Rambler conducida por un hombre de aspecto latino. Posteriormente, un hombre joven, a quien después reconocería como a Lee Oswald, entró en el vehículo, que partió a toda velocidad (véase el capítulo 7).

El testigo calificado que llamamos para desmitificar la explicación oficial de la Comisión Warren acerca de las heridas de bala del presidente era el doctor John Nichols, profesor asociado de patología en la Universidad de Kansas, quien había estudiado la filmación realizada por Zapruder, las diapositivas que de ella se hicieron y otras imágenes del momento en que ocurrió el asesinato. La corte calificó al doctor Nichols como un experto en patología y en patología forense.

Con el fin de ayudar al jurado a entender las explicaciones del doctor Nichols, obtuvimos bajo un mandato judicial la filmación de Zapruder y veintiuna fotografías a color 8" x 10" de la revista

Life. Era la primera vez en más de cinco años que la filmación de Zapruder sería hecha pública en su integridad*. Para la seguridad de este material, el FBI había entregado una copia a la Comisión Warren, pero dos imágenes fundamentales de la filmación habían sido misteriosamente invertidas para crear la falsa impresión de que el disparo contra la cabeza de Kennedy se había efectuado desde atrás**. Los Archivos Nacionales también tenían una copia para todos los ciudadanos que pudiera permitirse dejar sus trabajos y viajar a la capital de la nación. Sin embargo, no se había asistido a una auténtica exhibición pública de la filmación. Todos estos años había permanecido guardada en un cofre en el edificio Time-Life, en la avenida de las Américas, en Nueva York.

* Me correspondió persuadir a Mark Lane para que hiciera reproducir cien copias de la filmación Zapruder y las distribuyera a colegas y universidades, en todo el país y en todo el mundo.

** El cuadro 313 muestra el instante en que uno de los disparos golpea la cabeza de Kennedy. Tal como fueron fotografiadas por Abraham Zapruder, los cuadros 314 y 315 muestran el momento en que la cabeza cae hacia atrás, una clara señal de que el disparo salió de un rifle disparado desde el frente. Después de la trasposición efectuada por el FBI en estos dos cuadros, la cabeza del presidente aparece cayendo hacia delante, para indicar que el disparo procedía desde atrás.

Tras un examen de rutina de ambas imágenes, incluso la Comisión Warren se vio obligada a reconocer la inversión efectuada en los cuadros 314 y 315 y preguntó al FBI qué había sucedido. J. Edgar Hoover explicó que todo se había debido a un error de impresión inadvertido.

Entonces Al Oser, quien estaba realizando el interrogatorio del doctor Nichols, solicitó permiso a la corte para mostrar la filmación de Zapruder. Mientras el ayudante del fiscal del distrito estaba instalando el proyector y la pantalla, los espectadores se desplazaron en masa de un lado de la sala a otro, para no perderse el «estreno» de la película que mostraba la muerte del presidente. La filmación, que ilustraba con claridad los horribles detalles del atentado, fue pasada una y otra vez hasta que cada miembro del jurado comprendió lo que había ocurrido. Luego Oser pidió al doctor Nichols que declarara, en su condición de experto, de qué dirección había partido el tiro.

—Después de haber visto estas diapositivas y la filmación de Zapruder —dijo el doctor Nichols—, considero que se disparó frontalmente.

Enseguida, el doctor Nichols afirmó que el presidente había sido blanco de disparos que se efectuaron no sólo desde el frente, sino también desde atrás. En términos gráficos, el doctor Nichols describió de qué modo los disparos efectuados desde atrás necesariamente habían impactado en el cuerpo de Kennedy desde ángulos diferentes, dando a entender que los tiradores estaban apostados y dispararon desde dos posiciones diferentes.

Esperábamos que el testimonio del doctor Nichols contribuiría a que el jurado comprendiera de una vez por todas la extravagancia contenida en la versión oficial de la Comisión Warren, según la cual los siete impactos con entrada y salida que alcanzaron al presidente Kennedy y al gobernador John Connally fueron causados por un solo proyectil. El Gobierno había hecho suya esta versión oficial, que empezó a conocerse como la teoría de «la bala mágica», cuando la filmación de Zapruder permitió establecer que todos los disparos habían sido hechos en un tiempo máximo de 5,6 segundos. En tan corto tiempo un asesino solitario sólo habría podido disparar tres balas. En la medida en que el Gobierno había llegado a la conclusión de que una de las balas había errado completamente su objetivo (aunque un fragmento hubiera rozado la mejilla del espectador James Teague), y que una segunda bala hirió al presidente en la cabeza y le provocó el estallido del cráneo, sólo quedaba la tercera «bala mágica» (pieza de evidencia 399 de la Comisión) como única causante de las otras siete heridas encontradas en Kennedy y Connally.

Según la versión del Gobierno, las siete heridas se produjeron de la siguiente manera: la bala entró por el cuello o la espalda del presidente (1) y prosiguió su trayectoria hacia abajo con un ángulo de alrededor de 17 grados. Luego volvió hacia «arriba» y salió del cuerpo de Kennedy por el centro del cuello (2) y continuó hasta el cuerpo de Connally, a quien impactó en la parte trasera de la axila derecha (3). Hasta ese momento, el gobernador Connally iba sentado directamente al frente del presidente, por lo que se deduce que la bala de alguna manera se desplazó sobre la derecha, lo suficiente para proseguir hacia la izquierda y herir a Connally. Después la bala prosiguió hacia abajo, en un ángulo de 27 grados, destrozó la quinta costilla de Connally y volvió a salir, por el lado derecho de su pecho (4). La bala continuó su camino hacia abajo para entrar en la muñeca derecha de Connally (5), destrozándole el hueso radical. Tras volver a salir por la parte opuesta de la muñeca derecha del gobernador (6), entró en su muslo izquierdo, donde finalmente murió su trayectoria.

Según la versión oficial, esta bala se encontró posteriormente en casi perfectas condiciones en un pasillo del Hospital Parkland, y por lo visto había caído al suelo de una camilla*. La bala no tenía casi ninguna huella, apenas una ligera deformación en la base. Curiosamente, en la muñeca del gobernador Connally se encontraron otros fragmentos de bala, además de los que habría dejado la bala n.º 399.

No quisimos que el doctor Nichols cayera en ningún tipo de jerga técnica mientras criticaba la teoría de la bala mágica. Sólo queríamos que explicara al jurado que semejante suposición —una pieza vital en que se sostenía la tesis gubernamental del asesino solitario— desafiaba tanto las leyes de la física como del sentido común. Cuando el jurado hubiera aceptado que la bala mágica no podía haber causado siete heridas diferentes en el presi-

* Es de cierto interés señalar que Jack Ruby fue visto en los ingresos del hospital Parkland antes de que se encontrara la bala mágica. Algunos críticos de la teoría oficial especularon que el mismo Ruby podría haberla llevado al hospital.

dente Kennedy y en el gobernador Connally, según apuntaba nuestra estrategia, se impondría la conclusión de que había actuado un segundo tirador y que, en consecuencia, se había tratado de una conspiración.

A juzgar por las reacciones de los miembros del jurado, la presentación de la evidencia de que en Dallas se había asistido a una conspiración había causado una profunda impresión. No sabía si conseguiríamos recuperarnos del interrogatorio a Spiesel, pero por el momento nuestro principal objetivo era vincular a Shaw con la conspiración de Dallas.

La vinculación dependía en gran medida del hecho de que Dean Andrews, el hippie y rechoncho procurador, había admitido haber recibido una llamada de «Clay Bertrand» para que representara a Lee Oswald en Dallas. Las piezas del rompecabezas encontrarían su lugar en la mente del jurado, así lo esperábamos, si lográbamos demostrar con persuasiva evidencia que «Clay Bertrand» era en realidad Clay Shaw. De modo que llamamos a nuestra siguiente testigo, la señora Jesse Parker, una azafata de la sala VIP en el aeropuerto internacional de Nueva Orleans. Jesse Parker declaró que en diciembre de 1966 había visto firmar a Clay Shaw en el registro de huéspedes del salón como «Clay Bertrand». Después de ofrecer una detallada descripción de la situación, Parker señaló la firma en el registro y enseguida apuntó hacia Shaw como el hombre que la había realizado.

A continuación llamamos a declarar a la señora Elizabeth McCarthy, una experta calígrafa de Boston, que había estudiando la firma que «Clay Bertrand» había estampado en el libro del aeropuerto. Le pregunté si había llegado a alguna conclusión respecto a la firma en cuestión.

—En mi opinión —contestó—, es altamente probable que Clay Shaw sea el autor de la firma.

Para lograr un final con un toque de dramatismo, habíamos reservado al oficial de policía de Nueva Orleans, Aloysius Habighorst, como nuestro último testigo. Era el oficial de policía que registró el ingreso en prisión de Clay Shaw después de que lo arrestáramos (véase el capítulo 11). Hay que recordar aquí que, siguiendo un procedimiento de rutina, Habighorst le preguntó a Shaw si usaba algún alias y Shaw, aparentemente aún bajo la gran conmoción que le había causado su arresto, replicó: «Clay Bertrand». Ésta, sin duda, era una de las piezas más importantes para la prueba de nuestro caso, por cuanto provenía del mismo Shaw y lo vinculaba directamente con la llamada a Dean Andrews acerca de representar a Lee Oswald en Dallas.

Le pedimos al bedel de la corte que llamara al oficial Habighorst. Pero antes de que Habighorst pudiera sentarse en el banco de los testigos, el juez ordenó repentinamente al jurado que abandonara la sala. A continuación informó a Jim Alcock, en ese momento a cargo del interrogatorio, que iba a declarar inadmisible la tarjeta de identificación con las huellas digitales, firmada por Shaw, donde

«Clay Bertrand» figuraba como alias. Haggerty agregó que de todos modos no prestaría crédito a nada de lo que pudiera declarar el oficial Habighorst.

Alcock, furioso y ruborizado, se levantó de un salto y manifestó su protesta por la orden del juez y su increíble comentario acerca de Habighorst. Haggerty replicó que Shaw había sido privado de su derecho constitucional en el cuartel de la policía cuando se le preguntó, sin la presencia de un abogado, si usaba o no un alias.

Desde tiempos inmemoriales, ése había sido el procedimiento habitual en el cuartel central de policía al registrar el ingreso de un detenido. Nosotros sabíamos que no era una exigencia constitucional la presencia de un abogado mientras se hacían las preguntas de rutina para llenar la ficha de un detenido. Entonces ésa no era la ley y en la actualidad tampoco lo es. Sin embargo, el juez Haggerty estaba cambiando la ley ante nuestros propios ojos.

Alcock anunció con ostensible sentido de frustración que apelaría a la Corte Suprema de Louisiana, pero yo sabía que se trataba de un gesto fútil. En aquellos días, las cortes de apelación de Louisiana nunca se pronunciaban sobre una impugnación a una decisión judicial mientras el juicio aún estaba en curso.

Con tan solemne nota, la presentación del caso del estado contra Clay Shaw llegó esencialmente a su término. Mientras salíamos de la sala del tribunal, en un descanso antes de que la defensa presentara su caso, lancé una mirada a través de las grandes ventanas, que habían sido abiertas para renovar el aire. Me asaltó un sentimiento de tristeza. Tuve una visión global de nuestro caso, como podría tenerla un pájaro gigante que planeara con sus grandes alas moviéndose lentamente y saliera a través de las ventanas abiertas para perderse en el cielo.

Siempre que el acusado es un importante personaje, los abogados de la defensa inician su presentación con testigos que sirven para demostrar la soberbia reputación de su cliente en la sociedad. La idea que subyace bajo este mecanismo es imbuir en la mente del jurado el sentimiento de que, ya sea por venalidad o infortunio, la acusación ha cometido un error terrible y ha sentado en el banquillo al hombre equivocado.

Así pues, no fue una sorpresa el hecho de que los abogados de Shaw iniciaran su carga con una serie de testigos cuyas declaraciones reafirmaban la reputación del acusado. A los primeros siguieron otros testigos, elegidos para refutar una serie de tantos a favor de la acusación, incluido Dean Andrews, quien declaró que Shaw no era el «Clay Bertrand» que había llamado y le había pedido que representara a Lee Oswald en Dallas*.

* Con anterioridad, Andrews había sido encontrado culpable de perjurio ante el Gran Jurado, ante el cual realizó la misma declaración bajo juramento, y fue sentenciado a

En vez de hacer todo el relato de este episodio, me concentraré en las declaraciones de los dos testigos más importantes de la defensa. El primero era el teniente coronel Pierre Finck, uno de los tres patólogos militares que realizaron la autopsia del presidente Kennedy en el Hospital Naval de Bethesda, en Maryland.

La autopsia había estado sujeta a tantas controversias en varios aspectos que antes del juicio nos preguntábamos si la defensa se atrevería a exponer a uno de los patólogos al riesgo de un interrogatorio de la acusación en la sala del tribunal. En primer lugar, según las leyes de Texas, el cuerpo nunca debió haber sido retirado de la ciudad antes de que forenses civiles le practicaran una autopsia en el depósito de cadáveres de Dallas. Los funcionarios de Dallas informaron al Servicio Secreto sobre esta exigencia legal mientras el ca-

---

cinco meses en la prisión de Parish. Sin embargo, durante el juicio de Shaw, su condena estaba en apelación en la corte suprema de Louisiana y no era posible referirse a ella. Más adelante, después de que Andrews perdiera su apelación, sus abogados se acercaron a mí, preocupados porque dados sus graves problemas cardíacos probablemente no terminaría con vida sus seis meses de prisión. Yo sabía que esto era cierto y les aconsejé que presentaran una solicitud para realizar un nuevo juicio. Al responderme que la Corte Suprema nunca accedería a ello, les señalé que la moción era aprobada por el fiscal de distrito. En consecuencia sería concedida *pro forma*, como efectivamente ocurrió. Cuando el caso llegó a mi despacho, suspendí los cargos. Andrews no llegó a cumplir ninguna sentencia de prisión, pero murió poco después a causa de sus dolencias cardíacas.

dáver era subido a una ambulancia, pero en vez de dirigirse al depósito de cadáveres, el Servicio Secreto escamoteó el cuerpo y lo llevó al aeropuerto, donde fue embarcado en el *Air Force One* y trasladado al Hospital Naval de Bethesda.

En segundo lugar, aunque los médicos civiles del hospital Parkland ya habían diagnosticado que el impacto en la parte delantera del cuello de Kennedy era una herida de entrada, los tres patólogos militares no indagaron, según los procedimientos habituales, a fin de encontrar la bala o describir su trayectoria.

En tercer lugar, durante la autopsia se tomaron entre quince y veinte fotografías y radiografías del cuerpo del presidente Kennedy, que fueron entregadas al agente Roy H. Kellerman, del Servicio Secreto; sin embargo, la Comisión Warren no examinó ninguno de estos elementos. En cambio, el patólogo jefe, comandante James Humes, había tomado disposiciones prácticas para que los fotógrafos pudieran obtener imágenes de varias partes de la autopsia con la única finalidad de presentarlas a la Comisión. Pero ni siquiera a los fotógrafos se les permitió ver las fotografías y las radiografías. Habían tomado las fotografías siguiendo la descripción verbal de los patólogos durante la autopsia. Por último, el domingo 24 de noviembre de 1963, el comandante Humes, según él mismo admitió, quemó todas las notas de la autopsia*.

* Años después se realizaron dos importantes descubrimientos relacionados con la autopsia. El primero fue que,

Por supuesto que sabíamos que la defensa no conseguiría con facilidad el testimonio del comandante Humes, teniendo en cuenta lo que había hecho. Esto dejaba como alternativa a los doctores J. Thornton Boswell y al teniente coronel Finck. La defensa se decidió por Finck que, curiosamente, también había participado en la autopsia del hermano menor del presidente Kennedy, Robert, tras su asesinato, el 4 de junio de 1968.

En la preparación del juicio, habíamos explorado extensamente toda la información disponible sobre las heridas del presidente y estábamos bien preparados para interrogar al doctor Finck. Sin embargo, no podíamos conocer por adelantado la posición que tomaría.

Debido a la presencia de pruebas contradictorias, había dos explicaciones oficiales diametralmente opuestas de cómo Kennedy había sido ti-

---

durante la autopsia, el comandante Humes encontró una nueva bala, pero nunca consignó el hecho en su informe oficial. Al contrario, Humes declaró ante la Comisión que no había encontrado ninguna bala. La bala se menciona en un recibo entregado al oficial director del Hospital Naval de Bethesda por los agentes del FBI a quienes fue confiada. Difundido bajo el Acta de Libertad de Información a Mark Lane, el recibo dice:

22 de noviembre de 1963

De: Francis X. O'Neill, jr., Agente del FBI
James W. Silbert, agente, FBI

Al: Capitán J. H. Stover, jr., comandante de la
Escuela de Medicina Naval, Centro Médico
Nacional y Naval, Hospital de Bethesda, Maryland

roteado. Una, basada en las declaraciones de los agentes del Servicio Secreto que estaban cerca del presidente cuando fue alcanzado por los proyectiles, así como las de los agentes del FBI presentes en el momento de la autopsia, situaban las heridas recibidas desde atrás ligeramente a más de doce centímetros por debajo de la línea del cuello y aproximadamente cinco centímetros a la derecha de la espina dorsal. El estado de la camisa y de la chaqueta de Kennedy corroboraba enérgicamente esta hipótesis, ya que ambas prendas presentaban

---

1. Por la presente reconocemos haber recibido un proyectil extraído por el comandante James J. Humes, MC, USN en esta fecha.

(firmado)
Francis X. O'Neill jr.

(firmado)
James W. Sibert

El descubrimiento de una cuarta bala durante la autopsia significaba necesariamente que más de un tirador disparó al presidente.

El segundo descubrimiento se produjo en agosto de 1972, cuando el doctor Cyril Wecht, un eminente patólogo y examinador médico de Pittsburgh, Pennsylvania, obtuvo una orden judicial autorizándole a examinar el cerebro del presidente Kennedy en los Archivos Nacionales. Un examen del cerebro, que se conservaba en formol, podría haber revelado de qué dirección, cuántas veces y en qué partes habían herido las balas la cabeza del presidente. Por desgracia, el doctor Wecht no llegó a realizar el examen. El cerebro del presidente, se le explicó, había desaparecido.

una perforación de bala doce centímetros por debajo de la línea del cuello.

La segunda explicación oficial, defendida con igual solemnidad por el Gobierno, era que las balas disparadas desde atrás alcanzaron al presidente Kennedy en la base del cuello. Esta hipótesis no solamente situaba la herida a casi treinta centímetros por encima de las perforaciones de bala encontradas en la camisa y la chaqueta de Kennedy, que, según esta versión, debían haberse abierto en su espalda, sino que también contradecía directamente la explicación anterior. La segunda posición era más coherente con la idea de una herida con salida en el centro de la garganta, porque al menos no requería que la bala hubiera cambiado de trayectoria hacia arriba después de haber entrado más abajo con un ángulo de 17 grados. Pero había otros problemas. Hasta el momento no se conocía ninguna fotografía que mostrara una herida con entrada en la parte trasera del cuello. Más aún, el ancho de la herida de «entrada», tomado de las vestimentas, era virtualmente del mismo tamaño que la herida de «salida» debajo de la manzana de Adán. Como se sabe, las heridas de salida de bala son invariablemente más grandes que las de entrada, lo cual le restaba sentido a la versión.

Escuchamos atentamente el testimonio directo del doctor Finck, en respuesta a las preguntas de Irvin Dymond, a fin de establecer qué explicación apoyaría. El doctor Finck estaba sentado muy derecho y se expresaba con gran precisión. Me imaginé que su escritorio estaría probablemente ordenado a la perfección y no habría correspondencia sin contestar ni papeles amontonados que pudieran oscurecer su brillante superficie de nogal. Era de lo más meticuloso, como lo demostraba su hábito de explicar densos tecnicismos médicos después de haberlos enunciado, aparentemente un resabio de su experiencia como profesor.

Como pronto se vio, el doctor Finck llegó de Washington como portavoz de la tesis «herida con entrada por la parte trasera del cuello». Declaró, en efecto, que la autopsia permitía afirmar fehacientemente la probabilidad de que el presidente hubiera sido abatido por un tirador solitario que le había disparado desde atrás, asestándole un tiro en el cuello y el otro en la nuca, los que le causaron la muerte. Mientras continuaba declarando, fue evidente que había empleado el término «atrás» en su acepción más amplia, hasta incluir aquella parte de la espalda entre los hombros y el cuello.

Le dirigí una mirada a Oser para comprobar si estaba preparado. Asintió con un gesto adusto. Oser era un joven alto y esbelto, de ojos azules y cabello rubio. Su padre había sido juez en aquella misma corte de distrito durante muchos años y la corte había sido su destino desde el primer día que llegó a la Facultad de Derecho. Entre sus muchas dotes forenses, como iba a comprobarlo el doctor Finck, figuraba una tenacidad sin desmayo durante los interrogatorios.

Mientras se aproximaba al banco de los testigos, Oser dirigió al doctor Finck una cálida sonrisa. Pero en pocos minutos había puesto a pedalear a gran velocidad al patólogo de la autopsia. Cuando el doctor Finck hizo suya la hipótesis de que la herida de entrada se había producido en la parte trasera del cuello, Oser fue rápidamente a la pregunta de si la herida del cuello se había establecido y probado durante la autopsia, un procedimiento rutinario en estos casos para determinar las características de la herida. Como la respuesta del doctor Finck fue negativa, Oser comenzó a presionarlo:

FINCK: Debo recordarle que yo no estaba a cargo de la autopsia, y que fui convocado...

OSER: Sin embargo, usted aparece suscribiendo el informe [de la autopsia], lo cual le convierte a usted en uno de sus coautores, ¿no es cierto?

FINCK: Espere un momento. A mí me llamaron como asesor para examinar las heridas; eso no significa que yo estuviera dirigiendo la operación.

OSER: ¿El doctor Humes dirigía la operación?

FINCK: Bueno, yo oí que el doctor Humes preguntaba: «¿Quién está a cargo de esto?» Luego oí que un general del Ejército respondía (pero ahora no recuerdo su nombre): «Yo.» Ya comprenderá usted que en esas circunstancias en la sala había funcionarios de la policía, personal militar de distinta graduación y uno tenía que ceñirse a la coordinación prescrita.

OSER: Pero usted era uno de los tres patólogos calificados que estaba presente junto a la mesa en que se realizaba la autopsia, ¿verdad?

FINCK: Sí, en efecto.

OSER: El general de Ejército que usted acaba de mencionar, ¿era un patólogo calificado?

FINCK: No.

OSER: ¿Me puede dar el nombre de ese general?

FINCK: No, no lo recuerdo.

OSER: Cuando se realizaba la autopsia, o poco después, ¿tuvo en su poder fotografías y radiografías que se hicieron del cuerpo del presidente Kennedy?

FINCK: Nunca he tenido fotografías ni radiografías del presidente Kennedy.

Por supuesto que nunca había tenido ni fotografías ni radiografías del presidente Kennedy en sus manos. El patólogo que había declarado a nuestro favor, el doctor Nichols, había solicitado autorización del Gobierno para ver las fotografías y radiografías tomadas durante la autopsia del presidente Kennedy, solicitud que le había sido denegada. El doctor Nichols también había declarado que pidió ver la limusina donde había sido trasladado el presidente, lo cual también se le negó.

Y ahora Oser investigaba para averiguar quién había estado a cargo de la autopsia, una pregunta que durante mucho tiempo me había fascinado.

OSER: ¿Cuántos militares más había en la sala de autopsia?

FINCK: Esa estancia estaba particularmente llena. Era una sala pequeña y cuando a uno lo llaman en circunstancias como ésas para examinar las heridas del presidente de Estados Unidos, que está muerto, no anda preocupado por mirar a su alrededor, ni le vienen ganas de preguntar a la gente cómo se llama, como tampoco de tomar notas de quiénes y cuántos son. Yo no lo hice. La sala estaba llena de personal civil y militar y agentes federales de policía, del Servicio Secreto, agentes del FBI durante una parte de la autopsia, pero no puedo proporcionarle una información precisa acerca de la gente que estaba presente en esa sala de autopsia del Hospital Naval de Bethesda.

OSER: Coronel, ¿le pareció que debía obedecer órdenes de ese general del Ejército que estaba dirigiendo la autopsia?

FINCK: No, porque había otros; había almirantes.

OSER: ¿Había almirantes?

FINCK: ¡Oh, desde luego, había almirantes! Y cuando usted es un teniente coronel de la Marina, simplemente debe obedecer las órdenes. Y al término de la autopsia se nos ordenó específicamente —según recuerdo, fue el almirante Kinney quien lo dijo, el médico jefe de la Marina, aunque mi afirmación puede estar sujeta a verificación—, se nos dijo específicamente, repito, que no discutiéramos el caso.

OSER: ¿Tuvo usted la posibilidad de seguir el trazado de esa bala concreta en el cuerpo de la víctima, mientras yacía sobre la mesa donde se le practicaba la autopsia?

FINCK: No seguí el trazado que [la bala] siguió en el cuello.

OSER: ¿Por qué?

FINCK: Contestar su pregunta supondría revelar información médica confidencial.

OSER: Señor juez, me gustaría que el coronel respondiera a mi pregunta y solicito a este tribunal que lo instruya en tal sentido.

JUEZ: Es correcto. Doctor, tiene que contestar.

FINCK: No extrajimos los órganos del cuello.

OSER: ¿Por qué no lo hicieron, doctor?

FINCK: Porque se nos pidió que examináramos las heridas en la cabeza y el...

OSER: ¿Me está diciendo que alguien les ordenó que no examinaran el cuello?

JUEZ: ¡Déjele terminar su respuesta!

FINCK: Se me dijo que la familia quería un examen de la cabeza, hasta donde puedo recordar, de la cabeza y el pecho, pero los cirujanos anatomistas* que practicaron la autopsia no examinaron los órganos del cuello, hasta donde alcanzo a recordar.

OSER: Usted ha dicho que no lo hicieron. Quiero saber por qué usted, en su condición de patólogo en una autopsia, no intentó establecer el trazado [de la bala] en el cuerpo que usted te-

* Equivalente del término técnico inglés «prosector», o persona que realiza disecciones anatómicas. El doctor Finck empleó el término en varias ocasiones.

nía sobre la mesa de autopsia para determinar la causa o las causas de su muerte. ¿Por qué?

FINCK: Ya conocía la causa de su muerte.

OSER: ¿Por qué no describió la trayectoria de la bala?

FINCK: Como ya le he dicho, no extraje los órganos del cuello.

OSER: No le había oído.

FINCK: Examiné las heridas, pero no extraje los órganos del cuello.

OSER: Usted dice que no lo hizo. Pero lo que quiero saber es por qué no lo hizo en su condición de patólogo.

FINCK: Según recuerdo, examiné la tráquea y lo más que puedo recordar es que encontré una herida resultado de una traqueotomía, pero no realicé la disección ni extraje los órganos.

OSER: Señor juez, le pediría a su señoría que instruya al testigo para que responda a mi pregunta. Le formularé la pregunta una vez más: ¿por qué no hizo la disección para establecer la trayectoria de la bala de la herida que usted ha descrito aquí y que vio durante la autopsia mientras examinaba el cuerpo? ¿Por qué? Le pido que conteste a esta pregunta.

FINCK: Como ya lo he dicho, me ordenaron que no lo hiciera, pero no recuerdo quién.

No nos sorprendió ver la confirmación de que no se había practicado aquella rutinaria prueba en la herida del cuello. Sin embargo, sí nos asombró la noticia de que un general del Ejército que no era médico al parecer había dado órdenes a los patólogos de la autopsia para que no la hicieran y que un almirante les había indicado que no comentaran el resultado de la autopsia.

Más chocante aún me resultó el siguiente testigo de la defensa. Yo estaba sentado cerca de Jim Alcock en la mesa del fiscal y me disponía a encender mi pipa cuando oí que Irvin Dymond llamaba a Clay Shaw. La pipa se me cayó de la boca. Nunca me había sentido más asombrado. Shaw no tenía que declarar, porque nadie puede ser obligado a declarar contra sí mismo. Sin embargo, en ese momento ya debía haberse dado cuenta de que habíamos removido cielo y tierra para encontrar a los testigos de su relación con David Ferrie y Lee Oswald, y sabía que cuando se sentara en el banco de los testigos no lo soltaríamos sino después de un interrogatorio a fondo sobre todos los detalles de la cuestión.

Posiblemente, los abogados de Shaw se sintieron excesivamente confiados después de la confesión de Spiesel acerca de su compulsión a tomar las huellas dactilares a su hija y del dictamen del juez, quien se negó a admitir la firma de Shaw con el alias de «Clay Bertrand». O posiblemente el propio Shaw, en un intento por sacarle lustre a su ya luminosa imagen pública, fue quien insistió. En cualquier caso, se sentó en el banquillo de los testigos y declaró bajo juramento que no conocía a Oswald, que nunca había usado el alias de Clay Bertrand y que no había llamado a Dean Andrews. Y, lo más sorprendente de todo, declaró que nunca se había reunido con David Ferrie.

En una sucesión normal de acontecimientos, un error de esta naturaleza necesariamente habría dado con Shaw en la cárcel por perjurio. En términos más inmediatos, habría dañado seriamente su credibilidad en el juicio en la medida que habían sido numerosos los testigos que declararon haber visto a Shaw con Ferrie. Pero este caso difícilmente podía calificarse de normal y ahora no cabía duda de que ningún jurado encontraría culpable de conspirar para asesinar al presidente a un eminente, respetado, distinguido y prominente líder de la sociedad, sobre todo después de la experiencia inolvidable de un testimonio propio de un lunático presentado por la acusación.

A primera hora de la madrugada del sábado 1 de marzo de 1969, pocos minutos después de medianoche, el jurado entró en la sala del tribunal y anunció que absolvía a Clay Shaw. Yo me había preparado para tan inevitable veredicto, de modo que mi reacción fue muy poco emotiva. Seguía creyendo que Shaw había participado en la conspiración para asesinar al presidente y que su papel había consistido esencialmente en preparar a Oswald como el señuelo. Pero no abrigaba sentimientos vengativos respecto a Shaw, ni siquiera me disgustaba. Simplemente, había cumplido con su trabajo como funcionario de los grupos de Inteligencia federal, al igual que yo había cumplido con el mío como el representante electo del pueblo de Nueva Orleans.

Después de conocerse el veredicto, Mark Lane procedió a interrogar a los miembros del jurado, una modalidad que está permitida en Louisiana. Sus respuestas indicaron que no podían encontrar ninguna motivación para que Shaw hubiera participado en una conspiración con la finalidad de asesinar a Kennedy, a quien siempre había profesado públicamente una gran admiración. Esto no me sorprendió. Desde que se inició el caso siempre supimos que nos costaría mucho presentar con claridad la motivación de Shaw. Esta motivación, a mi entender, se relacionaba con la historia de Shaw como agente operativo de la CIA y con su deseo, compartido por los duros soldados de la Guerra Fría que actuaban en los grupos de Inteligencia, de frenar los intentos de Kennedy por reformar la política exterior de Estados Unidos. Pero en el momento en que se realizaba el juicio, la CIA no reconocería sus vínculos con Shaw, y yo por mi parte no disponía de testimonios independientes para demostrarlo, de modo que ni siquiera podía insinuar esta posible motivación. Mucho más tarde descubrí las noticias de prensa italianas y canadienses acerca del papel de Shaw en el Centro Mondiale Commerciale y Permindex (véase el capítulo 6). En 1975 Victor Marchetti aludió a la preocupación de la Agencia por la suerte de Shaw, y mucho después, en 1979, Richard Helms, el subdirector de la CIA, que en 1963 esta encargado de las operaciones (encubiertas), admitió por primera vez bajo juramento que Shaw mantenía vínculos con la Agencia.

En un juicio celebrado en 1979, se le preguntó a Helms si conocía a Clay Shaw. Respondió bajo juramento:

> El único recuerdo que tengo de Clay Shaw y la Agencia es que en una época, me parece, cuando él era hombre de negocios, actuó como contacto en la División de Contactos Internos, gente que hablaba con hombres de negocio, profesores y personajes por el estilo, y que viajaba por todo el país.

En un juicio posterior, en 1984, a Helms se le repitió su testimonio cuando se le preguntó: «¿Recuerda haber hecho esa declaración bajo juramento el 17 de mayo de 1979?» Y respondió: «Si en las actas se afirma que la hice bajo juramento, supongo que así fue.» En esa ocasión Helms reconoció asimismo que había denegado públicamente este hecho, en la época en que era director de la Agencia.

Si el jurado hubiera tenido conciencia de los vínculos de Shaw con la Agencia, posiblemente el veredicto habría sido diferente. Pero incluso en ese caso, todos los jurados que Lane interrogó reconocieron que la acusación había dejado establecido que el presidente Kennedy había sido asesinado como resultado de una conspiración. Para mí, este hecho tenía su importancia. Los jurados habían absuelto a Shaw en su calidad de individuo, pero «no» habían aceptado la gran mentira del Gobierno federal acerca del asesinato.

La prensa nacional trató el veredicto nada menos que como una rehabilitación plena de la Comisión Warren. Por supuesto, el jurado de Nueva Orleans había escuchado testimonios que abarcaban una pequeña parte de lo que había sido necesariamente una empresa mucho más vasta. Más aún, sólo habían tomado en consideración a una persona, cuya participación había sido marginal. Pero eso no bastaba. Por el momento, el mito del asesino solitario había resucitado, y había sido instalado en una silla junto a la ventana con abundante carmín en las mejillas.

En Nueva Orleans, la reacción del *Times-Picayune* y del *States-Item* podría ser descrita como de un digno júbilo. A diferencia de otros periódicos en el resto del país, la prensa local siempre había sido consciente de que contábamos con un fiscal de distrito de primera clase, de modo que no se habían dejado impresionar por los alegatos referentes a la «brutalidad de los testigos».

Con todo, la prensa local pidió mi dimisión. El *States-Item*, en un editorial en primera plana, escribió el 1 de marzo de 1969:

> El fiscal de distrito Jim Garrison debería presentar su dimisión. Ha demostrado que no posee las cualidades para cumplir con las funciones de su cargo o de cualquier otro.
>
> El señor Garrison ha abusado de los poderes que le confería su puesto. Ha pervertido la ley, en

vez de aplicarla. Su persecución de Clay Shaw fue una tergiversación en un proceso legal de las que no se suelen ver a menudo.

Clay Shaw ha sido restituido en su honor, pero el daño a su reputación causado por la caza de brujas emprendida por el juez Garrison podría ser irreparable. Es una vergüenza. Esta farsa de justicia es un reproche a la conciencia de todos los hombres de bien y no debe quedar sin respuesta. El propio señor Garrison debería sentarse en el banquillo de los acusados y responder por su conducta.

Al día siguiente, un editorial ligeramente más suave publicado en la primera plana por el *Times-Picayune* decía más o menos lo mismo. Estas opiniones, como luego se demostró, eran sólo las primeras invitaciones a que dimitiera de mi cargo de las muchas que luego me haría la prensa local. Pero yo no estaba dispuesto a renunciar a mi deber.

Para mí, el siguiente paso era obvio. Aunque Clay Shaw había ganado un juicio, había suscitado otro aún mejor. El lunes por la mañana, 3 de marzo, presenté una querella por perjurio contra Clay Shaw. Concretamente, lo acusaba de que bajo juramento había declarado que nunca se había reunido con David Ferrie. En realidad, Shaw no solamente conocía bien a Ferrie, sino que frecuentemente había sido visto en su compañía. Teníamos un nuevo testigo para demostrar este caso flagrante de perjurio como nunca había encontrado en mi carrera de fiscal de distrito.

Si hubiera sido por mí, en realidad habría dejado todo el asunto de lado, de una vez por todas. El último sábado por la mañana, el jurado me había relevado de un gran peso. A decir verdad, me sentía sumamente cansado de seguir lidiando con el Gobierno federal, con su insensata maquinaria de espionaje y con el batallón de periodistas que contribuían a sostener la decepción del público norteamericano respecto al asesinato de Kennedy.

Sin embargo, yo no tenía otra alternativa. Había tomado automáticamente mi decisión cuando —contrariamente a los numerosos testimonios reunidos— Shaw se había sentado en el banco de los testigos y, con sus maneras amables y educadas, se burló de la ley mintiendo bajo juramento.

No había más emoción cuando presenté el juicio con este cargo que cuando un piloto de aerolíneas informa que en el aeropuerto de destino hay mal tiempo, cambia de ruta y elige un aeropuerto alternativo.

Comprensiblemente, teniendo en cuenta la historia de este caso particular, Shaw encontró refugio en el Gobierno federal. Sus abogados pidieron a la corte federal que me prohibiera acusar judicialmente a Shaw de perjurio. Sin embargo, los códigos y textos legales incluían un estatuto específico que volvía muy difícil a cualquier corte federal interferir en acusaciones estatales*.

* 28 U.S.C. par. 2.283: Acerca de los procedimientos de las cortes estatales:

«Un tribunal de Estados Unidos no podrá dictaminar una prohibición para iniciar un juicio en una corte

Afortunadamente para Shaw, el sistema judicial federal cerró sus ojos a esa ley federal. La corte de distrito de Estados Unidos me prohibió procesar a Shaw por haber cometido perjurio y la corte de apelaciones se atuvo en todo momento al dictamen de la corte de distrito. Cuando el asesinato de un presidente había sido ratificado por un Gobierno nacional en ejercicio, detalles como las leyes se convertían en cuestiones irrelevantes.

En cualquier caso, los editoriales de los diarios locales que habían pedido mi dimisión recibieron de los ciudadanos de Nueva Orleans la atención que merecían. El año pasado, en las elecciones para fiscal del distrito, recibí 81.000 votos, mi contrincante 61.000 y el tercer candidato al cargo 7.000.

---

estatal, excepto si es expresamente autorizado por un Acta del Congreso, o en caso de que fuera necesario para imponer su jurisdicción, o para proteger o efectuar sus dictámenes.»

19

LA MAJESTAD DE LA LEY

Los agentes federales me arrestaron sin ningún tipo de advertencia previa.

Aún era temprano esa mañana del 30 de junio de 1971. Acababa de terminar mi desayuno y leía el *Times-Picayune*. Aún estaba en pijama y bata, y estaba a punto de subir a la primera planta, cuando sonó el timbre.

Abrí la puerta y varios hombres del Gobierno federal entraron en tropel. El que los mandaba exhibía una placa del Servicio de Impuestos Internos y sostenía un pedazo de papel, mientras los otros agentes se amontonaban a sus espaldas. Al mismo tiempo que sus hombres iban entrando en mi casa, me informó que estaba arrestado y me preguntó si estaba armado.

—¿Cómo puedo estar armado cuando voy arriba a vestirme?

—Bien, pero lo vamos a acompañar porque tenemos que llevarlo al centro para ficharlo.

Cuando me hube vestido, con varios agentes a

mi alrededor observándome, bajé por las escaleras. Mi mujer y mis hijos estaban muy inquietos, yo los tranquilicé.

Mientras salía por la puerta de casa flanqueado por agentes federales, quedé estupefacto al comprobar que la acera y los alrededores del vecindario estaban llenos de automóviles de la policía con toda la parafernalia que llevan en el techo. Parecía haber hombres con radiotransmisores por todas partes. Algunos vecinos se habían asomado a mirar por las ventanas. No podía reprochárselo, pero de repente me sentí avergonzado.

Me llevaron al tribunal federal en un coche lleno de agentes. En el tribunal me fotografiaron como a un delincuente común, me tomaron las huellas dactilares y me pusieron en una celda con barrotes con las paredes pintadas de verde. Poco después, un guardián me llevó a una sala de tribunal donde un magistrado leyó los cargos formales presentados en mi contra. Al parecer, estaba acusado de participar en el crimen organizado; concretamente, de aceptar sobornos por la concesión de máquinas tragaperras.

El hecho de que un hombre acusado por el Gobierno se declare inocente es de lo más habitual. Pero, para mí, decir simplemente que era inocente equivalía a un sobreentendido de dimensiones cósmicas. Por otra parte, yo nunca me había embolsado ilegalmente ni un solo dólar como fiscal de distrito, porque simplemente no estaba en mi carácter hacerlo. La cuestión era, como lo comprendieron de inmediato mis colaboradores y los fiscales de distrito de casi toda la ciudad, que yo había aplicado la ley prohibiendo las comisiones por las autorizaciones de las máquinas tragaperras con mayor rigidez que cualquier anterior fiscal de distrito. Además había actuado de este modo no para obedecer a ningún prurito de virtud, ni a ningún encono particular hacia las comisiones pagadas a cambio de autorizar máquinas tragaperras, sino porque cumplía mi cargo con la finalidad de aplicar todas las leyes descritas en los textos, se tratara de delitos o, como en el caso de las comisiones, graves infracciones.

Por lo visto el Gobierno federal no había llegado a comprender esto, dando por descontado que, como muchos fiscales de distrito de Louisiana, yo cerraba un ojo al pago de comisiones por máquinas tragaperras. Y había elegido atacarme con esta acusación particular, como rápidamente lo entendí, porque el juego de las tragaperras tenía una dimensión federal y estaba en su jurisdicción. La conexión federal era muy frágil y se apoyaba en el solo hecho de que las máquinas tragaperras se fabricaban en Illinois. Pero sin este forzado razonamiento legal, el Gobierno no tenía ninguna razón para hacerme arrestar; a menos, por supuesto, que no revelara la verdadera razón, es decir (como yo sospechaba), el hecho de haber causado una serie de problemas a todo el mundo por querer investigar el asesinato de JFK.

Tras haber sido puesto en libertad después de haber pagado mi propia fianza, Frank Klein, que había ido a buscarme, me llevó al despacho. Cuando la excitación inicial se hubo disipado, siguió un día normal, aparte de una llamada telefónica que hice a Boston para conversar con F. Lee Bailey, el prestigioso abogado procesal, que además era un amigo personal. Lee dijo que se sentiría honrado y complacido de asumir mi defensa, a cambio de una condición.

—¿De qué se trata? —le pregunté.

—No cobraré honorarios —me dijo.

Los veintiséis meses entre mi arresto y mi proceso transcurrieron, como siempre, en medio de mis esfuerzos por mantener un despacho sin el personal ni los medios financieros suficientes para absorber la enorme masa de trabajo. De vez en cuando debía aparecer como acusado en la corte de distrito de Estados Unidos para cumplir las formalidades previas a mi propio juicio. Los asociados de Bailey eran excelentes abogados y durante este período su preparación y trabajo judicial fue espléndido, para decir lo menos, lo cual me permitió concentrarme en los detalles que menudean en una oficina de fiscal de distrito. A medida que transcurría el tiempo, sin embargo, fue evidente que el Gobierno no tenía ninguna prisa por llevar este caso a juicio.

Lo anterior simplemente nos dio más tiempo para estudiar el material que habíamos obtenido del Gobierno. Tal como lo enunciaba la corte suprema en el caso «Brady contra Maryland», que nos servía de referencia, el Gobierno federal tiene la obligación, durante el período anterior al juicio en que se descubren pruebas y evidencias, de proporcionar al acusado las copias de todos los materiales solicitados por la defensa que contengan detalles importantes relacionados con su caso. En mi caso, el material reunido resultó ser prodigioso y revelaba que la investigación a que me había sometido el Gobierno había ocupado a más de cuarenta agentes de impuestos internos de cinco estados del sur, y se había desarrollado a lo largo de varios años. El primer problema de los agentes había sido hacerme aparecer como una persona que había violado alguna ley existente. Esto no lo habían podido conseguir a través de los medios usuales, es decir, reuniendo declaraciones de individuos relacionados con el negocio de las tragaperras, porque en realidad nadie de ese medio me conocía.

En consecuencia, los agentes federales encargados de mi caso aparentemente habían concluido que su única alternativa era crear un caso de «verosimilitud criminal» contra mí. Tal como reconocerán muchos estudiantes de operaciones encubiertas, la Comunidad de Inteligencia no vacila en construir casos semejantes contra un individuo concreto cuando la circunstancias así lo requieren.

La pieza central del caso que me montó el Gobierno resultó ser mi viejo amigo de los tiempos de la guerra, Pershing Gervais. Habría que recordar que Gervais actuó en el pasado como mi jefe de investigaciones, situación en la que entró en conflicto con Frank Klein por la investigación acerca de Kennedy (véase el capítulo 10). Decidí prescindir de los servicios de Gervais después de que un fiscal me informara que éste le había ofrecido archivar un caso particular a cambio de 750 dólares en efectivo.

Aunque Gervais denegó vehementemente la acusación, mi posición entonces fue la de que el fiscal de distrito debía comportarse como la mujer del César. No bastaba que el fiscal fuera virtuoso; su virtud debía ser incuestionable. Reacio a acusar a mi viejo amigo de la Marina de haber mentido y reacio también a «despedirlo», preferí decirle que no me parecía la persona idónea para el cargo de investigador jefe. El desenlace de la larga conversación que sostuvimos fue que mi amigo aceptó presentar su dimisión.

En esa misma ocasión, Gervais me habló de los problemas financieros que lo afligían. Yo acababa de iniciar la campaña para mi reelección y tenía, al menos transitoriamente, dinero de las contribuciones que por el momento no necesitaba, aunque era previsible que la fase avanzada de la campaña lo requeriría.

De la suma que en los siguientes días debía depositar en la cuenta bancaria de la campaña, desconté cinco mil dólares y se los presté a Gervais, precisándole que se trataba de un préstamo y que esperaba que me lo devolviera. Lo aceptó de buena gana y me expresó su reconocimiento.

A principios de 1970, cuando los agentes federales ya habían comenzado a fabricar un caso criminal en mi contra, sentí curiosidad por saber qué había sido de Gervais desde que abandonara nuestro despacho. Había advertido la señal de su presencia, un gran Cadillac aparcado frente al motel Fontainebleau, en la intersección de las avenidas Tulane y South Carrollton. Al parecer no estaba muy atareado, lo cual no le impedía darse una buena vida. Le pedí a Lou Ivon que lo investigara. Inició la tarea encomendada con los contactos en la policía, donde Gervais era conocido, y en pocas semanas obtuvimos una respuesta. Al parecer, Gervais se había convertido en empresario de una empresa algo inusual. Su despacho era ahora el salón o el comedor del motel, donde estaba disponible todo el día. El centro de esta curiosa operación parecía responder al hecho verídico de que Gervais había sido mi investigador jefe y que también conocía los medios policiales.

Por lo visto Pershing Gervais se había convertido en un maestro de lo que se conoce como «jugar a los resultados». Seleccionaba un caso criminal del que había oído hablar, fuera por los amigos que tenía en la policía o por los asistentes de tribunales, que no fuera muy grave y en el que la oficina del procurador de distrito tuviera pocas probabilidades de ganar. Su paso siguiente consistía en tomar contacto con la familia del acusado y en hacerles saber que contaba con amistades en la oficina del fiscal de distrito.

Después de ganarse la confianza de la familia, Gervais les aconsejaba que, a pesar de los graves cargos contra su hijo, él tenía la posibilidad de llegar a un arreglo con el fiscal del distrito para que perdiera el caso. Hay que decir, en honor a los hechos, que la oficina del fiscal del distrito perdió dos de cinco casos semejantes en un proceso con jurados. Gervais llamaba entonces a los familiares del acusado absuelto para anunciarles que había tenido éxito en arreglar el resultado del veredicto. Llegaba a cobrar hasta cinco mil dólares, o cualesquiera que fueran los honorarios que solía presentar, no sin antes sugerir que una parte de la suma tendría que compartirla con el fiscal del distrito en concepto de comisión.

Sin grandes esfuerzos, los agentes de Impuestos Internos le descubrieron el juego e interpusieron una denuncia en su contra. Como cabía esperar, el «juego de los resultados» era sólo una de las múltiples actividades sospechosas de Gervais. Así, por ejemplo, obtenía grandes sumas de dinero de distintos individuos que andaban tras la «autorización» de cualquier cosa, desde la gestión de un burdel a la apertura de un salón de masajes o levantar apuestas de juego. Cuando los agentes federales completaron la investigación acerca de sus negocios, llegaron a la conclusión de que el hombre se encontraba con la soga al cuello y sin escapatoria. Además, como gran parte de sus actividades se basaban en la presunta estrecha relación que mantenía conmigo, comprendieron de paso que Gervais era el medio potencial que les permitiría llegar hasta mí.

En un primer momento, según nos enteramos por los documentos que obtuvimos bajo el dictamen «Brady», Gervais informó a los agentes de Impuestos Internos que no tenía nada que decirles acerca de mí porque yo no aceptaba dinero y porque no estaba en su poder convencerme para que cometiera un acto ilegal. Sin embargo, al verse apremiado, Gervais les contó la historia del préstamo de dinero que yo le había hecho. Eso era lo que los agentes federales habían estado buscando; para comenzar a levantar su ficticia estructura de soborno no necesitaban nada más.

Durante 1971 Gervais vino a verme en alguna ocasión y me explicó que había realizado un negocio afortunado. Según me dijo, unos amigos que tenía en el negocio de las máquinas tragaperras le habían ayudado a montar una empresa, cuyos detalles nunca llegó a describirme. Sin embargo, lo importante era que ahora podría pagarme el dinero que me había prestado. No podría pagármelo todo de una vez, pero cada cierto tiempo me daría mil dólares. Me pareció correcto y pronto me olvidé del asunto.

Posteriormente, cada cierto tiempo, Gervais me hacía una visita ocasional. Sin embargo, ahora parecía ocuparse en cuestiones de sonido, pues llevaba un transmisor adherido debajo de la camisa y un receptor en alguna parte exterior, como por ejemplo el automóvil de un agente federal cerca de mi casa.

Como en esa época acababan de practicarme una dolorosa intervención quirúrgica en la espalda, por lo general me encontraba en cama durante sus visitas. Me preguntaba cómo me encontraba y luego seguía una breve conversación sobre ningún tema en particular. De pronto me decía: «A propósito, tengo otros mil para ti. ¿Qué quieres que haga con ellos?» Mi respuesta usual solía ser: «Déjalos sobre la colcha.»

Recuerdo tres o cuatro de estas conversaciones. Los agentes federales, sin embargo, para poder usarlas como pretendían, necesitaban un pretexto que convirtieran los mil dólares que me pasaba Gervais en algo siniestro. Estaba fuera de discusión que yo pretendiera a ayudar a los operadores de máquinas tragaperras a violar la ley porque Gervais sabía, quizá mejor que nadie, que yo nunca me prestaría a ese tipo de juegos.

Sin embargo, al escuchar dos cintas de las conversaciones grabadas, que habíamos obtenido según el dictamen «Brady», nos dimos cuenta de que habían sido manipuladas para introducirles un parlamento o dos justo en el lugar preciso, de modo que sirvieran para dar al resto de la conversación un aura siniestra.

Recuerdo claramente el final de una de estas conversaciones grabadas por Gervais. Decía lo siguiente:

GERVAIS: Ya sabes, la próxima legislatura de Baton Rouge podría ser muy dura y algunos de mis amigos del negocio de las tragaperras podrían necesitar que les echaran una mano.

GARRISON: ¿Qué me estás diciendo? ¿Por qué tendría que ayudarlos?

Recuerdo la conversación debido a mi acostumbrado e intenso desinterés en tratar con la legislatura, con excepción de raras ocasiones, cuando, por ejemplo, viajé a Baton Rouge para tratar de obtener una ley que prohibiera a las personas con antecedentes criminales andar con revólveres cargados.

En consecuencia, me quedé atónito cuando escuché la copia de la conversación que el Gobierno había grabado. Lo que oí, en presencia de los abogados del despacho de Lee Bailey y de mi propio despacho, no era el intercambio de palabras que acabo de transcribir, sino más bien lo siguiente:

GERVAIS: Ya sabes, la próxima legislatura de Baton Rouge podría ser muy dura y algunos de mis amigos del negocio de las tragaperras podrían necesitar que les echaran una mano.

GARRISON: No veo ningún problema. No te preocupes.

No podría recordar de qué otra cinta fue sacada mi respuesta, pero quedó instantáneamente claro que habían añadido una réplica supuestamente mía.

Nos sentimos francamente impresionados al ver hasta qué punto había llegado el Gobierno, pero me divertía la obvia desesperación de sus agentes. Si se habían atrevido a tanto, si habían cometido semejante imprudencia en su intento por obtener evidencias que realmente me comprometieran, entonces eso sólo podía significar que el juicio que habían montado tendría que ser verdaderamente patético.

Mi proceso fue un elaborado argumento gubernamental en la mejor tradición de Franz Kafka. La gran cuestión que debían determinar era si yo había actuado o no como un fiscal de distrito corrupto. El Departamento de Justicia eligió por último el 20 de agosto de 1973 como fecha de apertura del proceso que, según se calculaba, debería prolongarse entre cuatro y seis semanas. Las elecciones, a las que me presentaría para disputar un cuarto mandato, estaban previstas para el día 10 de noviembre. Esto me dejaba, con suerte, apenas cinco o seis semanas para realizar mi campaña, pese a que en Nueva Orleans se suelen necesitar cuatro o cinco meses.

Incluso antes del inicio del juicio, mi principal oponente, un ex fiscal asistente del Estado, comenzó a hacer apariciones en cortos televisivos. Su propaganda le sirvió al público para disponer de un contraste verdaderamente colorido. Todas las mañanas, mi nombre aparecía en una nota de primera plana en el *Times-Picayune* como el acusado en un sórdido caso de soborno federal. Entretanto, todas las tardes aparecía el señor Spic y Span en las pantallas de televisión, invitando a la corte federal de distrito a volver a la decencia.

Tal fue el marco en que se inició el caso «Estados Unidos de América contra Jim Garrison, *et* *al.*». El «et al.» era una leguleyada que pretendía incluir a las personas con las cuales yo había delinquido, aunque yo no había visto en mi vida a la mayoría de ellas*.

Gerald Gallinghouse, el fiscal de Estados Unidos, anunció que dirigiría personalmente la acusación. Eso significaba que su distrito judicial se quedaría sin los servicios del fiscal del estado posiblemente a lo largo de seis semanas. Sin embargo, obviamente fue el mismo fiscal quien reconoció la trascendental importancia de este caso de las tragaperras para el Departamento de Justicia e hizo sentir su presencia a través de los procedimientos previos al juicio; por ejemplo, siempre tenía entre las manos unos folios legales y una pequeña bandera norteamericana flameaba constantemente en su ojal.

El juez era Herbert Christenberry, en esos años el juez más veterano de la corte de Estados Unidos para el Distrito Este de Louisiana. Tenía pendientes casos mucho más importantes, pero los dejó de lado para concentrarse durante más de seis semanas en la cuestión de las máquinas tragaperras.

El juez Christenberry era una persona austera de rostro marmóreo cuya expresión estólida disi-

* Todos los acusados, excepto yo y otros dos, Aruns Callery y Robert Nims, eran en realidad propietarios y/o operadores de máquinas tragaperras, y en la época en que el caso fue a juicio se habían declarado culpables de algunas de las acusaciones.

mulaba un temperamento voluble. Años atrás, cuando yo realizaba prácticas privadas, me encontraba a unos pocos metros de su despacho en la corte cuando lanzó un gran discurso legal a un colega mío que había ido a protestar por la arenga que Christenberry había dirigido al jurado. Me habría lanzado uno a mí también, pero no había quedado ninguno a mano sobre su escritorio.

Christenberry también resultó ser el juez que firmó la orden en que se me prohibió iniciar una causa contra Clay Shaw por perjurio, a pesar de la validez del estatuto federal que prohibía explícitamente la interferencia federal en una causa estatal.

Más de dos años después de mi arresto, por fin llegó el día del juicio. Mi esposa y mis hijos me acompañaron esa mañana hasta la puerta en el momento en que salía de casa. Liz estaba aún en albornoz de baño y trataba de contener las lágrimas que amenazaban con escapársele. En esa época, mis hijos eran aún muy jóvenes; Jim, el mayor, tenía 14 años; Virginia, 12; Lyon, 10 años y medio; Elizabeth 9, y Darrow 7. Los niños se dieron cuenta de que algo estaba ocurriendo, pero no estaban seguros de qué se trataba. Más tarde, ese mismo día, se enterarían, cuando mi esposa los llevó al tribunal. Los besé a todos.

—No os preocupéis —les dije—, hoy es sólo un día más de trabajo para el fiscal de distrito.

En la corte, mientras todos los pequeños procedimientos que marcan el inicio de un juicio se estaban desarrollando, informé al juez Christenberry que durante el juicio me representaría a mí mismo. De inmediato, el juez ordenó a todos los abogados que se reunieran con él en la sala de conferencias de la corte. En la pequeña recámara, directamente comunicada con la sala del tribunal, me senté a un lado de la mesa con mis abogados Louis Merhige y Fred Barnett; el fiscal de Estados Unidos y sus dos ayudantes se sentaron en la otra punta, mientras esperábamos al juez. Los fiscales me dirigían una mirada de evidente incredulidad. Todo lo que habían podido saber sobre mí como fiscal de distrito se relacionaba con mi método de preparar los casos con la asistencia de especialistas procesales y no sabían nada de mi actividad en los años precedentes, cuando me ganaba el sustento viéndomelas todos los días con juicios públicos.

Yo había tomado la decisión de defenderme a mí mismo después de haber vadeado con los abogados de Lee Bailey la montaña de documentos que había reunido el Gobierno en su juicio contra mí. Cada vez era más evidente que toda la historia era un montaje que constaba de dos partes separadas. La primera se refería a algún tipo de arreglo financiero que indudablemente había existido previamente entre cierto número de operadores de máquinas tragaperras y al menos un miembro de la policía. Esta parte era la más grande. Al parecer el arreglo constituía un delito de conspiración de acuerdo con los tecnicismos de la ley federal y para el Gobierno federal tenía un gran valor en la medida que podía relacionarlo de alguna manera con mi persona.

Y es ahí donde Pershing Gervais y las cintas del Gobierno —la segunda parte del alegato de la acusación— desempeñaban su función. Éste era un pequeño caso que tratarían de relacionar con el caso de mayor envergadura, con el propósito de dar un gran bombazo en los tribunales.

Para mí, saltaba a la vista que la falsificación gubernamental consistente en querer vincularme al caso preexistente de las máquinas tragaperras podía calificarse de actividad criminal. Sin embargo, también comprendía que sería un poco excesivo pedirles a los miembros de un jurado, que se habían educado bajo un Gobierno al que tenían en gran estima, que me creyeran. Un abogado foráneo —incluso alguien dotado de tanta habilidad como F. Lee Bailey— probablemente no podría comunicar el hecho esencialmente increíble de que acusarme por este asunto era un caso de corrupción gubernamental.

Entonces decidí que yo tenía que hacerlo. Yo sabía que la mayoría de los ciudadanos de Nueva Orleans era conscientes de mi larga lucha con el Gobierno federal. También sabía que gran parte de ellos intuía, pese a que no pudiera conocer todos los detalles, que mi motivación era genuina. En consecuencia, concluí, mi defensa sería nada menos que la continuación de mi combate contra Washington, y yo libraría el combate.

El juez Christenberry entró en la pequeña habitación y se sentó a la cabecera de la mesa. No parecía muy entusiasmado con la noticia, pero no podía hacer gran cosa para impedir que me representara a mí mismo. Se puso a escuchar mientras yo le explicaba que, si bien mi representación había sido excelente, teníamos una diferencia de opiniones sobre la manera de llevar el juicio. Merhige y Barnett confirmaron mis palabras.

El juez Christenberry se dirigió a mí para decirme que aceptaría mi moción de defenderme a mí mismo siempre que en la mesa hubiera otro abogado defensor. Con mucho énfasis manifestó que no podía crear el antecedente de permitir que yo no tuviera una defensa.

Su decisión me convenía. Cuando el juicio se reanudó, mi viejo amigo Lou Merhige se sentó a mi lado en la mesa de la defensa. El primer testigo del Gobierno fue uno de los propietarios de las máquinas tragaperras. Era la primera vez que lo veía en mi vida (tampoco había tratado ni conocido a ninguno de sus empleados), y él nunca me había visto a mí.

Gallinghouse, el fiscal de Estados Unidos, un hombre alto y de aspecto imponente vestido de traje azul, dirigió cuidadosamente las declaraciones de este testigo. Sí, dijo el operador de máquinas tragaperras, él ha contribuido a un fondo cuya finalidad era minimizar los efectos de la ley en las operaciones que se realizaban con las máquinas de la ciudad. ¿A quién fue a parar el dinero? Al sargento Fred Soule, del Departamento de Policía de Nueva Orleans, respondió el operador.

Después le correspondió a la defensa. ¿A quién dio el dinero el sargento Soule? No tenía ni idea. ¿Me había dado dinero en alguna ocasión? No, no me había dado dinero. ¿Le había dado dinero a alguien relacionado con mi despacho? No. ¿Algún miembro de mi despacho le había hecho algún tipo de favores, a él o a su negocio de máquinas tragaperras? Ninguno. No había más preguntas.

Los operadores de máquinas tragaperras fueron desfilando por el banco de los testigos y se repitió el mismo esquema. Las mismas preguntas en cada interrogatorio directo, las mismas respuestas.

A la mañana siguiente llevé un libro a la corte. Lou Merhige lo cogió con curiosidad.

—¿Qué es esto?

—Material de lectura —respondí—, para entretenerme mientras el fiscal de Estados Unidos siga adelante con su caso de las máquinas tragaperras. ¿O crees que interrogaré a todo el mundo, en el sobreentendido de que todas esas declaraciones pueden tener alguna utilidad?

—No podrás hacer esto en la corte de Christenberry —me advirtió—. Te lo impedirá.

—No, no lo hará —le contesté.

En efecto, no lo hizo. Sentí que el juez se mostraba inquieto en un primer momento, cuando me puse a leer mientras los propietarios de máquinas tragaperras declaraban con todo lujo de detalles, pero al parecer terminó acostumbrándose. Más adelante, mientras los testimonios aparentemente interminables continuaban, eché una mirada al jurado. Muchos de sus miembros bostezaban.

Cuando cada uno de los propietarios de máquinas citados a declarar concluía sus testimonios, yo dejaba el libro sobre la mesa y los interrogaba brevemente. Así dejaba establecido que no nos conocíamos, que ni yo ni mi despacho no habíamos hecho nada en relación con el negocio de las máquinas tragaperras y que él nunca me había dado dinero, ni a mí ni a nadie que me representara. Tras dejar establecida la completa irrelevancia del testigo en lo que a mí me concernía, lo despedía, cogía el libro y reanudaba la lectura.

Finalmente, el Gobierno terminó con su desfile de propietarios de máquinas tragaperras.

—Llamen al sargento Frederick Soule —ordenó Gallinghouse.

Soule era un hombre de aspecto disminuido, llevaba bigote, vestía con gran propiedad y lucía una pajarita. Se sentó cuidadosamente en el borde de la silla de los testigos, como un loro en su jaula. Su testimonio vino a confirmar que él había sido el beneficiario del dinero que los propietarios de las máquinas tragaperras le habían pagado en concepto de protección. La parte más interesante fue cuando confesó que había ahorrado el dinero y que lo había guardado en un cofre que enterró en la parte trasera de su jardín. Después de su arresto, había desenterrado el dinero y lo había devuelto a las autoridades.

Sus declaraciones corroboraron que los testigos habían pagado un fondo de protección, pero no sirvió para aclarar con quién más había compartido este dinero y qué era lo que había hecho a cambio. Brevemente, no se refirió a la finalidad por la que se había realizado la transacción para sobornarlo.

Por la lista de testigos sabía que el Gobierno no llamaría a ningún otro miembro de la policía a declarar. De modo, razoné, que la acción por la cual se había violado la ley tendría que darse a conocer a través del propio Soule. Pero no llegó a producirse.

De modo que el contrainterrogatorio del sargento Soule fue mucho más breve que lo previsto. El ex comandante de policía de escuadrón declaró que yo nunca le había pedido que hiciera nada contra la ley. Agregó que mi despacho nunca había poseído información anticipada acerca de las redadas policiales a locales con máquinas tragaperras y que teníamos un elevado porcentaje de sentencias por casos de tragaperras.

Ahora había llegado el momento para que hiciera su aparición la estrella del juicio.

—Llamen a Pershing Gervais —resonó la voz estentórea del juez Gallinghouse.

Tras un rumor de agitación en la puerta del tribunal, apareció Gervais. Tenía canas y estaba más enjuto que en los tiempos que pasamos en el Ejército, en Camp Shelby. Vestía un traje color crema, llevaba una camisa a juego con el traje y una corbata marrón oscuro. En ese momento usaba unas grandes gafas de montura metalizada. Caminó por el pasillo central de la corte con aire desenvuelto, como si formara parte del equipo del fiscal de Estados Unidos. Se instaló cómodamente en el banco de los testigos y dirigió una amplia sonrisa a los miembros del jurado.

Escuché en toda su extensión, con sumo cuidado, el testimonio de Gervais. Gallinhouse, perfectamente consciente de que el juicio se había desarrollado durante días sin que mi nombre hubiera aparecido ni una sola vez, hizo de la presentación de Gervais la joya de su caso. Se describieron con pelos y señales los momentos en que Gervais había escondido en su cuerpo un micrófono. Después se presentaron las cintas grabadas como una evidencia y se pasaron para que el jurado las escuchara. Cada uno de los miembros del jurado, los fiscales y yo disponíamos de auriculares, mientras el fiscal de Estados Unidos se las ingeniaba para transformar, mediante un pase de manos, un incidente delictivo que involucraba a propietarios de máquinas tragaperras y a un sargento llamado Soule en una conspiración con soborno en que el mayor acusado era el fiscal de distrito. Y con la magia de la electrónica, hay que reconocer que realizó evidentes progresos en la dirección deseada.

El estómago se me revolvía cada vez que escuchaba mi voz en las cintas grabadas, después de insinuaciones del tipo «claro» o «no hay problema» proferidas por Gervais. Yo por supuesto sabía que cada frase había sido escogida de otra cinta y sacada completamente de contexto, pero los jurados lo ignoraban. Los agentes de la Comunidad de Inteligencia hicieron un perfecto trabajo para meterme en una botella y, una vez dentro, encerrarme herméticamente.

No tenía ninguna duda de que si en ese momento el jurado hubiese emitido la votación, me habrían encontrado culpable por doce a cero. Y sabía muy bien que, tras su veredicto, el hombre marmóreo de toga oscura no me habría enviado a uno de esos clubes de campo con normas mínimas de seguridad adonde se suele enviar a ciertas figuras públicas tras una condena federal. No, me enviaría directamente a la penitenciaría federal. Incluso Lou Merhige, quien siempre me daba ánimos, ahora parecía a todas luces preocupado.

Había muy poco en las declaraciones de Gervais que no me esperara. Pero me quedé asombrado cuando dijo con toda tranquilidad desde el banco de los testigos que yo había recibido ciento cincuenta mil dólares de los operadores de máquinas tragaperras. Sabía que tendría que oírle relatar los tres o cuatro pagos de mil dólares, cuando me grababa en secreto, pero no me imaginaba que pudiera acusarme de haber recibido una suma tan increíble como ciento cincuenta mil dólares.

Sin embargo, mientras más pensaba en ello, más comprendía que la gigantesca cifra lanzada por Gervais me sería de utilidad. La gente de las máquinas tragaperras —o cualquier otro, en este caso daba lo mismo— podía haber esperado servicios desmesurados a cambio de una suma tan desmesurada. En el folio que tenía frente a mí escribí «¿servicios?», el título de trabajo que daría a la presentación de mi caso.

Inicié mi contrainterrogatorio de Pershing Gervais sin crispaciones de tono. Quería hacerle sentir que sus declaraciones no me habían herido. Comprendía el lío en que los agentes de Impuestos Internos lo habían metido a consecuencia de la idea tan original que desarrollaba desde el motel Fontainebleau. También comprendía que no había tenido más remedio que contestar el extenso interrogatorio a que lo había sometido el fiscal de Estados Unidos, lo que dio pie a la presentación de las cintas gubernamentales.

Quería que supiera que nada de esto me había cambiado. Yo todavía era la misma persona que había servido con él en la época que pasamos en el Ejército cuando ambos éramos oficiales sin comisión.

—¿Recuerdas cuándo nos conocimos? —pregunté.

—En el cuartel de Jackson —respondió.

—¿Te acuerdas cuándo?

—Debió de ser antes de la Segunda Guerra Mundial.

—¿Recuerdas adónde fuimos desde el cuartel Jackson?

—Me acuerdo que fuimos a Camp Shelby, Mississippi.

—¿A qué unidad nos destinaron?

—A la artillería de Washington de la Guardia Nacional de Louisiana —replicó.

Por el tono de su voz comprendí que no estaba en mi misma frecuencia. Era una fugaz advertencia de que la relación que yo recordaba ya había desaparecido. Pero dejé de lado esta impresión y seguí adelante. Este hombre había sido mi mejor amigo en los años del Ejército.

—¿Qué clase de relación dirías tú que manteníamos en aquellos años? —le pregunté.

—¿Respecto a qué? —preguntó Gervais.

—Hace poco describiste nuestra relación como la de conocidos —puntualicé—. ¿Dirías que en la época en que estuvimos en el Ejército éramos buenos amigos?

—Mi mejor amigo era Charlie Weiss —respondió Gervais—. Tú eras un amigo, pero no manteníamos una relación estrecha.

Esa respuesta puso un repentino final a mi actitud conciliadora. No sabía adónde se había ido el hombre a quien había conocido en el Ejército, pero evidentemente no era la misma persona. Este hombre, me dije, es tan frío como la montura metálica de sus gafas.

Dejé atrás el pasado y me concentré en el tema que figuraba en la orden del día. Dirigiendo su atención al período anterior al inicio de su cooperación con el Gobierno, le pregunté si no era cierto que le había dicho a los agentes de Impuestos Internos que no me interesaba el dinero. Reconoció que esto era cierto. Le pregunté entonces si no les había dicho también a estos agentes que si yo cometía un error en mi hoja de impuestos, se debía a un descuido, que mi tendencia era a pagar más impuestos y no a evadirlos. Gervais reconoció que había hecho esta declaración. ¿No era también un hecho, le pregunté, que se había quejado de que no podía influir sobre mí para que lo ayudara? Confirmó la suposición.

A continuación tomé de la mesa una serie de

materiales, volví hacia donde estaba y me detuve frente a él. Le pregunté si era cierto que el Gobierno le había conseguido un trabajo en la General Motors de Canadá, y que sólo debía aparecer algunas veces por semana para cobrar un salario de veintidós mil dólares al año. Respondió afirmativamente a ambas preguntas.

Le pregunté qué cargo desempeñaba. Me contestó que era gerente de una división de terreno, la posición más alta de la planta. A continuación le pregunté sobre las calificaciones que tenía para realizar el trabajo. Cuando me dijo que ninguna, volví a mi mesa.

Me afané buscando algunos papeles. Yo sabía tras lo que andaba, pero quería que el hecho de que Gervais ganara veintidós mil dólares al año por aparecer un par de veces por semana en su puesto de trabajo quedara bien grabado en la mente del jurado.

Cogí dos copias de certificados de nacimiento y regresé a donde se encontraba el testigo con ellas en las manos, de modo que pudiera verlas. Le pregunté si cuando se había integrado al plan de recolocación, el Gobierno le había pedido que cambiara de nombre.

Sí, replicó, había cambiado su apellido por el de Mason, y el Departamento de Justicia le había dado nuevos certificados de nacimiento para que sus hijos recibieran su nuevo apellido.

Le pregunté si estos certificados de nacimiento dejaban constancia del verdadero apellido de sus hijos al nacer y respondió negativamente.

Le pregunté a continuación si esto significaba necesariamente que los dos certificados de nacimiento, obtenidos para él por el Departamento de Justicia, eran falsos. Gervais observó los dos certificados que yo tenía en la mano. Estuvo de acuerdo en que necesariamente tenía que ser así. Después de esto, entregué los dos certificados de nacimiento falsos a los jurados, de modo que pudieran apreciar la calidad de la falsificación. Yo permanecí en silencio mientras los jurados examinaban la obra de arte realizada por el Departamento de Justicia. Cuando los jurados terminaron, pedí un receso. Quería que los jurados tuvieran bastante tiempo para preguntarse por qué el Departamento de Justicia de Estados Unidos estaba tan interesado en condenar a alguien que otorgaba falsos certificados de nacimiento para asegurar la condena. Quería que reflexionaran sobre la majestad de la ley.

Cuando Gervais volvió al banco de los testigos, le pregunté si recordaba algún detalle acerca del acuerdo que había establecido con el Departamento de Justicia. Indicó que sí.

Entonces le mostré una carta que le escribió John Wall, el fiscal a cargo de la oficina del crimen organizado en el Departamento de Justicia. Gervais admitió haber recibido la carta.

Esto significaba que yo podía presentarla como evidencia y leérsela al jurado, lo cual procedí a hacer. El último párrafo se relaciona con las condiciones bajo las cuales Gervais conservaría el empleo de veintidós mil dólares (a los que la carta se refería como «subsistencia») en la General Moto de Canadá. Este párrafo decía:

> El 8 de septiembre en 1971 se determinó además que la subsistencia se retribuirá a condición de que usted no regrese a Estados Unidos sin la aprobación previa de la División Criminal, y que todos los pagos futuros serán cancelados y el Departamento de Justicia se verá relevado de cualquier responsabilidad si esta condición relacionada con la entrada en el país no es respetada. (Con énfasis adicional.)

El programa federal de reubicación de testigos había sido una medida que el Gobierno había utilizado ostensiblemente en su lucha contra el crimen organizado. El cambio de nombre de los testigos, por ejemplo, tenía como finalidad proteger al testigo de una represalia por parte de los delincuentes, y de que no sufriera daños ni fuera intimidado.

Pero recurrir a semejantes extremos cuando el acusado era un fiscal de distrito resultaba absurdo. Me pareció evidente que el Gobierno había colocado a Gervais en el programa solamente para que yo no tuviera acceso a él y no pudiera interrogarlo ni entrevistarlo.

Aunque un acusado (o sus abogados) tiene el derecho a entrevistar a cualquier probable testigo en su contra antes de que se inicie el juicio, en este caso no había modo de que pudiera dar con este hombre, cuyo nombre había sido cambiado por el de Mason y que incluso había sido trasladado de país.

Cerca del fin de su exilio canadiense, Pershing Gervais acabó rebelándose contra el confinamiento al que lo obligaba el Departamento de Justicia y concedió una entrevista en mayo de 1972, en Canadá, a la periodista Rosemary James de la televisión de Nueva Orleans. Yo había obtenido una copia de la transcripción y ahora, en el tribunal, lo interrogué al respecto.

Le mostré la transcripción, luego se la leí en voz alta y le pregunté si podía confirmar que él había hecho las siguientes declaraciones:

ROSEMARY JAMES: ¿Fue usted obligado a trabajar para el Gobierno?

GERVAIS: Mucho más que eso, me obligaron a mentir por ellos, eso se ajustaría más a la realidad.

ROSEMARY JAMES: ¿Qué es lo que le obligaron a hacer?

GERVAIS: Bien, fue claro desde un comienzo, era oscuro, era siempre así en consecuencia, usted sabe lo que queremos, usted sabe lo que vamos a hacer, ya sabe. Desde que empezaron a hostigarme hasta la vez en que para decirlo exactamente fui seducido por el Departamento de Justicia, usted sabe, si es que uno puede ser seducido, como si no pudieran hacer lo que quieren, estaba claro que sólo les interesaba realmente un hombre, Jim Garrison, y sabían que yo era el tipo que lo podría cazar.

ROSEMARY JAMES: ¿Está usted diciendo que lo arruinó?

GERVAIS: Oh, sí, sin duda alguna.

Éste se acordó de la entrevista y reconoció que ésas habían sido sus declaraciones. He aquí otro comentario del que le pedí confirmación:

ROSEMARY JAMES: Usted se expresa con una gran ambigüedad en lo referente a si hay otras personas implicadas. ¿Ellos querían investigar a la gente de la industria de las tragaperras y a Jim Garrison?

GERVAIS: Querían a Jim Garrison.

ROSEMARY JAMES: ¿Qué quiere decir cuando afirma que ellos querían a Jim Garrison?

GERVAIS: Querían silenciar a Jim Garrison. Ése era su principal objetivo, porque si esto no fuera cierto yo estaría todavía en Nueva Orleans.

ROSEMARY JAMES: Bien, ¿me está queriendo decir que usted participó en un fraude deliberado?

GERVAIS: En efecto. Era un montaje político total.

Una vez más reconoció como suyas estas declaraciones, aunque sugirió que quizás había sido una «irresponsabilidad» por su parte conceder esa entrevista. He aquí una nueva serie de declaraciones; le pregunté si las recordaba.

ROSEMARY JAMES: ¿Usted está diciendo explícitamente que el caso del Gobierno contra Jim Garrison es un fraude?

GERVAIS: Sin duda. Todo lo que se funda y se basa en la política no puede ser sino un fraude.

ROSEMARY JAMES: ¿Es todo una mentira?

GERVAIS: Todo.

Admitió que ésas habían sido sus réplicas. En ese punto, por supuesto, el caso del Gobierno en mi contra se fue por un desagüe a las cloacas, a donde siempre había pertenecido.

Pero yo todavía no había terminado. Ahora quería revelar la bajeza del Gobierno al haber manipulado las cintas grabadas, de una vez por todas. Con la ayuda de Lou Merhige y de un experto local, el doctor Louis Gerstman, profesor de ciencias del habla y del oído en la Universidad de Nueva York. Cuando llamé a declarar al doctor Gerstman, el fiscal de Estados Unidos manifestó con vehemencia su oposición. Con todo, el juez reconoció que el doctor Gerstman era un experto en su especialidad.

El doctor Gerstman fue derecho al grano en su testimonio, básicamente afirmó que las evidencias aportadas por el Gobierno eran un montaje de cintas grabadas con anterioridad y que habían sido refundidas. Para apoyar su afirmación, mencionó un ejemplo en que mi voz aparecía fuera del contexto de la conversación en curso. También se refirió a las «disimilitudes técnicas» existentes entre mi voz y la de Gervais, así como a la recurrencia de niveles de ruido inexplicables. En suma, su testimonio indicó de forma explícita que las cintas del Gobierno habían sido manipuladas.

A continuación llamé como testigo a Leon Hubert, un profesor de derecho de Tulane y ex fiscal de distrito, cuyo testimonio, esencialmente, fue que mi despacho había hecho todo lo posible según las leyes de Louisiana para perseguir a los operadores de máquinas tragaperras. En contraste, a fin de demostrar las actitudes diferentes de otros procuradores estatales, llamé al presidente de la Asociación de Fiscales de Distrito de Louisiana, quien declaró que su política había consistido en no perseguir a los propietarios de máquinas tragaperras. También llamé a declarar al fiscal de distrito de Jefferson Parish, representante de la otra zona de la Nueva Orleans metropolitana, quien declaró que su despacho nunca había perseguido casos de máquinas tragaperras porque había muchos otros delitos que exigían una mayor prioridad.

Yo y las otras dos personas que habían sido acusadas junto conmigo fuimos absueltos*. Des-

* Ésa no fue la última vez que el Gobierno federal intentó falsificar evidencias en mi contra. Además de la acusación principal, fui también acusado de evasión fiscal por no haber pagado los impuestos del dinero que nunca recibí de la gente del negocio de las tragaperras. Este segundo juicio se inició a principios de 1974, cuando había terminado mi mandato como fiscal de distrito. De nuevo asumí mi propia defensa y una vez más fui absuelto de los cargos. En esta ocasión las acusaciones del Gobierno se desmoronaron de una manera

graciadamente, no hubo tiempo suficiente para lanzar una campaña de reelección y mi adversario ganó por dos mil votos.

Mi último día en el despacho donde había ejercido como fiscal de distrito durante doce años fue un sábado. El lugar se encontraba prácticamente desierto. El suelo estaba cubierto de papeles viejos. Las papeleras desbordaban de objetos reunidos por una serie de personas que habían trabajado juntas durante muchos años.

Mientras despejaba mi escritorio, me di cuenta de que Andrew Sciambra estaba de pie frente a mí. Las lágrimas le asomaban a los ojos.

—Jim —me dijo—, tengo que hacerte una pregunta antes de partir. He esperado años la ocasión para planteártela.

—¡Adelante! —lo animé.

—Durante todos estos años en que hemos trabajado juntos en el caso Kennedy...

—¿Sí?

—¿De verdad creíste alguna vez que podríamos derrotar al Gobierno federal?

Le puse una mano en el hombro y le respondí:

—Andrew, nunca tuve la menor duda.

---

aún más ignominiosa que la precedente. Los jurados simplemente encontraron obvio que yo no había recibido ningún ingreso ilegal del negocio de las tragaperras, ni de ninguna otra asociación delictiva, de modo que el Gobierno se vio incapaz de presentar siquiera la sombra de una evidencia para demostrar que yo había cometido evasión fiscal.

20

LOS PATROCINADORES SECRETOS

> Cuando se ha eliminado lo imposible; aquello que queda, aunque parezca improbable, ha de ser la verdad.
>
> *El signo de los Cuatro*
> SIR ARTHUR CONAN DOYLE

Han pasado muchas cosas desde el proceso de Clay Shaw y mi juicio. Destacados hombres públicos como Lyndon Johnson, Earl Warren, Allen Dulles, Charles Cabell y Earle Cabell han muerto. Personajes importantes de mi investigación en Nueva Orleans, como el virulento anticomunista Guy Banister y su socio, el detective privado Jack Martin, se han ido discretamente a la tumba.

Otros han muerto en circunstancias indudablemente misteriosas. El amigo y «niñera» de Lee Oswald, George de Mohrenschildt, fue encontrado muerto de un disparo, realizado muy de cerca, horas después de que un investigador del Comité Especial sobre Asesinatos de la Cámara de Representantes concertara con él una entrevista. El veredicto del juez instructor fue suicidio.

David Ferrie, tal como describíamos en el capítulo 11, fue hallado muerto en su apartamento de Nueva Orleans con dos notas de suicidio sin firmar a su lado. El instructor decidió que la muerte se debió a causas naturales.

El ayudante de sheriff Roger Craig dejó Dallas y se trasladó a Nueva Orleans a raíz de un atentado contra su vida. Sin embargo, sintió nostalgia de Dallas y regresó. Su automóvil explotó cuando estaba dentro, pero sobrevivió. Poco tiempo después fue hallado en su casa muerto de un disparo. El veredicto judicial fue suicidio.

Jack Ruby, que fue tratado en la oficina del sheriff de Dallas por un resfriado, fue enviado al hospital al empeorar. Poco después se revelaba que sufría un cáncer y al poco tiempo se anunciaba que había muerto de esta enfermedad.

Lee Harvey Oswald, como se sabe, fue abatido por Ruby frente a millones de telespectadores y a una virtual muralla de agentes de policía de Dallas. Aunque aquí no hay misterio acerca de la causa de la muerte, el motivo que aludió Ruby para matar a Oswald —evitar a la señora Kennedy el peso de esperar el juicio de Oswald— resulta muy dudoso, sobre todo a la vista de las relaciones de Ruby con el crimen organizado por una parte y con la CIA y el FBI por la otra.

Clay Shaw murió el 14 de agosto de 1974 y las

circunstancias fueron también extrañas. Un día, un vecino de Shaw vio en la puerta de la casa de éste a un grupo de hombres que llevaba un cuerpo en una camilla. El cuerpo estaba completamente cubierto con una sábana. El vecino, que lo consideró extraño, llamó a la oficina del juez de instrucción, que pronto envió sus investigadores a la casa de Shaw. Cuando llegaron, la casa estaba vacía. Tras un día de averiguaciones, los investigadores del juez de instrucción del distrito supieron que Shaw acababa de ser incinerado en Kentwood, en su distrito natal de Tangipahoa.

Un certificado de muerte, firmado por el doctor Hugh Betson, señalaba que la muerte de Shaw se había debido a causas naturales: cáncer de pulmón. El juez de instrucción de Nueva Orleans, doctor Frank Minyard, preocupado por las circunstancias y la rapidez de la incineración, decidió obtener una orden judicial para exhumar el cadáver en Kentwood y asegurarse así de que Shaw no hubiera muerto a consecuencia de alguna jugada sucia. Pero antes de que pudiera conseguir la orden, su propósito llegó a la prensa. Inmediatamente, los diarios publicaron sesudos editoriales protestando porque continuaba la ignominiosa desacreditación de Shaw, proclamando su derecho a descansar en paz, e insinuando que esto era un intento de reavivar mi anterior acusación sobre la implicación de Shaw en el asesinato del presidente Kennedy. El juez de instrucción lo reconsideró; no hubo exhumación y se dejó que el cuerpo de Shaw descansara en paz.

No sé qué pasó con algunos de los que figuraron de forma prominente en la saga: Kerry Thornley, testigo de los días de Oswald en la Marina; el ex agente del FBI James Hosty; la amiga de Oswald, Ruth Paine; nuestro testigo Vernon Bundy.

Algunos han prosperado. Richard McGarrah Helms, subdirector de planificación (operaciones encubiertas) de la CIA cuando ocurrió el asesinato, fue ascendido a director de la Agencia en 1966. En 1973 se retiró y se convirtió en embajador en Irán hasta 1977, año en que se transformó en un asesor financiero privado. Johnny Carson se ha vuelto un trasnochado ídolo de TV. Antes fueron tras él NBC, CBS, *Newsweek*, *Time*, *Life* y el *New York Times*.

Con respecto a algunos importantes testigos, señalaré que Perry Russo dirige una oficina de alquileres de su propiedad en Nueva Orleans al tiempo que conduce un taxi; Julia Ann Mercer, casada con un próspero hombre de negocios, es una ama de casa en el Medio Oeste, y Pershing Gervais es un gestor de fianzas en Baton Rouge.

Con una excepción, los miembros del grupo especial de la oficina del fiscal del distrito de Nueva Orleans que llevó a cabo la investigación sobre el caso Kennedy siguen aún vinculados de una u otra forma con la ley. Andrew Sciambra es ahora magistrado de la Corte Criminal del Distrito de Nueva Orleans. Lou Ivon es miembro de la legislatura del Estado. Al Oser llegó a ser juez de la Corte Criminal del Distrito hasta su retiro y es ahora un socio destacado en una firma de abogados de Nueva Orleans. Jim Alcock también llegó a ser juez en la Corte Criminal de Nueva Orleans y ahora ejerce como abogado en Houma, Louisiana. Charles Ward se sienta como juez en la Corte de Apelaciones del cuarto circuito de Louisiana. D'Alton Williams se dedica a leyes inmobiliarias en Nueva Orleans. Y Numa Bertel es jefe del Servicio de Defensa del Indigente en la Corte Criminal del Distrito. Frank Klein volvió a nuestra oficina y pronto ascendió a ayudante jefe del fiscal del distrito de Placquemine, en el sur de Nueva Orleans, pero, y me entristece decirlo, murió de cáncer en 1986.

Respecto a mí mismo, tras mi derrota en la elección para un cuarto período como fiscal del distrito y mi absolución en el sospechoso caso de la acusación gubernamental de evasión de impuestos, me dediqué durante cuatro años al ejercicio privado de la abogacía, escribí una novela, y entonces fui elegido para mi actual cargo de juez en la Corte de Apelaciones del cuarto circuito de Louisiana.

Sin embargo, mi interés por el asesinato del presidente Kennedy y sus implicaciones nunca ha cesado. Los críticos han continuado destapando nueva información, que ha seguido siendo despreciada por el Gobierno de Estados Unidos. A mi entender, entre las revelaciones más importantes figuran el descubrimiento tardío de que había sido encontrada una bala adicional en el cuerpo del presidente Kennedy, en la propia autopsia, la desaparición del cerebro del presidente Kennedy y, por supuesto, la confirmación realizada por Victor Marchetti y Richard Helms de que Clay Shaw había sido un agente de la Agencia Central de Inteligencia (véase el capítulo 18).

En 1978 y 1979, el Comité Especial sobre Asesinatos de la Cámara desarrolló sus audiencias, con la aparente voluntad de infundir nueva vida al informe moribundo de la Comisión Warren, pero tropezó involuntariamente con la conclusión de que Kennedy «fue probablemente asesinado a consecuencia de una conspiración»*. Antes de disolverse, el Comité instó al Departamento de Justicia a que considerara la reapertura de la investigación y envió un informe secreto que destacaba las principales novedades que habían desarrollado en su trabajo. El resultado de esta investigación fue casi una década de silencio**.

* El Comité de la Cámara de Representantes no tuvo otra alternativa, después de que sus expertos en acústica descubrieran esto, además del hecho de que junto al disparo efectuado desde detrás del presidente Kennedy se había disparado un rifle desde el arcén de césped situado ante él. Sin embargo, el Comité concluyó que el disparo frontal se había perdido completamente, por lo que Oswald permanecía como el asesino del presidente Kennedy. Era una forma rocambolesca de decir que la Comisión Warren tenía casi la razón, excepto por el detalle de que había delante otro tirador más. El Comité añadió que era teóricamente posible que el tirador con rifle situado en el arcén de césped y Lee Oswald hubieran actuado independientemente, en cuyo caso no existía después de todo ninguna conspiración.

** Se rompió, más bien a contrapelo, en septiembre de 1988 ante la noticia de que seis meses antes el Departamento

Más que nada, lo que cambió en los años siguientes al asesinato de Kennedy fue nuestra conciencia nacional. Hemos atravesado muchas cosas. Allí están, por ejemplo, los asesinatos de Martin Luther King jr., Robert Kennedy, Medgar Evers y Malcolm X. Y los atentados contra el candidato presidencial George Wallace y los presidentes Gerarl Ford y Ronald Reagan. Hemos vivido los horribles nueve años de la guerra de Vietnam, el trauma del Watergate, las revelaciones de los años setenta acerca de la CIA y, más recientemente, el escándalo Irán/«contras». Esta extraordinaria cadena de eventos ha sepultado nuestra inocencia.

Mirando retrospectivamente con la nueva información y con los nuevos enfoques, es posible ordenar una detallada especulación histórica acerca de qué le sucedió al presidente Kennedy y por qué. En mi opinión, lo que pasó en la plaza Dealey de Dallas el 22 de noviembre de 1963 fue un golpe de Estado. Creo que estaba instigado y planificado desde hacía tiempo por anticomunistas fanáticos de la Comunidad de Inteligencia de Estados Unidos; que fue ejecutado, lo más probablemente sin aprobación oficial, por individuos del aparato de operaciones encubiertas de la CIA y por otros colaboradores extragubernamentales; y encubierto por sujetos enterados del FBI, el

---

de Justicia había anunciado al jefe del Comité Judicial de la Cámara que no había encontrado «evidencias persuasivas» de una conspiración.

Servicio Secreto, el Departamento de Policía de Dallas y los militares. Su propósito era impedir que Kennedy buscara una distensión con la URSS y Cuba para poner término a la Guerra Fría.

Un golpe de Estado se describe como «una acción repentina mediante la cual un individuo o un grupo, empleando normalmente una violencia limitada, captura posiciones de la autoridad gubernamental sin cumplir con los requerimientos formales para la sustitución de funcionarios según lo prescriben las leyes o la Constitución». Un golpe con éxito requiere cierto número de elementos: una planificación y una preparación extensas por parte de los patrocinadores (los responsables del golpe); la colaboración de la guardia pretoriana (aquellos cuyo trabajo es proteger al Gobierno, incluyendo al presidente)*; una acción de diversión en el escenario; la ratificación del asesinato por parte del nuevo Gobierno que asume el poder; y la diseminación de desinformación en los principales medios de comunicación. Si esta concurrencia de hechos suena familiar, se debe a que es exactamente lo que ocurrió cuando John Kennedy fue asesinado.

No sé exactamente cuándo comenzó la orga-

* Durante el Imperio romano, la guardia pretoriana constituía el cuerpo de guardaespaldas del emperador. Eran soldados cuidadosamente seleccionados, dirigidos por oficiales de alto rango del Imperio, y eran las únicas tropas en Roma. Algunos de ellos acompañaban siempre al emperador, en cualquier lugar que se hallase. Como consecuencia, en una crisis ellos podían imponer o derribar a un emperador.

nización y preparación del golpe. En un sentido, pudo haber sido ya en 1960, cuando la CIA preparó un informe sobre el presidente electo. Ese perfil psicológico seguramente no contemplaba el asesinato de un presidente, pero su propósito era ayudar a la CIA, o a algunos elementos dentro de ella, más que nada para sus objetivos en la manipulación de la política exterior. Probablemente no fue hasta después, cuando Kennedy se inclinó hacia la distensión y fallaron los medios convencionales de control político, cuando el asesinato se convirtió en una opción para algunos de los cerebros de la Guerra Fría dentro de la CIA.

Sin embargo, no está claro quién fue precisamente el artífice. Desde luego, Guy Banister estaba involucrado en actividades cuestionables estrechamente relacionadas con el asesinato. Representantes de su organización, Amigos de Cuba Democrática, fueron los primeros que se hicieron pasar por Oswald ante el vendedor de Bolton Ford en Nueva Orleans, en enero de 1961, cuando trataron de comprar diez camionetas para la invasión de Bahía de Cochinos (véase capítulo 4). Durante el verano de 1963, Banister estaba profundamente implicado en las actividades anticastristas, corriendo desde el entrenamiento de guerrilleros al norte del lago Pontchartrain a la recolección de municiones para incursiones en Cuba. Que Banister estuviera trabajando al mismo tiempo con la CIA no puede seguir siendo objeto de una discusión seria.

Otra de las tareas de Banister durante ese verano de 1963 fue la «inmersión» de Lee Oswald para hacerle aparecer como un comunista activo. Ya que nadie pudo encontrar nunca en Nueva Orleans un cabildo o célula auténtica de Juego Limpio para Cuba, Banister envió a las calles a Oswald a repartir panfletos en su nombre. Él proporcionó a Oswald una habitación en la tercera planta del edificio Newman y se reunió con él ocasionalmente en su propia oficina. Esta inmersión, cortesía de Banister, se desarrolló exactamente como se había previsto. Tras el asesinato, Oswald fue inmediatamente calificado como comunista, citándose como primera evidencia su actividad de distribuidor de propaganda en Nueva Orleans.

Los organizadores del asesinato también compusieron diversas escenas donde Lee Oswald fue suplantado, con la esperanza de dejar su huella en una hilera de actos incriminatorios (véase el capítulo 5). La más significativa de estas suplantaciones ocurrió en México en octubre de 1963, cuando se informó que Oswald contactó con la embajada soviética y el consulado cubano, ostensiblemente para organizar un viaje a la URSS. El motivo de que destaque esta particular suplantación es que toda la «documentación» sobre ello fue proporcionada por la CIA. Esta prueba —que incluye informes de la CIA, fotografías de un hombre que obviamente no es Oswald y grabaciones de llamadas telefónicas a la embajada soviética que no llevan la voz de Oswald— fue insultante por lo endeble. Para mí, esto significaba que mientras algunos elementos dentro de la CIA participaban en la mascarada de la suplantación de Oswald y hacían los preparativos necesarios para crear el chivo expiatorio del asesinato, otros elementos de la Agencia permanecían al margen del complot, o incluso habrían tratado de descubrir la verdad.

Oswald parece haber sido extensamente manipulado por la CIA durante un largo período previo al asesinato y pudo muy bien creer que estaba trabajando para el Gobierno. Oswald fue también un informante confidencial del FBI, un trabajo que proporcionaba un control adicional sobre él y que le daba otra razón para que creyera que realmente estaba penetrando en el círculo del complot para asesinar al presidente. Su asociación con el FBI plantea una pregunta. ¿Hasta qué punto el FBI y el Servicio Secreto cooperaron en la organización del asesinato? Me parece que ninguna de estas dos agencias realizó ninguna acción discernible antes del asesinato, aunque resultó clara su indiferencia cuando se les requirió que actuasen.

Esto nos lleva al segundo elemento indispensable para el éxito de un golpe: la cooperación de la guardia pretoriana. Un golpe de Estado no necesita el soporte de un amplio número de funcionarios del Gobierno ni un vasto apoyo de la población. Los ejecutores de un golpe pueden representar los puntos de vista de una pequeña minoría de la población, pero si tienen a su lado elementos claves de la guardia pretoriana, el número de partidarios se convierte en un problema irrelevante.

En Estados Unidos, el equivalente moderno de la guardia pretoriana es la policía secreta y la Comunidad de Inteligencia, comenzando con el reducido y cerrado Servicio Secreto y extendiéndose a través del FBI, las divisiones de inteligencia de varios departamentos federales, la Agencia de Inteligencia de la Defensa (DIA) y la Agencia Central de Inteligencia (CIA). Sin elementos claves de esta moderna guardia pretoriana, sería imposible un golpe de Estado en Estados Unidos. Con ellos, en cambio, un golpe resulta imparable.

La guardia pretoriana es vital para el éxito de un golpe porque tiene la capacidad de permitir que la protección defensiva del líder se desvanezca durante un momento crucial concreto. El derrocamiento del emperador Calígula en segundos, dejando como nuevo emperador al tartamudo Claudio, ocurrió casi por casualidad después de la retirada de la protección de la guardia. De igual modo, también fue casi casual el relevo del presidente en menos de seis segundos, dejando a Lyndon Johnson como nuevo presidente.

Al parecer, un télex que advertía sobre un atentado contra el presidente en Dallas el 22 o 23 de noviembre había sido enviado a cada agente especial del FBI en funciones a lo largo y lo ancho de todo el país y había sido discretamente ignorado (véase el capítulo 17). La cápsula protectora de la limusina del presidente fue retirada por el Servicio Secreto. Las ventanas y azoteas de los edificios a lo largo de la ruta de la comitiva no habían sido controladas (ver capítulo 2). Todo esto compone, en esencia, la retirada de la protección presidencial por parte de la moderna guardia pretoriana, que dejó al presidente vulnerable al fuego de fusil que vino desde el arcén de césped frente a él y desde al menos dos puntos situados en los edificios a su espalda.

Precisamente, las preguntas que permanecen sin respuesta son cuántos disparos se realizaron, de dónde y por quién. Pero una cosa de la que estoy completamente seguro es que Lee Harvey Oswald no disparó a nadie el 22 de noviembre de 1963. La prueba negativa del nitrato, su pésima marca de tirador en los marines, su personalidad generalmente poco agresiva, la escasa calidad del rifle Mannlicher-Carcano, que supuestamente compró por correo y utilizó, la ausencia de cualquier evidencia respecto a su intervención en el asesinato de Tippit; todo ello confirma que él no mató a nadie, que era simplemente, como alegó, un señuelo.

La sangre del presidente aún no se había enfriado cuando comenzó la bien organizada operación de encubrimiento. El secuestro de su cuerpo en una ambulancia hacia el *Air Force One*, pese a la objeción vociferante de los funcionarios texanos del hospital Parkland, permitió trasladar rápidamente el cadáver antes de que la exigida autopsia local revelara que había sido alcanzado desde atrás y desde delante. Lyndon Johnson prestó rápidamente juramento como nuevo presidente para evitar la alarmante posibilidad de una emergencia de seguridad nacional. El avión salió entonces de Love Field y se dirigió hacia la autopsia militar que estaba aguardando en el Hospital Naval de Bethesda, en Maryland. Allí, el juramento hipocrático y cualquier investigación seria de la verdad se vieron barridos por la primera regla de los militares: obedecer órdenes sin hacer preguntas (véase el capítulo 18).

Cuando hubo partido el *Air Force One* con el cadáver de Kennedy, por fin se pudo anunciar que el presidente había sido atacado sólo desde un punto. Se anunció que lo había hecho un solo asesino, un impulsivo y desorientado joven marxista, sin motivo ni cómplices, y que la policía de Dallas ya lo tenía bajo arresto en la oficina del capitán Will Fritz, jefe de Homicidios. La temida emergencia estaba superada. El Gobierno de Estados Unidos estaba en buenas manos.

El golpe de Estado había cumplido su objetivo con precisión cronométrica. Habían quitado la vida al jefe ejecutivo del Gobierno de Estados Unidos y los principales cargos de la política exterior norteamericana podían cambiarse no en meses ni semanas, sino en los días siguiente.

Entretanto, progresaba el encubrimiento. El Servicio Secreto envió a la lavandería el traje del gobernador John Connally, con todas las evidencias que contenía, y procedió a limpiar la limusina presidencial, eliminando pruebas cruciales de sangre, huesos y balas (véase el capítulo 17). Después, sus agentes «investigarían» la oficina de Lee Oswald en la operación de Guy Banister y fracasarían en encontrar algo remotamente sospechoso (véase el capítulo 3).

El FBI echó tierra sobre el hecho de que había recibido información acerca de un complot para matar al presidente cinco días antes del asesinato real y comenzó a intimidar a testigos como Fenella Farrington (véase el capítulo 5) y a tratar de silenciar a otros, como Richard Randolph Carr (véase el capítulo 18). Llegó incluso al extremo de alterar las declaraciones de la testigo Julia Ann Mercer, que identificó a Jack Ruby como el hombre que ella vio conduciendo a un individuo provisto de un fusil hacia el arcén de césped, una hora antes del asesinato (véase el capítulo 17).

La unidad de Homicidios de Dallas se las ingenió para perder dos fusiles que se habían encontrado en el Almacén de Textos Escolares de Dallas, uno de ellos un Mauser 7,65 de alta precisión (véase el capítulo 7). Nunca se molestaron en comprobar el informe del ayudante de sheriff Roger Craig sobre los cuatro hombres (uno de ellos Oswald) que había visto en la camioneta Nash Rambler cuando partía desde la acera del Almacén de Textos, e incluso negaron haber oído jamás tal cosa (véase el capítulo 16). Disimularon durante diez meses la prueba negativa del nitrato que dio Oswald (véase el capítulo 7). Ocultaron, alteraron y urdieron pruebas balísticas cruciales en el asesinato de Tippit (véase el capítulo 15). Y, lo más importante, permitieron que Jack Ruby matara en el sótano del cuartel general de la policía a un Oswald rodeado de docenas de agentes. Ruby tuvo que recibir ayuda para cometer el crimen, y ello tal vez se debió a que los artífices del asesinato estaban en una situación en la que no había otra alternativa que eliminar a Oswald. El acto de violencia de Ruby, al silenciar al único hombre que podía identificar a los patrocinadores del asesinato, era la piedra final de la arquitectura del encubrimiento.

Con un encubrimiento tan sorprendente logrado, el siguiente paso era ratificar el asesinato. Los elementos supervivientes en el nuevo Gobierno —Lyndon Johnson, J. Edgar Hoover y Earl Warren entre otros— vieron rápidamente las ventajas de apoyar la puesta en escena de que un solitario descontento había asesinado al presidente en un casual e irreflexivo acto de violencia, que no había ocurrido un golpe de Estado y que nuestra democracia estaba intacta y a salvo. Ellos entendieron rápidamente el mensaje de quienes habían organizado el asesinato: que había un fuerte consenso para reavivar la Guerra Fría hasta el nivel que tenía antes de Kennedy. No hay evidencias de que Johnson, Hoover o Allen Dulles tuvieran algún conocimiento previo o implicación en el asesinato, pero yo no dudaría en clasificar a todos estos hombres como encubridores.

Tan pronto como los elementos no participantes de la Comunidad de Inteligencia comprendieron que había ocurrido un golpe de Estado, se movieron rápidamente para apoyar la historia oficial. Motivados en algunos casos por la supervivencia y en otros por la creencia de que Kennedy había provocado su propio asesinato al comprometerse demasiado a menudo con los soviéticos, los que permanecieron en el Gobierno —tanto altos funcionarios elegidos como jefes de departamentos y agencias— alinearon sus solemnes voces en el creciente coro que cantaba la gran mentira.

Éste es el método de todos los golpes de Estado triunfantes. A principios del siglo XVII, sir John Harrington, el poeta inglés, lo describía en pocas palabras:

La traición, pues, nunca prospera.
¿Cuál es la razón?
Ya que si prosperara, nadie osaría
llamarla traición.

El inicio del proceso de ratificación formal vino cuando el Congreso permitió al presidente Johnson, el heredero del poder, que convocara a la Comisión Warren, incluyendo al ex director de la CIA, Dulles, para investigar el crimen. El informe de la Comisión, que llevaba el prestigio y la credibilidad de sus altamente respetados miembros, ponía el sello oficial del Gobierno a la aprobación del cuento de hadas sobre el asesino solitario. Para el Gobierno, reacio a afrontar la implicación de la CIA antes del asesinato y la participación de otras agencias de Inteligencia en el encubrimiento, tal ratificación debió de parecerle el camino más fácil.

Durante muchos años, los funcionarios federales hicieron todo lo que estaba en sus manos para sostener este tambaleante edificio mientras los críticos lo atacaban, de modo que casi nadie cree ya en la hipótesis del asesino solitario.

Con el asesinato totalmente irresuelto, una sucesión de presidentes y fiscales generales, cada uno con los recursos del FBI y de todo el Gobierno federal, no hizo ningún esfuerzo para obtener la verdad.

Por el contrario, cuando yo intenté una auténtica investigación del asesinato, los funcionarios federales trataron de suprimir la verdad. No recibí ninguna ayuda cuando busqué bajo citación a testigos clave como Allen Dulles. Encontré cintas federales cruciales destruidas, alteradas, clasificadas como secreto o selladas por el Gobierno federal durante setenta y cinco años. Me vi denunciado por el presidente, el fiscal general, el jefe del tribunal supremo. Vi mi investigación infiltrada y subvertida por agentes federales. Y finalmente me encontré a mí mismo llevado a juicio en un caso federal amañado. Esto es lo que sucede cuando alguien no acepta ni coincide con la ratificación de un golpe perpetrado por un nuevo Gobierno.

El encubrimiento del Gobierno y la ratificación del asesinato deben ser apoyados por una corriente de desinformación que aparezca en los más importantes medios de comunicación. La diseminación de desinformación es el último elemento necesario para el éxito de un golpe de Estado. Sucede además que ésta es una de las especialidades de la CIA. Durante muchos años, la CIA ha tenido secretamente en nómina a periodistas que trabajaban en apariencia para medios importantes, pero que en realidad diseminaban propaganda para el consumo del pueblo norteamericano. Además, se subvencionó la publicación de más de mil libros. Como escribe Richard Barnet, codirector del Institute for Policy Studies:

> La mercadería en el negocio subterráneo de Inteligencia es el fraude. Su propósito es crear realidades ficticias; hacer que las cosas parezcan distintas de lo que son para utilizarlas con propósitos de manipulación y subversión. Más de doscientos agentes [...] actúan como hombres de negocios. La CIA ha admitido que tuvo más de treinta periodistas en su nómina desde la Segunda Guerra Mundial. Corporaciones patentadas como Air America y otros frentes de la Agencia, fundaciones fantasmas, organizaciones de estudiantes, religiosas, etc.; todo ello forma parte de la base de un mundo falso que ha terminado por confundir al pueblo norteamericano y a los Gobiernos extranjeros.

Durante veinticinco años el pueblo norteamericano ha sido bombardeado con propaganda que ha insistido puntualmente en una variedad de «falsos patrocinadores» como supuestos instigadores del asesinato de Kennedy. («Falso patrocinador» es un término utilizado en acciones encubiertas de Inteligencia para describir a un individuo u organización culpado públicamente tras la acción, a fin de desviar la atención de la Comunidad de Inteligencia.) Los norteamericanos han sufrido un concienzudo lavado de cerebro con tal desinformación, pagada con sus propios impuestos, y muchos sólo pueden hoy lamentarse de que ellos «probablemente nunca sabrán la verdad».

Mientras, una lluvia interminable de despachos de prensa, artículos en periódicos, «documentales» de televisión, reportajes en revistas, libros, han reforzado repetidamente este desconcierto y han continuado señalando en una dirección falsa. La increíble acumulación de falsos patrocinadores derramada sobre el pueblo norteamericano incluye a Lee Harvey Oswald, el KGB, Howard Hughes, los magnates texanos del petróleo, el crimen organizado y Fidel Castro.

El falso patrocinador original fue el propio chivo expiatorio, Lee Harvey Oswald. Nombrado para el papel por la Comunidad de Inteligencia, fue formalmente ratificado por la Comisión Warren y otros de los más altos niveles del Gobierno de Estados Unidos. Sin embargo, con el tiempo ha sido cada vez más evidente que el cuento de hadas del asesino solitario se desmoronaba por sí solo y muchos de sus defensores pronto prefirieron simplemente guardar silencio.

Por eso me sorprendió descubrir no hace mucho que la revista *Time*, desde siempre una ardiente defensora de la explicación del asesino solitario, continuaba siendo leal al falso patrocinador original, Lee Oswald. Debe reconocerse cierta grandeza en esta absoluta dedicación, durante veinticinco años, a mantener una total falta de pensamiento. El 1 de agosto de 1988, aparecía un comentario de la novela *Libra*, de Don DeLillo, que aunque ficción presenta un interesante y provocativo tratamiento de los asesinatos de ambos Kennedy y de sus supuestos autores. *Time* considera falso el argumento del libro de que «el complot para asesinar al presidente fuera aún más amplio y más siniestro de lo que se pensó previamente». Hay una posibilidad más simple, concluye autoritariamente la revista: «Un hombre frustrado e iracundo se asoma a una ventana, observa el paso del presidente y le dispara a matar.»

Cuando leí esta breve y clara explicación de uno de los más complicados y significativos hechos de la historia, comprendí que no se puede decir gran cosa a una publicación que obviamente tiene todas las respuestas.

Uno de los más intrigantes falsos patrocinadores es Fidel Castro. Frecuentemente, en estos años —sobre todo cuando pronunciaba conferencias en universidades— encontraba gente que estaba absolutamente de acuerdo conmigo en que no era posible que Oswald pudiera matar a Kennedy sin ayuda. Sin embargo, ellos añadían entonces que a su entender Fidel Castro había organizado el asesinato. Yo respondía examinando la lógica de esta tesis.

Primero, les recordaba que en un momento crítico del intento de la CIA de invadir Cuba en 1961, el entonces jefe de la Agencia solicitó al presidente que proveyera apoyo aéreo de cazas de combate a los portaaviones cercanos. Kennedy se negó y la invasión fracasó catastróficamente. A continuación, explicaba que durante la crisis de los misiles de 1962, Kennedy rehusó bombardear o invadir Cuba, como le urgía un grupo de sus asesores militares y de Inteligencia. Finalmente, recordaba a mi público que uno de los factores que ayudó a resolver la crisis de los misiles fue que Kennedy aseguró personalmente a los soviéticos que Estados Unidos no realizaría ningún intento de invadir Cuba, una decisión que perturbó profundamente a los elementos operacionales de la CIA que estaban entrenando guerrillas en Florida y Louisiana precisamente para tal objetivo. En este punto me bastaba con formular una sola pregunta: «¿Creen verdaderamente que a Fidel Castro le gustaba que Kennedy fuera sacado del poder o que él prefería tener a Lyndon Johnson en el Gobierno?»

Se pueden interponer muchas preguntas como ésa a quienes defienden la idea de Castro como organizador del asesinato de Kennedy. ¿Podrían realmente los comunistas cubanos establecer la indispensable base de operaciones y penetrar puestos clave de la policía de Dallas, una de las ciudades más conservadoras de Estados Unidos? ¿Podían esos comunistas haber obtenido la amplia colaboración de los oficiales de Dallas, del FBI y de la CIA que recibieron efectivamente los asesinos reales? ¿Podemos realmente creer que Fidel Castro envió a Lee Oswald a repartir sus panfletos incendiarios en Nueva Orleans y luego ordenó al mismo tipo ir a Dallas y matar al presidente? ¿Debemos suponer que Castro sólo tenía un hombre trabajando para él? Afortunadamente, debido quizás a la total demencia de esta proposición, el falso patrocinio de Castro se desvaneció.

Yo me enteré por supuesto de la breve moda de «los magnates del petróleo del suroeste» como patrocinadores del asesinato. Sin embargo, nunca la tomé en serio, ni siquiera brevemente, simplemente porque no casaba con mi creencia inicial y nunca cambiada de que las conexiones críticas estaban en la Comunidad de Inteligencia. Es cierto que George de Mohrenschildt estaba en el negocio del petróleo y era miembro del Petroleum Club de Dallas. Pero en mis conversaciones con De Mohrenschildt me quedó claro que no fue utilizado por los magnates del petróleo del suroeste, sino por la Comunidad de Inteligencia. Sus obligaciones se limitaron a escoltar la supervisión de Oswald. Al final de la operación, cuando se realizaban los últimos arreglos para convertir a Oswald en el chivo expiatorio del asesinato (véase el capítulo 4), De Mohrenschildt fue enviado a Haití con la excusa de sus negocios «orientados por el Gobierno».

La visita de «Jim Braden» (Eugene Hale Brading) a las oficinas de la familia Hunt, perteneciente a alta sociedad petrolera de Texas, pocos días antes del asesinato, parece ser un puntual gambito de engaño (véase el capítulo 16). Jack Ruby, que no tenía más relación con el negocio del petróleo que «Braden», realizó el mismo tipo de visita puntual a la oficina de Hunt. La intención de estos movimientos de señuelo era alentar la especulación de que el mundo del petróleo de Texas pudo haber patrocinado el asesinato.

Estas breves visitas me recordaron los movimientos de «dirección equivocada» con que comienzan varias de sus jugadas los principales equipos profesionales de fútbol norteamericano. Apenas recibe el balón, el corredor da un medio paso a la izquierda y, mientras la defensa opuesta lo sigue en la dirección errónea, se dirige entonces a la derecha a toda velocidad. Los jugadores profesionales de fútbol son, no obstante, simples aficionados cuando van en dirección falsa. Los verdaderos ases profesionales trabajan en la dirección de operaciones de la Agencia Central de Inteligencia.

Por supuesto, el principal y más permanente de los falsos patrocinadores ha sido el crimen organizado, la mafia, las bandas. Muchos de los libros que han criticado más abiertamente la versión gubernamental del asesinato parecen sin duda destinados a convencer firmemente a los lectores de que la mafia asesinó a Kennedy. Como en cualquier mito poderoso, hay algo de verdad en ello. La CIA ha colaborando durante años con la mafia, y hay evidencias fehacientes de que muchas figuras mafiosas odiaban al presidente Kennedy y a su hermano, el fiscal general Robert Kennedy. Por otra parte, en el escenario figuraron individuos relacionados con el crimen organizado.

Para algunos elementos del crimen organizado, la Cuba precastrista había dado una rica cosecha con sus numerosos casinos para turistas norteamcricanos. Después, durante el desarrollo de su guerra privada contra Castro, la CIA estableció acuerdos con algunos de esos mafiosos —los más destacados fueron Santos Trafficante y John Roselli— para ayudar a preparar el asesinato de Fidel Castro. Otros individuos con vínculos mafiosos, como Jack Ruby, fueron reclutados para recoger armas y municiones destinadas a aventureros anticastristas. Resultó bastante sorprendente que, después del asesinato de Kennedy, la CIA continuase usando la ayuda de sus nuevos amigos de la mafia, dada la flagrancia con que precisamente se proporcionó su nombre como uno de los falsos patrocinadores. La innegable criminalidad de sus variadas actividades añadía más confusión a la que fabricaba la máquina de desinformación de la Agencia y desviaba a muchos ojos que pudieran ver a la Compañía como posible patrocinador del crimen. Para los mafiosos, a cambio, la Agencia llcgó a ser un nuevo y generoso padrino.

La CIA utilizó sus nuevos amigos no sólo para asesinatos y tiroteos, sino también para otros objetivos. Imaginen mi sorpresa, por ejemplo, cuando, hojeando un volumen del Comité Especial sobre Asesinatos de la Cámara, leí un informe proporcionado por la CIA. El texto establecía que «Jim Garrison, mientras era fiscal de distrito de Nueva Orleans, participó en una reunión secreta en un hotel de Las Vegas con John Rosselli». Por supuesto, era totalmente falso, pero consideré que no era un simple honor que la maquinaria de desinformación del Gobierno dedicara una de sus principales operaciones clandestinas a calumniarme*.

* Las periódicas alegaciones de que yo me encontraba en términos amistosos con personajes del crimen organizado resultan divertidas, vistas retrospectivamente. Como fiscal de distrito de Nueva Orleans yo acabé con el fraude de la lotería por primera vez en un siglo; limpié los antros de Bourbon Street por primera vez en la memoria de cualquiera y cerré las últimas casas de prostitución de la ciudad. En un municipio donde ningún fiscal de distrito había sido antes reelegido, los ciudadanos de Nueva Orleans me mantuvieron en el cargo durante doce años, tres períodos completos. En 1987, después de diez años en el tribunal de apelación, salí reelegido por otros diez años sin ninguna oposición. A los ciudadanos de Nueva Orleans obviamente les divierte tanto como a mí el absurdo de estos cargos mafiosos.

Yo he optado por no responder a cada uno de los muchos bulos que han formado parte de la campaña para desacreditar mi investigación, ni perder el tiempo tratando de desmentir noticias. Lo que es peor, sin embargo, es que nunca conocí a Carlos Marcello, el hombre con quien tuve más contactos según mis detractores. Ni tampoco tuve en todos mis años como fiscal de distrito ninguna evidencia de que él fuera un personaje importante de la mafia como pretendía el Departamento de Justicia.

Mucho más significativo que esta pequeña difamación fue el éxito de la Agencia en persuadir a muchos norteamericanos de pro que el crimen organizado había acometido por sí mismo la sofisticada organización social que exigió la eliminación del presidente Kennedy. Sugiero que examinemos esta afirmación con un razonamiento un poco anticuado.

Recordemos que la ruta original programada para la comitiva presidencial no pasaba por el Almacén de Textos Escolares de Texas, donde Oswald estaba trabajando desde octubre, cuando Ruth Paine le consiguió un puesto allí mediante una entrevista (ver capítulo 5). De hecho, aun en la mañana del asesinato, la comitiva estaba todavía programada, según un diagrama de la portada del *Dallas Morning News*, para pasar por Main Street hacia la plaza Dealey (véase el capítulo 7). ¿Realmente resulta creíble que la mafia pudiera cambiar la ruta de la comitiva presidencial la mañana del asesinato?

Nada importa la sucesión de libros que dan a entender en sus revelaciones que el crimen organizado fue el artífice del asesinato de Kennedy (véase el epílogo). Si ellos pueden simplemente demostrar que la mafia cambió la ruta de la comitiva presidencial la mañana del asesinato —sólo este simple y mero dato— yo aceptaría al menos la posibilidad de que el crimen organizado matara a Kennedy. Sin esa explicación, debo sospechar de quienes afirman que en su opinión la mafia llevó adelante el crimen.

Me parece que alguien con considerable poder e influencia necesitaba tener a Oswald cerca de la comitiva. Quienquiera que fuese decidió: «Si no podemos poner a Lee Oswald a lo largo de la ruta de la comitiva, entonces pongamos el desfile cerca de Oswald.» Quién podía cumplir mejor este cambio, ¿los *capos* que trabajaban para Anthony («Gordo Tony») Salerno o los elementos clandestinos de la Comunidad de Inteligencia? ¿Los empleados de Tony («Gran Atún») Accardo o elementos de la guardia pretoriana que, teniendo la tarea de proteger al presidente, ostentaban también el poder de decidir dónde, cuándo y cómo debía viajar?

Colocar a Lee Oswald en algún punto a lo largo de la ruta del desfile sólo tenía valor en cuanto era alguien que había sido «preparado» para aparecer como comunista y simpatizante de Fidel Castro. ¿Fue el crimen organizado el que «preparó» a Oswald, o fue Guy Banister, veterano del ONI, el FBI y la CIA? ¿Estuvo trabajando Oswald en algún restaurante de la mafia o estuvo trabajando en los despachos de Guy Banister con David Ferrie y un pequeño ejército de guerrilleros anticastristas, huésped de las operaciones de la Comunidad de Inteligencia?

¿Pudo el crimen organizado asegurarse de que la versión de la portada del *Dallas Morning News* ofrecida como evidencia a la Comisión Warren no se presentara más como prueba del programa inicial de la ruta de la comitiva? (véase el capítulo 7). ¿Pudo la mafia obtener el traje del gobernador

Connally, enviarlo a la lavandería y después de la llegada de la limusina presidencial al hospital Parkland limpiarla de todas las señales y evidencias? ¿Pudo la mafia deslizar el cadáver de Kennedy a través de las autoridades de Texas, que lo requerían para la autopsia local, según exige la ley, y llevarlo al avión *Air Force One*? ¿Pudo la mafia poner a cargo de la autopsia del cuerpo del presidente a un general del Ejército que no era médico? ¿Pudo la mafia, en el curso de la autopsia, ordenar a los patólogos que no probaran que una bala disparada desde delante había dejado una herida en el cuello y se encontraba alojada en la espina dorsal? ¿Pudo la mafia, después, ordenar al jefe de los patólogos, el comandante Humes, quemar sus notas originales de la autopsia? ¿Pudo la mafia hacer que el cerebro del presidente Kennedy desapareciera de los Archivos Nacionales?

Los falsos patrocinadores han caído por su propio peso a la luz de un examen riguroso. Quien permanece como único patrocinador con motivo y capacidad de asesinar al presidente es la rama de acciones encubiertas de la Agencia Central de Inteligencia.

Tan invisible como peligroso, el aparato de operaciones encubiertas de la CIA se convirtió sin duda en el elemento más poderoso de la comunidad de Inteligencia. Se encuentra en el círculo más cerrado de la cúpula del Gobierno y, al menos desde los años cincuenta, asumió disimulada y progresivamente un papel clave en la determinación de la política exterior.

Distinta de la recolección de Inteligencia, las operaciones encubiertas incluyen el desarrollo y distribución de propaganda (el eufemismo es desinformación), la creación de ejércitos secretos, la preparación de golpes de estado e incluso asesinatos, donde sea y contra quien sea, en el extranjero o en el país, pero siempre de forma oculta. Tales operaciones comprometidas representan más de dos tercios de la actividad total de la CIA. De ahí que la dirección de operaciones encubiertas constituya, según puntualizó una vez el ex agente de la CIA Philip Agee, «una policía política secreta [...] la Gestapo y la SS de nuestro tiempo».

Es improbable que un plan elaborado para asesinar al presidente recibiese aprobación oficial de John McCone, el director en 1963, o de Richard Helms, el subdirector de planificación (operaciones encubiertas). Pero bien pudo ser concebido en escalones más bajos de la Agencia y realizado con la colaboración de individuos u organizaciones* extragubernamentales, precisamente para evitar que quedara cualquier pista que condujera hacia los altos oficiales, quienes debían mirar convenientemente en otra dirección. Hemos tenido hace

* Los más evidentes eran los aventureros anticastristas, tanto cubanos como norteamericanos, a quien la Agencia entrenaba como guerrilleros en su campo del norte del lago Pontchartrain, e individuos con conexiones mafiosas como Jack Ruby.

poco una criatura cuasigubernamental similar, compuesta por una mezcla de funcionarios y de ciudadanos privados, en el escándalo Irán/contras que investigó el Congreso en 1987. Esta particular mezcla de poder oficial y apoyo civil, vista también en el caso Watergate, fue descrita por uno de los altos funcionarios que participaron en ella como «la empresa».

Yo creo que la empresa del Irán/contras puede ser muy bien un descendiente histórico de «la empresa» considerablemente más poderosa que mató al presidente Kennedy. Ambas fueron ahijadas de la dirección de acciones encubiertas: las dos utilizaron una combinación de veteranos de la Agencia y de civiles misteriosos para llevar a la práctica sus siniestras e ilegales operaciones; ambas fueron totalmente inexplicables. En realidad, la continuidad resulta escalofriante. A mi entender, cabría decir que el sueño del reciente director de la CIA William Casey* de mantener un aparato de operaciones «fuera de registro» para manipular acciones encubiertas demasiado delicadas y

* William Casey fue director de la CIA durante la Administración Reagan. Resucitó el estilo de los clásicos trabajos sucios de la Agencia y murió poco después de quedar señalado como uno de los cerebros del escándalo «Irán/contras» en 1986-1987. Esta operación consistió en negociar con Irán para conseguir la libertad de rehenes a cambio de armas, en una operación triangular donde parte de los beneficios de la venta de armamento se destinaba para ayudar a la desprestigiada guerrilla «contra» de Nicaragua, alentada por la CIA. *(N. de la T.)*

controvertidas, como un instrumento indetectable de la Agencia, ha sido una realidad viva durante un cuarto de siglo, al menos desde el asesinato del presidente Kennedy.

A diferencia de los falsos patrocinadores, la CIA tuvo claramente la capacidad de emprender el asesinato. En 1975, un comité del Senado encabezado por Frank Church descubrió que la Agencia había planificado una cantidad de operaciones de asesinato, usando en cada una desde veneno a ametralladoras y algunas veces a destacados sujetos de la mafia. El comité no estaba autorizado para investigar asesinatos internos, pero halló que la Agencia había conspirado repetidas veces para derrocar líderes extranjeros donde se aplicaban políticas que no complacían a la CIA.

En 1953, con Allen Dulles dirigiendo la operación por radio desde Ginebra, Suiza, la Agencia puso en marcha un bien organizado golpe contra el Gobierno de Irán. Como resultado, el jefe de Gobierno Mohamed Mosadeq fue derrocado; fue repuesto el trono imperial y reinstalado en él el Sha.

En 1954 en Guatemala, Jacobo Árbenz, aunque no comunista, gobernaba con una política claramente progresista. Cuando algunos jefes militares iniciaron un complot contra el líder elegido democráticamente, la Agencia movilizó aviones de combate en apoyo de los conspiradores. Arbenz terminó saliendo en avión del país.

En 1969, Patrice Lumumba, un sólido líder

nacional y el primer jefe de Gobierno de Congo (hoy Zaire), se convirtió en un objetivo de la Agencia. Como Mosadeq en Irán y Arbenz en Guatemala, Lumumba no era comunista. Sin embargo, el director de la CIA Dulles autorizó el gasto de más de cien mil dólares para «suprimir» a Lumumba. Muy poco después, el subdirector de planificación de la Agencia, Richard Bissell, pidió al científico de la CIA Joseph Scheider que hiciera preparativos para asesinar a un innominado «líder africano». Scheider confeccionó una lista de materiales biológicos tóxicos que podrían causar daños fatales a los indígenas de África. En su testimonio ante el Comité Church, Scheider admitió haber proporcionado una pócima letal al jefe de estación de la Agencia en Congo y haberle instruido que era para asesinar a Lumumba.

Sin embargo, el veneno nunca llegó a usarse. En enero de 1961, Lumumba —entonces temporalmente fuera del cargo y prisionero político— fue embarcado en un avión, supuestamente para un trayecto hacia Bakwanga, en la provincia de Katanga. En mitad del vuelo fue desviado a Elizabethville, en la misma provincia, un área donde los habitantes eran conocidamente hostiles a Lumumba. Algunas semanas después, se informó que Patrice Lumumba había huido y que entonces había sido asesinado por aldeanos hostiles. No está clara la participación directa de la CIA en el asesinato de Lumumba, pero en 1978, el especialista de la CIA para África, John Stockwell, declaró que un alto oficial de la Agencia le había descrito cómo había vagado en su coche con el cadáver de Lumumba, «tratando de decidir qué hacía con él».

El Comité Church descubrió que, además del complot para suprimir a Lumumba, la CIA había conspirado en numerosas ocasiones para asesinar a Fidel Castro, usando artilugios experimentales como trajes de buzo envenenados o puros tóxicos. Más aún, el comité desveló que la Agencia había animado activamente los asesinatos de otros líderes extranjeros, entre ellos Rafael Trujillo de República Dominicana en 1961, el presidente Ngo Dinh Diem de Vietnam del Sur en 1963 y el general René Schneider de Chile en 1970. La sensata conclusión del comité fue que la CIA había urdido repetidas veces o había ayudado a planificar el asesinato de varios líderes nacionales de otros países*.

Esta cuestión fue confirmada por ex oficiales de la Agencia. Según uno de ellos, William Harvey, la CIA programó el derrocamiento de líderes extranjeros, lo cual incluía la «capacidad de realizar asesinatos». Richard Bissell, ex subdirector de planificación, reconoció también que el asesinato figuraba en el «amplio espectro de acciones» válidas para eliminar a jefes de Estado que constituyeran un problema. Así pues, queda establecido

* Esto no incluye el asesinato sistemático de decenas de miles de jefes de aldea y sospechosos de pertenecer al Viet Cong atrapados en Vietnam en el marco de la operación Phoenix de la CIA.

que la CIA, por su larga experiencia, tenía la capacidad necesaria para asesinar al presidente Kennedy.

Igualmente importante era el motivo. Contrariamente a lo que asumen muchos norteamericanos, la CIA no fue creada solamente para reunir Inteligencia*. Desde sus comienzos en 1947, la primera razón de su existencia, como lo ejemplificaba el papel dominante de su dirección de operaciones, era la derrota de lo que percibía como un comunismo monolítico. La obsesión de la línea dura de la Guerra Fría en el ámbito de la CIA, durante las administraciones Truman y Eisenhower —la suposición de que la URSS estaba decidida a destruir EEUU y conquistar todo el mundo— fue compartida por las agencias hermanas, el FBI bajo J. Edgar Hoover, y muchos otros miembros del Gobierno.

El presidente Kennedy había hecho su campaña y había asumido el cargo con una nota que sugería que su Administración continuaría la política de no compromiso con los soviéticos. Sin embargo, poco a poco quedó en evidencia que su filosofía no le permitiría sostener mucho tiempo la antigua línea dura establecida. Desde su negativa a que el general Cabell dispusiera de cazas de combate para apoyar la fracasada invasión de la CIA en Bahía de Cochinos, su rechazo a las recomendaciones de bombardear o invadir Cuba du-

* Ni aun principalmente, según críticos de la Agencia como Philip Agee, Ralph McGehee, John Stockwell y otros.

rante la crisis de los misiles de 1962, su insistencia contra la inicial oposición de sus asesores militares de que Estados Unidos firmara el tratado de prohibición de pruebas nucleares en Moscú, hasta sus decisiones en 1963 de retirarse de Vietnam y considerar la restauración de las relaciones diplomáticas con Cuba, Kennedy fue siguiendo un redoble de tambor diferente*.

Para los elementos belicistas de la línea dura de la estructura del poder norteamericano, para quienes había sido creada la dirección de operaciones de la CIA y para quienes funcionaba, esto equivalía nada menos que «venderse a los comunistas».

En retrospectiva, la razón del asesinato no puede considerarse un misterio. Ahora queda suficientemente claro, dado el curso que tomó la política exterior de Estados Unidos inmediatamente después del 22 de noviembre de 1963, por qué los elementos de operaciones encubiertas de la CIA necesitaban sacar a John Kennedy de la Oficina Oval y poner en ella a Lyndon Johnson.

* En realidad, Kennedy parecía tener muy escaso soporte en Washington para la política de restricción militar que impulsaba en 1963. Su propio secretario de Defensa, Robert McNamara, admitió en 1984 que en 1965 él aún estaba convencido de que EEUU ganaría la guerra en Vietnam. Dean Rusk, el secretario de Estado del presidente Kennedy, reconoció algo similar. Uno se pregunta quién apoyaba en el Gobierno de Estados Unidos, en 1963, la decisión solitaria de Kennedy contra la continuación de nuestra intervención militar en el Sureste Asiático.

El nuevo presidente elevado por tiro de fusil al control de nuestra política exterior había sido uno de los más entusiastas soldados norteamericanos de la Guerra Fría, aunque como vicepresidente había llegado a asumir la necesidad de ser un soldado más discreto. El escritor Fred Cook, un prestigioso observador del escenario de Washington, había descrito a Lyndon Johnson como «un hombre con conocimiento limitado de los asuntos exteriores», que por experiencia y temperamento estaba «orientado a pensar en términos militares».

Johnson había subido originalmente al poder a caballo de la fulminante cruzada anticomunista que marcó la política norteamericana después de la Segunda Guerra Mundial.

Muy poco después del fin de la guerra, proclamó que el poder atómico llegaría a «ser usado por Estados Unidos, sea para cristianizar el mundo o para pulverizarlo» (una bendición cristiana como no hay otra). El demostrado entusiasmo de Johnson hacia la intervención militar en el exterior —que le ganó el sobrenombre de «el senador del Pentágono»— contrastaba absolutamente con las intenciones de Kennedy de una retirada total de Vietnam.

No constituyó pues una sorpresa que a la muerte del presidente Kennedy y la toma de posesión del cargo por Lyndon Johnson, siguieran cambios espectaculares en la política exterior y militar americana.

La orden de Kennedy de que en diciembre

volvieran de Vietnam los primeros mil norteamericanos fue rápidamente revocada.

Más significativo aún fue el hecho de que el domingo siguiente al asesinato, tras aparecer solemnemente en un elogio a Kennedy en la Rotonda del Capitolio, Johnson se reuniera con Henry Cabot Lodge, el embajador de EEUU en Vietnam del Sur, en el edificio de la oficina del Ejecutivo. Él informó a Lodge que no iba a dejar perder Vietnam, que él no vería al Sureste Asiático siguiendo el camino de China y que «Saigón puede contar con nosotros».

En agosto de 1964 sucedió el incidente del golfo de Tonkín, o al menos eso se contó al público norteamericano. Todo el asunto exhumaba el olor a podrido de la Comunidad de Inteligencia. «Mientras se realizaba una patrulla de rutina en aguas internacionales —se anunció desde Washington—, el destructor norteamericano *Maddox* sufrió un ataque sin mediar provocación.» Un invisible barco enemigo, según pareció, disparó un invisible torpedo que, afortunadamente, erró el blanco y se dirigió a la costa de Vietnam del Norte. Muy poco después, ocurrió un incidente similar con otro barco de guerra de EEUU. Una vez más el enemigo, engañoso como siempre, no dejó evidencia del ataque.

Johnson denunció ruidosamente esta «agresión abierta». Apareció en la televisión nacional para informar a la ciudadanía norteamericana de que las «renovadas acciones hostiles contra barcos de Estados Unidos en aguas abiertas del golfo de

Tonkín me han obligado hoy a ordenar a las fuerzas militares de Estados Unidos a realizar acciones de represalia». Los líderes del Congreso de ambos partidos, dijo, le habían asegurado la aprobación de una resolución destinada a dejar claro que «nuestro Gobierno está unido en su determinación de tomar todas las medidas necesarias en apoyo de la libertad y la defensa de la paz en el Sureste Asiático».

La resolución del golfo de Tonkín, aprobada el 7 de agosto de 1964, con el rechazo de sólo dos senadores, dio a Johnson el poder de impulsar cualquier acción militar que considerase necesaria en el Sureste Asiático. Esta declaración de guerra contra Vietnam del Norte, aunque no oficial, se promulgó justo un año después del discurso de John Kennedy en la American University, en el cual expresó elocuentemente su esperanza en la paz.

Inmediatamente después de la resolución del Congreso, los aviones norteamericanos iniciaron sus primeros bombardeos sobre Vietnam del Norte. Se ordenó al mando militar norteamericano del Pacífico que se preparase para el combate. En 1965, más de doscientos mil soldados desembarcaron en Vietnam del Sur. En 1966 y 1967 les siguieron más de trescientos mil. Por el tiempo en que Estados Unidos firmaba el acuerdo de París, en enero de 1973, habían muerto más de cincuenta y cinco mil norteamericanos y millones de vietnamitas.

De este modo fue derrocada la política exterior del presidente Kennedy, «sin cumplir con los requerimientos formales para cambiar altos funcionarios, según prescriben las leyes o la Constitución»: es decir, la definición de un golpe de Estado. Ésta fue la principal consecuencia del asesinato de John Kennedy y su auténtico motivo.

¿Es todo esto plausible? No debía parecerlo así hace veinticinco años. Sin embargo, ahora que conocemos parte de la verdadera historia de la CIA y de sus operaciones encubiertas, la respuesta es un tajante sí. El asesinato es precisamente lo que la Agencia sabía hacer y lo que hizo por todo el mundo para sus fines políticos.

Con el paso del tiempo, podemos ver los resultados permanentes del asesinato del presidente Kennedy. La nación está aún recuperándose de su trágica aventura de nueve años en Vietnam. La CIA continúa llevando nuestra política exterior sin un control real del Congreso ni del presidente; aunque ahora la Agencia se muestra sólo moviéndose en las sombras, distanciándose en apariencia de la empresa que manipula, utilizando ciudadanos privados e intermediarios para garantizar su aislamiento. El Departamento de Justicia, conocedor de todo esto como lo somos nosotros, aún rehúsa dirigir una investigación honesta del asesinato político más importante de nuestro tiempo. Veinticinco años después del asesinato del presidente Kennedy, le parece que ya es demasiado tarde.

Sin embargo, no es demasiado tarde para aprender las lecciones de la historia, para entender dónde estamos ahora y quién conduce el país. Si mi libro puede iluminar esto para las generaciones más jóvenes, que no conocieron a John Kennedy, significa que ha cumplido su propósito.

EPÍLOGO

¿ES UNA ALTERNATIVA VÁLIDA LA TEORÍA DE LA MAFIA?

Por Carl Oglesby*

Durante más de dos décadas, la gran mayoría del pueblo norteamericano ha creído, al contrario que la Comisión Warren, que el presidente Kennedy fue asesinado por una conspiración.

Dentro del amplio rechazo popular a la teoría de un tirador solitario en el crimen, hay sin embargo enormes diferencias de opinión acerca de cuál pudo ser la conspiración.

Jim Garrison ha expuesto en el libro *Tras la*

* Carl Oglesby es fundador y director de la Oficina de Información de Asesinatos, ampliamente acreditado por su ayuda durante los años setenta a la demanda popular que exigía una investigación del Congreso sobre el asesinato de Kennedy. Es autor de varios libros, entre ellos *The Yankee and Cowboy War* (1976), un intento de explicar el contexto político subyacente a la conspiración contra JFK y la caída de Nixon en el Watergate diez años después.

pista de los asesinos una teoría que, a mi entender, los estudiosos serios de este misterio reconocerán y aceptarán como la más completa, la más natural y la más honesta en la forma de interpretar la totalidad de las evidencias aportadas. Hablando por mí mismo como escritor y como activista del caso JFK durante muchos años, veo un copioso apoyo documental a las ideas centrales de Garrison, que yo parafraseo de la siguiente forma:

> a) Elementos rabiosamente anticomunistas de la división de operaciones de la CIA, moviéndose a menudo a través de canales extragubernamentales, estuvieron profundamente involucrados en la cúpula del planeamiento del asesinato y del proceso de su ejecución. Al parecer, fueron quienes tomaron la decisión de matar al presidente.
>
> b) La conspiración tuvo un motivo político. Su objetivo era detener el movimiento de JFK hacia la distensión en la Guerra Fría, y en ello tuvo éxito. Por tanto, debe contemplarse como un golpe de Estado palaciego.
>
> c) Oswald fue un hombre inocente, reclutado para cargar con la culpa. Como él puntualizó: «Yo soy un señuelo.»

Por su estructura lógica y su virtual consonancia con la experiencia contemporánea norteamericana, la teoría de Garrison acerca del crimen resulta quizá demasiado desafiante, demasiado estremecedora y demasiado contraria a los mitos norteamericanos más básicos —por ejemplo, que somos una república basada en la ley— como para que tenga alguna posibilidad de un reconocimiento oficial o de alguna consideración civil por parte de la intelectualidad y los medios de comunicación.

La línea de razonamiento de Garrison plantea cuestiones básicas acerca de la legitimidad del estado norteamericano. No importa que Garrison sea un leal patriota con raíces en Grant Wood y haya tenido una larga y feliz carrera en el Ejército y en el FBI de J. Edgar Hoover antes de integrarse a la oficina del fiscal de distrito de Nueva Orleans. Opino que su visión de este crimen es, sin duda, la declaración más radical y convincente que podríamos encontrar del constitucionalismo norteamericano. No se puede seguir el razonamiento de Garrison con serenidad. Aunque Garrison no es en absoluto un marxista, un norteamericano no puede afrontar su análisis sin el riesgo de sufrir una crisis de fe política. Él amenaza con transformar en Hamlets a cuantos le escuchen: en hijos de un padre-líder asesinado, cuyos verdugos, por lo que sabemos, aún están secretamente en el trono. Él nos enfrenta al asesino secreto en el corazón del dilema contemporáneo norteamericano. Su absolutamente terrorífica narración nos fuerza a plantearnos las siguientes terribles preguntas: ¿De qué está hecha nuestra Constitución? ¿Qué es nuestra cacareada y digna ciudadanía? ¿Cuál es el futuro de la democracia en un país donde un presidente puede morir asesinado bajo circunstancias conspicuamente sospechosas mientras la maquinaria de la acción legal apenas tiembla?

Éste es el brutal mensaje subyacente. La reconstrucción de Garrison del asesinato del presidente nos cuenta, en bastantes palabras, que lo que llamamos nuestra Constitución ha llegado a ser, para algunos de nosotros, secreta y vergonzosamente, objeto de burla. Miembros clave del Gobierno, críticos respecto a la integridad de la política de los sistemas de inteligencia, parecen haber sido controlados y manipulados por una fuerza secreta que apenas podríamos identificar y ni siquiera concebir como opuesta.

Tal vez el realismo político e histórico de Garrison resulte también un desafío demasiado intenso para el consumo general. A los norteamericanos nos gusta considerarnos pragmáticos acerca de la política, pero esto parece significar que tendemos a creer lo que nos deja contentos y a no creer lo que nos confunde y deprime. El análisis de Garrison sobre el crimen de JFK nos desafía a vernos descontentos con nuestro ambiente político y a adoptar una perspectiva que nos convertiría fácilmente en enemigos de todo. Ése no es el camino para ser popular.

Así pues, la teoría de Garrison acerca del crimen, con ser la más razonable, la más realista y probablemente la mejor apoyada en la totalidad de las pruebas, no es por esta misma razón la teoría oficial. La teoría oficial acostumbra ser la idea de la Comisión Warren de que Oswald fue como un ataque al corazón, algo fuera de sintonía, sin más significado tras él. Pero la teoría de la Comisión Warren cayó hecha pedazos con las excavaciones de pacientes investigadores voluntarios, y en 1976 la Cámara de Representantes votó la creación de un Comité Especial sobre Asesinatos a fin de reabrir el caso. Éste fue de hecho un voto de no confianza a la Comisión Warren.

El Comité sobre Asesinatos de la Cámara procedió entonces a emplear más de un año y tres millones de dólares en reinvestigar el caso JFK y reconstruir la teoría oficial.

La nueva teoría oficial —semioficial, deberíamos decir quizá, ya que el FBI no admite aún nada de ella— fue construida y adoptada por el Comité de la Cámara sobre Asesinatos en 1979 en sus informes finales, y ampliada en 1981 en *El complot para matar al presidente* por el jefe del consejo del comité, G. Robert Blakey, y el escritor calificado de su plantilla, Richard Billings (él mismo un importante personaje secundario en la narración de Garrison: ver capítulos 8 y 13).

En comparación con la teoría de Garrison, las ideas centrales de la teoría de Blakey pueden resumirse de la siguiente forma:

a) Oswald disparó y mató solo a JFK, tal como deduce la Comisión Warren.

b) Sin embargo, un desconocido, cómplice de Oswald, también disparó contra el presidente desde el mencionado arcén de césped. Este disparo se perdió en el aire.

c) Aparte del asunto del número de asaltantes

en el ataque, Oswald actuó como la herramienta de una conspiración mucho más amplia.

d) La conspiración que se oculta tras Oswald tuvo sus raíces en el crimen organizado y fue provocada específicamente por el programa anticrimen de JFK. Individualmente o en alguna combinación, los principales sospechosos son Carlos Marcello y Santos Trafficante, padrinos respectivos de las mafias de Nueva Orleans y Tampa, así como el sindicalista mafioso James Hoffa. Cada uno de ellos tuvo motivo, medios y oportunidad de matar a JFK.

Blakey es un experto académico y un abogado de Washington de considerable experiencia y contactos. Se mantiene cercano a los Kennedy. Estuvo en la fuerza de choque de Robert Kennedy contra el crimen organizado. Escribió la última revisión del código criminal federal. Escribió el estatuto RICO, que permite a los ciudadanos presentar cargos de conspiración contra los mafiosos. Enseñó en la Cornell Law School antes de integrarse en el comité. Ahora enseña en la Notre Dame Law School*.

No es convencionalmente pomposo: aún se presenta a sí mismo como la encarnación de los valores académicos y tiende a juzgar con condescendencia a quienes no comparten sus puntos de vista.

* Prestigiosa Facultad de Derecho de la costa Este de Estados Unidos. *(N. de la T.)*

En su libro, Blakey no puede limitarse a ignorar a Garrison, ya que la investigación de Garrison destapó individuos claves (Ferrie y Banister) a quienes Blakey consideró como cruciales para su propia teoría. En vez de ello, Blakey ataca insidiosamente al ex fiscal de distrito de Nueva Orleans.

Garrison, escribe Blakey, estuvo motivado por «una sed de publicidad. Cuando aceptó hablar con representantes de *Life* y la CBS, en realidad sólo pretendía aparecer en los titulares de toda la nación». Pero Blakey sabe muy bien que los «titulares de toda la nación» estaban en la naturaleza del tema, que era indispensable la fuerte implicación de los medios de comunicación y del público para mover la roca del encubrimiento oficial, y que en ningún caso fueron *Life* ni ningún otro a quienes acudió primero Garrison. El coautor de Blakey, Billings, era de hecho el editor de *Life* enviado por la dirección en 1967 para tantear a Garrison sobre su voluntad de colaborar contra la conspiración.

Pero Blakey no puede detenerse a acreditar el trabajo de Garrison aun cuando deba admitir su importancia para el suyo propio. Garrison «estigmatizaba ... por su conducta» lo que existía como «evidencia de *bona fide*» en su «serie de cargos», continúa escribiendo Blakey:

> Se requirió la sorprendente revelación de los hallazgos de un comité de Inteligencia del Senado para impedir que las pruebas de Garrison acabasen

> con cualquier esperanza de que el Gobierno federal echase una segunda mirada al trabajo de la Comisión Warren. En síntesis, el caso de Garrison fue un fraude.

Es absurdo culpar a Garrison, entre toda la gente, de que el Gobierno federal se negase a tomar este caso por los cuernos. Blakey pretende que hubo algo acerca de la «conducta» de Garrison que «estigmatizó la evidencia». No tuvo nada que ver con la «conducta» de Garrison como fiscal de distrito, sin embargo, el hecho de que los oficiales federales de Washington D.C. rehusaran atender y gestionar sus citaciones. No fue porque los cargos de Garrison fueran infundados por lo que el gobernador de Ohio rehusó extraditar un testigo extremadamente crítico (Gordon Novel) a Louisiana. Se debió a que el Gobierno no quería que el pueblo supiese la verdad acerca del asesinato de JFK.

Más aún, no fue el Comité Church como tal ni ninguna de sus «sorprendentes declaraciones» los que persuadieron a la Cámara a reabrir el caso JFK. Fue la creciente insistencia de la preocupación popular y, como consecuencia del Watergate, los asesinatos de John Rosselli y Sam Giancana mientras actuaban como testigos juramentados bajo protección federal.

La acusación básica de Blakey contra Garrison —insinuación sería un término más apropiado, ya que Blakey es demasiado abogado para calumniar ilegalmente a Garrison— es que Garrison se acercó al caso JFK como hombre de paja de Carlos Marcello. Así lo escriben en su libro Blakey y Billings:

> Mientras, el aspecto del crimen organizado en las asociaciones de Oswald en Nueva Orleans, donde tanto el FBI como la Comisión Warren lo investigaron, fue estudiadamente evitado por el fiscal de distrito debido a razones que, en nuestra opinión, han llegado a ser evidentes.

¿Cuáles son esas razones que, según considera Blake, han llegado a ser «evidentes»? Sin decir realmente nada explícito, Blakey produce la impresión de que Garrison ha estado en secreto bajo el control de Marcello. Blakey menciona incluso cargos de los cuales Garrison fue absuelto hace mucho tiempo y escribe acerca de ellos como si siguieran vigentes:

> Garrison fue juzgado y absuelto en 1971 por los cargos federales de apoderarse de dinero procedente de las apuestas de los operadores de los bajos fondos, pese a las evidencias que incluían cintas con grabaciones incriminatorias de Garrison y a la captura de mil dólares en billetes marcados en casa de Garrison.

Blakey no se molesta en explicar por qué esas «cintas incriminatorias» y ese «dinero marcado» no sirvieron para convencer a un jurado de que Garrison era culpable. Blakey prefiere no decir a sus lectores que el principal acusador de Garrison en el juicio de las apuestas, Pershing Gervais, admitió públicamente que había sido presionado y reconoció que él mismo había cometido perjurio contra Garrison. ¿Por qué Blakey pasa silenciosamente sobre las abundantes indicaciones de que Garrison fue colocado en el caso de las apuestas por enemigos de nivel federal, quienes deseaban despacharlo de la oficina del fiscal de distrito?

Pero ¿qué pasa con la teoría de Blakey de que Oswald era el agente y JFK la víctima de Marcello?

A primera vista, muchas pruebas apuntan a ello. La actitud de ciertos mafiosos hacia la única administración en la historia de Norteamérica que intentó destruirlos es uno de los aspectos fascinantes y tal vez fundamentales de este caso (aspecto que en absoluto fue Blakey el primero en observar). Pero Blakey sabe muy bien que su hipótesis de la mafia nunca ha sido rigurosamente probada ni contrastada*.

Sin duda, la mafia está presente en el drama de los mil días de John Kennedy. Aparece en la vida de JFK antes de su presidencia, está imbricada y enredada con su Administración, y sobrevive a su intento de estrangularla. Las ahora familiares señales de su presencia eran básicamente las siguientes:

* El nuevo libro de David E. Scheim, *Contract on America*, repite a grandes rasgos la teoría de Blackey sin añadir ninguna evidencia.

— La mafia se hizo con el voto de Illinois para JFK en 1960, asegurándole así la Casa Blanca.

— La mafia proporcionó a Kennedy señoras como Judith Campbell Exner durante el primer año de su estancia en la Casa Blanca.

— Los asesinos de la mafia respondieron a la llamada de la CIA para tratar de asesinar a Castro en 1961 y 1962 y llegaron a ser agentes formales del Gobierno de Estados Unidos.

Pero en el propio periodo de Kennedy, paradójicamente, el Departamento de Justicia cercó a la misma mafia en una lucha sin precedente que por un momento amenazó la continuación de la organización criminal.

Pese a todo, Jack Ruby era en efecto un mandadero de la mafia. Él debió de estar bajo sus órdenes cuando mató a Oswald. Si realmente fue la mafia la que mató a Oswald, tal vez fue porque la organización quería mantener el caso fuera de los tribunales. ¿Qué motivaba tal interés? ¿Por qué la mafia se había preocupado tanto por Oswald al punto de liquidarlo? A menos que la organización tuviese algo que ver con el asesinato de Kennedy, ¿por qué habrían de cuidarse de Oswald? Lo más natural es suponer que tenían algo que ocultar. Es fácil pasar a la conclusión de que la mafia debe ser el principal culpable.

Sin embargo, una perspectiva histórica más amplia deja igualmente claro que la presencia de la mafia en asuntos ilícitos del Estado no significa necesariamente que esta organización criminal actúe en ellos sola y sin apoyos. Junto al ya mencionado padrinazgo de la CIA hacia hombres de la mafia reclutados para matar a Castro, los ejemplos históricos mejor establecidos acerca de la asociación efectiva entre la mafia y elementos del Gobierno de EEUU son aquellos en los que la organización sirvió como socio menor:

— La operación Underworld de la armada, durante la Segunda Guerra Mundial, en la cual el Gobierno de Estados Unidos consiguió protección de la mafia contra el sabotaje nazi en los muelles de la costa Este a cambio de favores que beneficiaron a Lucky Luciano.

— La alianza del Ejército con la mafia en la campaña del general Patton en Sicilia durante la Segunda Guerra Mundial.

— El uso por parte de la CIA de fuerzas de la mafia para destruir los sindicatos dominados por los comunistas en Marsella, al inicio de la Guerra Fría.

En ninguno de estos casos la mafia dominó al Gobierno. En ninguno, proporcionó el motivo para la relación o el liderazgo dentro de ella. La mafia, por ejemplo, no se invitó ella misma a la guerra secreta de la CIA contra la revolución cubana. En esa campaña, Richard Bissell y el coronel Sheffield Edwards, altos jefes de operaciones de la CIA reclutaron a la organización criminal. De igual modo si la mafia estuvo presente en el asesinato de la plaza Dealey, queda por demostrar si estaba presente como organizador o como agente, si como primer motivado o como segundo servicio técnico responsable, en una amplia combinación urdida en secreto por elementos descontentos de los servicios nacionales de Inteligencia.

La teoría de la mafia en el asesinato de JFK es mucho más provechosa y mucho más interesante cuando se interpreta como un paso más en la evolución de la percepción oficial del caso. Es un paso adelante en la teoría del asesino solitario, pero sus fundamentos son de hecho todavía débiles.

Por ejemplo, si Marcello hubiese conocido un poco a Oswald le habría importado lo suficiente como para averiguar qué clase de asesino había fabricado; y, por la misma razón, si Marcello o sus lugartenientes se hubieran acercado a Oswald, bien para reclutarlo directamente o para encontrar medios de controlarlo de forma indirecta —todo lo cual está implícito en lo que dice Blakey y es necesario para su teoría—, entonces debía existir algún puente de algún tipo, un vínculo, una conexión, entre Marcello y Oswald. ¿Cómo lo conoció Marcello o cómo supo acerca de Oswald?

La investigación de la Cámara descubrió un total de cuatro personas que tenían alguna relación con Oswald y con individuos de niveles medios o bajos de la organización de Marcello. El primero era la madre de Oswald, Marguerite, que en una ocasión tuvo una cita con un hombre relacionado con la organización de Marcello. El segundo fue el tío y padre adoptivo de Oswald, Charles Murret, un supuesto corredor de apuestas del aparato de juego de Marcello. El tercero no era ni siquiera un conocido de Oswald, sino un hombre llamado Emile Bruneau, quien suplantó al ausente Murret para ayudar a que Oswald fuera puesto en libertad tras el incidente de la distribución de panfletos en agosto de 1963 (véase el capítulo 2).

El único contacto Oswald-Marcello de alguna importancia era el cuarto, David Ferrie, que resulta sin duda extremadamente interesante. Se ha dicho que Ferrie había pilotado un avión para llevar de regreso a EEUU a Marcello desde Guatemala, después de que éste fuera deportado allí por el fiscal general Robert F. Kennedy. De vez en cuando trabajaba como investigador privado para un abogado, G. Wray Gill, que en ocasiones representaba a Marcello.

Pero la investigación también determinó que Ferrie había trabajado como piloto por la CIA (sobre la base de un contrato en la época de Bahía de Cochinos) y que estaba muy vinculado a individuos intrigantes que no eran ni *mafiosi*, ni mantenían ninguna relación especial con Marcello. Uno de éstos era un líder del anticastrista Consejo Revolucionario Cubano (CRC), Sergio Arcacha Smith. Otro era W. Guy Banister, un ex oficial del FBI y anticomunista profesional comprometido con el entrenamiento y el equipamiento de comandos destinados a acciones paramilitares dentro de Cuba. El propio Oswald conoció directamente a Banister y estuvo asociado con exiliados del CRC.

Así, el único individuo que pudo vincular

presuntamente a Oswald y Marcello de una forma seria, Ferrie, bien pudo relacionar más rápidamente a Oswald, a través de Arcacha Smith y Banister, con la CIA, con la que tanto Arcacha como Banister estaban asociados.

La teoría de la mafia falla además para explicar la evidente complicidad del Gobierno en el encubrimiento. Uno de los principales aspectos de este caso es el hecho de que miembros de la Comunidad Nacional de Inteligencia —FBI, CIA, posiblemente la Oficina de Inteligencia Naval— han tratado continuamente de suprimir información referente a algunas de sus actividades cruciales, tales como otros proyectos de asesinato de la CIA, los antecedentes de contrainteligencia militar de Oswald y los nexos de Ruby con la mafia. Si sólo eran unos pocos *capos* y ladrones quienes condenaron al presidente, ¿por qué todo el aparato de investigación del Gobierno se quedó paralizado?

El escalón más cuestionable en que se apoyó Blakey en la proyección de su teoría de la mafia estaba clasificado como secreto (o silenciosamente permitido que se clasificara como secreto). Era un informe de 285 páginas, preparado bajo los auspicios del Comité sobre Asesinatos por uno de los principales investigadores, un joven abogado llamado Edwin Juan López. El documento se refería al asunto del cacareado viaje de Oswald a México a finales de septiembre y principios de octubre de 1963.

Este viaje es importante en el caso de Blakey contra Oswald porque fue en México y en ese tiempo cuando, según se dijo, Oswald había telefoneado y visitado la embajada soviética y el consulado cubano, anunciando ruidosamente su nombre. También fue en esta época, mientras discutía una cuenta, cuando anunció públicamente su creencia de que JFK debía ser asesinado. Alguien sugirió que, de hecho, Oswald se había encontrado concretamente con un maestro de asesinatos del KGB soviético durante su estancia en México.

La investigación del Comité sobre Asesinatos de la Cámara desenterró no obstante un compendio de datos que sugerían que el Oswald visto en México era una persona completamente diferente del Oswald conocido por todos: 1) Una foto que según la CIA mostraba a Oswald abandonando la embajada soviética no pertenecía a Oswald; 2) Una cinta grabada de la conversación de Oswald con un diplomático soviético no era la voz de Oswald; 3) Un diplomático cubano que tuvo tres furiosos enfrentamientos con Oswald manifestó repetidas veces y en detalle que el Oswald de Ciudad de México no era el Oswald de Dallas; 4) La único testigo que declaró haber visto a Oswald en el consulado cubano no pudo describirlo correctamente a los investigadores de la Cámara.

La piedra de toque de esto es que el propio López, el autor del informe suprimido, se había arriesgado a violar su juramento de secreto al manifestar públicamente y bajo juramento que en su opinión Oswald había sido suplantado en México por gente que estaba tratando de establecer precedentes. A decir verdad, si Oswald había sido suplantado, según se creía, por gente que deseaba establecer su condición de persona peligrosa, este hecho en sí mismo, aparte de otras evidencias exculpatorias de Oswald, añadía entonces una gran credibilidad a su protesta básica de que él estaba siendo incriminado.

¿Y esto no era una importante novedad? ¿Que alguien o algún grupo hubiera manipulado a Oswald para que cargara con la culpa del asesinato? ¿No debería esto obligarnos a dejar en suspenso nuestra condena oficial a Oswald? Si él estuviera en prisión ahora y estos hechos se descubrieran, ¿no se requeriría una nueva audiencia y una nueva presunción de inocencia? No según Blakey.

Blakey pretendió ser desapasionado y objetivo y servir sólo a la causa de la verdad cuando llegó al Comité sobre Asesinatos en 1977. Él comenzó su tarea con la promesa de «dejar que el Sol alumbre» todo lo que encontrara. Blakey, sin embargo, suprimió el informe de López, no prestó atención a las dudas que aparentemente planteaba, declinó incluso mencionar la investigación y el informe de López en las más de cuatrocientas páginas de su libro y se zambulló hasta el fondo en el mito inherente de que Oswald no era sólo un hombre lo bastante loco como para disparar contra el presidente, sino lo bastante insensato como para esparcir por adelantado advertencias de sus intenciones, directa y profusamente, en el haz de los sistemas de Inteligencia de Estados Unidos.

Como codirector en Washington de la Oficina de Información de Asesinatos, que fue creada a principios de los años setenta para propiciar un movimiento por una nueva investigación sobre JFK, observé a Blakey desde corta distancia y algunas veces muy de cerca, durante un periodo de casi un año y medio, mientras preparaba y presentaba su teoría del asesinato a la revisión y aprobación del comité de la Cámara. Al principio yo apoyaba su teoría de la mafia por razones básicamente estratégicas. Era al menos una teoría de la conspiración que no se ceñía a la ultraderecha, que podía encabezar un consenso oficial y que parecía lo bastante fuerte como para obtener que el Departamento de Justicia reabriera y activara limpiamente el caso. Blakey creía que las aún frescas ideas centrales del Comité apuntaban hacia la mafia. Muchos de nosotros esperábamos sin embargo que estuviese equivocado y que las sospechas atravesaran directamente la cobertura de la mafia y llevaran directamente hasta varios departamentos de la Inteligencia oficial de Estados Unidos. Éste era el juego y el trato: dejemos que el Gobierno comience tirando de la cuerda de la mafia, pensábamos, y veremos qué otras cuerdas saca.

Entonces vino la era Reagan y el total congelamiento de la simpatía del Gobierno por cualquier proyecto que recordara remotamente a los Kennedy. Blakey no tomó la ofensiva cuando el

FBI cerró bruscamente en su cara la puerta del Departamento de Justicia, diciéndole en resumen a él y al Comité: «Nosotros no lo compramos, así que no está de suerte.»

¿Por qué Blakey no eligió luchar más duro y más públicamente? ¿Por qué pareció retirarse de la lucha?

Pero además: ¿por qué trató de crucificar a Garrison? ¿Por qué no dio crédito a Garrison por la contribución que había hecho para el desarrollo de este caso, trabajando incluso con una fracción mínima de los recursos de Blakeyy bajo la presión intensa de una activa oposición encubridora?

¿Por qué Blakey ignoró la evidencia descubierta por sus investigadores de que la comunidad exiliada cubana estaba tan bien situada como la mafia para matar al presidente? ¿Por qué ignoró el hecho de que la comunidad exiliada cubana era una criatura de la dirección de operaciones de la CIA?

Quizás haya, después de todo, una explicación para estos curiosos descuidos. Muy al final del libro de Blakey-Billings, emparedado entre la lista de las principales fuentes y la bibliografía, figura el siguiente párrafo, como declaración final del libro:

> Siguiendo el acuerdo con el Comité Especial sobre Asesinatos, la Agencia Central de Inteligencia y la Oficina Federal de Investigaciones revisaron este libro en forma de manuscrito para determinar que la materia clasificada que contenía había

sido correctamente retirada de la publicación y ningún informante aparecía identificado. Ni la CIA ni el FBI garantizan el material actual ni comparten los puntos de vista expresados.

Éste puede ser uno de los párrafos más significativos del libro. Debería haberse impreso en la portada en vez de en el final, donde todos pudieran leerlo y tenerlo en mente mientras siguieran los pasos de la argumentación de Blakey.

En cualquier caso, tal añadido no debe relacionarse con el trabajo de Jim Garrison. Pueden estar seguros de que *Tras la pista de los asesinos* no ha sido revisado, censurado ni aprobado para su publicación por la CIA o el FBI. En realidad, la voz de Garrison emerge aquí como una de las grandes voces no censuradas de nuestros días.

NOTAS FINALES

En estas notas finales he intentado proporcionar una o varias fuentes para cada una de las referencias que aparecen en el texto, que he evitado recargar con citas. Gran parte de las notas se encuentran en el «corpus» del Informe de la Comisión Warren, de 1964, o en el informe de 1979 de la Comisión Especial de la Cámara sobre Asesinatos. Utilizo ciertas abreviaciones para ganar espacio.

El Informe de la Comisión Warren (Informe de la Comisión presidencial sobre el asesinato del presidente Kennedy; Washington, Publicaciones del Gobierno de Estados Unidos, 1964), se cita como ICW. Los 26 volúmenes que contienen las audiencias y la presentación de pruebas ante la Comisión Warren (volumen I, volumen II, etc.), se citan como 1ACW, 2ACW, etc. Las pruebas de la Comisión también son objeto de notas (PC), mientras la deposición de pruebas lo es con el nombre del deponente y de la prueba. Los documentos de la Comisión, almacenados en los Archivos Nacionales de Washington, son citados ocasionalmente por separado y su referencia es DC.

El Informe de la Comisión Especial de la Cámara («Informe de la Comisión Especial de la Cámara sobre Asesinatos», Washington, Publicaciones del Gobierno, 1979), se cita como ICECA. Los 14 volúmenes de audiencias se citan como ACECA1, ACECA2, etc.

Algunas de las pruebas están correctamente archivadas. Muchas de las conversaciones que tuve con colegas, eventuales testigos y otras fuentes de información, no fueron ni registradas ni incluidas en los sumarios del momento. Otras conversaciones y entrevistas fueron, de una u otra forma, registradas, pero los archivos se han perdido o han sido robados. En efecto, un archivo completo de documentación que reuní tras dejar la oficina de fiscal de distrito, fue robado en la época en que yo trabajaba en el primer borrador de este libro. La mayoría de mis referencias a ese material se hicieron en forma de notas escritas en tarjetas o en pedazos de papel. Aunque todavía conservo mis propias notas, ya no tengo muchos de los documentos originales, algunos de cuyos pasajes cito aquí.

Sin embargo, tanto para favorecer la fluidez del relato como para transmitir a los lectores el sentimiento de cómo se desarrollaban en realidad los acontecimientos, en algunas ocasiones he recurrido a lo que son esencialmente diálogos reconstruidos de memoria, aunque frecuentemente he citado mis notas, cuando no es posible contar con el original. Cuando existe una fuente de diálogo, es mencionada en las notas finales; si una conversación es citada de memoria, también se deja constancia del hecho, y no se la considera una fuente. Siempre que existe una fuente documental, se aclara el hecho al lector; cuando algo sale de mis notas sobre un material que posteriormente fue robado, se le señala al lector.

Cuatro libros, citados frecuentemente, figuran entre estas notas sólo con el apellido de sus autores. Se trata de Warren Hinckle y William Turner, que escribieron *The Fish Is Red: The Story of the Secret War against Castro* (Nueva York: Harper & Row, 1981); de Henry Hurt, *Reasonable Doubt* (Nueva York: Henry Holt and Co., 1985); Mark Lane, *Rush to Judgment* (Nueva York: Holt, Rinehart & Winston, 1966) y de Anthony Summers, *Conspiracy* (Nueva York: McGrawHill, 1981). Mi libro, *Heritage of Stone* (Nueva York: G. P. Putnam, 1970), es citado como *Heritage*. Algunos temas son abordados en virtualmente todos los libros que han abordado el asesinato del presidente; en tales casos, he dado unas pocas citas representativas.

Introducción

14: «[...] el jurado aceptó [...]»: V. cap. 18.
15: «La policía de Dallas cerró el caso [...]»: V. cap. 2.
15: «El FBI estuvo de acuerdo [...]»: V. cap. 2.
15: «El secreto oficial [...] pruebas»: Véase Hurt, pp. 432-434; Lane, p. 229; *Nueva York Herald Tribune*, 18 de diciembre de 1964. Hurt dijo en 1985 que «de los 375 metros cúbicos de pruebas sólo 12 han sido revelados al público». Hurt, p. 434.
16: «[...] dos tercios de los ciudadanos [...]»: Una encuesta Harris informó que el 66 % de la opinión pública norteamericana creía que el asesinato fue resultado de una conspiración. *New York Times*, 30 de mayo de 1967. Hacia 1981, otra encuesta Harris indicó que el 80 % de la gente creía esto. Hurt, p. 34.
16: «[...] recibió un télex advirtiendo [...]»: V. cap. 17.
17: «[...] varios disparos de rifle que venían del montículo de hierba [...]»: V. cap. 2.
17: «[...] prueba de nitrato [...]»: V. cap. 7.
17: «[...] Jack Ruby [...] fue visto [...]»: V. cap. 17.

18: «[...] desapareció su cerebro [...]»: V. cap. 18.
18: «[...] quemó en el incinerador [...]»: V. cap. 18.
18: «[...] Comité especial sobre Asesinatos de la Cámara de Representantes [...]»: CECA, «Hallazgos y Recomendaciones», p. 1.
20: «Fui vilipendiado en la prensa [...]»: V. cap. 13.
20: «[...] montó falsas acusaciones de corrupción [...]»: V. cap. 19.
21: «Los asesinatos realizados por nuestra CIA son [...] hechos históricos probados»: V. cap. 20.
23: «[...] en la American University [...]»: Alocución inaugural, 10 de junio de 1963, «Documentos Públicos del Presidente de Estados Unidos, John F. Kennedy, 1963» (Washington: Publicaciones del Gobierno, 1964), p. 462; *New York Times*, 11 de junio de 1963, p. 16.

Capítulo 1: La serenidad de la ignorancia

32: «[...] otros testigos que vieron a Ferrie [...]»: Mis notas acerca de esta amplia serie de entrevistas se encontraban entre los archivos robados.
32: «[...] apareció [...] mi oficina para responder a mis preguntas [...]»: *Ibid.*
33: «[...] en la pista de hielo [...]»: *Ibid.*
33: «[...] continuó su viaje desde Houston hacia Galveston [...]»: *Ibid.*
38: «[...] una declaración gratuita [...]»: *Ibid.*
38n: «[...] el Comité [...] anunció sus conclusiones [...]»: V. cap. 20.
38n: «[...] posibles indicios [...]»: CECA, «Hallazgos y Recomendaciones», p. 145: «La Comisión estaba intrigada acerca de la aparente asociación de Oswald con Ferrie...»

Capítulo 2: El despertar

42: «[...] disparar desde el montículo de hierba [...]»: Ver más adelante en este capítulo.

42: «[...] la pantalla protectora de su coche fue eliminada [...]»: ICW, p. 43. A la Comisión Warren se le informó que el techo transparente no era a prueba de balas y que el cielo se había despejado.

42: «[...] había ampliado sus investigaciones [...]»: La Comisión Warren fue inaugurada el 29 de noviembre de 1963. Su informe final fue difundido el 24 de septiembre de 1964. ICW, p. viii.

45:«[...] realizó uno Sylvia Meagher [...]»: Sylvia Meagher y Gary Owens, «Índice Maestro de las Investigaciones sobre el asesinato de JFK.» (Metuchen, N.J.: Scarecrow Press, 1980).

47:«[...] Julia Ann Mercer [...] Vio [...]»: 19 ACW, Decker Ex. 5323, pp. 483-484.

47: «[...] ella explicó este incidente [...]»: Véase Hurt, pp. 114-116.

47: «Según [...] declaración de Lee Bowers [...]»: 6 ACW, pp. 286-287.

47: «[...] declaración jurada [de J. C. Price] ante la oficina del sheriff [...]»: 24 ACW, PC2003, p. 222; 19ACW, Decker Ex. 5323, p. 492.

48: «[...] Joseph Smith [...] corrió [...]»: 7ACW, p. 353.

48: «S.M. Holland [...] describió el tiroteo [...]»: 6ACW, pp. 243-244.

49: «O.V. Campbell [...] declaró que el tiroteo [...]»: 3ACW, p. 274.

49: «[...] procedentes de un punto cercano a las vías del ferrocarril [...]»: 22ACW, PC1381, p. 638.

49: «James Tague [...] dijo [...]»: 7ACW, p. 557.

49: «Billy Lovelady [...] reconoció [...]»: 6ACW, p. 338.

49: «Abraham Zapruder [...] Describió a los oficiales de policía [...]»: 7ACW, p. 572.

49: «Forrest Sorrels [...] Declaró [...]»: 7ACW, p. 345.

50: «William Newman [...] declaró [...]»: 24ACW, PC 2003, p. 219.

50: «L. C. Smith [...] Corrió "Tan rápido como pude [...]"»: 19ACW, Decker Ex. 5323, p. 516.

51: «Malcolm Summers [...] resaltó el momento [...]»: *Ibid*, p. 500.

51: «Jean Hill [...] Admitió [...]»: 6ACW, p. 211.

51: «[...] el testimonio de Lee Bowers [...]»: *Ibid*, p. 312.

53: «[...] el sargento D.V. Harkness [...] declaró [...]»: *Ibid*, p. 312.

55: «Joe M. Smith [...] a quien una mujer le dijo [...]»: 7ACW, p. 535.

55: [Joe Smith] «[...] contestando a las preguntas [...]»: *Ibid*.

55: «[...] todos los agentes del Servicio Secreto asignados [...]»: ICW, pp. 52, 446.

56: «El testimonio del sargento Harkness revelaba [...]»: 6ACW, p. 312.

56: «[...] Jean Hill [...] fue interceptada en el aparcamiento [...]»: Hurt, p. 119.

57: «[...] había sido interrogado durante un total de doce horas [...]»: ICW, p. 180.

57: «[...] no podía ser por mero descuido [...]»: El comisario Curry «reconoció» que «estábamos violando todos los principios de un buen interrogatorio». ICW, p. 200; ACW, p. 152.

58: «[...] el testimonio del teniente coronel Allison G. Folsom, jr. [...]»: ICW, p. 307; 19ACW, Folsom Ex., p. 622.

60: «[...] 544 de la calle Camp [...]»: 23ACW, PC1414, p. 3.

63: «Entrevistamos al joven Charles [...]»: Mis notas se perdieron. La Comisión Warren también había interrogado a Steele; ver 10ACW, p. 62, 64.

63: «[...] cuando Oswald fue detenido el 9 de agosto en la calle Canal [...]»: 4ACW, pp. 432-433.

64: «[...] contrario al procedimiento habitual del Bureau.»: Quigley, hay que subrayarlo, declaró a la Comisión Warren que era «práctica habitual» destruir notas luego que un informe había sido completado; *ibid*, p. 433.

64: «[...] en un debate radiofónico en la emisora WDSU.»: ICW, p. 408; Summers, pp. 307-308.

64n: «[...] transfirió provisionalmente [...] Quigley.»: 4ACW, p. 440.

66: «[...] dos direcciones en la manzana 600 de la calle Magazine [...]»: ICW, p. 403.

66: «[...] Reily [...] había apoyado [...] los movimientos anticastristas.»: Summers, p. 313.

67: «[...] Alba describió el interés de Oswald [...]»: 10ICW, p. 220.

67: «[...] Alba declaró [...] En 1978 [...]»: ICECA, «Hallazgos y Recomendaciones», p. 146.

Capítulo 3: Juegos de guerra

80: «[...] la viuda de Guy Banister [...]»: Las notas de esta entrevista fueron robadas.

82: «[...] las pocas fichas que quedaron [...]»: Estas notas también fueron robadas, pero sólo después de la publicación de *Heritage*; la lista aparece en la página 113.

86: «[...] una copia del informe [...]»: Éste también se

encontraba en mis archivos que me robaron hace algunos años.

85n: «[...] Hinckle [...]»: pp. 198-203.

86: «Según supimos más tarde por [...] Gordon Novel [...]»: V. cap. 14.

87: «La Corporación Schlumberger [...]»: Según el *New Orleans States-Items*, del 25 de abril de 1967, «entre 50 y 100 cajas» que contenían municiones, rifles, granadas, minas y armas varias, fueron encontradas en la bodega de Guy Banister, con la etiqueta «Schlumberger», ver Paris Flammonde, *The Kennedy Conspiracy* (Nueva York: Meredith Press, 1969), p. 119.

91: «El resumen del informe [...]» [del Servicio Secreto]: 23ACW, PC1414, p. 828.

91n: «[...] lo que [Delphine Roberts] luego admitió ante otros [...]»: Summers, pp. 324-325.

Capítulo 4: Los triunfos sociales de Lee Harvey Oswald

94: «[...] un "compromiso con el marxismo."»: ICW, pp. 23, 390, 423.

95: «[...] testimonio.» [de Nelson Delgado]: 8ACW, p. 133.

95: «La conversación completa entre Delgado y [...] Wesley J. Liebeler [...]»: *Ibid*, pp. 237, 246.

96: «[...] diálogo con [...] Albert E. Jenner, Jr. [...]»: 8ACW, pp. 285-286.

96n: «[...] la declaración de John E. Donovan [...]»: 8ACW, p. 293.

96n: «Donald Peter Camarata»: *Ibid*, pp. 316-317.

96n: «Peter Francis Connor»: *Ibid*, p. 317.

96n: «Allen D. Graf»: *Ibid*, pp. 317-318.

97n: «John Rene Heindel»: *Ibid*, p. 318.
97n: «Mack Osborne»: *Ibid*, p. 322.
97: «[...] la declaración de Thornley [...]»: 11ACW, pp. 82-115.
98: «[...] Atsugi, según descubrí [...]»: Ver Michael R. Beschloss, *Mayday* (Nueva York: Harper & Row, 1986), p. 46.
99: «[...] la lista de estos archivos relacionados con Oswald [...]»: ver *Heritage*, p. 37.
100: «[...] Oswald solicitó una baja anticipada [...]»: ICW, pp. 688-689.
100: «Su pasaje [...]»: 26ICW, PC2665, p. 21; PC2673, p. 29; ICW, p. 690.
100: «[...] estableció que Oswald voló directamente a [...]»: ICW, p. 690; 18ACW, PC946, p. 162.
100: «[...] se registró en su hotel en Helsinki [...]»: 26ACW, PC2776, p. 32.
101: «[...] James A. Wilcott [...] explicó al Comité especial [...]»: *New York Times*, 27 de marzo de 1978, p. A14; ICECA, pp. 198-199; Hurt, p. 203; Summers, pp. 159-160.
101: «[...] negó desde un principio que Oswald trabajara para la Agencia [...]»: ICW, p. 327.
101n: «[...] una sesión ejecutiva [...]»: Hurt, pp. 193-194.
101n: «[...] no dudaron en mentir [...]»: Ver Thomas Powers, *The Man Who Kept the Secrets: Richard Helms and the CIA* (Nueva York: Alfred A. Knopf, 1979), pp. 298-305.
102: «[...] una serie de contactos con representantes gubernamentales soviéticos [...]»: ICW, p. 747; 18ACW, PC908, pp. 97-98.
102: «[...] una dramática aparición en la embajada norteamericana [...]»: WCR, p. 747; 18WCH, CE908, pp. 97-98.

102: «[...] anunció que había dicho a las autoridades soviéticas [...]»: WCR, p. 748.
102: «El FBI [...] declaró [...]»: WCR, p. 748; 26WCH, CE2718, p. 92.
103: «[...] había dado a Oswald "carta blanca".»: WCR, p. 748.
103: «[...] Oswald se trasladó a Minsk [...]»: 16WCH, CE24, pp. 98-99.
103: «[...] solicitó en la embajada norteamericana en Moscú regresar [...]»: 18WCH, CE931, pp. 133-134, 102.
103: «[...] conoció a Marina [...]»: 16WCH, CE24, p. 102.
103: «[...] se casaron [...]»: 22WCH, CE1111, pp. 72-73.
103: «[...] nadie del gobierno puso objeciones [...]»: WCR, p. 709.
104: «[...] Oswald "no se había expatriado a sí mismo" [...]»: WCR, pp. 752-762.
104: «[...] la subvención de 436 dólares se otorgó [...]»: WCR, pp. 709-712, 770-773.
104: «[...] no halló razones para no renovar el pasaporte a Oswald [...]»: WCR, p. 757; 18WCH, CE979, p. 382.
104n: «[...] cuando Oswald solicitó de nuevo su pasaporte [...]»: ICW, pp. 773-774.
105: «[...] la Oficina de Pasaportes le dio [...] "carta blanca".»: WCR, p. 751.
105: «Sólo estaba Spas T. Raikin [...]»: Summers, p. 217; 26ACW, PC2655, pp. 2-10, ICW, p. 713.
106: «[...] se trasladó a Fort Worth [...]»: ICW, p. 713.
106: «[...] trabajó en la compañía Leslie Welding [...]»: ICW, p. 715-716.
106: «[...] cuando George de Morenschildt y su mujer fueron [...]»: Hurt, p. 220.
106: «[...] se trasladó a Dallas [...]»: ICW, p. 718.

106: «[...] buscar un nuevo trabajo [...]»: *Ibid*; 19ACW, Cunningham Ex., pp. 397-405.

107: «El escritor Henry Hurt ha observado [...]»: Hurt, p. 219.

107: «[...] obtuvo este trabajo [y] accedió [...]»: *Ibid*.

107: «[...] había puesto el tipo [...]»: *Ibid*, p. 220.

108: «[...] fueron recibidos con los brazos abiertos por la comunidad de rusos blancos de Dallas [...]»: ICW, pp. 719-721.

108: «[...] ésta fue la gente que ayudó a Lee y Marina [...]»: *Ibid*.

108: «[...] el compañero más asiduo de Oswald [...]»: ICW, p. 282; ver 9ACW, pp. 166-284, en lo que se refiere a la deposición de Morenschildt.

110: «Max Clark» [y] «Su esposa Katya [...]»: 9ACW, p. 219.

111: «[...] encontró [...] *Das Kapital* [...]»: 8ACW, p. 382.

111n: «[...] el investigador Harold Weisberg [...]»: Harold Weisberg, [...]»: *Whitewash II* (Nueva York: Dell, 1966), pp. 45-50.

112: «[...] de Morenschildt [...] operaba como agente encubierto [...]»: Summers, pp. 499-500; ACECA12, p. 61.

113n: «[...] De Morenschildt se suicidó [...]»: Summers, p. 499.

113n: «[...] tomaron su declaración [...]»: 9ACW, pp. 166-284.

114: «[...] docenas de fotocopias de solicitudes de empleo [...]»: 21ACW, Rachal ex., p. 282; 22ICW, PC1398, p. 736; 23ICW, PC1943, p. 741; 23ACW, PC1945, p. 745; 23ACW, PC1949, p. 747; 23ACW, PC1950, p. 752; 23ACW, PC1951, p. 753.

115n: «[...] su tarjeta local de reclutamiento [...]»: 24ACW, PC1990, p. 21.

115n: «[...] su ID del Departamento de Defensa [...]»: *Ibid.*

115n: «[...] su solicitud de pasaporte[...]»: 22ACW, PC1114, p. 77.

115n: «[...] su formulario [...]»: 23ACW, PC1944, p. 744.

116n: «[...] este hombre de la cicatriz [...] por su presencia regular [...]»: Estas declaraciones también fueron robadas.

120: «[...] un libro fascinante [...]»: Williams R. Corson, *The Armies of Ignorance* (Nueva York: Dial Press, 1977), pp. 30-31.

Capítulo 5: La creación del chivo expiatorio

125: «[...] determinadas fuentes consideraban una tapadera de la CIA.»: «En un tiempo, muchas oficinas de terreno de la AID estaban infiltradas de arriba a abajo con gente de la CIA.» John Gilligan, director de AID durante la administración Carter, citado por George Cotter, *Spies, Strings, and Missionaries*, *The Christian Century*, (Chicago), 25 de marzo de 1981.

125: «Cuando Marina y su hija llegaron a Dallas [...]»: ICW, pp. 729-730.

125: «[...] Lee regresó a Dallas [...]»: ICW, p. 736.

125: «[...] consiguió [...] un trabajo [...]»: ICW, p. 738.

125: «[...] una serie de pequeñas habitaciones [...]»: ICW, pp. 737-738.

126: «[...] había sido declarado secreto [...]»: Así me lo dijo nuestro archivista inglés y nunca hice causa. Apéndice 1 de James Hepburn, *Farewell America* (Vaduz, Liechtenstein: Frontiers Press, 1968), está titulado «Documentos clasificados de los Archivos Nacionales pertenecientes al asesinato de Kennedy». Entre ellos figura el DC 848, «Declaraciones de Impuesto de Michael & Ruth Paine 1956-1958». Un gran número de documentos sin ordenar relacionados con los Paine también fueron clasificados como secretos, ver *Heritage*, pp. 134-135.

127: «[...] el propio Lee Oswald, según lo que dice el Gobierno, se dirigió a Ciudad de México [...]»: Ver ICW, pp. 730.736.

127: «Un informe de la CIA [...]»: Hurt, p. 231-235; ACECA4, p. 219.

128: «[...] una oscura instantánea [...]»: Hurt, p. opuesta 263.

128: «[...] la CIA ordenó a las autoridades mexicanas [...]»: ACECA3, pp. 82, 157, 232-233; ACECA11, pp. 203-204.

128: «[...] Durán explicó [...] al autor Anthony Summers [...]»: Summers, p. 377.

129: «Cuando Azcue vio las fotografías.»: *Ibid*, p. 374.

129: «[...] la Agencia Central de Inteligencia aseguró [...]»: Hurt, pp. 233-234.

129: «[...] obtenido gracias a la Ley de Libertad de Información [...]»: Summers, p. 386.

130: «[...] Edwin Juan López [...]»: «En Juicio: Lee Harvey Oswald», LWT Productions, London, 1986. Difundida vía cable en Estados Unidos en un programa de variedades, en noviembre de 1986 y enero de 1987. El informe de 285 páginas de López no fue dado a conocer.

130: «Una de estas representaciones [...]»: De mis notas sobre la investigación de Farrington, en mi posesión.

133: «Un tal "Leon Oswald" apareció por casa de Sylvia Odio [...]»: Michael L. Kurtz, *Crime of the*

Century (Knoxville, Tenn.: Ediciones de la Universidad de Tennesse, 1982), p. 219.

133: «[...] la señora Lovell Penn encontró a tres hombres [...]»: *Ibid*, p. 220.

134: «[...] un hombre joven que se identificó como "Lee Oswald" [...]»: *Ibid.*

134: «[...] llegó al centro comercial Lincoln Mercury [...]»: 10ACW, p. 353.

134: «[...] "conducía como un loco" [...]»: 26ACW, PC3078, p. 685.

134: «[...] volver a Rusia [...]»: *Ibid.*

135: «No va a comprar ningún coche [...]»: 10ACW, pp. 353-354.

135: «[...] no lo recuerdo [...]»: *Ibid.*

135: «Frank Pizzo [...] se mostró mucho más explícito [...]»: *Ibid*, p. 349.

136: «[...] el testimonio de Eugene Wilson [...]»: 26ACW, PC3078, p. 685.

137: «[...] declaró con arrogancia [...]»: ICW, p. 320.

138: «[...] Oswald recibió una llamada en casa de los Paine [...]»: 11ACW, p. 481.

139: «[...] declaración de Thornley [...]»: *Ibid*, pp. 82-115.

139: «Puse a mi equipo a investigarlo [...]»: Mis notas originales sobre este aspecto de la investigación también desaparecieron.

139: «[...] comprobación rutinaria en los archivos de la policía [...]»: *Ibid.*

143: «[...] Jenner [...] preguntó la altura [...]»: 11ACW, p. 89.

144: «[...] se trasladaron de su departamento en la calle Neely [...]»: El 24 de abril, Oswald ayudó a su esposa a mudarse a la casa de la señora Paine; luego tomó el autobús a Nueva Orleans. Marina se reunió con él allí el 11 de mayo. ICW, pp. 726-730.

145n: «[...] llegaron [...] a la conclusión de que ésas eran fotos verdaderas [...]»: ICW, p. 127; CECA, «Hallazgos y Recomendaciones», p. 55.

146n: «[...] Groden [...] escribió una disención [...]»: CECA, p. 295.

147: «Tal como [Spencer] lo describió [...]»: Las notas de Spencer también se encontraban entre los archivos que fueron robados.

148: «[...] declaración de cincuenta páginas [...]»: Este documento también fue robado de mis archivos.

149n: «Rosselli fue reclutado por la CIA [...]»: Summers, pp. 268, 494. El nombre de Roselli fue registrado como «Rosselli» en los volúmenes de la Comisión Warren y como «Roselli» en los volúmenes de la Comisión Espcciai dc la Cámara, y de diversos modos en otros libros. Yo he empleado siempre «Rosselli», para ganar consistencia.

149: «[...] la misión de Rosselli [...]»: *Ibid*, p. 263.

149: «[...] apareció ante el Comité del Senado [...]»: *Ibid*, p. 503.

150: «[...] los restos de Rosselli [...]»: *Ibid*, pp. 502-503.

151: «[...] descubrimos una carta [...]»: Esta carta también forma parte de mis desaparecidos archivos Thornley.

151n: «Sam Giancana [...]»: *Ibid*, p. 502.

Capítulo 6: Tapadera

153: «Aseguraste a la Comisión Warren [...]»: 11ACW, pp. 331-333.

154: «[...] tcstimonio dc Andrews [...]»: *Ibid*, pp. 325-339.

154: «[...] describió a Clay Bertrand [...]»: *Ibid*, p. 335.

155: «[...] problemas que tenía con la ciudadanía [...]»: 26ACW, PC3094, pp. 704-705.

155: «[...] la altura de Bertrand había encogido [...]»: 11ACW, p. 334.

155: «[Andrews] les dijo: "Escriban lo que quieran" [...]»: *Ibid.*

156: «[...] artículos de la prensa italiana [...]»: *Paese Sera* (Roma), 4, 11, 12, 14, 16 y 18 de marzo de 1967; ver Roberto Faenza y Edward Becker, *Il Malafare: Dall'America di Kennedy all'Italia, a Cuba, al Vietnam* (Milán: Mondadori, 1978) (citado antes como Faenza y Becker), pp. 128, 326, 330, 389; Roberto Faenza y Marco Fini, *Gli Americani in Italia* (Milán: Feltrinelli, 1976); y Robert D. Morrow, *Betrayal: A Reconstruction of Certain Clandestine Events from the Bay of Pigs to the Assassination of John F. Kennedy* (Chicago: Henry Regnery, 1976), p. 92.

168: «[...] el autor Paris Flammonde describe [...]»: Paris Flammonde, *The Kennedy Conspiracy* (Nueva York: Meredith Press, 1969), pp. 214-224.

169: «[...] expulsó al Centro [...]»: Le Devoir (Montréal), 16 de marzo de 1967; Faenza y Becker, p. 320.

169: «[...] *Le Devoir* [...] escribía en 1967 [...]»: *Le Devoir*, 16 de marzo de 1967

170: «[...] *Paese Sera* señalaba [...]»: 4 de marzo de 1967.

170: «Acerca de Permindex [...]»: *Ibid*; Faenza y Becker, p. 321.

Capítulo 7: Primera plana

174: «El "formulario de admisión"»: 17ACW, PC392, pp. 11-12.

174: «Arnold Rowland»: 24CW, pp. 165-190.

175: «Barbara Rowland»: 6ACW, pp. 177-191.

175n: «[...] la señora Rowland recordó [...]»: *Ibid*, p. 181.

175: «[...] su declaración [de Carolyn Walther] ante el FBI [...]»: 25ACW, PC2086, p. 522.

176: «Toney Henderson [...] estaba esperando [...]»: 24ACW, PC2089, p. 524.

177: «[...] la declaración de [...] Amos Euins [...]»: 2ACW, pp. 201-210.

177: «[...] cuando fue interrogado por el sargento D.V. Harkness [...]»: 6ACW, p. 313.

177: «[...] se veía blanca [...]»: 2ACW, p. 207.

177: «[...] como un negro [...]»: Lane, p. 281.

177: «[...] no estaba seguro [...]»: 2ACW, p. 207.

177: «[...] "zona calva" [...]»: *Ibid*.

177: «[...] parecía blanco [...]»: *Ibid*, p. 208.

178n: «[...] Stanley Kaufman [...] manifestó que uno de sus clientes [...]»: ISACW, p. 526.

179n: «John Powell apareció después [...]»: Summers, pp. 74-75.

179: «Tal como lo recuerda Craig [...]»: 6ACW, pp. 260-273; y en numerosas entrevistas conmigo.

179: «[...] una [...] Nash Rambler [...]»: 6ACW, p. 267.

180: «[...] un joven blanco [...]»: *Ibid*, p. 267.

181: «[...] "un negro" [...]»: *Ibid*, p. 267.

181: «Richard Randolph Carr había visto [...]»: Hurt, p. 119. Carr también declaró en el juicio de Shaw; v. cap. 18.

180n: «Craig vino a verme [...]»: Sostuve numerosas entrevistas con Craig, todas las cuales confirmaron, y ampliaron, su testimonio ante la Comisión Warren.

180n: «Refirió al capitán Will Fritz [...] el incidente que había visto con la Nash Rambler [...]»: 6ACW, p. 270.

180n: «[...] el ayudante de sheriff Buddy Walthers [...]»: *Ibid*, p. 271.

181n: «[...] Fritz negó posteriormente [...]»: Hurt, p. 125.

181n: «[...] unas fotografías de prensa que salieron a la luz seis años después [...]»: Hurt, novena página después de la p. 138.

183: «[...] a quien describieron como un hombre de aspecto latino [...]»: En cartas enviadas a mi oficina por testigos de Dallas.

184n: «[...] no encontraron huellas [...]»: 4ACW, p. 23.

184n: «[...] la policía [...] anunció con gran excitación [...]»: ICW, p. 566.

184n: «[...] un informe interno del FBI [...]»: Hurt, p. 108; Cf. ICECA, p. 53.

185n: «[...] describió [...] el descubrimiento del rifle [...]»: 7ACW, pp. 105-109; 24ACW, PC2003, p. 228.

185: «[...] titulado en ingeniería y que también dirigía una tienda de artículos deportivos [...]»: Hurt, p. 102.

186: «[...] Weitzman lo identificó [...]»: 7ACW, p. 108.

186: «Craig también estaba presente [...]»: Hurt, p. 102; y numerosas entrevistas conmigo.

186: «Boone realizó una declaración bajo juramento [...]»: 19ACW, Decker Ex. 5323, p. 507.

186: «Wade explicó a los medios de comunicación [...]»: 24ACW, PC2169, p. 831.

185n: «Drain [...] fue interrogado sobre la supuesta huella de la palma [...]»: Hurt, p. 109.

186: «[...] aparecieron tres cargadores vacíos [...]»: Hurt, pp.103-104.

187: «[...] no se encontró el cargador de munición [...]»: Hurt, pp. 103-104.

187: «[...] tenía la mira mal alineada [...]»: 26ACW, PC2724, p. 104.

188: «La película tomada por la Dallas Cinema Asociados [...]»: Esta película me la mostró Richard E. Sprague. Junto a la cantidad masiva de evidencias fotográficas compiladas por Sprague, esta película se encuentra ahora en los archivos del Western New England College, Springfield, Massachusetts.

189: «[...] Oswald fue visto en el comedor [...]»: ICW, pp. 151-152.

189: «[...] se halló un recipiente de palomitas de maíz que no tenía las huellas de Oswald [...]»: 4ACW, p. 266.

190: «El resultado de la prueba del nitrato [...]»: ICW, pp. 560-561. La Comisión informó que «las manos de Oswald reaccionaron positivamente a la prueba. El molde sobre la mejilla derecha no produjo ninguna reacción». ICW, p. 560. Enfrentada con las complicaciones planteadas por los últimos hallazgos, la Comisión declaró simplemente que «la prueba carece completamente de valor...». ICW, p. 561.

192: «¿Por qué bajaron hacia la calle Elm?»: El porqué fue cambiada la ruta, y cuándo fue cambiada, se convirtieron en puntos de controversia. A la Comisión Warren se le dijo que el cambio era necesario para evitar una difícil curva más allá del paso elevado del ferrocarril, entre el punto de partida en Stemmons Freeway y el camino en dirección al Trade Mart. 4ACW, pp. 168-170; 7ACW, pp. 336-338; 24ACW, PC2116, p. 546. Sin embargo, el razonamiento es bastante inconsistente. El hecho de haber permanecido en la calle Main habría supuesto un giro de 100 grados, después del paso a nivel, en un área completamente despejada, con el tráfico desviado y sin muchedumbre alguna alrededor. En cambio, se optó por un giro de 120 grados, en una zona muy abigarrada y extremadamente accesible. Existen ciertas personas que dicen que un mapa de la ruta corregida fue publicado en una ocasión antes del 22 de noviembre, pero ningún documento de esa naturaleza ha aparecido. Lo que a mí me resulta más significativo es el mapa de la ruta por la calle Main, publicado en la primera plana del *Dallas Morning News* del 22 de noviembre, y el hecho de que este mapa «no» fuera mostrado a la Comisión Warren.

193: «[...] se entregó como prueba a la Comisión [...]»: 22ACW, PC1365, p. 617.

195: «[...] la desastrosa operación de invasión de Bahía de Cochinos [...]»: Hinckle, pp. 82-95.

195: «[...] pidió [a Cabell] que dimitiese [...]»: *Ibid*, p. 112.

196: «Dulles (también destituido por Kennedy) [...]»: *Ibid*.

Capítulo 8: Operaciones encubiertas

200: «El coche [...] estaba registrado a nombre del Centro Internacional de Comercio [...]»: Véase cap. 18.

201: «McGehee [...] recordó [...]»: *New Orleans Times-Picayune*, 7 de febrero de 1969, p. 15.

201: «[...] recordó Morgan [...]»: *Ibid*, y ver *New Orleans Times-Picayune*, 1 de marzo de 1969, p. 20.

204: «David Ferrie había trabajado para Gill [...]»: Summers, pp. 337-338.

206: «[...] el día antes de que Oswald dejara Nueva Orleans [...]»: ICW, pp. 726-730.

206: «[...] el número al que llamó Ferrie [...]»: De los archivos de la Bell Telephone Company en Nueva Orleans: «Chicago, III. - WH-4-4970- Cantidad $3,85 - Su número 524-0147».

207: «[...] una entrevista del FBI con Lawrence Meyers [...]»: 25, ACW, PC2267, pp. 191-192; 25ACW, PC2266; y ver ACECA9, pp. 805-941.

212: «Lou Ivon localizó a [...] Jimmy Johnson [...]»: Estas notas, parte de nuestra extensa investigación de David Ferrie, fueron robadas en su totalidad. Ivon y Alcock han confirmado el contenido de estos pasajes.

213: «Alcock descubrió que [Ferrie] había depositado [...]»: *Ibid.*

213: «[...] una agencia privada de detectives [...] el informe [...]»: *Ibid.*

215: «Eché un vistazo a la lista [...]»: *Ibid.*

Capítulo 9: Los vínculos de la amistad

217: «[...] Jules Ricco Kimble [...]»: declaración firmada de Kimble, 10 de octubre de 1967.

217: «[...] un miembro de grupos de extrema derecha [...]»: ICECA, p. 392.

217n: «[...] haber conocido a James Earl Ray [...]»: *Ibid.*

220: «[...] un joven amigo suyo, David Logan [...]»: Estas notas también fueron robadas.
221: «Nicholas Tadin [...] se dirigieron al aeropuerto de Nueva Orleans [...]»: *Ibid.*
221: «Raymond Broshears [...]»: *Ibid.*
224: «[...] una extensa declaración [de Edward Whalen] [...]»: Memorándum de James L. Alcock a Jim Garrison, 18 de septiembre de 1967.

Capítulo 10: Los *idus* de febrero

242: «Miller vino muy pronto desde Denver [...]»: No existe, por supuesto, ningún documento de este encuentro, aunque Andrew Sciambra se acuerda de que tuvo lugar, al igual que yo.

Capítulo 11: Jaque mate

255: «[...] ornamentos sacerdotales [...]»: Ferrie fue un «obispo» en una oscura secta llamada «Antigua Iglesia Católica de Norteamérica». Hurt, pp. 263-264.
256: «Hallaron dos notas suicidas [...]»: Sólo una fue citada por la prensa. Ver *New Orleans States-Item*, 23 de febrero de 1967, y *New Orleans Times-Picayune*, 23 de febrero de 1967.
256: «Dejar esta vida [...]»: *Ibid.*
257: «[...] el juez de instrucción anunció [...]»: *New Orleans States-Item*, 24 de febrero de 1967.
262: «[...] ya habíamos interrogado una vez a Shaw en el despacho [...]»: Todas las notas sobre el interrogatorio de Shaw se encontraban en los archivos robados.

262: «[...] lo interrogamos largo rato [...]»: *Ibid.*
264: «[...] su agenda de direcciones [...]»: *Ibid.*
265: «[...] nuestro escrito de rechazo [...]»: *Ibid.*
265: «[...] los abogados de Shaw se inventaron a un personaje»: *Ibid.*
266: «[...] en una de las páginas de la agenda de Oswald [...]»: 16ACW, PC58, p. 58.
266: «Dallas no tenía un apartado postal [...]»: Así fuimos informados por la Oficina de Correos de Dallas en 1966.

Capítulo 12: Confrontación

269: «Uno de los periodistas preguntó [...] a Clark [...]»: *New York Times*, 3 de marzo de 1967.
270: «[...] anunció un portavoz del Departamento de Justicia [...]»: Declaración (no datada) preparada por el portavoz del Departamento de Justicia en respuesta a una demanda de clarificación pública presentada por uno de los abogados de Shaw, Edward F. Wegmann.
271n: «[...] la acusación [...]»: *New Orleans Times-Picayune*, 23 de marzo de 1967.
272: «[...] audiencia preliminar [de Shaw] [...]»: *New Orleans-Item*, 14 de marzo de 1967, p. 1.
274: «[...] la hipnosis y el Pentotal Sódico® [...]»: *Ibid*, 17 de marzo de 1967, pp. 1, 12.
274: «Russo respondió [...]»: Para tener una visión completa del testimonio de Russo. Ver *New Orleans States-Item*, 14 de marzo de 1967, pp. 1, 14; y marzo 15, 1967, pp. 1, 4, 6.
280: «[...] ambos declararon firme y claramente [...]»: *New Orleans States-Item*, 15 de marzo de 1967, pp. 1, 4, 6; 17 de marzo de 1967, p. 12.

280: «Más de dos décadas después, el candor de Russo [...]»: Una de las varias entrevistas con Russo que conservé, verano de 1988.

283: «[...] declaró Bundy [...]»: *Nueva Orleans States-Item*, 18 de marzo de 1967, p. 12.

Capítulo 13: El asalto

287: «Earl Warren anunció desde Tokio [...]»: United Press International, despacho desde Tokio, 4 de septiembre de 1967.

290: «Alvin Beaubeouf reconoció [...]»: Beaubeouf llamó a Lynn Loisel, la persona de nuestra oficina que supuestamente lo había amenazado, y dijo que estaba harto de recibir presiones para que dijera cosas en mi contra. Después se presentó en nuestra oficina con su abogado, Hugh Exnicios. Yo le dije a Exnicios que ni yo ni Loisel deberíamos ser presentados, y lo envié a que se reuniera con Lou Ivon y Charles Ward. Por último, éstos le tomaron a Beaubeouf una declaración jurada en la cual decía que nunca había sido amenazado por nuestra oficina y que las declaraciones en ese sentido eran falsas. También declaró que, por supuesto, no existían cintas grabadas secretas porque las supuestas conversaciones nunca habían tenido lugar. Exnicios y Lou Ivon evocaron en fecha reciente esta situación con toda claridad.

290: «El hombre-cometa contra el vicio.»: *Saturday Evening Post*, 8 de junio de 1963, pp. 67-71.

290: «Asalto al juicio en Nueva Orleans [...]»: *Ibid*, 6 de mayo de 1967, pp. 21-25.

293: «[...] artículos de *Life* sobre el crimen organizado

[...]»: *Life*, 1 de septiembre de 1967, p. 15; 8 de septiembre de 1967, p. 91.

294: «Afirmaban que yo [...]»: *Life*, 8 de septiembre de 1967, pp. 94-95.

294: «*Time* [...] editó una serie de artículos»: 3 de marzo de 1967; 10 de marzo de 1967; y ver 30 de junio de 1967, en el show de la NBC.

295: «El artículo [de *The New York Times Magazine*]»: 11 de septiembre de 1966, pp. 52, 154.

297: «Marlene Mancuso [...] nos escribió en un informe [...]»: Después de haber copiado este extracto del memorándum, volví el original a los archivos que posteriormente fueron robados.

298: «Sciambra escribió un informe [...]»: *Ibid.*

301: «El caso de Jim Garrison.»: NBC, 19 de junio de 1967.

304: «Dean Andrews [...] fue acusado [...]»: Véase cap. 18.

305: «[...] fue considerado culpable de perjurio [...]»: *Ibid.*

305: «[...] responder [...]»: NBC, 15 de julio de 1967.

305: «Me enteré de que la RCA se había convertido [...]»: Ver Kenneth Bilby, *The General: David Sarnoff and the Rise of the Communications Industry* (Nueva York: Harper & Row, 1986); pp. 156, 167.

306: «Se retransmitió [...] en cuatro sucesivas tardes de junio [...]»: 25-28 de junio de 1967.

Capítulo 14: La compañía

314: «El presidente Kennedy había adoptado una actitud de gran desconfianza [...]»: Ver generalmente Hinckle, pp. 96-102.

315: «[...] un señalado discurso en la Universidad Americana [...]»: Ver Introducción.

315: «[...] retirar todo el personal militar norteamericano [...]»: Kenneth O'Donnell y David F. Powers, *Johnny, We Hardly knew ye* (Boston: Little, Brown, 1970), p. 382.

316: «[...] un informe secreto del Consejo Nacional de Seguridad [...]»: Howard Zinn, *A People's History of the United States* (Nueva York: Harper & Row, 1980), p. 462.

317: «[...] dijo [...] Kenneth O'Donnell [...]»: O'Donnell y Powers, p. 383.

317: «[...] dio instrucciones a [...] Robert McNamara [...]»: *Ibid*, p. 382.

318: «[...] había amenazado con quitarle a la CIA [...]»: Después del fiasco de Bahía de Cochinos, el presidente Kennedy dijo que quería «desmenuzar a la CIA en miles de pedazos y lanzarlos al viento». *New York Times*, 25 de abril de 1966.

320: «[...] mediante entrevistas y ruedas de prensa [...]»: El *New Orleans States-Item* del 25 de abril de 1977, se refirió a Novel como a «uno de los fugitivos más locuaces de la historia».

320: «[...] anunció que el asunto del búnker Schlumberger»: *Ibid*.

320: «[...] el *New Orleans States-Item* [...] publicó un artículo [...]»: *Ibid*.

321n: «[...] absolvió a cinco norteamericanos de ascendencia irlandesa [...]»: Ver Shana Alexander, «The Patriot Game», *New York Magazine*, 22 de noviembre de 1982, p. 58.

322: «[...] un borrador de carta [de Novel] [...]»: Ver Michael Canfield y Alan J. Weberman, *Coup d'Etat in America* (Nueva York: Third Press, 1975), pp. 37-38. Y ver E. Howard Hunt, *Give*

Us This Day (New Rochelle, N.Y.: Arlington House, 1973), p. 46; y Rosemary James y Jack Warlaw, *Plot or Politics* (New Orleans: Pelican, 1967), p. 11.

324: «DeBrueys [...] alegó privilegio ejecutivo [...]»: Ver ICECA, pp. 192-193.

326: «Finalmente lo encontré en [...] El informe del FBI.»: DC 197. Para un sumario de la versión de Nagel, ver Hinckle, pp. 226-229. Mis propias notas de mis reuniones con Nagell se han perdido. Hinckle y Turner tuvieron acceso a algunas de sus declaraciones escritas cuando estaban trabajando en su libro.

330n: «[...] la condena fue revocada [...]»: Hinckle, p. 228.

331:«[...] un relato de la detención de Nagell por la policía de la República Democrática Alemana [...]»: Este recorte estaba entre mis archivos robados.

Capítulo 15: El juego de los cartuchos

343: «[...] investigaciones referentes al asesinato de J.D. Tippit [...]»: Ver ICW, pp. 156-176.

344: «[...] expuso retóricamente la pregunta [...]»: Ver Hurt, p. 139.

345: «Tippit fue abatido [...]»: 6ACW, p. 448, 24ACW, PC2003, pp. 202, 215; Lane, p. 188.

345: «[...] regresó a la casa donde se alojaba [...]»: ICW, pp. 163-164.

345: «[...] virtualmente imposible [...]»: ICW, p. 165, concede que al menos se trata de una caminata de 15 minutos.

345: «Domingo Benavides [...]»: 6ACW, p. 452.

345: «Warren Reynolds [...]»: 11ACW, pp. 435-436.
346: «Reynolds fue golpeado [...]»: *Ibid*, p. 437.
346: «[...] el testimonio de Markham [...]»: 3ACW, pp. 304-321; 7ACW, pp. 488-506.
346: «[...] intentó hablar [...]»: 20ACW, Marham Ex. n.º 1, pp. 583, 590.
346: «[...] ella informó a Mark Lane [...]»: Lane, p. 180.
346: «[...] ella negó bajo juramento haberlo dicho [...]»: 7ACW, pp. 503-504.
347: «[...] "cabello negro" [...]»: ICW, p. 167.
347: «Así se desarrolló la identificación [...]»: 3ACW, p. 310.
348: «[...] el conductor de la ambulancia y su ayudante [...]»: Lane, p. 194.
348: «El señor Donald Higgins y su esposa [...]»: *Ibid.*
348: «T.F. Bowley [...]»: 24ACW, PC2003, p. 254.
349: «[...] entrevistar [...] a Acquilla Clemons [...]»: Lane, pp. 193-194; Lane entrevistó, filmó y grabó a la señora Clemons en Dallas en marzo de 1968.
349: «Frank Wright [...]»: Lane, p. 194; *New York Times*, 12 de octubre de 1964; *New Leader*, 12 de octubre de 1964.
349: «[...] los trabajos [de Lane] [...]»: Véase Lane, pp. 171-208.
351: «[...] un libro de Michael Kurtz [...]»: *Crime of the Century* (Knoxville, Tenn.: Ediciones de la Universidad de Tennesse, 1982), p. 138.
351: «[...] transcripciones de los mensajes [...]»: Véase 25ACW, PC1974, pp. 832-940; *Heritage...*, pp. 71-72.
352: «[...] el arma presuntamente arrebatada a Lee Oswald [...]»: 3ACW, p. 301; 7ACW, p. 54.

353: «[...] había ordenado que se hiciese la autopsia [...]»: 3ACW, pp. 473, 475.
354: «[...] envió sólo *una* bala [...]»: Ver Lane, pp. 195-200.
354: «Courtland Cunningham [...] declaró [...]»: ACW, p. 475.
355: «[...] añadió finalmente [...] cuatro cartuchos [...]»: 3ACW, p. 511.
355: «[...] el laboratorio del FBI informó rápidamente [...]»: 3ACW, p. 511.
356: «[...] dos de las cápsulas de proyectil habían sido manufacturadas por [...]»: ICW, p. 172.
357: «[...] llegó a ser molestamente evidente [...]»: 6ACW, pp. 450-451; 7ACW, p. 47.
357: «[...] según informó Poe a la Comisión Warren [...]»: 7ACW, pp. 68-69.
357: «Barnes [...] tampoco pudo identificar [...]»: 7ACW, pp. 275-276.

Capítulo 16: La huida de los asesinos

363: «Yo ya tenía conocimiento, a través de [...] Craig [...]»: Véase cap. 7.
365: «[...] fue detenido en el edificio Dal-Tex [...]»: Véase Hurt, pp. 122-124.
365: «Jim Braden [...]»: V. 24ACW, PC2003, p. 202.
367: «Tom Tilson [...] había oído [...]»: «On Trial: Lee Harvey Oswald», LWT Productions, Londres, 1986.
373: «Tiempo después Walthers murió asesinado [...]»: *Dallas Morning News*, 11 de enero de 1969. Según la oficina del sheriff, el día anterior Walthers y su socio habían dado crédito a un rumor, según el cual un «preso fugitivo y la mujer que lo acompa-

ñaba» se encontraban en la habitación de un hotel particular. Al parecer ambos hombres fueron al hotel sin telefonear al cuartel general, y mientras se acercaban al sospechoso, Walthers fue muerto, mientras su socio fue golpeado y quedó inconsciente. Cuando este último se recuperó, los sospechosos habían huido y Walthers estaba muerto.

373n: «[...] el Comité Especial sobre Asesinatos de la Cámara de Representantes, sí lo hizo [...]»: ACECA4, pp. 367-386.

Capítulo 17: Los investigadores reticentes

384: «[...] las declaraciones de Julia Ann Mercer [...]»: 19ACW, Decker Ex. 5323, pp. 483-485.

387n: «Jack Ruby mantuvo una relación especial [...]»: Hurt, p. 177; Summers, pp. 456-465; ICECA, pp. 369-370.

388n: «[...] envié al comité copias de las declaraciones de Mercer [...]»: 12ACECA, pp. 16-17.

389: «Walter [...] redactó una declaración [...]»: La copia de esta declaración estaba con los papeles que me robaron.

393n: «La actuación del Servicio Secreto [...]»: Ver Hurt, p. 84; ICW, p. 58, 5ACW, pp. 64-65.

394: «[...] información hecha pública años antes por C.A. Hamblen [...]»: ICW, pp. 332-333; Hurt, p. 402.

394n: «Oswald había escrito al secretario de Marina [...]»: 19ACW, Folsom Ex., pp. 713, 695.

395: «[...] la libreta de direcciones de Oswald contenía el nombre de [...] Hosty [...]»: 16ACW, PC18, p. 64.

396: «[...] una lista con el contenido de la libreta [...]

omitió [...]»: El nombre de Hosty se perdió del DC205, supuestamente una transcripción de la agenda de direcciones de Oswald. Más adelante, el DC 385 fue sometido a la Comisión Warren, con el nombre. Ver discusión en ACECA11, pp. 424-425.

396: «[...] información clave [...]»: *Ibid*, p. 424. La Comisión Especial de la Cámara sobre Asesinatos consideró el incidente «trivial». ICECA, p. 190.

396: «[...] apareció en la prensa una noticia [...]»: *Washington Post*, 22 de octubre de 1975; véase Hurt, pp. 252-254.

397: «Shanklin le ordenó destruirla [...]»: ICECA, p. 195; ACECA11, pp. 424-425.

398: «Según [...] Jack Revill [...]»: 19ACW, PC831, pp. 780-784.

399n: «[...] escuché una historia [...] que me proporcionó [...] Jim Gochnour [...]»: Richard Sprague escuchó por primera vez la historia de Gochnour y me la contó. Luego busqué a Gochnour y la confirmó.

Capítulo 18: El juicio de Clay Shaw

410: «Reeves Morgan [...] declaró [...]»: *New Orleans Times-Picayune*, 1 de marzo de 1969.

410: «John Manchester [...] había "controlado" a todos los automóviles extraños [...]»: *Ibid*, 7 de febrero de 1969.

414: «Marchetti se refirió a la preocupación de la Agencia [...]»: Revista *True*, abril de 1975. Evidentemente, Marchetti indicó en primer lugar el interés de la Agencia en el juicio de Clay Shaw en una entrevista del 21 de diciembre de 1973 con *Zodiac News Service*, pero pasó casi inadvertido. Después del artículo de *True*, el Comité investigativo de ciudadanos entrevistó a Marchetti y difundió un comunicado de prensa el 22 de abril de 1975. Ver también Hinckle, p. 269.

416: «[...] llamamos a declarar a Vernon Bundy [...]»: *New Orleans Times-Picayune*, 8 de febrero de 1969.

418: «Durante los interrogatorios [...] Dymond preguntó si Spiesel [...]»: *Ibid.*

420: «[...] tomarle [a su hija] las huellas digitales [...]»: Hurt, pp. 274-275.

420: «[...] llamamos a Perry Russo [...]»: *New Orleans Times-Picayune*, de marzo de 1969, pp. 2, 24.

422: «Williams E. Newman [...] describió [...]»: *Ibid*, p. 20.

422: «Richard Randolph Carr [...] declaró [...]»: *New York Times*, 15 de febrero de 1968, p. 13.

423: «Roger Craig, ayudante del alguacil, corroboró [...]»: *New York Times*, 15 de febrero de 1969, p. 13.

423: «[...] las explicaciones del doctor Nichols [...]»: *New Orleans Times-Picayune*, 28 de febrero de 1969, pp. 1, 6, 7.

424n: «J. Edgar Hoover explicó [...]»: ACECA1, p. 100.

426: «[...] un lapso de tiempo máximo [...]»: ICW, p. 115.

426: «[...] una de las balas había errado [...] su objetivo [...]»: ICW, p. 117.

426: «Según la versión del Gobierno, las [...] heridas [...]»: ICW, pp. 86-96 Lane, pp. 75, 76.

427: «[...] esta bala se encontró posteriormente [...]»: ICW, p. 95; 6ACW, pp. 128-134 17ACW, PC399, p. 49.

427n: «Jack Ruby fue visto [...]»: Lane, p. 73.

427: «[...] se encontraron otros fragmentos [...]»: Lane, pp. 76-77.

428: «[...] llamamos a [...] la señora Jesse Parker [...]»: *New Orleans Times-Picayune*, 20 de febrero de 1969, p. 28.

429: «[...] la señora Elizabeth McCarthy [...]»: *Ibid*, 1 de marzo de 1969, p. 24.

429: «[...] iba a declarar inadmisible la tarjeta de identificación con las huellas digitales [...]»: *Ibid*, febrero 20 de 1969, p. 1; los abogados de Shaw sugirieron que su cliente había firmado la tarjeta dejando un espacio en blanco para sus alias y que alguien, presumiblemente Habighorst, lo había llenado con el nombre de «Clay Bertrand». El juez no le permitió al jurado pronunciarse sobre quién decía la verdad.

430: «[...] ésa no era la ley [...]»: Es una pregunta compleja y parece depender de 1) si el interrogatorio es una rutina en el proceso de prontuariar a un detenido, y 2) si el oficial encargado de confeccionar el prontuario tenía alguna razón para creer que estaba sonsacando una respuesta que daba pie a una inculpación. En esa época, Habighorst no tenía idea que la pregunta era importante para nosotros. Ver Miranda vs. Arizona, 384 U.S. 436 (1966); Rhode Island ver Innis, 100 St. Ct. 1682 (1980).

430: «[...] apelaría [...]»: *New Orleans Times-Picayune*, 20 de febrero de 1969, p. 1.

432: «[...] según las leyes de Texas, el cuerpo nunca debió haber sido retirado [...]»: ICW, p. 58.

433: «[...] ya habían diagnosticado [...] una herida [...]»: 16ACW, PC387, p. 981; Lane, p. 46.

433: «[...] entre quince y veinte fotografías y radiografías [...]»: 16ACW, PC387, p. 982-983.

433: «Habían tomado las fotografías [...]»: 2ACW, p. 349.

433: «[...] el comandante Humes, según el mismo admitió [...]»: 17WCH, p. 48; 12ACW, p. 373; ACECA1, p. 330; ACECA17, p. 257. Ver en general, Hurt, capítulo 3: «La Autopsia del siglo».

434n: «[...] declaró ante la Comisión que no había encontrado [...]»: 2ACW, p. 364. Humes fue muy positivo al prestar sus declaraciones. Observó que se sacaron radiografías de todo el cuerpo del presidente y que éstas no demostraron «ninguna evidencia de que algún punto del cuerpo del presidente hubiera sido alcanzado por un impacto».

434n: «Difundido [...] a Mark Lane, el recibo dice [...]»: *L.A. Free Press*, «Special Report Number One», 1978, p. 17.

434: «Finck [...] también había participado [...]»: Thomas T. Noguchi, *Coroner* (Nueva York: Simon & Schuster, 1983), p. 95.

434: «[...] dos explicaciones oficiales diametralmente opuestas [...]» ICW, pp. 88-92; Lane, p. 65; 17ACW, PC394, p. 26.

435n: «El cerebro del presidente [...] había desaparecido [...]»: ACECA1, pp. 332-373; 17ACW, PC394, p. 26.

436: «[...] el testimonio del [...] doctor Finck [...]»: Después del juicio, preparé una transcripción con el testimonio del doctor Finck.

439: «[...] solicitud que le había sido denegada [al doctor Nichols]»: *New Orleans Times-Picayune*, 1 de marzo de 1969, p. 24.

439: «[...] pidió ver la limusina [...]»: *Ibid.*

442: «[...] me ordenaron que no lo hiciera[...]»: El doctor Finck refirió que se «le había dicho que la familia no quería que se examinaran los órganos del cuello». *New York Times*, 25 de febrero de 1969, p. 18.

443: «Shaw [...] se sentó en el banquillo de los testigos [...]»: *Ibid*, 28 de febrero de 1969, p. 19.

445: «Lane procedió a interrogar a los miembros del jurado [...]»: Lane me dio cuenta de sus entrevistas inmediatamente después.

446: «Helms [...] Respondió bajo juramento [...]»: Hunt contra Weberman, S.D. Fla, 1979.

446: «En un juicio posterior [...]»: Hunt *vs.* Liberty Lobby, S.D. Fla., n.º 80-1121-Civ.-JwK, deposición de Richard McGarrah Helms, 1 de junio de 1984, p. 37.

Capítulo 19: La majestad de la ley

455: «[...] el material reunido resultó ser prodigioso [...]»: Había muchos, muchos cartones llenos de material, todos los cuales los deposité en la oficina del F.D., y partí sin ni siquiera mirar hacia atrás.

458: «[...] la investigación acerca de sus negocios [de Gervais] [...]»: *Ibid.*

459: «[...] no tenía nada que decirles acerca de mí [...]»: Véase abajo.

462: «Estados Unidos de América contra Jim Garrison [...]»: S.D. La., n.º 71-542-CR.

463n: «Aruns Callery y Robert Nims [...]»: Callery era un prominente ejecutivo de la Sugar Bowl, al que me pareció haber visto en la ciudad una o dos veces. Nunca me encontré con Nims, y a ninguno de ellos los he vuelto a ver desde entonces.

476: «[...] una carta que le escribió John Wall [...]»: Después de haber sido presentada como una prueba, la letra fue incorporada a las actas. Y la volvía a leer al cerrar mi alegato. Tengo en mi poder la transcripción.

478: «[...] concedió una entrevista [...] a [...] Rosemary James [...]»: Envié una citación judicial por la transcripción de la entrevista James-Gervais según fue transmitida en WWL-TV. Durante mi argumentación final, leí pasajes de la transcripción de la versión televisiva.

Capítulo 20: Los patrocinadores secretos

483: «[...] circunstancias indudablemente misteriosas [...]»: Sylvia Maegher enumera 25 «muertes misteriosas» de individuos claves; Índice Maestro, p. 328.

484: «[...] el veredicto del juez instructor [sobre De Mohrenschildt] fue suicidio [...]»: Summers, p. 499.

484: «El veredicto judicial [sobre Craig] fue suicidio [...]»: *Dallas Morning News*, 16 de mayo, 1975, p. 5. D. El padre de Craig encontró junto a él un rifle. Una nota dejada en el lugar decía que Craig no podía continuar soportando el dolor. El dolor, explicó su padre, databa de un accidente automovilístico y de la herida que le causó un tiro recibido seis meses antes. Ambos incidentes parecían bastante inusuales.

485: «[...] señalaba que la muerte de Shaw se había debido a causas naturales [...]»: Fichero en un archivo del médico legista de Nueva Orleans.

485: «El juez de instrucción lo reconsideró; [...]»: Confirmado por el doctor Minyard en una reciente entrevista con el autor.

486: «Richard McGarrah Helms [...]»: John Patrick

Quirk, ed., «The Central Intelligence Agency» (Guilford, CT.: Foreign Intelligence Press, 1986), p. 233.

487: «[...] escribí una novela, [...]»: *The Star-Spangled Contract* (Nueva York: McGraw-Hill, 1976).

488: «[...] fue probablemente asesinado a consecuencia de una conspiración.»: ACECA, Informe, p. 1.

488: «[...] considerara la reapertura de la investigación [...]»: ICECA, p. 481.

488n: «[...] concluyó que el disparo frontal se había perdido [...]»: ICECA, p. 43.

488n: «[...] teóricamente posible [...]»: ICECA, p. 97.

489n: «[...] no había encontrado evidencias persuasivas [...]»: *New Orleans Times-Picayune*, 4 de septiembre de 1988; despacho de la Associated Press, 3 de septiembre de 1988.

490: «Un golpe de Estado se describe [...]»: *Encyclopedia Britannica.*

499: «[...] *nadie osaría llamarla traición.*»: Sir John Harington, «Epigramas», Bk. iv, n.° 5, «Sobre la traición» (1613).

500: «[...] selladas por el Gobierno federal [...]»: Véase introducción.

501: «[...] ha tenido [...] en nómina a periodistas [...]»: Véase Congressional Quaterly Almanac, 1967, pp. 360-361; *New York Times*, 26 de febrero de 1967; 20 de febrero de 1976; 25-27 de diciembre de 1977; Washington Post, 18 de febrero de 1967; *Los Angeles Times*, 26 de febrero de 1967; Carl Bernstein, «La CIA y los Medios», «Rolling Stones», 20 de octubre de 1977.

501: «[...] más de mil libros.»: Informe de la Comisión Especial del Senado para Estudiar las Operaciones del Gobierno con respecto a las Actividades de Inteligencia (Comisión Church), Libro I, pp. 192-193.

501: «[...] Como escribe Richard Barnet, [...]»: Richard J. Barnet, «The Dirty Tricks' Gap», en Robert L. Borosage and John Marks, edts., *The CIA File*. (Nueva York: Grossman, 1976), p. 225.

504: «[...] intento de la CIA de invadir Cuba [...]»: Véase Hinckle y Turner, *The Fish is Red*, pp. 82-95.

504: «[...] el [...] jefe de la Agencia [...]»: El general Cabell estaba a cargo de la CIA; su director, Dulles, se encontraba en contacto con él desde Puerto Rico, «a fin de no levantar sospechas de que algo grande se estaba cocinando»; *ibid*, p. 87.

504: «[...] durante la crisis de los misiles [...]»: Hinckle, pp. 133-135, 141, 155-156.

504: «[...] EEUU no realizaría ningún intento de invadir Cuba, [...]»: *Ibid*. En efecto, el embajador Williams Atwood estaba reunido con el embajador cubano en Naciones Unidas y llamó a Fidel Castro en nombre del presidente Kennedy poco antes de que éste fuera asesinado para discutir la posible restauración de relaciones diplomáticas. Atwood también hizo los arreglos para que el periodista francés Jean Daniel se reuniera con el presidente Kennedy antes de viajar a Cuba, a fin de discutir las relaciones entre Cuba y Estados Unidos. Daniel estaba reunido con Castro cuando recibieron la noticia de que Kennedy había sido asesinado. Los investigadores de la Comisión Especial de la Cámara entrevistaron extensamente a Castro. Reconoció el profundo efecto que le había dejado el discurso que pronunció Kennedy en la Universidad Americana en junio de 1963. Ver ACECA3, pp. 221-226; ACECA10, p. 165; y ver Summers, pp. 419-427, 430-432, 453.

506: «La visita de "Jim Braden" [...]»: Hurt, pp. 123-124.

506: «[...] visita puntual [de Jack Ruby]»: *Ibid.*

507: «[...] la CIA estableció acuerdos [...]»: Para un recuento detallado de los varios intentos de la CIA para asesinar a Fidel Castro, ver en general, Hinckle. Ver también la Comisión Church, Informe Final, volumen IV, «Presuntos intentos para asesinar a líderes extranjeros», Informe del Senado n.° 94-465, 20 de noviembre de 1975; también publicado por W.W. Norton, Nueva York, 1976.

507: «[...] Jack Ruby [...] recoger armas y municiones [...]»: Lane, pp. 294-297; Summers, pp. 464-465.

508: «[...] hojeando un volumen [...]»: ACECA4, p. 146.

512: «[...] según puntualizó [...] el ex agente de la CIA Philip Agee, [...]»: Philip Agee, *Introducción: Donde los Mitos conducen al Asesinato*, en Philip Agee y Louis Wolf, edts., *Trabajo Sucio: La CIA en Europa Occidental* (Secausus, N.J.: Lyle Stuart, 1978), pp. 18, 23. Otra obra a la que también podemos remitirnos Ralph McGehee, *Deadly Deceits: My 25 Years en the CIA.* (Nueva York: Sheridan Square Publications, 1983), p. xi.

514: «[...] había planificado una cantidad de operaciones de asesinatos, [...]»: Comisión Church, «Presuntos intentos para asesinar a líderes extranjeros». Y ver John Ranelagh, *The Agency: The Rise and Decline of the CIA* (Nueva York: Simon & Schuster, 1986), pp. 336-345.

514: «[...] golpe contra el gobierno de Irán. [...]»: William Blum, *The CIA: a Forgotten History* (London: Zed Books, 1986), pp. 67-76. Muchas fuentes sobre este incidente y de los que siguen en el texto pueden ser encontradas en el libro de Blum. Ver también a Darrell Garwood, *Under Cover: Thirthy-Five Year of CIA Decepcion* (Nueva York: Grove Press, 1985), que como apéndice incluye la Cronología de Tom Gervasi, en la que aparecen más de 80 operaciones encubiertas de la CIA, 1946-1983.

514: «[...] un complot contra [Arbenz]»: Blum, pp. 77-89.

514: «[...] Lumumba [...] se convirtió en un objetivo de la Agencia [...]»: *Ibid*, pp. 174-176.

516: «[...] había vagado [...] con el cadáver de Lumumba, [...]»: John Stockwell, *In Search of Enemies* (Nueva York: W. W. Norton, 1978), p. 105.

516: «[...] había conspirado [...] para asesinar a Fidel Castro, [...]»: Comisión Chuch, «Presuntos intentos para asesinar a líderes extranjeros»; y Hinckle, *passim*.

516: «[...] Rafael Trujillo [...] presidente Diem [...] y el general René Schneider [...]»: *Ibid*.

516: «Según [...] William Harvey, [...]»: Comisión Church, informe interino, «Instituyendo el Asesinato»: la capacidad de la «acción ejecutiva», testimonio del 25 de junio de 1975, p. 34.

516: «Richard Bissell [...] reconoció también [...]»: *Ibid*, testimonio del 22 de julio de 1975, pp. 30-32. Bisell dijo que existía un «amplio espectro de acciones disponibles para eliminar la efectividad de los líderes extranjeros», incluidos «los más extremos».

516n: «[...] operación Phoenix [...]»: Ver Ernest Volkman, *Warriors of the Night* (Nueva York: William Morrow and Co., 1985), pp. 255-256; Zinn, p. 468; y Victor Marchetti y John Marks,

The Cia and the Cult of Intelligence (Nueva York: Alfred Knopf, 1974), pp. 245-246.

517n: «[...] críticos de la Agencia [...]»: Ver Philip Agee, *Dentro de la Compañía* (Nueva York: Stonehill, 1975); John Stockwell, *In Search of Enemies* (Nueva York: W. W. Norton, 1978); Ralph McGehee, *Deadley Deceits: My 25 Years en the CIA* (Nueva York: Sheridan Square Publications, 1983).

519: «El escritor Fred Cook [...] había descrito [...]»: Fred Cook, *What So Proudly We Hail* (Englewood Cliffs, N.J.: Prentice-Hall, 1968), p. 392.

519: «[...] para cristianizar el mundo [...]»: Ronnie Dugger, *The Politician: The Life and Times of Lyndon Johnson* (Nueva York: W. W. Norton, 1982), p. 392.

520: «[...] se reuniera con Henry Cabot Lodge, [...]»: Tom Wicker, *L.B.J. and J.F.K.* (Nueva York: William Morrow, 1968), p. 205.

520: «[...] no dejó evidencia del ataque.»: Ver Zinn, p. 390-467: «Johnson denunció ruidosamente [...]»: *Ibid*. Zinn caracteriza el incidente del golfo de Tonkín como un «montaje», y dice que «nunca fue disparado un torpedo contra el Maddox».

521: «Inmediatamente después de la resolución del Congreso, [...]»: Ver en general, Joseph C. Goulden, *Truth is the first Casualty: Illusion and Reality* (Nueva York: Rand McNally, 1969). Y ver Zinn, supra, y Carl Oglesby, *Presidential Assassinations and the Closing of the Frontiers*, en Sid Blumenthal y Harvey Yazijian, edts., «Government by Gunplay» (Nueva York: New American Library, 1976), pp. 200-201.

521: «[...] habían muerto más de 55.000 norteamericanos y millones de vietnamitas.»: Zinn, p. 436.

Epílogo: ¿Es una alternativa válida, la teoría de la mafia?

529: «[...] en sus informes finales [...]»: «Informe de la Comisión Especial sobre Asesinatos», Cámara de Representantes de Estados Unidos, nonagésimo quinto Congreso, segunda sesión, 29 de marzo de 1979. Véase especialmente el volumen «Hallazgos y Recomendaciones».

531: «[...] "una sed de publicidad."»: G. Robert Blakey, *The Plot to Kill the President* (Nueva York: Times Books, 1981), p. 47.

531: «Se requirió [...]»: *Ibid*, pp. 45-46.

533: «[...] el aspecto del crimen organizado [...]»: *Ibid*, p. 178.

533: «Garrison fue juzgado [...]»: *The Plot to Kill the President*, p. 50.

534n: «El nuevo libro de David E. Scheim, [...]»: David E. Scheim, *Contract on America* (Nueva York: Shapolsky Books, 1988).

540: «[...] manifestar públicamente y bajo juramento [...]»: *On Trial: Lee Harey Oswald*, LWT Productions, London, 1986. Difundido por televisión, vía cable, en Estados Unidos, en noviembre de 1986 y enero de 1987.

542: «Al principio yo apoyaba [...]»: Carl Oglesby and Jeff Goldberg, «Did The Mob Kill Kennedy», *Washington Post*, 25 de febrero de 1979.

543: «Siguiendo el acuerdo [...]»: «The Plot to Kill the President», p. 401.

ÍNDICE